भारतीय एवं पाश्चात्य काव्यशास्त्र की रूपरेखा

डॉ० रामचन्द्र तिवारी
भूतपूर्व अध्यक्ष, हिन्दी विभाग
गोरखपुर विश्वविद्यालय

लोकभारती प्रकाशन

लोकभारती प्रकाशन
पहली मंजिल, दरबारी बिल्डिंग, महात्मा गांधी मार्ग
प्रयागराज-211 001

वेबसाइट : www.lokbhartiprakashan.com
ईमेल : info@lokbhartiprakashan.com

शाखाएँ : 1-बी, नेताजी सुभाष मार्ग, दरियागंज
नई दिल्ली-110 002
अशोक राजपथ, साइंस कॉलेज के सामने
पटना-800 006 (बिहार)
1, अनमोल सोराबजी संतुक लेन, मरीन लाइंस
मुम्बई-400002

प्रथम संस्करण : 2001
पंचम संस्करण : 2024

आस्था पेपर कन्वर्टर
प्रयागराज द्वारा मुद्रित

BHARTIYA EVAM PASHCHATYA
KAVYASHASTRA KI ROOPREKHA
by Ramchandra Tiwari

ISBN : 978-81-8031-077-5

मूल्य : ₹ 450

आमुख

प्रस्तुत कृति विश्वविद्यालयों के उच्च कक्षा के छात्रों को दृष्टि में रखकर लिखी गई है। इसके दो खण्ड हैं। प्रथम खण्ड में भारतीय काव्यशास्त्र की रूपरेखा प्रस्तुत की गई है। इसमें वे सारे विषय बोध-गम्य शैली में प्रस्तुत किए गए हैं जो छात्रों के लिए उपयोगी हैं। भारतीय काव्य-चिन्तन में भरत के नाट्यशास्त्र का विशेष महत्व है। इसलिए उसका परिचय कुछ विस्तार से दिया गया है।

पाश्चात्य काव्यशास्त्र में प्लेटो-पूर्व युग से लेकर नयी समीक्षा तक वे सभी विषय दे दिए गए हैं जो हिन्दी के छात्रों के लिए ज्ञातव्य हैं। इस क्रम में उस ऐतिहासिक पृष्ठभूमि को भी प्रस्तुत करने की चेष्टा की गई है जिससे आलोचना की विशिष्ट प्रवृत्ति या आलोचक-विशेष के व्यक्तित्व का विकास हुआ है। प्राय: छात्र काव्यशास्त्र के नाम से ही आतंकित रहते हैं। प्रस्तुत कृति में 'सिद्धान्तों' और 'वादों' को उनके पूरे संदर्भ के साथ इस ढंग से व्याख्यायित किया गया है, कि वे छात्रों को सुगम प्रतीत हों और वे काव्यशास्त्रीय सिद्धान्तों को सहज रूप में स्वीकार करें।

इस कृति को प्रस्तुत करते हुए लेखक किसी प्रकार की मौलिकता का दावा नहीं करता, किन्तु उसने यह कोशिश अवश्य की है कि जो कुछ कहा जाय वह साधारण और स्पष्ट हो। यदि इसे उच्च कक्षा के छात्रों और काव्यशास्त्र के प्रति सामान्य जिज्ञासा रखने वाले पाठकों ने अपनाया तो लेखक अपना श्रम सार्थक समझेगा।

—रामचन्द्र तिवारी

विषय-सूची

प्रथम खण्ड

भारतीय काव्यशास्त्र

द्वितीय खण्ड

पाश्चात्य काव्यशास्त्र

विषय प्रवेश

भारतीय काव्यशास्त्र अत्यन्त सूक्ष्म और समृद्ध है। इसके विकास में जिन आचार्यों का योगदान है, वे अत्यन्त मेधावी, तत्त्वदर्शी और गंभीर विचारक थे। भरतमुनि से लेकर पंडितराज जगन्नाथ तक इसके विकास की एक लम्बी परम्परा रही है। भरत के बाद भामह, दंडी, उद्भट, वामन, रुद्रट, भट्टलोल्लट, शंकुक, भट्टनायक, आनन्दवर्द्धन, अभिनव गुप्त, राजशेखर, कुन्तक, महिमभट्ट, क्षेमेन्द्र, मम्मट, रुय्यक, हेमचन्द्र, विश्वनाथ कविराज, शारदातनय, भानुदत्त, पंडितराज जगन्नाथ, अप्पय दीक्षित, जयदेव आदि अनेक आचार्यों ने अपने चिंतन से इसे समृद्ध किया है। शब्द और अर्थ के सह-भाव की अनेक विशेषताओं को सामने रखकर आचार्यों ने, जो काव्य-चिंतन किया है, वह श्लाघ्य और स्पृहणीय है।

भारतीय काव्यशास्त्र के पूरे विकास को पाँच कालों में बाँट कर देखा गया है।

पहला वैदिक काल से लेकर पाणिनी के समय तक **निर्माण की पृष्ठभूमि** का काल कह सकते हैं। वस्तुत: भरतमुनि के समय से काव्यशास्त्र का **आरम्भ माना** जा सकता है। इसलिए भरत से भामह तक के समय को **आरंभिक काल** कह सकते हैं। भामह से आनन्दवर्द्धन तक **रचनात्मक काल** माना जाता है। आनन्दवर्द्धन से मम्मट तक **निर्णयात्मक काल** है। मम्मट से लेकर जगन्नाथ (पंडितराज) तक के समय को **व्याख्या काल** कहते हैं।

उपर्युक्त काल-विभाजन में भामह से लेकर आनन्दवर्द्धन तक का समय सर्वाधिक महत्त्वपूर्ण है। इसी अवधि में काव्य-चिंतन के क्षेत्र में—अलंकार सम्प्रदाय, रीति सम्प्रदाय, रस सम्प्रदाय और ध्वनि सम्प्रदाय का विकास हुआ। आचार्य कुन्तक का समय आनन्दवर्द्धन के बाद पड़ता है। इन्होंने वक्रोक्ति सम्प्रदाय की स्थापना की। इसके बाद ग्यारहवीं शती में क्षेमेन्द्र ने **औचित्य सिद्धान्त** की स्थापना की। यह निर्विवाद रूप से मान्य है कि भारतीय चिंतन का चरम उत्कर्ष **ध्वनि सम्प्रदाय** में हुआ। यह सम्प्रदाय 'वस्तु', 'अलंकार', 'रस' सबका अपने भीतर समावेश कर लेता है। इसलिए इसे सर्व-समावेशी मानते हैं। इसके अतिरिक्त ध्वनि सिद्धान्त में व्यंजना शक्ति के विविध रूपों को सामने लाकर बोधव्य-भेद से काव्य के प्रतीयमान अर्थ को ग्रहण करने की दिशा में जो महनीय कार्य किया गया वह पूरे विश्व में अप्रतिम है। सबसे बड़ी बात जो भारतीय काव्य-चिंतन में लक्षित होती है वह है—काव्य की आत्मा की तलाश। भारतीय दार्शनिकों को भी व्यक्त जगत् के अनित्य स्वरूप की मीमांसा से संतोष नहीं हुआ था। उन्होंने भी उस तत्त्व को जानना चाहा था, जो नित्य, मुक्त, अपरिणामी और जड़-चेतन सब में व्याप्त है।

भारतीय काव्यचिंतकों की यह तलाश भी अन्ततः 'रस-ध्वनि' के रूप में पूरी हुई। इस दृष्टि से भारतीय काव्य-चिंतन का महत्त्व सर्वमान्य रहेगा।

काव्य-चिन्तन के अन्तर्गत जिन तत्त्वों का विमर्श भारतीय काव्यशास्त्र में हुआ है वह भी ध्यान देने योग्य है। यहाँ काव्य के 'स्वरूप', 'प्रयोजन', 'हेतु', 'लक्षण' आदि की चर्चा तो हुई ही है, कवि-शिक्षा, कवि-चर्चा, कवि-गोष्ठी, कवि-सम्मेलन, काव्य-पाठ, काव्य-संवाद, कवि-समय, काव्य-सामग्री, कवि-कोटियाँ, काव्य-भेद आदि अनेक आनुषंगिक विषयों पर भी पर्याप्त विचार-विमर्श हुआ है। स्पष्ट है कि इन सब व्यापारों के माध्यम से काव्य मनुष्य की संवेदनशीलता को निरन्तर समृद्ध करता रहा है।

पंडितराज जगन्नाथ के बाद हम क्रमशः अपनी इस समृद्ध विरासत से दूर होते गए। ब्रिटिश शासनकाल में शिक्षा का माध्यम अंग्रेज़ी हुई। विश्वविद्यालयों में एक कोना ओरिएंटल विभाग को दे दिया गया। 'संस्कृत विभाग' कायम हुए, किन्तु माध्यम अंग्रेज़ी होने के कारण छात्रों की निष्ठा पारम्परिक काव्य-चिंतन से अधिक उसकी यूरोपीय व्याख्याओं के प्रति जागृत होने लगी। विश्वविद्यालयों में हिन्दी विभागों की स्थापना देर से हुई। यहाँ भी माध्यम अंग्रेज़ी रखी गयी। काव्यशास्त्र पाठ्यक्रम का एक अंग बना लेकिन अंग्रेज़ी माध्यम होने के कारण संस्कृत के मर्मज्ञ पंडित उपेक्षित हो गये। नयी शिक्षा-प्राप्त अध्यापक अपनी परम्परा से कटे हुए थे। यूरोपीय काव्य-चिंतन का प्रभुत्व स्थापित हुआ। ऐसी स्थिति में प्राचीन काव्य-चिंतन की समृद्ध परम्परा को नए संदर्भ में व्याख्यायित करके उसे आधुनिक संवेदना के साथ जोड़ना आवश्यक था। आचार्य शुक्ल ने अपनी अपूर्व मेधा के बल पर इस दिशा में बहुत कुछ सार्थक प्रयत्न किया। किन्तु देश के स्वतंत्र हो जाने पर हम अन्तर्राष्ट्रीयता के प्रवाह में बहते चले गए। हमने अपनी दृष्टि से दूसरों को नहीं देखा। दूसरों की दृष्टि से अपना ऑकलन करने लगे। आज स्थिति यह है कि यह पूरा समृद्ध काव्यचिंतन अप्रासंगिक मान लिया गया है। ऐसी स्थिति में इसके मूल स्वरूप को जानने, उसके महत्त्व को समझने और उसे पुनर्व्याख्यायित करके नए संदर्भ के अनुकूल बनाने की चुनौती हमारे सामने है। यह विनम्र प्रयास इस चुनौती को स्वीकार करने का दावा नहीं करता। यह मात्र इस चेतना को जगाने के लिए किया गया है कि हमारी परम्परा बहुत समृद्ध है। और कम-से-कम हमें उससे परिचित तो होना ही चाहिए। मेरा विश्वास है कि इस दिशा में यह विनम्र प्रयास सार्थक होगा।

प्रथम खण्ड

भारतीय काव्यशास्त्र

काव्य-प्रयोजन

कोई भी रचना निष्प्रयोजन नहीं होती। प्रयोजन सूक्ष्म से सूक्ष्म (मन का उन्नयन, चेतना का संस्कार, संवेदना का विस्तार, ब्रह्मानन्द की प्राप्ति आदि) अथवा स्थूल से स्थूल (अर्थ की प्राप्ति, लोक-व्यवहार का ज्ञान, अनर्थ का निवारण आदि) हो सकता है, किन्तु वह होता अवश्य है। भारतीय आचार्यों में भरत, भामह, वामन, कुन्तक, रुद्रट, मम्मट आदि सभी ने इस सम्बन्ध में विचार किया है। भरत ने नाट्य (काव्य) का प्रयोजन बताते हुए कहा है—

दुःखार्तानां श्रमार्तानां शोकार्तानां तपस्विनाम्।
विश्रान्ति जननं काले नाट्यमेतद् भविष्यति॥
धर्म्यं यशस्यमायुष्यं हितं बुद्धि विवर्धनम्।
लोकोपदेशजननं नाट्यमेतद् भविष्यति॥

अर्थात् दुःख, श्रम, शोक से आर्त तपस्वियों के विश्राम के लिए तथा धर्म, यश, आयु-वृद्धि, हित-साधन, बुद्धि-वर्धन, और लोकोपदेश के निमित्त नाट्य की रचना होगी। परवर्ती सभी आचार्यों के सामने ये प्रयोजन रहे हैं। उन्होंने अपने विवेक से इनमें से कुछ को ग्रहण किया है, कुछ को छोड़ दिया है और कुछ अपनी ओर से जोड़ दिया है।

आचार्य **भामह** के अनुसार—

धर्मार्थकाममोक्षेषु वैचक्षण्यं कलासु च।
करोति कीर्ति प्रीतिं च साधु काव्य निबन्धनम्॥

अर्थात् काव्य की रचना धर्म, अर्थ, काम और मोक्ष इन चारों पुरुषार्थों की प्राप्ति तथा कलाओं में निपुणता की उपलब्धि के निमित्त की जाती है साथ ही वह कीर्ति एवं प्रीति (आनन्द) प्रदान करने वाली भी होती है।

आचार्य **वामन** ने मात्र 'कीर्ति' और 'प्रीति' को ही काव्य का प्रयोजन स्वीकार किया है। वे कहते हैं—

काव्यं सद् दृष्टादृष्टार्थं प्रीतिकीर्ति हेतुत्वात्।

अर्थात् सुन्दर काव्य 'कीर्ति' और 'प्रीति' का हेतु होने से दृष्ट (ऐहिक, लौकिक) और अदृष्ट (आमुष्मिक) फल वाला होता है।

आचार्य **कुन्तक** के अनुसार—

धर्मादि साधनोपायः सुकुमारक्रमोदितः।
काव्यबन्धोऽभिजातानां हृदयाह्लादकारकः॥

व्यवहारपरिस्पन्दसौन्दर्यं व्यवहारिभिः।
सम्काव्याधिगमादेव नूतनौचितयमाप्यते॥
चतुर्वर्गफलास्वादमप्यतिक्रम्य तद्विदाम्।
काव्यामृतरसेनान्तश्चमत्कारो वितन्यते॥

अर्थात् काव्यबन्ध अभिजात वर्ग से (राजपुत्रादि) उत्पन्न लोगों के हृदयों को आह्लादित करने वाला कोमल शैली में कहा गया धर्मादि (धर्म, अर्थ, काम, मोक्ष) की सिद्धि का मार्ग है। सत्काव्य के परिज्ञान से व्यवहार करने वाले सब प्रकार के लोगों को अपने-अपने व्यवहार का पूर्ण और सुन्दर ज्ञान प्राप्त होता है। (यही नहीं). उससे सहृदयों के हृदय में चारों फलों (धर्म, अर्थ, काम, मोक्ष) का अतिक्रमण करने वाला आनन्दानुभूति रूप विशेष चमत्कार उत्पन्न होता है। इस प्रकार कुन्तक ने घुमा-फिराकर तीन बातों पर बल दिया है—(1) धर्मादि की सिद्धि, (2) लोक-व्यवहार-ज्ञान, (3) सहृदयों के हृदय को आह्लादित करना।

आचार्य **मम्मट** ने अच्छी तरह सोचकर काव्य के छः प्रयोजन निर्दिष्ट किए हैं—

काव्यं यशसेऽर्थकृते व्यवहारविदे शिवेतरक्षतये।
सद्यः परनिर्वृतये कान्तासम्मिततयोपदेश युजे॥

अर्थात् काव्य यश का जनक, अर्थ का उत्पादक, लोक-व्यवहार का बोधक, अनिष्ट का नाशक (शिवेतर क्षतये) सद्यः (पढ़ने या सुनने के साथ ही) परम आनन्द का देने वाला और स्त्रियोचित सरस पद्धति से कर्तव्याकर्तव्य का उपदेश प्रदान करने वाला होता है। उपर्युक्त प्रयोजनों में तीन—यश, अर्थ और अनिष्टनाश—कवि या रचनाकार को दृष्टि में रखकर और तीन व्यवहार—ज्ञान, सद्यः आनन्द और कान्तासम्मित उपदेश—पाठक या श्रोता को ध्यान में रखकर निर्दिष्ट किए गए हैं।

मध्यकालीन भक्त-कवियों में 'कबीर' ने 'ब्रह्मविचार' या 'आत्म-अनुभवसार' प्रस्तुत करने के लिए अपनी वाणी का प्रयोग किया। संतों की दृष्टि में उनकी साखियाँ ज्ञान की आँखें हैं। तात्पर्य यह कि उन्होंने जिस आत्म-अनुभव को व्यक्त किया वह संतों को ज्ञान-दृष्टि देने वाला है। एक प्रकार से वह ऐसे सत्य की अभिव्यक्ति है, जिससे पाठक की आँखें खुल जाती हैं और वह जीवन-जगत् को नई दृष्टि से देखने लगता है।

'जायसी' ने तो स्पष्ट ही यश की कामना से रचना में प्रवृत्त होने की बात कही है—

औ मन जानि कवित अस कीन्हा। मकुयह रहै जगत मह चीन्हा।
धनि सोई जस कीरति जासू। फूल मरै, पै मरै न वासू॥
केई न जगत जस बेंचा, केई न लीन्ह जस मोल।
जो यह पढ़ै कहानी, हम्ह सँवरै दुई बोल॥

इसमें संदेह नहीं कि अपने रक्त की लेई लगाकर और गाढ़ी प्रीति को आँसुओं से गीला करके जो प्रेम-कथा जायसी ने प्रस्तुत की उसने उन्हें सदा-सदा के लिए अमर कर दिया। उन्होंने 'प्रेम' का वह दिव्य रूप प्रस्तुत किया, जो मनुष्य को देवता बना देता है। निश्चय ही उनका काव्य, प्रेम और सौन्दर्य की दिव्यता का काव्य है।

सूरदास ने कृष्ण के सगुण-लीला पदों के गान को ही अपनी रचना का प्रयोजन माना। इससे उन्हें तो आत्म-तोष मिला ही श्रोताओं और पाठकों का जीवन भी सार्थक हो गया। प्रेम के जिस सहज, अकुंठ और गाढ़ स्वरूप का परिचय उन्हें गोप-जीवन की स्वच्छन्द चर्या में मिला उससे उनमें भी जीवन के प्रति एक ललक जागृत हुई। यह लोक भी उन्हें सुन्दर और सरस प्रतीत होने लगा। शास्त्र-निर्दिष्ट प्रयोजनों से यह प्रयोजन महत्तर प्रमाणित हुआ।

तुलसीदास ने अपनी रचना का प्रयोजन स्पष्ट शब्दों में व्यक्त करते हुए कहा—

कीरति भनिति भूति भलि सोई। सुरसरि सम सब कहँ हित होई।

अर्थात् कीर्ति, कविता और सम्पत्ति वही उत्तम है, जिससे (बिना किसी प्रकार के भेद-भाव के) सबका कल्याण हो। जैसे देवनदी गंगा अपने जल की शीतलता, निर्मलता और पवित्रता में सबका हित-साधन करती है, वैसे ही कविता को भी अपनी सहजता, सरसता और औचित्यमयता से सबका हित-साधन करना चाहिए।

हिन्दी के रीतिकालीन आचार्यों में कुलपति, देव, सोमनाथ, भिखारीदास, लछिराम आदि ने काव्य-प्रयोजन पर विचार किया है, किन्तु इनमें किसी प्रकार की मौलिक उद्‌भावना नहीं मिलती।

कुलपति ने कहा है—

जस संपति आनंद अति दुरितन डारै खोइ।
होत कवित तें चतुरई जगत राग बस होइ॥

अर्थात् काव्य से 'यश', 'सम्पत्ति' और 'आनन्द' की प्राप्ति होती है। संकट या पाप (दुरितन) दूर हो जाता है और चतुरता (लोक-व्यवहार-ज्ञान) आती है और संसार के लोग कविता में निहित राग-तत्त्व के वशीभूत हो जाते हैं। ये प्रयोजन संस्कृत के आचार्यों द्वारा निर्दिष्ट प्रयोजनों से भिन्न नहीं है।

'देव' के अनुसार—

रहत न घर वर धाम धन, तरुवर सरवर कूप।
जस शरीर जग में अमर, भव्य काव्य रस रूप॥

स्पष्ट है कि महाकवि देव 'यश' को काव्य का सर्वोत्तम प्रयोजन मानते हैं। उनके अनुसार घर, धाम, धन, वृक्ष, सरोवर, कूप सब नष्ट हो जाते हैं। किन्तु रस-रूप भव्य काव्य के कर्ता का यश रूपी शरीर संसार में अमर हो जाता है।

सोमनाथ ने परम्परागत प्रयोजनों की आवृत्ति करते हुए कहा है—

कीरति वित्त विनोद अरु अति मंगल को देति।
करै भलो उपदेश नित वह कवित्त चित चेति॥

कहना न होगा कि 'कीर्ति', 'वित्त', 'विनोद', 'मंगल', और 'भला उपदेश' ये सभी प्रयोजन संस्कृत के आचार्यों द्वारा निर्दिष्ट हैं। कवि सोमनाथ ने उन्हें एक दोहे में क्रमबद्ध करके प्रस्तुत कर दिया है।

आचार्य **भिखारीदास** ने भी इस सम्बन्ध में कोई नई बात नहीं कही है। उन्होंने हिन्दी के कवियों की उपलब्धियों को उद्धृत करते हुए अपनी बात को अधिक प्रामाणिक और विश्वसनीय बनाने की कोशिश की है—

एक लहैं तप-पुंजन्ह के फल ज्यों तुलसी अरु सूर गोसाईं।
एक लहैं बहु सम्पत्ति केशव, भूषन ज्यों बरवीर बड़ाई॥
एकन्ह को जसही सों प्रयोजन है रसखानि रहीम की नाईं।
दास कवित्तन्ह की चरचा बुधिवन्तन को सुखदै सब ठाईं॥

अर्थात् सूर और तुलसी जैसे कवि काव्य-रचना करके तपस्या का फल प्राप्त करते हैं। केशव, भूषण और बीरबल जैसे कवि प्रचुर सम्पत्ति लाभ करते हैं। रसखान और रहीम जैसे कवि केवल यश की आकांक्षा करते हैं। काव्य-चर्चा बुद्धिमानों के लिए सर्वत्र सुख देने वाली होती है। इस प्रकार आचार्य भिखारीदास के अनुसार काव्य की रचना किसी के लिए तपस्या का फल (ईश्वर की भक्ति-प्राप्ति के रूप में), किसी के लिए 'अर्थ', किसी के लिए 'यश' और सभी बुद्धिमान पाठकों-श्रोताओं के लिए 'सुख' का विधान करती है।

आधुनिक काल में परम्परा से हटकर कुछ नई बात कहने का प्रयत्न किया गया। अंग्रेज़ी साहित्य से परिचित स्वच्छन्दतावादी कवि **श्रीधर पाठक** ने साहित्यकार (कवि) में (प्रकारांतर से साहित्य में) उस क्षमता का होना आवश्यक माना जो "लोकवृत्ति को किसी उद्दिष्ट पथ पर ले जाकर उन्नति की लीक पर अग्रसर कर सके।" **महावीरप्रसाद द्विवेदी** ने 'कवि-कर्तव्य' का निरूपण करते हुए कहा है—"पहुँचे हुए पंडितों का कथन है कि कवि भी 'धर्म संस्थापनार्थाय' उत्पन्न होते हैं। उनका काम केवल तुक मिलाना या 'पावसपचासा' लिखना ही नहीं। ...कवियों को ऐसा करना पड़ता है। वे स्वभाव से ही ऐसा करते हैं, कि संसार का कल्याण हो और इस प्रकार उनका नाम आप ही अमर हो जाय...सारांश यह कि कविता लिखते समय कवि के सामने एक ऊँचा उद्देश्य अवश्य रहना चाहिए। केवल कविता के लिए ही कविता करना एक तमाशा है।" (रसज्ञ रंजन, पृ० 27) लगभग इसी स्वर में मैथिलीशरण गुप्त भी कहते हैं—

केवल मनोरंजन न कवि का कर्म होना चाहिए।
उसमें उचित उपदेश का भी मर्म होना चाहिए॥

आचार्य **रामचन्द्र शुक्ल** ने तो बहुत स्पष्ट शब्दों में पूर्ण कवि के लिए 'लोकमंगल की साधना' को आवश्यक माना है। उन्होंने काव्य के दो विभाग किए

हैं—लोकमंगल (आनन्द) की साधनावस्था को लेकर चलने वाले काव्य और लोकमंगल (आनन्द) की सिद्धावस्था को लेकर चलने वाले काव्य। इनमें लोकमंगल की साधनावस्था को लेकर चलने वाले काव्यों में ही कुरूपता के आवरण को हटाकर सौन्दर्य का उद्‌घाटन होता है।

आचार्य शुक्ल के शब्दों में—''आदि कवि वाल्मीकि की वाणी इसी सौन्दर्य के उद्‌घाटन-महोत्सव का दिव्य-संगीत है।'' कहना न होगा कि शुक्ल जी वाल्मीकि को अपना आदर्श मानते हैं। कविता का अंतिम लक्ष्य निर्दिष्ट करते हुए वे कहते हैं—''कविता का अंतिम लक्ष्य जगत् के मार्मिक पक्षों का प्रत्यक्षीकरण करके उनके साथ मनुष्य-हृदय का सामंजस्य-स्थापन है।'' जगत् के मार्मिक पक्षों का प्रत्यक्षीकरण कराने वाले दो भाव मुख्य हैं—'करुणा' और 'प्रेम'। 'करुणा' 'लोकमंगल की साधनावस्था' को लेकर चलने वाले काव्यों का बीज-भाव है। 'प्रेम' लोकमंगल की सिद्धावस्था को लेकर चलने वाले काव्यों का बीज-भाव है। आचार्य शुक्ल 'करुणा' को अधिक महत्त्व देते हैं। वे मानते हैं कि 'क्रोध' आदि प्रचंड भावों की तह में यदि अव्यक्त रूप से करुण-भाव स्थित हों, तो वे भी पूर्ण सौन्दर्य का साक्षात्कार कराते हैं।

आचार्य शुक्ल के बाद के पूरे काव्य-चिन्तन को ध्यान में रखकर काव्य-प्रयोजन के सम्बन्ध में विचार किया जाय तो कुल दो प्रकार के मत सामने आते हैं। एक मत प्रगतिशील विचारकों का है, जो काव्य के वर्गीय आधार को स्वीकार करते हुए उसे सर्वहारा का पक्षधर मानते हैं। उनकी दृष्टि में काव्य बेहतर समाज (समाजवादी समाज) की स्थापना के लिए किए जाने वाले संघर्ष में एक शस्त्र के रूप में प्रयुक्त हो सकता है। काव्य की सत्ता समाज-सापेक्ष्य है। दूसरे वे विचारक हैं जो काव्य की स्वतंत्रता को महत्त्व देते हैं और उसे संवेदना के विस्तार या चेतना के निरन्तर संस्कार का माध्यम मानते हैं। मोटे तौर पर पहले वर्ग के विचारकों को 'उपयोगितावादी' और दूसरे वर्ग के विचारकों को 'कलावादी' कहा जा सकता है। प्रथम वर्ग में मार्क्सवादी और उपयोगितावादी विचारक आते हैं। दूसरे वर्ग में छायावादी कवि और समीक्षक तथा मानव की अस्मिता को सर्वाधिक महत्त्व देने वाले प्रयोगवादी एवं 'नयी कविता' के आरंभिक दौर के समीक्षक आते हैं। सभी कवियों एवं समीक्षकों के मतों की उद्धरणी देकर यहाँ इस प्रसंग को विस्तार देना समीचीन नहीं।

आधुनिक युग में पाश्चात्य विचारकों के मतों को उद्धृत करके अपनी बात कहने की प्रवृत्ति आवश्यकता से कुछ अधिक ही देखी जा सकती है। इसी प्रवृत्ति के परिणामस्वरूप काव्य-प्रयोजन की चर्चा पाश्चात्य काव्य-चिंतन में प्रचलित कुछ वादों के साथ जोड़कर भी की जाती है। इनमें प्रमुख वाद निम्नलिखित हैं—

(1) काव्य (कला), (कला) के लिए।

(2) काव्य (कला), जीवन के लिए।

(3) काव्य (कला), जीवन से पलायन के लिए।

(4) काव्य (कला), मनोरंजन के लिए।

(5) काव्य (कला), आत्म-साक्षात्कार के लिए।

(6) काव्य (कला), एक सर्जनात्मक आवश्यकता की पूर्ति के लिए।

(7) काव्य (कला), अभिव्यंजना के लिए।

यदि ध्यानपूर्वक देखा जाय तो उपर्युक्त सभी मतवादों को दो ही मतों में समाहित किया जा सकता है। पहला मत यह कि काव्य (कला) की एक स्वतंत्र समाज-निरपेक्ष सत्ता है। दूसरा यह कि काव्य (कला) की सत्ता समाज-सापेक्ष्य है, वह पूर्णतः स्वतंत्र नहीं है। 'काव्य, काव्य के लिए', 'काव्य जीवन से पलायन के लिए', 'काव्य आत्मसाक्षात्कारके लिए', 'काव्य एक सर्जनात्मक आवश्यकता की पूर्ति के लिए', 'काव्य अभिव्यंजना के लिए', अन्ततः ये सभी मत काव्य की स्वतंत्र सत्ता प्रमाणित करते हैं। 'काव्य-जीवन के लिए' का सिद्धान्त काव्य को समाज-सापेक्ष्य मानता है। काव्य मनोरंजन के लिए या आनन्द के लिए का सिद्धान्त काव्य को सहृदय के साथ जोड़ता तो है, किन्तु उसके उद्देश्य को हल्का और सीमित कर देता है। उपर्युक्त मतों को सही संदर्भ में देखा जाय तो सभी के भीतर सत्य का कुछ अंश अवश्य मिलेगा। 'कला, कला के लिए' कहने का अर्थ इतना ही है कि रचनाकार किसी वाह्य प्रलोभन या भय से प्रचारात्मक साहित्य की रचना नहीं करता। वह काव्य-रचना करके आत्मतोष प्राप्त करता है। 'कला, कला के लिए' का यदि यह अर्थ लिया जाय कि रचनाकार को किसी से कुछ लेना-देना नहीं है और वह कला के नाम पर किसी भी प्रकार की रचना कर सकता है, तो यह मत उचित नहीं माना जायेगा। इसी प्रकार 'कला जीवन से पलायन के लिए' कहना भी उचित नहीं है। कभी-कभी रचनाकार जीवन की विसंगतियों और विकृतियों से ऊब कर सुख-शांति की खोज में कल्पना के स्वर्ग या आदर्श के नीड़ की रचना करता है, किन्तु यह स्थिति कभी भी स्थायी नहीं हो सकती। इसलिए इसे रचना मात्र का प्रयोजन नहीं कहा जा सकता। 'कला-सृष्टि आत्मसाक्षात्कार के निमित्त होती है' कहने का अर्थ यह नहीं होता कि वह समाज-निरपेक्ष होती है। मनुष्य की 'आत्मा' शुद्ध, मुक्त, 'चैतन्य' रूप होती है। ज्ञान-साधक, ज्ञान-दशा में उसका साक्षात्कार करता है। कवि या रचनाकार 'रसदशा' में उसका साक्षात्कार करता है। इस शुद्ध और मुक्त आत्मा का साक्षात्कार करने वाला कवि सभी प्रकार की संकीर्णताओं, स्वार्थों और भेदों से ऊपर उठ जाता है। इसलिए उसके काव्य में सहज ही लोक-कल्याण की भावना का समावेश हो जाता है। 'कला एक सर्जनात्मक आवश्यकता है' कहने का सीधा अर्थ है कि सच्चा रचनाकार कला-सृष्टि के बिना रह ही नहीं सकता है। 'सर्जना' सच्चे रचनाकार के जीवन की शर्त है। हिन्दी में 'कबीर', 'जायसी', 'सूर' और 'तुलसी' को प्रमाण रूप में प्रस्तुत किया जा सकता है। 'रचना' के लिए इन्हें बाहर से कोई प्रोत्साहन, प्रेरणा या प्रलोभन नहीं मिला था।

कला का यह प्रयोजन (जो प्रयोजन से अधिक उसकी प्रकृति का सूचक है) विवाद का विषय नहीं बन सकता। काव्य (कला) का प्रयोजन अभिव्यंजना मात्र है, उससे अधिक कुछ और नहीं; इस उक्ति को हम उसी अंर्थ में ग्रहण करना चाहेंगे, जिस अर्थ में 'प्रसाद' जी ने ग्रहण किया है। उनका कहना है—''व्यंजना वस्तुतः अनुभूतिमयी प्रतिभा का स्वयं परिणाम है।'' अपनी बात स्पष्ट करने के लिए उन्होंने 'सूर' और 'तुलसी' के बाल-वर्णन को सामने रखा है। उनका कहना है कि वात्सल्य की अभिव्यक्ति में तुलसी, सूर से इसलिए नहीं पिछड़ गए हैं कि उनमें कौशल या वर्ण-विन्यास-पटुता नहीं थी। वस्तुतः 'सूरदास' के वात्सल्य में संकल्पात्मक मौलिक अनुभूति की तीव्रता है। ''तुलसीदास के हृदय में वास्तविक अनुभूति तो रामचन्द्र की भक्त-रक्षण-समर्थ दयालुता है, न्यायपूर्ण ईश्वरता है, जीव की शुद्धावस्था में पाप-पुण्य-निर्लिप्त कृष्णचन्द्र की शिशु-मूर्ति का शुद्धाद्वैत वाद नहीं।'' तात्पर्य यह कि अनुभूति की प्रगाढ़ता और सच्चाई ही अभिव्यंजना की उत्कृष्टता का आधार है। इसलिए यह कहना कि 'काव्य का प्रयोजन मात्र अभिव्यंजना है' प्रकारान्तर से काव्य में अनुभूति की तीव्रता के महत्त्व का ही समर्थन करना है और कवि की अनुभूति जीवन-जगत् से सर्वथा निरपेक्ष नहीं हो सकती।

उपर्युक्त समस्त विवेचन का निष्कर्ष यह है कि रचनाकार भी एक सामाजिक प्राणी है। समाज में रहकर ही वह अपनी कला-चेतना का विकास करता है। उसका अनुभव-संसार उसके इन्द्रिय-बोध और सम्पर्क-संसार पर ही आधृत है। उसकी मानस-रचना युगीन परिस्थितियों के दबाव में ही होती है। वह रचना के तात्त्विक आधार को जीवन से ही ग्रहण करता है। कला जनहित की उपेक्षा करके प्राणवान नहीं हो सकती। कला ही नहीं; कोई भी दर्शन, विचारधारा या जीवन-पद्धति जनहित की उपेक्षा करके सार्थक नहीं हो सकती। 'कला की स्वायत्तता' या 'कला, कला के लिए' का इतना ही अभिप्राय हो सकता है कि रचनाकार के सामने रचनात्मकता पहली शर्त है। विचारधारा या जीवन-दर्शन अनुभूति और संवेदना का विषय बनकर, रसात्मक, रमणीय, सहृदय-हृदय-आह्लादक और मर्मस्पर्शी होकर ही कलात्मक हो सकता है। काव्य के प्रयोजनों में मतभेद या तो दृष्टिभेद का परिणाम है या मत-विशेष के प्रति आग्रहशील होने का।

काव्य-लक्षण

वस्तुतः जब कोई भी आचार्य काव्य को परिभाषित करता है या उसके स्वरूप का विवेचन करते हुए किसी निष्कर्ष पर पहुँचना चाहता है तो उसके चिन्तन की परिधि में काव्य के लक्षण भी समाविष्ट रहते हैं। इसलिए सामान्यतः काव्य के लक्षणों पर अलग से विचार करना आवश्यक नहीं होता। कोई भी 'वस्तु' उसमें निहित वैशिष्ट्य मूलक लक्षणों को छोड़कर न तो ठीक से परिभाषित की जा सकती है और न उसके स्वरूप को ही स्पष्ट किया जा सकता है। फिर भी काव्य के लक्षणों पर अलग से विचार किया जाता रहा है और कई आचार्यों ने उन्हें निर्दिष्ट भी किया है।

आचार्य भामह ने काव्य लक्षण के अन्तर्गत स्पष्ट रूप से कहा है—

शब्दार्थौ सहितौ काव्यं गद्यं पद्यं च तद् विधा।
संस्कृतं प्राकृतं चान्यदपभ्रंशः इति त्रिधा॥

इस काव्य लक्षण पर टिप्पणी करते हुए आचार्य बलदेव उपाध्याय कहते हैं—"भामह का काव्य का सामान्य लक्षण है—"शब्दार्थौ सहितौ काव्यं। अर्थात् शब्द तथा अर्थ मिलकर काव्य बनाते हैं परन्तु उनके ग्रन्थ से पता नहीं चलता कि शब्द और अर्थ का यह साहित्य—'सहित भाव' किस आधार पर आश्रित रहता है। वह आधार केवल वैयाकरण योजना है अथवा साहित्यिक सामंजस्य?" इसके बाद वे अपनी ओर से जोड़ते हैं—"भामह ने काव्य में अनेक हेय दोषों का वर्णन अपने काव्य में किया है जिससे स्पष्ट है कि वे अस्पष्ट रूप से शब्दार्थ को दोषहीन मानने के पक्ष में हैं।" (भारतीय साहित्यशास्त्र, पृ० 417)

भामह के बाद 'वामन' आते हैं। वामन रीति-प्रवर्तक आचार्य हैं। उनके संबंध में आचार्य उपाध्याय का कथन है—"वामन ही हमारे प्रथम आलंकारिक हैं, जिन्होंने काव्य के लक्षण में 'अदोष' को स्थान दिया है। उनका कथन है—"सदोष गुणालंकार हानादानाभ्याम्" अर्थात् वह (सौन्दर्य रूप अलंकार) दोषों के हान (परित्याग) और गुण तथा अलंकारों के उपादान से होता है। वामन के बाद और आचार्य मम्मट के कुछ पहले है—"निर्दोषं गुणवत् काव्यम् अलंकारैः अलंकृतम्"। यहाँ निर्दोषं का अर्थ दोष का नितान्त अभाव है। आचार्यों की परम्परा में आचार्य मम्मट का स्थान अत्यन्त महत्त्वपूर्ण है। उनके सामने भामह, वामन और भोजराज के काव्य-लक्षणों की यह परम्परा विद्यमान थी। उन्होंने इस पूरी परम्परा को पूर्णता प्रदान करते हुए अपना काव्य-लक्षण प्रस्तुत किया—

''तद्दोषौ शब्दार्थौ सगुणावनलंकृती पुनः क्वापि''। अर्थात् काव्य में शब्द और अर्थ के सहभाव में दोष कतई नहीं होना चाहिए। गुण अवश्य होना चाहिए और अलंकार कहीं-कहीं न भी हो, तो कोई बात नहीं।

इस लक्षण पर आचार्य उपाध्याय ने टिप्पणी करते हुए कहा है—''मम्मट की दृष्टि में शब्द और अर्थ के जोड़े के लिए 'काव्य' का प्रयोग किया है। परन्तु शब्द तथा अर्थ साधारण न होकर विशिष्ट होने चाहिए यह विशेषता किस रूप में है? दोषहीनता, गुण-सम्पन्नता तथा अलंकार-युक्तता। दोष-राहित्य पर उनका आग्रह है। गुण और अलंकार में उनका आग्रह गुण पर अधिक है। अलंकार पर कम। इसलिए वे अलंकार को काव्य का आवश्यक अंग मानने के लिए प्रस्तुत नहीं हैं।'' (भारतीय साहित्यशास्त्र, पृ० 416) आचार्य मम्मट के समर्थन में एक प्राचीन छन्द उद्धृत किया जाता है—

हारो नारोपितः कण्ठे मया विश्लेषभीरूणा।
इदानीमावयर्मध्ये सरित् सागर भूधराः॥

यह किसी वियोग सन्तप्त नायक की उक्ति है। वह कहता है—संयोग के क्षणों में अपनी प्रिया के कंठ में हार इस भय से नहीं पहनाता था कि हमारे और उसके बीच हार आ जाएगा और हम ठीक से आलिंगन नहीं कर सकेंगे। अब वियोग के क्षणों में तो हमारे बीच में नदियाँ, समुद्र और पर्वत आ गए हैं। देखा जाय तो इस छन्द में अलंकार का चमत्कार बिल्कुल नहीं है, किन्तु छन्द के भाव-माधुर्य में कोई कमी नहीं आयी है।

वस्तुतः मम्मट रसवादी आचार्य थे। वे 'रस ध्वनि' को काव्य की आत्मा मानते थे। गुणों को उनका महत्त्व देना स्वाभाविक था। गुण रस के उत्कर्ष में सहायक होते हैं। वे काव्य के नित्य धर्म हैं। उनके अभाव में काव्य रसात्मक हो ही नहीं सकता। इसके विपरीत 'दोष' 'रस' का अपकर्ष करते हैं। इसलिए मम्मट का 'अदोषौ शब्दार्थौ' कहना उचित है।

मम्मट के बाद के दो आचार्यों—कविराज विश्वनाथ और पंडितराज जगन्नाथ ने मम्मट का विरोध किया है। विश्वनाथ का तर्क है कि काव्य भी मनुष्य की ही रचना है। मनुष्य पूर्ण नहीं है। उसके अन्य कार्यों की भाँति काव्य में भी त्रुटियों का होना स्वाभाविक है। दोषहीन काव्य की कल्पना आकाश कुसुम है। उनका दूसरा तर्क यह है कि किसी भी रचना के स्वरूप का निदर्शन करते हुए दोषाभाव की चर्चा अनुचित है। दोष किसी भी पदार्थ की हीनता का द्योतक है। हीनता के निदर्शन से किसी पदार्थ के स्वरूप का परिचय देना ठीक नहीं है। पंडितराज जगन्नाथ का तर्क भी इसी पद्धति का है। वस्तुतः मम्मटाचार्य के आलोचक आचार्य यह भूल जाते हैं कि मम्मट काव्य की आदर्श स्थिति का लक्षण प्रस्तुत कर रहे थे। उसे जीवन के अन्य व्यापारों के साथ रखकर उसके यथार्थ स्वरूप का निदर्शन नहीं कर रहे थे। इसलिए उनके द्वारा प्रस्तुत लक्षण का महत्त्व आज भी मान्य है। जब

हम आदर्श की बात करते हैं तो जीवन का संदर्भ हो या काव्य का, हमारे सामने पूर्णता की परिकल्पना होती है। जिस तरह किसी सर्वांग सुन्दरी के कपोलों पर एक छोटा-सा श्वेत दाग उसके सौन्दर्य को समाप्त कर देता है, उसी तरह एक छोटा-सा काव्य-दोष पूरे काव्य के सौन्दर्य के आगे प्रश्नचिह्न लगा देता है। यही दृष्टि मम्मट की थी। स्वयं तुलसीदास ने अपनी रचना के विषय में कहा है—'सखर सुकोमल मंजु दोष-रहित दूषण सहित' इसमें 'सखर' और 'दूषण' मुद्रा अलंकार सूचक शब्दों को हटा दिया जाय तो 'सुकोमल, मंजु और दोषरहित' विशेषण सूचक शब्द बचते हैं। तात्पर्य यह कि तुलसीदास को भी '**दोष-राहित्य**' की चेतना थी। यह दूसरी बात है कि उनकी रचना में 'यतिभंग' आदि दोष हैं। वे भी 'दोष-रहित' कहकर आदर्श स्थिति की ही व्यंजना कर रहे थे।

इस प्रकरण को समाप्त करते हुए हम आरम्भ में उठाए गए अपने प्रश्न पर पुनः लौटना चाहेंगे। मम्मट की जिस उक्ति—''तद्दोषौ शब्दार्थौ सगुणावनलंकृती पुनः क्वापि'' को काव्य-लक्षण के रूप में पेश किया गया है, उसे ही स्वयं मम्मट ने ही लक्षण भी कहा है और स्वरूप भी। काव्य के साधन की चर्चा के बाद वे कहते हैं—'एवमस्य कारणमुक्त्वा स्वरूपमाह' अर्थात् ''इस प्रकार इस (काव्य) के साधन बतलाकर [**उसके**] स्वरूप को कहते हैं—यह स्वरूप कथन वही है जिसे काव्य लक्षण कहा गया है—''तद्दोषौ शब्दार्थौ सगुणावनलंकृती पुनः क्वापि'' इसका सीधा अर्थ यही है कि 'स्वरूप' और लक्षण में तात्त्विक भेद नहीं है। वस्तुतः आचार्यों ने 'स्वरूप', 'मत' और 'लक्षण' तीनों को समानार्थी बना दिया है। 'परिभाषा' भी प्रायः इन्हीं के अर्थ में प्रयुक्त हुई है। 'काव्य के हेतु', 'काव्य के प्रयोजन' और 'काव्य के भेद' ये सभी स्पष्टतः एक दूसरे से अलग हैं। किन्तु 'परिभाषा', 'स्वरूप', 'मत' और 'लक्षण' इनमें तत्त्वतः भेद नहीं है। 'लक्षण' शब्द अधिक प्रचलित प्रतीत होता है। आचार्य विश्वेश्वर ने 'काव्यप्रकाश' की जो टीका लिखी है, उसमें उन्होंने भामह का काव्यलक्षण, दण्डी का काव्यलक्षण, वामन का काव्यलक्षण और कुन्तक का काव्यलक्षण जैसे पदों का प्रयोग किया है, किन्तु आनन्दवर्धन का **मत**, राजशेखर का मत, क्षेमेन्द्र का मत इस प्रकार के भी प्रयोग किए गए हैं। निष्कर्ष यह कि लोकप्रियता को ध्यान में रखकर 'लक्षण' शब्द का प्रयोग ही अधिक उचित प्रतीत होता है।

काव्य-हेतु

आचार्य मम्मट ने 'शक्ति', निपुणता' और 'अभ्यास' इन तीनों को सम्मिलित रूप से काव्य का हेतु माना है—

शक्तिर्निपुणता लोक-शास्त्र काव्याद्यवेक्षणात्।
काव्यज्ञ-शिक्षयाभ्यास इति हेतुस्तदुद्भवे॥

—काव्यप्रकाश 1/3

अर्थात् कवि में संस्कार रूप में विद्यमान शक्ति, लोक-व्यवहार, शास्त्र तथा काव्य आदि के पर्यालोचन से उत्पन्न निपुणता और काव्य-मर्म को जानने वाले गुरु की शिक्षा के अनुसार काव्य-निर्माण का अभ्यास ये तीनों ही समष्टि रूप से काव्य के हेतु हैं। मम्मट ने अपने मत में संस्कृत के आचार्यों के काव्य-हेतु विषयक चिन्तन का समाहार प्रस्तुत कर दिया है। उनसे पहले 'भामह' ने केवल प्रतिभा को; 'दण्डी' और 'रुद्रट' ने प्रतिभा, शास्त्रज्ञान तथा अभ्यास तीनों को; 'वामन' ने लोक (लोक-व्यवहार), विद्या (शब्द-शास्त्र, अभिधान-कोश, छन्दशास्त्र, कला, कामशास्त्र तथा दण्डनीति) और प्रकीर्ण (काव्य-परिचय, अभियोग (उद्योग), वृद्ध-सेवा अवेक्षण, प्रतिभा और अवधान) को तथा राजशेखर ने 'समाधि' (एकाग्रता) और अभ्यास से उत्पन्न 'शक्ति' को, काव्य-हेतु माना था। आनन्दवर्द्धन ने 'व्युत्पत्ति' और 'प्रतिभा' दोनों को काव्य-हेतु मानते हुए भी 'प्रतिभा' को विशेष महत्व दिया था। पंडितराज जगन्नाथ ने 'प्रतिभा' को ही काव्य का हेतु माना है। 'प्रतिभा' की व्याख्या करते हुए वे कहते हैं—'काव्य-निर्माण के लिए अनुकूल शब्दार्थों की उपस्थिति का नाम प्रतिभा' है। उन्हीं के शब्दों में, ''तस्य च कारणं कविगता केवला प्रतिभा। सा च काव्यघटनानुकूल शब्दार्थोपस्थितिः'' अर्थात् 'प्रतिभा' का कारण कहीं अदृष्ट, कहीं असाधारण अध्ययन और कहीं काव्य-रचना का अभ्यास है।

भक्तिशास्त्र के ग्रन्थ 'भक्तिरसामृतसिन्धु' में काव्य की उत्पत्ति का तो नहीं, किन्तु 'भक्ति' की उत्पत्ति का कारण बताते हुए कहा गया है—(मूल रूप में हृदय में विद्यमान) थोड़ी-सी भी रुचि ही भक्ति-तत्त्व को अभिव्यक्त करने वाली होती है—''स्वल्पाऽपि रुचिरेव स्याद्भक्तितत्त्वाववोधिका''। यह 'थोड़ी-सी रुचि' और कुछ नहीं संस्कारजन्य मनःप्रवृत्ति है। हिन्दी के भक्त-कवियों के काव्य-हेतु का निर्णय करने में रूपगोस्वामी का उपर्युक्त कथन सार्थक माना जा सकता है।

तुलसीदास ने 'रामचरितमानस' की रचना का हेतु में हृदय में सुबुद्धि के उल्लसित होने की बात कही है। यह सुबुद्धि का उल्लास शिव की कृपा से हुआ था।

संभु-प्रसाद सुमति हियँ हुलसी। रामचरितमानस कवि तुलसी॥

हम कह सकते हैं कि भक्त कवि तुलसी की काव्य-रचना का हेतु उनकी सुबुद्धि थी, जो शिव की कृपा से जागृत हुई थी। तुलसीदास पर शिव की कृपा का कारण उनका संस्कारशील होना ही माना जा सकता है।

'सूरदास' के सम्बन्ध में भी संस्कार-जन्य मन:प्रवृत्ति को ही कारण माना जा सकता है। गुरु वल्लभाचार्य के सम्पर्क में आने के पहले से ही वे पद-रचना करते थे। 'भक्तमाल' के अनुसार 'आपके हृदय में प्रभु ने दिव्य-दृष्टि दी, जिसमें सम्पूर्ण श्री हरि-लीला का प्रतिबिम्ब भासित हुआ'। 'प्रतिबिम्बित दिवि दृष्टि हृदय हरिलीला भासी।' ईश्वर की कृपा से दिव्य-दृष्टि का प्राप्त होना प्रकारान्तर से संस्कारों का ही जागृत होना है। भक्ति-काल के अन्य संतों और भक्तों के जीवन का अवलोकन करने से भी यही प्रमाणित होता है कि कभी गुरु के उपदेश से, कभी सत्संग के प्रभाव से, कभी धार्मिक ग्रन्थों के अनुशीलन से और कभी किसी प्रेरक घटना के सहसा घटित होने से उनके संस्कार जागृत हुए थे। वे भक्तिपरक साहित्य के सर्जन में प्रवृत्त हुए थे।

हिन्दी के रीतिकालीन कवियों ने काव्य-हेतु पर विचार करते हुए किसी मौलिक तत्त्व की उद्‌भावना नहीं की। उन्होंने सामान्यत: मम्मट के काव्य-प्रकाश को उपजीव्य मानकर उनके मत को ही अपने ढंग से प्रस्तुत कर दिया। सुखदेव मिश्र ने कहा—

कारण देव प्रसाद जिहि, सक्ति कहत सब कोइ।
वितपति अरु अभ्यास मिलि, त्रय बिनु काव्य न होइ॥

श्रीपति ने अपने 'काव्यसरोज' में कहा—

शक्ति निपुणता लोकमत वितपति अरु अभ्यास।
अरु प्रतिभा ते होत है, ताको ललित प्रकास॥
शक्ति निपुणता लोकमत वितपति अरु अभ्यास।
अरु प्रतिभा ते होत है, ताको ललित प्रकास॥

कविवर भिखारीदास के अनुसार—

शक्ति कवित्त बनाइवे की, जिहिं जन्म नक्षत्र मैं दीन्ह विधातैं।
काव्य की रीति सिखी सुकवीन सों, देखी-सुनी बहुलोक की बातैं॥
'दास जू' जामें एकत्र ये तीनि, बनै कविता मन रोचक तातैं।
एक बिना न चलै रथ जैसे धुरन्धर सूत की चक्र निपातैं॥

लछिराम ने अपना मत प्रकट करते हुए कहा है—

ब्रह्म लिख्यौ पहिले ही ललाट मैं सक्ति सुरूप सहायक साज है।
जातै सुजानन सों मत काव्य के देस विदेसन वानी विराज है॥
तीन हूँ साधन मैं लछिराम प्रवीन बनै गुनवंत समाज है।
आनंदवारी उदै प्रतिभा उर आयौ करै कल सो कविराज है॥

उपर्युक्त कथनों पर विचार किया जाय तो स्पष्ट हो जायेगा कि आचार्य मम्मट ने जिन तीन कारणों—शक्ति, निपुणता और अभ्यास की बात कही थी, उसे हिन्दी के प्रायः सभी कवि-आचार्यों ने स्वीकार किया है। सुखदेव मित्र ने मम्मट की 'निपुणता' के स्थान पर 'व्युत्पत्ति' शब्द का प्रयोग किया है। भिखारीदास ने 'निपुणता' के स्थान पर 'रीति-ज्ञान' की बात कही है और लोकमत को तीसरा हेतु बताया है। वस्तुतः रीतिज्ञान और लोकमत दोनों का समावेश 'निपुणता' में हो जाता है। लछिराम ने शक्ति और निपुणता का उल्लेख ज्यों-का-त्यों किया है। 'प्रतिभा' को वे एक अलग हेतु मानते हैं। उनका देश-विदेश की वाणी का ज्ञान, लोक-ज्ञान के अन्तर्गत आ जाता है। श्रीपति ने शक्ति, निपुणता, लोकमत, व्युत्पत्ति, अभ्यास और प्रतिभा इन छः हेतुओं का उल्लेख करके नवीनता लाने की चेष्टा की है, किन्तु विचारपूर्वक देखा जाय तो उनमें भी कोई मौलिक बात नहीं है। उनके लोकमत 'व्युत्पत्ति' और 'निपुणता' का समावेश तो मम्मट की 'निपुणता' में हो जाता है। 'प्रतिभा' को 'शक्ति' से अलग महत्त्व देने का भी कोई कारण नहीं है। तात्पर्य यह कि घूम फिर कर बात 'शक्ति', निपुणता' और 'अभ्यास' पर ही आ जाती है। इस प्रकार हम यह अनुभव करते हैं कि संस्कृत के आरंभिक आचार्यों से लेकर हिन्दी के रीतिकालीन कवि-आचार्यों तक की लम्बी परम्परा काव्य-हेतु के सम्बन्ध में विचार करते समय एक निश्चित् परिधि के भीतर घूमती रही है। उसमें निपुणता या अभ्यास द्वारा प्राप्त कला-लाघवता का प्रश्न उठता है। इसका भारतीय आचार्यों के पास एक ही उत्तर है—ईश्वर-प्रदत्त शक्ति या प्रतिभा। 'प्रतिभा' 'नवनवोन्मेषशालिनी प्रज्ञा' का नाम है। नये-नये अर्थों का उन्मीलन 'प्रतिभा' का कार्य है। 'प्रतिभा' को ईश्वर-प्रदत्त मान लेने पर आगे सोचने की आवश्यकता नहीं रह जाती। इसलिए हज़ारों वर्षों तक भारतीय मनीषा एक निश्चित् परिधि के भीतर चक्कर काटती रही है।

आधुनिक युग में मनोविज्ञान ने मनोविश्लेषण द्वारा इस प्रश्न का उत्तर देना चाहा। इस क्षेत्र में फ्रॉयड, एडलर और युंग का विश्लेषण महत्त्वपूर्ण माना जाता है। फ्रॉयड के अनुसार मनुष्य को कार्य में प्रवृत्त करने वाली मूल शक्ति काम-वासना है। जब इसका दमन किया जाता है तब वह अवचेतन मन में दब जाती हैं। काव्य तथा अन्य कलाओं में इसी दमित वासना का उदात्तीकरण (Sublimation) होता है। इस प्रकार काव्य-रचना में प्रवृत्त होने का मूल कारण काम-वासना ही है। फ्रॉयड के सहयोगी एडलर ने काम-वासना के स्थान पर

मनुष्य की 'अहं की स्थापना' (Self-assertion) की प्रवृत्ति को महत्त्वपूर्ण माना है। उसके अनुसार मनुष्य जब व्यावहारिक जीवन में अपने प्रभुत्व को स्थापित नहीं कर पाता तो उसके मन में हीन-भावना पैदा होती है। इस हीन-भावना से मुक्त होने के लिए वह काव्य-रचना या अन्य महत्त्वपूर्ण कार्य करने में प्रवृत्त होता है। इस प्रकार काव्य-रचना के मूल में हीनता-ग्रन्थि (Inferiority Complex) के निराकरण की प्रवृत्ति कार्य करती है। युंग ने काम-भावना (लिबिडो) का व्यापक अर्थ लिया। उसने काम-वासना (Sexual Impulse) और अहं की स्थापना (Self-assertion) दोनों को 'लिबिडो' का ही अंग माना। उसके अनुसार ये दोनों ही मनुष्य को रचना-कर्म में प्रवृत्त करती हैं। जो व्यक्ति काम-वासना से प्रेरित होते हैं वे बहिर्मुख और जो अहं की स्थापना की प्रवृत्ति से प्रेरित होते हैं वे अन्तर्मुख (Introvert) होते हैं। अन्तर्मुख व्यक्ति का चेतन मन तो उदास और दु:खी रहता है किन्तु अचेतन मन शान्त और प्रसन्न रहता है। प्राय: अन्तर्मुख व्यक्ति ही मानसिक समीकरण (Mental Compensation) के लिए रचना में प्रवृत्त होता है। युंग ने इन दोनों विचारकों से अलग 'सामूहिक अवचेतन' की स्थापना की। उसके अनुसार यह सामूहिक अवचेतन सक्रिय होकर धार्मिक कर्मकाण्डों और मिथकों की सृष्टि करता है। हमारी सारी पौराणिक गाथाएँ सामूहिक अवचेतन की सृष्टि हैं। इनके विश्लेषण से हम अपनी परम्परा के आधारभूत तत्त्वों को समझ सकते हैं। मिथक प्रसरणशील होते हैं। प्रत्येक युग का प्रतिभा सम्पन्न कवि इनको आधार बनाकर नवयुग की सभ्यता को आकार दे सकता है। मनोविश्लेषण द्वारा हम काव्य की रचना-प्रक्रिया को बहुत कुछ समझ सकते हैं। किन्तु काव्य के समग्र कलात्मक सौन्दर्य का आकलन इस दृष्टि से संभव नहीं है। मनोविश्लेषण से प्राप्त उपर्युक्त निष्कर्षों में आंशिक सत्य स्वीकार किया जा सकता है। आधुनिक कवियों में मैथिलीशरण गुप्त और 'अज्ञेय' ने स्पष्ट रूप से एडलर के क्षति-पूर्ति के सिद्धान्त को मान्यता दी है। गुप्त जी के अनुसार—

'जो अपूर्ण कला उसी की पूर्ति है।'

—'साकेत', प्रथम सर्ग।

अज्ञेय ने 'त्रिशंकु' में कहा है—"कला सामाजिक अनुपयोगिता की अनुभूति के विरुद्ध अपने को प्रमाणित करने का प्रयत्न, अपर्याप्तता के विरुद्ध विद्रोह है।" (त्रिशंकु पृ० 23) 'अपने को प्रमाणित करना', 'सेल्फ एसर्शन' (Self-assertion) का ही अनुवाद है। इनके अतिरिक्त डॉ० नगेन्द्र, इलाचन्द्र जोशी, डॉ० देवराज उपाध्याय ने आधुनिक हिन्दी-साहित्य के मूल्यांकन में मनोविश्लेषण का आधार लिया है।

मार्क्सवादी चिन्तकों ने काव्य को 'सामूहिक भाव' की अनुभूति से प्रेरित माना। उनके अनुसार प्रारम्भिक अवस्था में प्रकृति से संघर्ष करते समय या कृषि-कार्य सम्पन्न करने के अवसर पर समाज का सामूहिक भाव जागृत होता था। इस

सामूहिक भाव की अभिव्यक्ति संगीतमय लययुक्त भाषा में होती थी। इस प्रकार सामूहिक भाव की अभिव्यक्ति की आकुलता काव्य-रचना का हेतु है।

उपर्युक्त विवेचन से यह स्पष्ट है कि मध्य-काल तक आचार्यों ने ईश्वर-प्रदत्त प्रतिभा या शक्ति को ही काव्य का मूल हेतु माना था। आधुनिक काल में मनोविश्लेषणवादी और मार्क्सवादी विचारकों ने 'ईश्वर' को अपदस्थ करके क्रमश: व्यक्ति-मानस और समाज-मानस में काव्य-रचना के हेतु का अनुसंधान करना चाहा। तात्पर्य यह कि वैज्ञानिक विकास के साथ जिस प्रकार काव्य के स्वरूप की अवधारणा में परिवर्तन हुआ उसी प्रकार उसके 'हेतु' की भी नई उद्भावना की गई।

काव्य का स्वरूप

कवि की रचना को काव्य कहते हैं। कवि जीवन और जगत् की अनुभूति को शब्द और अर्थ के सामंजस्य का आधार लेकर अपनी प्रतिभा के बल पर रमणीय, रसात्मक और आह्लादकारी बनाकर प्रस्तुत करता है। उसकी पुनः सृष्टि करता है। उसकी यह अभिनव सृष्टि ही काव्य है। मनुष्य का जीवन और उसके सामने फैला हुआ यह विराट् जगत् दोनों ही रहस्यमय हैं। दोनों ही परिवर्तनशील और गत्यात्मक हैं। समय के साथ मनुष्य के ज्ञान और संवेदना में भी परिवर्तन होता है। जगत् और जीवन के प्रति उसका दृष्टिकोण बदलता है। इसलिए कवि की अनुभूति और संवेदना में भी परिवर्तन होता है। आदिम काल के मनुष्य का जीवन सरल था। प्रकृति के साथ उसके सम्बन्धों में भी किसी प्रकार का द्वन्द्व नहीं था। प्रकृति के रहस्यों को देखकर वह कभी भयभीत, कभी चमत्कृत और कभी आह्लादित होता था। उसके परिचय की परिधि में आने वाली प्रकृति उसकी आत्मीय बन गई थी। इसलिए अपने सुख-दुःख की अनुभूतियों को वह सीधे-सादे ढंग से व्यक्त कर लेता था। आज स्थिति दूसरी है। मनुष्य के ज्ञान का क्षेत्र विस्तृत हो चुका है। जगत् के अनेक रहस्यों को वह सुलझा चुका है। अपनी अपराजेय जिजीविषा के बल पर उसने प्रकृति पर विजय प्राप्त करने का संकल्प कर लिया है। दीर्घकाल से जीवन को सुखमय बनाने के प्रयत्न में उसने अनेक उपकरण जुटा लिए हैं। उसकी बुद्धि विकसित हो चुकी है। उसने अनेक संस्थाओं को जन्म दिया है। धीरे-धीरे उसने ऐसी जीवन-पद्धति विकसित कर ली है, जिसकी व्याख्या के प्रयत्न में नये-नये शास्त्र जन्म ले रहे हैं। आज वह सुख-दुःख मूलक उत्साह, प्रेम, क्रोध, भय जैसे मनोवेगों से चालित न होकर अनेक जटिल मनोभावों एवं संश्लिष्ट मनः स्थितियों से उद्वेलित है। कवि भी मनुष्य ही है। वह भी एक सामाजिक प्राणी है। इसलिए उसकी अनुभूति और संवेदना भी जटिल और संश्लिष्ट हो गई है। इसलिए आज उसकी रचना का (काव्य का) स्वरूप भी बदल चुका है। जिन रचनाओं को लक्ष्य में रखकर भामह, दण्डी, उद्‌भट, रुद्रट, आनन्दवर्द्धन, अभिनवगुप्त, राजशेखर, कुन्तक, क्षेमेन्द्र, मम्मट, विश्वनाथ कविराज और पण्डितराज जगन्नाथ ने काव्य का स्वरूप निर्धारित किया था आज उससे भिन्न प्रकार की रचनाएँ हमारे सामने हैं। इसलिए काव्य के स्वरूप में भी परिवर्तन हो गया है। आज पुराने लक्षण अप्रासंगिक माने जा रहे हैं। फिर भी वर्तमान को समझने के लिए अतीत का विश्लेषण आवश्यक है। अतीत के गर्भ से ही वर्तमान का जन्म हुआ है। इसलिए हम कुछ प्राचीन आचार्यों द्वारा निर्धारित काव्य-लक्षणों को सामने रखकर काव्य के स्वरूप को स्पष्ट करना चाहेंगे।

1. शब्दार्थौ सहितौ काव्यं गद्यं-पद्यं च तत् द्विधा।

—भामह, छठी शती का मध्यकाल

2. काव्य शब्दोऽयं गुणालंकारसंस्कृतयोः शब्दार्थयोर्वर्तते।

—वामन, लगभग 800 ई०

3. तद्दोषौ शब्दार्थौ सगुणावनलंकृती: पुनः क्वापि।

—मम्मट, ग्यारहवीं शती का उत्तरार्ध

4. वाक्यं रसात्मकं काव्यं। —विश्वनाथ, 1300 ई० से 1350 ई० के बीच

5. रमणीयार्थप्रतिपादकः शब्दः काव्यम्।

—पंडितराज जगन्नाथ, सत्रहवीं शती का मध्यभाग

पहला लक्षण **भामह** का है। उनके अनुसार शब्द और अर्थ दोनों का सहभाव ही काव्य है। अर्थात् जहाँ रचना में वर्णित अर्थ के अनुरूप शब्दों का प्रयोग हो या शब्दों के अनुरूप अर्थ का वर्णन हो वहाँ शब्द और अर्थ के सहभाव के कारण काव्य की स्थिति मान्य है। यह काव्य गद्य और पद्य दो प्रकार का होता है। आचार्य 'भामह' की यह परिभाषा अत्यन्त संक्षिप्त है। इससे काव्य के स्वरूप का पूरा बोध नहीं होता। शब्द और अर्थ का सहभाव तो इतिहास, पुराण और शास्त्र सभी में अपेक्षित है। अर्थ के अनुरूप शब्द और शब्द के अनुरूप अर्थ तो प्रत्येक सार्थक एवं प्रभावी अभिव्यक्ति में होता है। इससे काव्य के व्यावर्तक धर्म का बोध नहीं होता। इसलिए आचार्य कुन्तक ने आगे चलकर शब्द और अर्थ के सहभाव (सहितौ) का अर्थ 'काव्य-सौन्दर्य के लिए उनकी न्यूनता या अधिकता से रहित मनोहर स्थिति' बताया है।[1] **वामन** ने अपने लक्षण में शब्द और अर्थ के 'सहभाव' के साथ गुण और अलंकार और जोड़ दिया है। वस्तुतः वामन द्वारा निरूपित काव्य-लक्षण को समझने के लिए उनके द्वारा कथित कुछ अन्य सूत्रों पर भी ध्यान देना होगा। वे कहते हैं—'काव्यं ग्राह्यम् अलंकारात्'। अलंकार के योग से काव्य ग्राह्य होता है और अलंकार सौन्दर्य के आधायक तत्त्व को कहते हैं, 'सौन्दर्यंमलंकार:'। सौन्दर्य का विधान दोषों के परित्याग और गुण तथा अलंकारों के उपादान से होता है। गुण और अलंकार दोनों को सौन्दर्य का आधायक मानते हुए भी वामन ने गुणों को विशेष महत्त्व दिया है। उनके अनुसार काव्य की शोभा करने वाले धर्म गुण हैं तथा उसका (गुण द्वारा उत्पन्न शोभा का) अतिशय करने वाले धर्म अलंकार। 'काव्य शोभायां: कर्तारो धर्मा: गुणा: तदतिशयहेत-वस्त्वलंकारा:'। काव्य-सौन्दर्य-वृद्धि में गुणों और अलंकारों की भूमिका ठीक वैसी ही है, जैसी रमणी की सौन्दर्य-वृद्धि में उसके यौवन और उसके द्वारा धारण किए गए हार, कंकण, नूपुर आदि आभूषणों की। वामन की एक विशेषता और

1. **साहित्यमनयोः शोभाशालितां प्रतिकाप्यसौ।**
अन्यूनानतिरिक्तत्वमनोहारिण्यवस्थितिः॥

है—उन्होंने सबसे पहले काव्य की आत्मा का प्रश्न उठाया है। उनके अनुसार काव्य की आत्मा 'रीति' है—'रीतिरात्मा काव्यस्य'। 'रीति' कहते हैं विशेष प्रकार की पदरचना-शैली को—विशिष्टापदरचना रीतिः'। विशेष से तात्पर्य 'गुण-युक्त' से है—'विशेषो गुणात्मा'। गुण, शब्द और अर्थ दोनों के धर्म हैं। इसलिए गुणों का विशेष महत्त्व है। 'श्लेष', 'प्रसाद', 'समता', 'समाधि', 'माधुर्य', 'ओज', 'पद सौकुमार्य', 'अर्थव्यक्ति', 'उदारता' और 'कांति' इन्हीं गुणों के समावेश से पद-रचना विशिष्ट होती है। इस प्रकार अन्ततः ये गुण ही काव्य की आत्मा के आधार-तत्त्व हैं। इसी निष्कर्ष पर पहुँचकर वामन ने अपने काव्य-लक्षण में 'गुणालंकारसंस्कृतयोः शब्दार्थयोः' पद का प्रयोग किया है।

आचार्य **मम्मट** के काव्य-लक्षण को इसी क्रम में देखना चाहिए। उनके अनुसार शब्द और अर्थ का सहभाव काव्य है, किन्तु यह सहभाव दोष-रहित, गुण-युक्त और अलंकृत होना चाहिए। कहीं-कहीं अलंकार न होने पर भी काव्य हो सकता है। दोष का परिहार पहली शर्त है। जैसे अंधा, लँगड़ा, काना (दोष-युक्त) मनुष्य सुन्दर नहीं माना जाता वैसे ही श्रुतिकटुत्व, क्लिष्टत्व, अश्लीलत्व, ग्राम्यत्व आदि दोषों से युक्त काव्य सुन्दर नहीं कहा जा सकता। गुणों का सद्भाव (होना) दूसरी शर्त है। जिस प्रकार आकार-प्रकार से निर्दोष होने के साथ ही यदि मनुष्य वीरत्व, औदार्य, शील, विनय आदि गुणों से युक्त भी हो तो उसके व्यक्तित्व का आकर्षण बढ़ जाता है उसी प्रकार निर्दोष होने के साथ ही यदि काव्य में 'ओज', 'माधुर्य', 'प्रसाद' आदि गुणों का भी समावेश हो तो काव्य-सौन्दर्य द्विगुणित हो जाता है। जहाँ तक अलंकारों का प्रश्न है, वे हों तो ठीक; न हों तो भी विशेष हानि नहीं। जिस प्रकार रूप-लावण्य युक्त युवती अलंकृत भी हो तो क्या कहना? उसका सौन्दर्य तो सभी प्रकार से श्लाघ्य है, किन्तु यदि वह हार आदि आभूषणों से सज्जित न हो तो भी, उसके सहज सौन्दर्य का आकर्षण कम नहीं होता। यही स्थिति काव्य की है। यदि वह निर्दोष तथा गुण-अलंकार-युक्त हो तो क्या कहना? किन्तु यदि उसमें उपमा, रूपक, उत्प्रेक्षा आदि का विधान न हो तो भी उसका सहज सौन्दर्य उसकी रमणीयता में कमी नहीं आने देता। परवर्ती आचार्यों ने मम्मट के काव्य-लक्षण की आलोचना की है। किन्तु उनकी आलोचना में तत्त्व की बात कम, स्पर्धाजन्य-पाण्डित्य-प्रदर्शन अधिक है।

साहित्यदर्पणकार **कविराज विश्वनाथ** ने शब्द और अर्थ के सहभाव के स्थान पर 'वाक्य' पद का प्रयोग किया है और सगुणौ के स्थान पर 'रसात्मक' विशेषण का। उनके अनुसार शब्द और अर्थ के सहभाव की आवश्यकता तो सभी प्रकार की अभिव्यक्ति में होती है। कवि जो कुछ लिख दे वह काव्य नहीं हो सकता। काव्य तो तभी होगा जब वाक्य रसात्मक होगा। 'रस' ही काव्य की आत्मा है। 'रस' के अन्तर्गत भाव, भावाभास, रसाभास आदि सभी का समावेश मान्य है। यदि कहा जाय कि 'सगुण' कहने से 'सरस' की सिद्धि स्वतः हो जाती है, क्योंकि गुण

बिना रस के रह ही नहीं सकते तो इस दशा में भी 'सरसौ' विशेषण उपयुक्त होगा। सबसे बड़ी बात यह है कि शब्द और अर्थ काव्य के शरीर मात्र हैं। गुणों के अभिव्यंजक शब्द और अर्थ भी काव्य-स्वरूप के आधायक नहीं हो सकते। वे केवल काव्य में उत्कर्ष पैदा कर सकते हैं। काव्य का लक्षण ऐसा होना चाहिए जो उसके स्वरूप को पूर्णतः स्पष्ट कर सके। जब 'रस' काव्य की आत्मा है तो उसके लक्षण में 'रस' का उल्लेख होना ही चाहिए। इसलिए 'रसात्मक वाक्य ही काव्य' हो सकता है। कविराज विश्वनाथ ने आचार्य मम्मट के काव्य-लक्षण की आलोचना अवश्य की है, किन्तु विद्वानों की दृष्टि में उनके लक्षण में आचार्य मम्मट का लक्षण समाहित है। इस सम्बन्ध में 'साहित्यदर्पण' के टीकाकार डॉ० सत्यव्रत सिंह का कथन ध्यान देने योग्य है—"रसात्मक होने के लिए, रस रूप आन्तर तत्त्व का आधार होने के लिए, वाक्य को केवल साकांक्ष, योग्य और संसृष्ट पदों का 'कदम्ब' होना अपेक्षित नहीं अपितु अदोष, सगुण और सुरुचिपूर्ण ढंग से अलंकृत होना अपेक्षित है। निष्कर्ष यही निकलता है कि 'वाक्यं रसात्मकं काव्यम्' की काव्य-परिभाषा से "तद्दोषौ शब्दार्थौ सगुणावनलंकृती पुनः क्वापि' का काव्य-लक्षण ध्वनित होता है, जिसमें कवि की कृति के रूप में 'काव्य' का रहस्य निर्दिष्ट है।" (साहित्यदर्पण, भू० पृ० 2)

पंडितराज जगन्नाथ को विश्वनाथ कविराज का काव्य-लक्षण संकुचित प्रतीत हुआ। उन्होंने इस पर आपत्ति करते हुए कहा कि मात्र 'रसात्मक वाक्य' को काव्य मान लेने पर 'वस्तु-अलंकार-प्रधान काव्य' को काव्य की सीमा से अलग कर देना होगा। महाकवियों ने स्थान-स्थान पर जल के प्रवाह, वेग तथा गिरने और उछलने का वर्णन किया है। बन्दरों और बालकों की क्रीड़ाओं का वर्णन किया है। इन वर्णनों में रस की प्रत्यक्ष योजना नहीं होती। फिर भी ये वर्णन प्राचीन महाकवियों की व्यवस्था के अनुसार काव्य ही माने जाते हैं। इसलिए 'रसात्मक वाक्य' में ही काव्यत्व मानना न्यायसंगत नहीं। पंडितराज ने 'रस' के स्थान पर 'अर्थ की रमणीयता' पर विशेष बल दिया। उनके अनुसार ऐसा शब्द-विधान, जिससे रमणीय या चमत्कारी अर्थ का प्रतिपादन होता है, काव्य है। आगे चलकर पंडितराज की भी आलोचना हुई। उनकी आलोचना इस बात को लेकर की गई कि 'अर्थ की रमणीयता' को काव्य मानते हुए भी उन्होंने 'अर्थ' को 'शब्द' का अनुयायी मानकर अपने लक्षण में 'शब्दः काव्यम्' पर विशेष बल दिया। वस्तुतः 'शब्द' और 'अर्थ' का सम्बन्ध शक्ति और शक्तिमान् के समान नित्य है। अलौकिक चमत्कार के उत्पादन में दोनों की समान भूमिका है। इसलिए काव्य में दोनों का समान महत्त्व मान्य है। इसलिए पंडितराज का शब्द पर बल देना उचित नहीं है। वस्तुतः पंडितराज अद्वैतवादी थे। इसलिए शब्द-ब्रह्म पर अधिक बल देना उनके लिए उचित ही था। 'अर्थ' के महत्त्व का निषेध उनका लक्ष्य कदापि नहीं था। उन्होंने 'अर्थ' की रमणीयता पर बल देकर वस्तु-वर्णन एवं अलंकार-प्रधान

रचनाओं को भी काव्य की सीमा में समेट लिया। इस प्रकार उन्होंने काव्य को अपेक्षाकृत व्यापक आधार प्रदान करने की चेष्टा की।

संस्कृत के अन्य आचार्यों ने भी काव्य के स्वरूप पर विचार किया है। विशेष रूप से आनन्दवर्धन और कुन्तक दो ऐसे आचार्य हैं, जिनकी उपेक्षा नहीं की जा सकती। किन्तु एक तो इनका चिन्तन एकदेशीय है, दूसरे इनके चिन्तन का सार-तत्त्व आचार्य मम्मट के विवेचन में समाविष्ट हो गया है। इसलिए काव्य तत्त्व-चिन्तन के क्रम में मौलिक उद्भावना की दृष्टि से इनका महत्त्व मान्य होने पर भी काव्य के समग्र स्वरूप-निर्धारण में इन पर अलग से विचार करना आवश्यक नहीं है। ''मम्मटाचार्य ने अपने 'काव्यप्रकाश' में भरतमुनि से लेकर भोजराज तक लगभग 1200 वर्षों के समस्त अलंकारशास्त्रीय चिन्तन को सार रूप में प्रस्तुत कर दिया है। भरत, भामह, वामन, आनन्दवर्धन, अभिनवगुप्त, कुन्तक, क्षेमेन्द्र और भोजराज इन सभी आचार्यों की चिन्ताधारायें 'काव्यप्रकाश' में उचित महत्त्व प्राप्त कर सकी हैं और सारा काव्यप्रकाश 'तद्दोषौ शब्दार्थौ सगुणावनलंकृती पुनः क्वापि' इस एक सूत्र के ऊपर घूम रहा है।'' (आचार्य विश्वेश्वर लिखित 'काव्यप्रकाश' की भूमिका, पृ० 75) इसलिए संस्कृत आचार्यों द्वारा निर्दिष्ट काव्य-स्वरूप के परिचय के लिए अन्य आचार्यों द्वारा निरूपित लक्षणों की उद्धरणी आवश्यक नहीं। आचार्य मम्मट के काव्य-लक्षण की पूर्णता पर टिप्पणी करते हुए आचार्य विश्वेश्वर ने कहा है—''काव्यप्रकाशकार मम्मट का 'तद्दोषौ शब्दार्थौ सगुणावनलंकृती पुनः क्वापि' यह काव्य-लक्षण अन्य लक्षणों की अपेक्षा अधिक परिमार्जित है। कुन्तक ने जिस बात को कई कारिकाओं में कहा है, मम्मट ने इस आधी कारिका में ही उसको समाविष्ट कर दिया है। उसके साथ ही 'अदोषौ' तथा 'सगुणौ' पद जोड़कर उन्होंने काव्य-लक्षण का नया दृष्टिकोण भी उपस्थित किया है, जिसका प्राचीन लक्षणों में इतना स्पष्ट उल्लेख नहीं किया गया था। पूर्व लक्षण-कारों ने काव्य के शरीर 'शब्द तथा अर्थ', उसकी आत्मा-रीति, रस, या ध्वनि, उसके अलंकारों की चर्चा तो अपने लक्षणों में की थी, परन्तु गुण-दोष की चर्चा नहीं की थी।'' (काव्यप्रकाश, पृ० 28)। अतः यह निर्विवाद है कि आचार्य मम्मट द्वारा निरूपित काव्य-लक्षण ही संस्कृत के आचार्यों में विशेष मान्यता प्राप्त है और काव्य के स्वरूप को स्पष्ट करने में यह अधिक समर्थ है।

संस्कृत के मान्य विद्वानों द्वारा निर्दिष्ट काव्य-स्वरूप के सम्बन्ध में विचार करने पर कुछ ऐसी महत्त्वपूर्ण बातें उभर कर सामने आती हैं जिन पर ध्यान देना आवश्यक है। संस्कृत के आचार्यों का सारा विवेचन भाषिक-विश्लेषण के रूप में है। इस विश्लेषण-क्रम में आचार्यों ने 'काव्य' का स्वरूप ठीक उसी रूप में निर्दिष्ट करना चाहा है जिस रूप में मानव व्यक्तित्व अर्थात् उसके शरीर और आत्मा का स्वरूप निर्दिष्ट किया जाता है। 'अलंकार', 'रीति' और 'वक्रोक्ति' सिद्धान्त मुख्यतः काव्य के वाह्य पक्ष (शरीर) के सौन्दर्य का उद्घाटन करते हैं.

तथा 'रस' और 'ध्वनि' सिद्धान्त उसके आन्तरिक पक्ष (आत्मा) के सौन्दर्य का। 'रचना' और उसके 'आस्वाद' की दृष्टि से विचार किया जाय, तो कहा जा सकता है कि 'अलंकार', 'रीति' और 'वक्रोक्ति' सिद्धान्त 'रचना' पक्ष का और 'रस' एवं 'ध्वनि' सिद्धान्त उसके 'आस्वाद' पक्ष का विवेचन करते हैं। संस्कृत आचार्यों का सारा विवेचन एक प्रकार से वस्तुपरक और निर्वैयक्तिक है। वह एक स्थितिशील सामाजिक चेतना की उपज है। उसका स्वरूप बहुत कुछ शाश्वत तत्त्वों की खोज के परिणामस्वरूप निर्दिष्ट हुआ है। कवि-व्यक्तित्व, उसके सामाजिक संदर्भ तथा जीवन की यथार्थ समस्याओं में उसकी भागीदारी से वह बहुत-कुछ निरपेक्ष है। इसीलिए आज के संदर्भ में उसकी भूमिका संदिग्ध हो गई है।

हिन्दी-साहित्य में काव्य के स्वरूप को लेकर मध्यकाल (भक्तिकाल) में कोई मौलिक विवेचन नहीं हो सका। चैतन्य महाप्रभु के शिष्य **रूपगोस्वामी** ने 'भक्तिरसामृत सिंधु' (1541 ई०) में 'भक्ति' को ही प्रकृत रस सिद्ध किया और अन्य रसों का विवेचन उसकी विकृतियों या भेदों के रूप में किया। इससे काव्य का भक्ति में अन्तर्भाव अवश्य हो गया, किन्तु काव्य के स्वरूप की कोई नई अवधारणा सामने नहीं आई। **तुलसीदास** ने—

हृदय-सिंधु मति सीप समाना। स्वाति सारदा कहहिं सुजाना।
जौं बरसै वर बारि विचारू। होइ कवित मुकुता मनि चारू॥

कहकर काव्य की व्यापक अवधारणा अवश्य प्रस्तुत की, किन्तु परवर्ती काव्य-विवेचन पर इसका कोई प्रभाव नहीं पड़ा। रीति-काल के आचार्यों—केशव, चिंतामणि, कुलपति, श्रीपति, सोमनाथ, भिखारीदास, प्रतापसाहि आदि—ने कोई नवीन या मौलिक उद्भावना नहीं की। ये आचार्य संस्कृत के आचार्यों के मतों में ही थोड़ा फेर-बदल करके उसे प्रस्तुत करते रहे। **केशवदास** ने 'जदपि सुजाति सुलक्षणी, सुबरन सरस सुवृत्त। भूषण बिन न बिराजई, कविता बनिता मित्त' कहकर 'अलंकार' की ओर अपना झुकाव प्रकट कर दिया है। **'चिंतामणि'** ने—

सगुनालंकारन सहित दोष-रहित जो होई।
शब्द अर्थ ताको कवित कहत बिबुध सब कोई॥

कहकर आचार्य मम्मट के काव्य-लक्षण की ही आवृत्ति कर दी है। आचार्य मम्मट ने कभी-कभी अलंकार-रहित काव्य की स्थिति भी स्वीकार की थी। 'चिंतामणि' ने गुण के साथ अलंकारों के सहभाव को मान्यता दी है। **कुलपति** ने लोकोत्तर आनन्द प्रदान करने वाले शब्द और अर्थ के सहभाव को काव्य माना—

जग तें अद्भुत सुख-सदन शब्द अर्थ कवित्त।
यह लच्छन मैंने कियो समझु ग्रन्थ बहुचित्त॥

इस लक्षण में भी संस्कृत आचार्यों की परम्परा का ही पोषण है। **'देव'** ने समर्थ काव्य का लक्षण बताते हुए कहा है—

शब्द सुमति मुख ते कढ़ै, लै पद बचननि अर्थ।
छन्द, भाव, भूषण, सरस, सो कहि काव्य समर्थ॥

उपर्युक्त लक्षण में भी शब्द और अर्थ के सहभाव के साथ भाव, अलंकार, रस और छन्द की आवश्यकता पर बल दिया गया है। इस लक्षण में कई तत्त्वों के समन्वय का प्रयास है; कोई मौलिक बात नहीं कही गई है। **श्रीपति** और **सोमनाथ** दोनों के काव्य लक्षणों पर मम्मट का प्रभाव स्पष्ट है।

श्रीपति के अनुसार—

शब्द अर्थ बिन दोष गुन अलंकार रसवान।
ताको काव्य बखानिए श्रीपति परम सुजान॥

सोमनाथ के अनुसार—

सगुन पदारथ दोष बिनु, पिंगलतम अविरुद्ध।
भूषण जुत कवि कर्म जो सो कवित्त कहि सुद्ध॥

श्रीपति का शब्द-अर्थ सोमनाथ के यहाँ पद-अर्थ हो गया है। दोष-सहित्य दोनों को मान्य है। दोनों गुण और अलंकार को स्थिति मानते हैं। अन्तर केवल यह है कि श्रीपति 'रस' की सत्ता को मान्यता देते हैं और सोमनाथ 'रस' का उल्लेख न करके 'पिंगलमत अविरुद्ध' कहकर छन्द को महत्त्व देते हैं। **भिखारीदास** के अनुसार—

रस कविता को अंग, भूषन हैं भूषन सकल।
गुन सरूप और रंग, दूधन करै कुरूपता॥

अर्थात् 'रस कविता का अंग (शरीर) है। सभी अलंकार उसके आभूषण हैं।' गुण उसके रूप-रंग हैं और दोष अंग विकार हैं जो उसे कुरूप बनाते हैं। परम्परा 'रस' को काव्य की आत्मा मानती है। दास ने रस को अंग कहकर परम्परा से अलग हटकर अपनी बात कहनी चाही है। किन्तु ऐसा प्रतीत होता है कि यहाँ 'अंग' से उनका तात्पर्य आत्मा-युक्त शरीर से है। हिन्दी के इन आचार्यों के उपजीव्य संस्कृत आचार्यों के लक्षण-ग्रन्थ रहे हैं। इनमें नवीन उद्भावना संभव ही नहीं थी। ये तो लक्षण के अनुसार स्वरचित उदाहरण प्रस्तुत करने में अपनी शक्ति का अपव्यय कर रहे थे।

आधुनिक काल में हिन्दी के आचार्यों ने परम्परा से हटकर काव्य-स्वरूप की नवीन अवधारणा प्रस्तुत की। आधुनिक काल आते-आते देश बहुत बड़े परिवर्तन से गुज़र चुका था। अंग्रेज़ों से पराभूत होने के बाद अंग्रेज़ी शिक्षा एवं संस्कृति से प्रभावित होना स्वाभाविक था। विज्ञान के आलोक में हम अपना पुनर्मूल्यांकन करने लगे थे। हमारे सोचने का ढंग बदल रहा था। पूरे देश में अंग्रेज़ी शिक्षा के अनेक केन्द्र स्थापित हो गए थे। अंग्रेज़ी पढ़े-लिखे लोग यूरोप की यात्रा भी करने लगे थे। हिन्दी-प्रदेश में भी भारतेन्दु बाबू हरिश्चन्द्र ने परम्परा से हटकर नये युग

के अनुकूल साहित्य-सृजन आरम्भ कर दिया था। अब हिन्दी के रचनाकारों और लेखकों के सामने केवल संस्कृत साहित्य नहीं था। वे अंग्रेज़ी, अरबी, फ़ारसी तथा बँगला, मराठी, गुजराती आदि भाषाओं के साहित्य से भी परिचित होने लगे थे। अब कविता जीवन की यथार्थ समस्याओं पर भी लिखी जाने लगी थी। भारतेन्दु ने स्वयं नाट्य-सिद्धान्तों पर विचार करते हुए परम्परागत मान्यताओं को शिथिल करने की बात कही थी। महावीरप्रसाद द्विवेदी ने स्पष्ट शब्दों में कविता को परम्परा से मुक्त करने की बात कही। उन्होंने घोषित किया, "यमुना के किनारे केलि-कौतूहल का अद्भुत-अद्भुत वर्णन बहुत हो चुका। न परकीयाओं पर प्रबन्ध लिखने की अब कोई आवश्यकता है और न स्वकीयाओं के 'गतागत' की पहेली बुझाने की। चींटी से लेकर हाथी पर्यन्त पशु; भिक्षुक से लेकर राजा पर्यन्त मनुष्य; बिन्दु से लेकर समुद्र पर्यन्त जल; अनन्त आकाश, अनन्त पृथ्वी, अनन्त पर्वत सभी पर कविता हो सकती है।" (रसज्ञ रंजन, पृ० 23) उन्होंने कविता के लिए शास्त्रोक्त गुणों से हटकर पाँच बातों की आवश्यकता पर बल दिया—1. साधारण लोगों की अवस्था, विचार और मनोविकारों का वर्णन, 2. धीरज, साहस, प्रेम, दया आदि गुणों का समावेश, 3. सूक्ष्म कल्पना और गूढ़ अलंकार-योजना का निषेध, 4. भाषा की सहजता, स्वाभाविकता और मनोहरता पर बल, 5. सीधे, परिचित और सुहावने छन्दों का प्रयोग। (रसज्ञ रंजन, पृ० 32) द्विवेदी जी के सामने संस्कृत आचार्यों के अतिरिक्त लार्ड मैकाले, गोल्डस्मिथ, ऑस्कर वाइल्ड, मिल्टन, बाइरन, कार्लाइल और वर्ड्सवर्थ के कविता सम्बन्धी विचार थे। इनसे उनका प्रभावित होना स्वाभाविक था। कविता के सम्बन्ध में उन्होंने एक बहुत बड़ी बात यह कही कि उसके द्वारा 'असंभव को भी संभव' किया जा सकता है। (रसज्ञ रंजन, पृ० 45) इस प्रकार द्विवेदी जी की दृष्टि में कविता सहृदय के हृदय को आह्लादित ही नहीं करती, वह समाज में परिवर्तन भी ला सकती है। आचार्य द्विवेदी के बाद भी परम्परागत काव्य-लक्षण के पुनराख्यान की परम्परा चलती रही। इस क्रम में आचार्य रामचन्द्र शुक्ल, आचार्य नन्ददुलारे वाजपेयी, श्री जयशंकर 'प्रसाद' और डॉ० नगेन्द्र द्वारा निरूपित काव्य-लक्षण उल्लेखनीय हैं—

"जिस प्रकार आत्मा की मुक्तावस्था ज्ञानदशा कहलाती है उसी प्रकार हृदय की यह मुक्तावस्था रसदशा कहलाती है। हृदय की मुक्ति की इस साधना के लिए मनुष्य की वाणी जो शब्द-विधान करती आई है, उसे कविता कहते हैं।"

—आचार्य शुक्ल (रसमीमांसा, पृ० 5)

"कविता ही मनुष्य के हृदय को स्वार्थ-सम्बन्धों के संकुचित मण्डल से ऊपर उठाकर लोक-सामान्य की भावभूमि पर ले जाती है, जहाँ जगत् की नाना गतियों के मार्मिक स्वरूप का साक्षात्कार और शुद्ध अनुभूतियों का संचार होता है।"

—आचार्य शुक्ल (रसमीमांसा, पृ० 65)

"काव्य तो प्रकृत मानव अनुभूतियों का, नैसर्गिक कल्पना के सहारे, ऐसा सौन्दर्यमय चित्रण है जो मनुष्यमात्र में स्वभावतः अनुरूप भावोच्छ्‌वास और सौन्दर्य-संवेदन उत्पन्न करता है। इसी सौन्दर्य-संवेदन को भारतीय पारिभाषिक शब्दावली में 'रस' कहते हैं।"

—नन्ददुलारे वाजपेयी (आधुनिक साहित्य)

"काव्य आत्मा की संकल्पात्मक अनुभूति है, जिसका सम्बन्ध विश्लेषण विकल्प या विज्ञान से नहीं है।"

—'प्रसाद' (काव्य और कला तथा अन्य निबन्ध)

"आत्मा की मनन शक्ति की वह असाधारण अवस्था, जो श्रेय सत्य को उसके मूल चारुत्व में सहसा ग्रहण कर लेती है, काव्य में संकल्पात्मक मूल अनुभूति कही जा सकती है।"

—'प्रसाद' (काव्य और कला तथा अन्य निबन्ध)

"रसात्मक शब्दार्थ ही काव्य है और उसकी छन्दोन्मयी विशिष्ट विधा आधुनिक अर्थ में कविता है।"

—डॉ० नगेन्द्र (आस्था के चारण, पृ० 138)

उपर्युक्त काव्य लक्षणों पर विचार किया जाय जो स्पष्ट हो जायेगा कि प्रायः सभी में संस्कृत के आचार्यों की अवधारणा के समावेश के साथ युग के अनुसार कुछ और जोड़ने की प्रवृत्ति विद्यमान है। आचार्य शुक्ल ने 'हृदय की मुक्ति' अर्थात् 'रसदशा' तक पहुँचाने वाले शब्द-विधान को कविता कहकर साहित्यदर्पणकार के काव्य-लक्षण की ओर अपना झुकाव स्पष्ट कर दिया है। साथ ही मनुष्य के हृदय को 'लोक-सामान्य-भाव-भूमि' पर ले जाने की बात कहकर, उन्होंने उसके उद्देश्य को एक नया आयाम भी दिया है। उनकी दृष्टि में कविता केवल सहृदय को आह्लादित ही नहीं करती, वरन् उसके हृदय को भी सभी प्रकार के स्वार्थों से मुक्त करके उसे उस भूमि पर ले जाती है, जहाँ मनुष्य-मात्र में एक ही भाव-धारा तरंगित है, जो मनुष्यता की सहज भूमि है। डॉ० नगेन्द्र तो पाश्चात्य-काव्य लक्षणों से अच्छी तरह से परिचित होने के बावजूद रसात्मक शब्दार्थ को ही काव्य मानते हैं। वस्तुतः उनकी काव्य-दृष्टि मूलतः 'रोमानी' है और रोमानी काव्य-दृष्टि का भारतीय रस-दृष्टि से सामंजस्य बैठाना कठिन नहीं है। डॉ० नगेन्द्र ने अपनी मान्यताओं में थोड़ी खींचतान के बावजूद यही सामंजस्य बैठाने का प्रयत्न किया है। आचार्य नन्ददुलारे वाजपेयी 'काव्य में मानव अनुभूतियों के सौन्दर्यमय चित्रण (नैसर्गिक कल्पना के सहारे) और मनुष्य मात्र में तद्नुरूप सौन्दर्य-संवेदन उत्पन्न करने की उसकी क्षमता' की बात कहकर स्पष्ट रूप से पाश्चात्य सौन्दर्य-चिन्तन को आत्मसात् करते हुए प्रतीत होते हैं। साथ ही पाश्चात्य सौन्दर्य-संवेदन को भारतीय 'रस' का पर्याय मानकर वे दोनों दृष्टियों में सामंजस्य स्थापित कर लेते हैं।

काव्य के स्वरूप के सम्बन्ध में 'प्रसाद' जी की अवधारणा अवश्य मौलिक है। वे काव्य को 'आत्मा की संकल्पात्मक अनुभूति' मानते हैं। उपनिषदों के आधार पर वे 'आत्मा' को वाङ्मय, मनोमय और प्राणमय मानते हैं। इस प्रकार आत्मा की अनुभूति का मनन-प्रधान और प्राणमय होना स्वाभाविक है। वाक् शक्ति भी आत्मा की मौलिक क्रिया है। इसलिए आत्मा अपनी मनन-शक्ति के साथ जब श्रेय शक्ति को उसके मूल चारुत्व में ग्रहण कर लेगी तो उसकी शाब्दिक अभिव्यक्ति भी होगी। इस प्रकार काव्य आत्मा की उस मौलिक क्रिया का परिणाम है, जो अपनी अभिव्यक्ति में शब्द-प्रधान और अनुभूति में चारुत्वमय श्रेय सत्य से अभिन्न है। इस अवधारणा में आत्म-पक्ष पर अधिक बल दिया गया है और सब मिलाकर यह लक्षण आध्यात्मिक अधिक है, व्यावहारिक कम। वस्तुतः आधुनिक काव्य-चिंतकों में 'प्रसाद' जी ही पाश्चात्य काव्य-चिंतन से प्रभावित नहीं थे। शेष सभी के सामने अंग्रेज़ी के कवियों और समीक्षकों द्वारा निरूपित काव्य-लक्षण थे। यह अवश्य है कि हिन्दी के प्रायः सभी विचारकों ने संस्कृत के आचार्यों द्वारा निरूपित काव्य-लक्षणों को आधार रूप में ग्रहण करके पाश्चात्य मतों का उनके साथ सामंजस्य स्थापित किया है। आधुनिक काव्य-चिन्तकों के सम्बन्ध में विचार करते समय यह भी ध्यातव्य है कि उनकी अवधारणाएँ उनके पूरे वक्तव्य में बिखरी हुई हैं। काव्य की परिभाषा या उसका लक्षण निर्धारित करने में वे उतने सावधान या सतर्क नहीं हैं, जितने संस्कृत के आचार्य थे। संस्कृत के आचार्यों की शैली सूत्र-शैली थी। वे कम-से-कम शब्दों का प्रयोग करके अधिक-से-अधिक कहना चाहते थे।

आधुनिक काल में काव्य के यथार्थोन्मुख और समाज-सापेक्ष चिन्तन से प्रभावित होने के कारण उसकी अवधारणा की प्रक्रिया में भी गति आयी है। ऊपर जिन समीक्षकों और कवियों द्वारा निरूपित काव्य-लक्षण उद्धृत किए गए हैं, वे 'छायावाद' युग की विभूति हैं। 1936 के बाद हिन्दी काव्य-चिन्तन मार्क्सवादी विचारधारा से प्रभावित हुआ। यह माना गया कि काव्य का आधार आर्थिक उत्पादन प्रणाली है। उसमें व्यक्त भावों में सामूहिक चेतना बिम्बित होती है। उसका सौन्दर्य वस्तुनिष्ठ होता है और उसे सामाजिक परिवर्तन के लिए अस्त्र के रूप में प्रयुक्त किया जा सकता है। 'नयी कविता' के प्रथम दौर में कवि को मानव-व्यक्तित्व की स्वाधीनता, सर्जनात्मकता, संवेदनशीलता और दायित्वबोध का अन्वेषी और कविता को इनकी अभिव्यक्ति का माध्यम माना गया और अब उसे बेहतर दुनिया या प्रजातन्त्र के विकल्प की तलाश है। कविता अब वास्तविकता के सीधे साक्षात्कार का माध्यम बन गई है। अब नए आलोचक काव्य के स्वरूप निर्धारण में संस्कृत आचार्यों की अवधारणा को प्रासंगिक नहीं मानते। यह दूसरी बात है कि अन्ततः शब्द और अर्थ के सहभाव से ही किसी भी विचारधारा, संवेदना, सह-अनुभूति, द्वन्द्व, तनाव, विसंगति या मूल्यहीनता की अभिव्यक्ति संभव

है। रूप-रस-वर्ण, स्पर्शगन्धी बिम्ब-योजना या संवेदनाजन्य-कल्पना और यथार्थ की टकराहट की अभिव्यक्ति के लिए भी अन्ततः कवि को सटीक शब्दों की ही तलाश करनी पड़ेगी। इसलिए परवर्ती आचार्यों—रसवादी, रमणीयतावादी, आनन्दवादी—की अवधारणाएँ आज भले ही अप्रासंगिक हो जाय़ं, किन्तु 'शब्दार्थौ सहितौ काव्यं' की मूल मान्यता का अतिक्रमण तो कभी भी संभव न होगा।

काव्य की आत्मा

आत्मा का सामान्य अर्थ है—वह तत्त्व जो नित्य, सभी वस्तुओं का साक्षी, चेतन, अपरिवर्तनशील और सतत्गामी हो। भारतीय दर्शन का एक महत्त्वपूर्ण विषय 'आत्मा' का अनुसंधान है। उपनिषदों में आत्मा के स्वरूप का अनुसंधान और आख्यान बड़ी गंभीरता के साथ किया गया है। भारतीय काव्य-चिन्तन में 'काव्य की आत्मा का विवेचन' एक महत्त्वपूर्ण विषय रहा है। वह कौन-सी वस्तु है जो काव्य को काव्यत्व प्रदान करती है; जो नित्य है और काव्य के सभी अंगों में अपरिहार्य है? इन्हीं प्रश्नों के उत्तर में काव्य की आत्मा का प्रतिपादन करने वाले विभिन्न सम्प्रदाय सामने आए।

'अलंकारसर्वस्व' के टीकाकार समुद्रबन्ध ने इन सम्प्रदायों के चिंतन के तात्त्विक आधार पर भी विचार किया है। उनके अनुसार 'विशिष्ट शब्द और अर्थ का सद्भाव ही काव्य है।' (इह विशिष्टौ शब्दार्थौ काव्यम्) शब्द और अर्थ की विशिष्टता के तीन ही आधार हो सकते हैं—1. धर्ममूलक वैशिष्ट्य, 2. व्यापार-मूलक वैशिष्ट्य, 3. व्यंग्य-मूलक वैशिष्ट्य। काव्य में धर्ममूलक वैशिष्ट्य दो प्रकार का होता है—नित्य और अनित्य। नित्य धर्म के विधायक 'गुण' होते हैं और अनित्य धर्म के 'अलंकार'। गुण के आधार पर 'रीति सम्प्रदाय' की प्रतिष्ठा हुई और अलंकार के आधार पर 'अलंकार सम्प्रदाय' की। व्यापार-मूलक वैशिष्ट्य भी दो प्रकार का होता है—वक्रोक्ति और भोजकत्व। 'वक्रोक्ति' को 'काव्यजीवित' मानने वाले आचार्य कुन्तक हैं। भोजकत्व व्यापार की कल्पना रस-निरूपण के क्रम में भट्टनायक ने की है। उनके अनुसार काव्य में 'अभिधा' से अलग 'भावकत्व' और 'भोजकत्व' दो व्यापार और होते हैं। अभिधा से काव्य में वर्णित विषय का बोध मात्र होता है। उसका वैशिष्ट्य समाप्त नहीं होता। उदाहरण के लिए काव्य में यदि जनक की वाटिका में राम को दशरथनन्दन राम और सीता को जनक-नन्दिनी सीता के रूप में ही पहचानेंगे। उसके बाद जिस व्यापार से उनका यह वैशिष्ट्य समाप्त होता है और वे मात्र नायक और नायिका के रूप में भावित होते हैं उसे 'भावकत्व व्यापार' कहते हैं। तात्पर्य यह कि भावकत्व व्यापार से ही पात्रों का 'साधारणीकरण' होता है। इसके बाद भोजकत्व व्यापार के द्वारा हम (सहृदय) नायक (राम) नायिका (सीता) के बीच व्यक्त 'रति' (शृंगाररस) का भोग करते हैं और हमें रस की प्राप्ति होती है। भोजकत्व व्यापार की कल्पना रस-निरूपण के क्रम में होने के कारण इसे 'रससंप्रदाय' के भीतर अन्तर्भुक्त कर

लिया गया। व्यंग्यमूलक वैशिष्ट्य के आधार पर आचार्य **आनन्दवर्धन** ने 'ध्वनिसंप्रदाय' की प्रतिष्ठा की। इस प्रकार काव्य की आत्मा के अनुसंधान-क्रम में 'अलंकार', 'रीति', 'वक्रोक्ति', 'रस' और 'ध्वनि' इन पाँच संप्रदायों की प्रतिष्ठा हुई।

अलंकार-सिद्धान्त

अलंकार मत के प्रवर्तक आचार्य **भामह** (400 ई० के लगभग विद्यमान) हैं। उनके टीकाकार उद्‌भट ने इस मत को पुष्ट किया है। दण्डी, रुद्रट आदि आचार्यों ने भामह का अनुसरण किया है। भामह ने अलंकार शब्द का प्रयोग व्यापक अर्थ में किया है। उनके अनुसार लोक-सीमा का अतिक्रमण करने वाली चमत्कारपूर्ण वाणी अतिशयोक्ति है। यह अतिशयोक्ति ही वक्रोक्ति है। यह वक्रोक्ति अर्थ का विभावन करती है। इसके बिना कोई अलंकार संभव नहीं है। कवियों को इसी के लिए प्रयत्न करना चाहिए—

सैषा सर्वैव वक्रोक्तिरनयार्थो विभाव्यते।
यत्नोऽस्यां कविता कार्यः कोऽलंकारोऽनया बिना॥

आचार्य **दण्डी** ने काव्य के सौन्दर्य-कारक धर्मों को अलंकार कहा—

'काव्यशोभाकरान् धर्मानलंकारान् प्रचक्षते'

दण्डी ने 'अतिशयोक्ति' के महत्त्व को भी कायम रखा। उन्होंने कहा—

'वाचस्पति द्वारा पूजित अर्थात् परम श्रेष्ठ इस अतिशयोक्ति को (कवि लोग) अन्य अलंकारों का भी परम आश्रय कहते हैं।'

अलंकारान्तराणामप्येकमाहुः परायणम्।
वागीशमहितामुक्तिभिमामातिशयाह्वयाम्॥

आचार्य **वामन** ने अलंकारों का महत्त्व स्वीकार करते हुए भी 'गुणों' को विशेष महत्त्व दिया। उन्होंने काव्य में सौन्दर्य के आधायक-तत्त्व को अलंकार माना और यह भी कहा कि काव्य अलंकारों से ही ग्राह्य होता है किन्तु काव्य-धर्म का निर्णय करते हुए कहा कि, 'काव्य की शोभा करने वाले धर्म 'गुण' हैं तथा उसको अतिशय करने वाले धर्म 'अलंकार' गुण का महत्त्व अधिक है क्योंकि वे नित्य हैं। उनके बिना काव्यशोभा उत्पन्न ही नहीं हो सकती।' 'पूर्वे गुणा नित्याः। तैर्विना काव्य शोभानुपपन्तेः'। यहीं से अलंकार की मर्यादा का ह्रास आरंभ हो गया। भारतीय चिन्तन अनित्य को महत्त्व नहीं देता, चाहे वह कितना ही चमत्कारिक और आकर्षक क्यों न हो। इसका यह अर्थ नहीं कि 'अलंकार' संबंधी चिन्तन की परम्परा समाप्त हो गई। भोज, केशव मिश्र, जयदेव, अप्पय दीक्षित आदि आचार्यों ने अलंकार के महत्त्व पर बल दिया। 'अलंकारों' को अनित्य मानने वाले आचार्यों ने भी साधन-रूप में उनके महत्त्व को स्वीकृति दी। यह सभी ने स्वीकार किया कि 'अलंकार' 'रस' के उपकारक हैं।

रीति-सिद्धान्त

रीति-सिद्धान्त के प्रतिपादक आचार्य **वामन** (आठवीं शती ई०) हैं। वामन ने 'रीतिरात्मा काव्यस्य' कहकर 'रीति' को विशेष महत्त्व दिया। उनसे पहले दण्डी ने भी 'रीति' की चर्चा की थी और उसके दो भेद 'गौड़ी' और 'वैदर्भी' माने थे, किन्तु 'रीति' का लक्षण नहीं बताया था। वामन ने तीसरी 'रीति' 'पांचाली' की प्रतिष्ठा की और उसका लक्षण निर्धारित करते हुए कहा—'विशिष्ट-पदरचना' ही 'रीति' है। विशिष्टता के आधार गुण हैं। 'विशेषो गुणात्मा'। इसलिए रीतियों का भेद गुणों के भेद पर निर्भर है। वैदर्भी रीति सभी गुणों से युक्त होती है। 'समग्रगुणा वैदर्भी'। 'ओज' और 'कांति' गुणों से युक्त गौड़ी रीति होती है—'आज कान्तिश्च विद्यते यस्यां सा ओजः कान्तिमती, गौड़ीया नाम रीतिः', 'पांचाली रीति 'माधुर्य' और 'सौकुमार्य' गुणों से युक्त होती है। 'माधुर्य सौकुमार्योपपन्ना पांचाली'। इन तीनों रीतियों में सभी गुणों (दस गुणों) से युक्त होने के कारण वैदर्भी रीति विशेष ग्राह्य है। समास पद न हों तो वैदर्भी, शुद्ध वैदर्भी कही जाती है। 'सापि समासाभावे शुद्ध वैदर्भी'। वामन के बाद आचार्य रुद्रट ने 'लाटी' नामक चौथी रीति की प्रतिष्ठा की। उन्होंने 'समास' को दृष्टि में रखकर रीतियों का भेद-निरूपण किया। उनके अनुसार 'पांचाली' लघुसमासयुक्त रीति है। 'गौड़ी' दीर्घसमासबहुला होती है। मध्यम समास वाली 'लाटीया' होती है और 'वैदर्भी' समासरहिता होती है। कुन्तक ने 'रीति' की व्याख्या मार्ग के रूप में की है। उनके अनुसार रचना के तीन मार्ग हैं—1. सुकुमार, 2. विचित्र और 3. मध्यम। उनके द्वारा निरूपित 'सुकुमार' मार्ग के अन्तर्गत 'वैदर्भी', 'विचित्र' के अन्तर्गत 'गौड़ी', और मध्यम के अन्तर्गत 'पांचाली' रीति का समावेश हो सकता है। **आनन्दवर्धन** ने 'रीति' के लिए 'संघटना' पद का प्रयोग किया और उसे 'रस' का साधन माना। इस प्रकार 'रीति-सिद्धान्त' सम्बन्धी चिन्तन की परम्परा चलती रही। 'रीति-सिद्धान्त' की सबसे बड़ी देन 'गुणों' की प्रतिष्ठा है। 'शैली' और अभिव्यक्ति-सौन्दर्य की महत्ता का प्रतिपादन इसकी अन्य उपलब्धियाँ हैं।

रस-सिद्धान्त

रस-सिद्धान्त के प्रवर्त्तक **भरतमुनि** (विक्रम पूर्व द्वितीय शतक से द्वितीय शतक विक्रमीय के बीच) हैं। इन्होंने 'नाट्यशास्त्र' के षष्ठ और सप्तम् अध्यायों में 'रस' और 'भाव' का निरूपण किया है। इन्होंने रस-सिद्धान्त को सूत्रबद्ध करते हुए कहा है—''विभावानुभावव्यभिचारिसंयोगात् रसनिष्पत्तिः'' अर्थात् विभाव, अनुभाव तथा व्यभिचारी भाव के संयोग से रस की निष्पत्ति होती है। आचार्य **मम्मट** ने इसे और स्पष्ट करते हुए कहा है कि आलम्बन विभाव से उद्बुद्ध, उद्दीप्त, व्यभिचारी भावों से परिपुष्ट तथा अनुभावों द्वारा व्यक्त सहृदय के हृदय में वासनारूप में स्थित भाव ही रसदशा को प्राप्त होता है। भरत के उपर्युक्त सूत्र की व्याख्या अलग-अलग आचार्यों ने अपनी निष्ठा, संस्कार और रुचि के आधार पर अलग-अलग की है।

पहले व्याख्याकर **भट्टलोल्लट** ने 'संयोग' का अर्थ उत्पाद्य-उत्पादक सम्बन्ध और 'निष्पत्ति' का 'उत्पत्ति' किया। वे रस की स्थिति अनुकार्य (राम सीतादि ऐतिहासिक पात्रों में) मानते हैं। प्रेक्षक नट में (मूल पात्रों की तुल्यरूपिता के कारण) रस का आरोप कर लेता है। शंकुक ने 'निष्पत्ति' का अर्थ 'अनुमिति' और 'संयोग' का अनुमाप्य-अनुमापक-सम्बन्ध किया। इनके अनुसार विभावादि अनुनापक होते हैं और रस अनुमाप्य होता है। 'रस' की सत्ता मूल पात्रों में ही होती है किन्तु नट द्वारा कलात्मक ढंग से मूल पात्रों का अभिनय देखकर प्रेक्षक उसे मूल पात्र से अभिन्न मान लेता है। जैसे चित्र का घोड़ा भी घोड़ा ही कहा जाता है उसी प्रकार अभिनयशील नट को भी राम ही मान लिया जाता है। इस प्रकार जो रस मूलतः राम में उत्पन्न होता है उसे ही नट में अनुमान द्वारा आरोपित कर लिया जाता है।

भट्टनायक ने विभावादि को भोजक (भावक) और रस को भोज्य (भाव्य) माना और संयोग का अर्थ भोज्य-भोजक सम्बन्ध किया। उनके अनुसार निष्पत्ति का अर्थ है—'भुक्ति'। वे काव्य में अभिधा के अतिरिक्त 'भावकत्व' और 'भोजकत्व' दो और व्यापार मानते हैं। अभिधा के द्वारा शब्द से अर्थ की प्रतीति होती है। भावकत्व व्यापार के द्वारा मूल ऐतिहासिक पात्र 'रामादि' अपने ऐतिहासिक और व्यक्तिगत विशेषताओं को छोड़कर सामान्य या साधारणीकृत हो जाते हैं। अर्थात् राम और सीता दशरथ-नन्दन और जनक-नन्दिनी न रहकर सामान्य नायक-नायिका मात्र हो जाते हैं। भोजकत्व व्यापार के द्वारा प्रेक्षक रस का भोग करता है। इस अवसर पर उसके हृदय के राजस और तामस भाव दब जाते हैं और सत्त्वगुण का उद्रेक हो जाता है। भटटनायक ने प्रेक्षक या दर्शक में 'रस' की स्थिति सिद्ध की। भट्टनायक ने भावकत्व व्यापार की कल्पना करके 'साधारणीकरण' के सिद्धान्त का प्रतिपादन किया। आगे चलकर भावकत्व को व्यापार न मानने वाले आचार्यों ने भी 'साधारणीकरण' व्यापार को स्वीकार किया है।

आचार्य **अभिनवगुप्त** ने संयोग का अर्थ व्यंग्य-व्यंजक सम्बन्ध माना। उनके अनुसार 'निष्पत्ति' का तात्पर्य है—अभिव्यक्ति। विभावादि व्यंजक हैं और 'रस' व्यंग्य है। अभिनवगुप्त ने 'भावकत्व' और 'भोजकत्व' शक्तियों को निराधार मानकर अस्वीकार कर दिया। उनके अनुसार 'लक्षणा' और 'व्यंजना' शक्ति से 'विभावन' या 'साधारणीकरण' हो जाता है। अभिनवगुप्त के अनुसार प्रत्येक प्रेक्षक या पाठक में 'प्रेम', 'शोक', 'क्रोध' आदि भाव संस्कार या 'वासना' रूप में सदा विद्यमान रहते हैं। विभावादि को देखकर ये भाव जागृत हो जाते हैं। सबसे पहले रंगमंच के वातावरण को देखकर या काव्य में संश्लिष्ट वर्णन को पढ़कर या पाठक की कल्पना में पात्र और स्थितियों का विशेषत्व समाप्त होने लगता है और उसके बाद अन्तःकरण में स्थित स्थायीभाव साधारणीकृत होकर जागृत होते हैं। सहृदय साधारणीकृत स्थायी भावों का ही रस-रूप में आस्वादन करता है।

अभिनवगुप्त के बाद 'रस' के महत्त्व का प्रतिपादन मम्मट, धनंजय, विश्वनाथ, पंडितराज जगन्नाथ आदि आचार्यों ने किया। इस चिन्तनक्रम में कोई मौलिक स्थापना नहीं हुई। यह मान लिया गया कि रस का आस्वादन सहृदय ही करते हैं।

आधुनिक काल में 'साधारणीकरण' के प्रश्न पर पर्याप्त विचार-मंथन हुआ है। किन्तु घूम-फिरकर अभिनवगुप्त की व्याख्या को ही स्वीकार कर लिया गया है। जहाँ तक 'रस' को काव्य की आत्मा मानने का प्रश्न है, अब यह मान्यता विवादास्पद हो गई है। 'नयी कविता' के संदर्भ में विचार करते हुए अधिकांश विद्वानों ने 'रस' की स्थिति को अस्वीकार कर दिया है। अब कविता पढ़कर पाठक का चित्त 'संविद्विश्रान्त' की स्थिति में नहीं आता। उसमें क्षोभ और उद्वेलन होता है। नयी काव्य-रचना 'रस-निष्पत्ति' के लक्ष्य को केन्द्र में रखकर नहीं की जाती।

ध्वनि सिद्धान्त

ध्वनि-सिद्धान्त के प्रवर्त्तक आचार्य **आनन्दवर्धन** (नवीं शती) हैं। इनके अनुसार जहाँ काव्य में वाच्यार्थ और लक्ष्यार्थ से अधिक रमणीय और चमत्कारपूर्ण अर्थ व्यंजित हो वहाँ ध्वनि की सत्ता मान्य है। जिस प्रकार किसी सुन्दरी के अंग-प्रत्यंग के सौन्दर्य से भिन्न 'लावण्य' की पृथक् सत्ता विद्यमान रहती है उसी प्रकार महाकवियों की वाणी में वाच्य अर्थ से भिन्न कुछ चमत्कारपूर्ण अर्थ प्रतीयमान होता है। यह **प्रतीयमान अर्थ ही 'ध्वनि'** है। यही 'ध्वनि' काव्य की आत्मा है। 'ध्वनि' शब्द के लिए आलंकारिक, वैयाकरणों के ऋणी हैं। वैयाकरण यह मानते हैं कि कानों को सुनाई पड़ने वाला शब्द अनित्य है। उससे किसी अर्थ की प्रतीति संभव नहीं। उदाहरण के लिए 'घट' शब्द को लीजिए। जब हम 'घ' का उच्चारण करते हैं तब 'टकार' की स्थिति नहीं होती और जब हम 'ट' का उच्चारण करते हैं तब तक 'घ' उच्चरित होकर आकाश में विलीन हो चुका होता है। ऐसी स्थिति में 'घ' और 'ट' वर्णों का संयोग ही घटित नहीं हो पाता। बिना दोनों वर्णों की एकत्र स्थिति के किसी प्रकार के अर्थ की प्रतीति संभव नहीं। इसीलिए वैयाकरण ऐसे नित्य शब्द की कल्पना करते हैं जिससे अर्थ प्रस्फुटित होता है। शब्दों का स्थूल उच्चारित रूप वस्तुतः उनका विकृत रूप है। प्रत्येक शब्द का सूक्ष्म प्रतिरूप (Prototype) मानव-मन में नित्य विद्यमान रहता है। उससे ही अर्थ प्रस्फुटित होता है। अर्थ जिस शब्द से फूटता है वह स्फोट कहलाता है। यह **स्फोट पूर्वापर-क्रम से रहित अखण्ड और एकरस होता** है। यह स्फोट ही ध्वनि है। अलंकारिकों ने इस ध्वनि शब्द को विस्तृत अर्थ में प्रयुक्त किया। उन्होंने यह माना कि काव्य में अकथित या प्रतीयमान अर्थ ही मूल वस्तु है। इसका बोध 'अभिधा' और 'लक्षणा' से नहीं हो पाता। व्यंजना शक्ति ही काव्य के गूढ़ व्यंग्यार्थ

का बोध करा सकती है। उदाहरण के लिए बिहारी का निम्नलिखित दोहा देखा जा सकता है—

धाम धरीक निवारिए, कलित ललित अलिपुंज।
जमुना-तीर तमाल-तरु, मिलति मालती कुंज॥

उपर्युक्त दोहे का वाच्यार्थ तो इतना ही है कि हे पथिक! जमुना के तट पर मालती लता के कमनीय कुंज में जहाँ तमाल-तरुओं की घनी छाया है और भौरों का समूह गुंजार कर रहा है, बैठकर घड़ी भर धूप का निवारण कर लीजिए। लेकिन कवि का अभीष्ट व्यंग्यार्थ स्वयं-दूतिका नायिका द्वारा नायक से यमुना तट पर स्थित मालती कुंज में विहार की इच्छा व्यक्त कराना है। यह अर्थ न 'अभिधा' द्वारा व्यक्त है न 'लक्षणा' द्वारा लक्षित, यह तो व्यंजना-व्यापार से व्यंग्य रूप में ही ग्रहण किया जा सकता है।

'ध्वनि' के मुख्यत: तीन भेद माने जाते हैं—1. वस्तुध्वनि, 2. अलंकारध्वनि, 3. रसध्वनि। 'वस्तुध्वनि' में किसी एक वस्तु (बात) से दूसरी वस्तु की व्यंजना की जाती है। 'अलंकार ध्वनि' में अलंकार की अभिव्यक्ति व्यंग्यार्थ के रूप में होती है। उदाहरण के लिए दास कवि का यह दोहा देखिए—

सखि, तेरो प्यारो भलो दिन न्यारो ह्वै जात।
मोते नहिं बलवीर को पल विलगाव सोहात॥

यहाँ सखी के प्रिय से राधा अपने प्रिय कृष्ण का अन्तर (व्यतिरेक) बता रही है। यहाँ 'व्यतिरेक' अलंकार व्यंग्य है। अर्थात् इतिवृत्त कथन के रूप में न होकर कल्पना-प्रसूत है। 'रस-ध्वनि' के अन्तर्गत नव रस तो आते ही हैं, भाव, भावाभास, भावोदय, भाव-शबलता, भाव-सन्धि आदि सभी का इसमें समावेश किया जाता है। एक प्रकार से देखा जाय तो ध्वनि-सिद्धान्त में रस की ही महत्ता का प्रतिपादन हुआ है। अभिनव गुप्त ने तो स्पष्ट कहा है—"वस्तुत: रस ही काव्य की आत्मा है। वस्तुध्वनि और अलंकार-ध्वनि का तो इसमें पर्यवसान हो जाता है, इसलिए ये वाच्य से उत्कृष्ट अवश्य होते हैं। ध्वनि को काव्य की आत्मा कहना तो औपचारिक है। "तेन रस एव वस्तुत: आत्मा। वस्त्वलंकारध्वनि तु सर्वदा रसं प्रति पर्यववस्येते इति वाच्यात् उत्कृष्टौ तौ, इत्यभिप्रायेण ध्वनि: काव्यस्यात्मा इति सामान्येन उक्तम्।" ध्वनि-सिद्धान्त की स्थापना के साथ भारतीय काव्य-चिन्तन सूक्ष्मतम स्थिति तक पहुँच गया है।

वक्रोक्ति-सिद्धान्त

वक्रोक्ति को काव्य का जीवन मानने वाले आचार्य **कुन्तक** हैं। उनकी यह उक्ति प्रसिद्ध है—"वक्रोक्ति: काव्यजीवितम्"। वक्रोक्ति काव्य का जीवन या प्राण है। वक्रोक्ति का स्वरूप स्पष्ट करते हुए आचार्य कुन्तक ने कहा है—"वक्रोक्तिरेव वैदग्ध्यं-भंगी-भणितिरुच्यते"। अर्थात् 'वक्रोक्ति कवि-कर्म की

कुशलता से उत्पन्न चमत्कारपूर्ण कथन-प्रकार है'। यह चमत्कार या वैचित्र्य कवि-प्रतिभा-प्रसूत और आह्लादकारी होना चाहिए। उक्ति या कथन की लघुत्तम इकाई वर्ण और महत्तम 'प्रबन्ध' है, इसलिए 'वक्रोक्ति' 'वर्ण' से लेकर प्रबन्ध तक व्याप्त है। इसी आधार पर 'वक्रोक्ति' के छः भेद किए गए हैं—1. वर्ण-विन्यास-वक्रता, 2. पद-पूर्वार्द्ध वक्रता, 3. पद-परार्ध वक्रता, 4. वाक्यवक्रता, 5. प्रकरणवक्रता, 6. प्रबन्धवक्रता। 'वक्रोक्ति' को काव्य-जीवित कहकर भी कुन्तक न 'ध्वनि' का खण्डन कर सके न 'रस' का। 'पद-वक्रता' के विभिन्न भेदों पर विचार किया जाय तो उसमें प्रच्छन्न रूप से ध्वनि के प्रभेद स्वीकृत हैं। उदाहरण के लिए उपचार-वक्रता (पद-पूर्वार्द्ध वक्रता का एक भेद) का एक उदाहरण लीजिए—'हस्तापचेयम् यशः' यहाँ यश को 'हाथ से एकत्र करने योग्य' कहा गया है। वस्तुतः मूर्त्त वस्तु को ही हाथों से एकत्र किया जा सकता है। यश तो अमूर्त्त है। यहाँ उपचार से (लक्षणा द्वारा) ही अमूर्त्त यश को हस्तापचेय कहा गया है। यहाँ कथन का जो सौन्दर्य है वह **'उपचारवक्रता'** के कारण। ध्वनि-सिद्धान्त के अनुसार यहाँ **'अत्यन्ततिरस्कृत वाच्यध्वनि'** है। वस्तुतः कुन्तक ने 'वक्रता' की परिधि में ध्वनि के अनेक रूपों को स्वीकार कर लिया है। इसी प्रकार वाक्य-वक्रता के अन्तर्गत उन्होंने समस्त अलंकार-समूहों के अन्तर्भूत होने की बात कही है—

वाक्यस्य वक्रभावोऽन्यो भिद्यते यः सहस्रधा।
यत्रालंकार वार्गोऽसौ सर्वोऽप्यन्तर्भविष्यति॥

रस का अन्तर्भाव उन्होंने 'प्रकरण' तथा 'प्रबन्ध'-वक्रता के भीतर किया है। 'रीति' सिद्धान्त को भी उन्होंने अपने ढंग से स्वीकार किया है। वे 'वैदर्भी' को 'सुकुमार मार्ग', 'गौड़ी' को 'विचित्र मार्ग' तथा 'पांचाली' को 'मध्यम मार्ग' कहते हैं और यह मानते हैं कि इन मार्गों का अनुसरण करने वाले कवियों ने अपनी उक्ति में जिस रमणीयता का सन्निवेश किय। है, वह वैचित्र्य युक्त होने के कारण वक्रोक्ति या 'भणितिभंगी' ही है। इस प्रकार वक्रोक्ति-सिद्धान्त में पूर्ववर्ती सभी सिद्धान्तों का समावेश लक्षित किया जा सकता है। वक्रोक्ति सिद्धान्त की एक बहुत बड़ी विशेषता यह है कि इसमें कवि-व्यापार को महत्त्व देकर कवि-व्यक्तित्व पर भी प्रकाश डाला गया है, जिसकी चर्चा अन्य सिद्धान्तों में नहीं है। निश्चय ही कुन्तक एक अत्यन्त मेधावी आचार्य थे। यह दुर्भाग्य का विषय है कि आचार्यों ने कुन्तक के चिन्तन को आगे न बढ़ाकर 'वक्रोक्ति' को अलंकार-विशेष तक ही सीमित कर दिया।

औचित्य-सिद्धान्त

उपर्युक्त सिद्धान्तों के अतिरिक्त भारतीय काव्य-चिन्तन में औचित्य-सिद्धान्त की भी प्रतिष्ठा की गई है। इसके प्रतिष्ठापक आचार्य **क्षेमेन्द्र** (11वीं शती) हैं। इनसे पहले आचार्य आनन्दवर्धन ने छः प्रकार के औचित्यों—रसौचित्य, अलंकारौचित्य,

गुणौचित्य, संघटनौचित्य, प्रबन्धौचित्य और रीत्यौचित्य—की चर्चा की थी। उन्होंने यह भी कहा था कि रस की प्रतीति में अनौचित्य ही बाधक होता है। इसलिए रस की अभिव्यंजना के निमित्त औचित्य का उपनिबन्धन आवश्यक है।

अनौचित्याद् ऋते नान्यद् रसभंगस्य कारणम्।
औचित्योपनिबंधस्तु रसस्योपनिषत् परा॥

यह स्वीकार करते हुए भी उन्होंने औचित्य की तुलना में ध्वनि को ही महत्त्व दिया। आचार्य क्षेमेन्द्र ने औचित्य को 'रस' का मूल आधार मानते हुए उसे ही सर्वाधिक महत्त्व दिया—

अलंकारास्त्वलंकारा गुणा एव गुणाः सदा।
औचित्यं रससिद्धस्य स्थिरं काव्यस्य जीवितम्॥

'औचित्य' का स्वरूप स्पष्ट करते हुए क्षेमेन्द्र ने कहा—

उचितं प्राहुराचार्याः सदृशं किल यस्य यत्।
उचितस्य च यो भावस्तदौचित्यं प्रचक्षते॥

अर्थात् जो वस्तु किसी अन्य वस्तु के सदृश (अनुरूप) होती है, उसे आचार्य उचित कहते हैं। 'उचित' भाव ही औचित्य है। 'अन्य वस्तु के सदृश' होने का तात्पर्य है अन्य वस्तुओं की सापेक्षिक स्थिति के अनुकूल होना। संसार की कोई वस्तु अपनी स्वतंत्र स्थिति में न सुन्दर है न असुन्दर। अन्य वस्तुओं से मेल में ही या अन्य वस्तुओं के साथ संगति एवं सामंजस्य की स्थिति में ही वह सुन्दर प्रतीत होती है। इस प्रकार क्षेमेन्द्र ने किसी एक तत्त्व को महत्त्व न देकर सभी तत्त्वों के संतुलन, सामंजस्य, या संगति पर बल देकर काव्य-चिन्तन को व्यापक संदर्भ प्रदान किया है। क्षेमेन्द्र ने औचित्य के 27 भेदों का उल्लेख किया है। उनके अनुसार पद, वाक्य, प्रबन्ध, गुण, अलंकार, रस, क्रिया, कारक, लिंग, वचन, विशेषण, उपसर्ग, निपात, काल, देश, कुल, व्रत, तत्त्व, सत्य, अभिप्राय, स्वभाव, सार-संग्रह, प्रतिभा, अवस्था, विचार, नाम, आशीर्वाद आदि सभी के औचित्य से काव्य में सौन्दर्य की प्रतिष्ठा होती है। जिस प्रकार औचित्य के कारण काव्य-सौन्दर्य में बृद्धि होती है, उसी प्रकार 'अनौचित्य' के कारण काव्य-सौन्दर्य नष्ट होता है। रस के ही संदर्भ में देखा जाय तो विभावादि का अधूरा वर्णन, सहयोगी रसों की अनुकूलता-प्रतिकूलता पर ध्यान न देना, रस वर्णन में प्रात्र के स्वभाव का ध्यान न रखना आदि तत्त्व रसगत अनौचित्य को जन्म देते हैं और इनके कारण रस-भंग होता है।

औचित्य पर बल देकर क्षेमेन्द्र ने काव्य को जीवन-मूल्यों के निकट ला दिया है। औचित्य जीवन को भी सुन्दर और सामंजस्यपूर्ण बनाता है। सामाजिक मर्यादा की प्रतिष्ठा का आधार औचित्य ही है। अनौचित्य की स्थिति सामाजिक मर्यादा के भंग होने से उत्पन्न होती है। इस प्रकार क्षेमेन्द्र ने काव्य को सामाजिक मूल्य एवं मर्यादा के संदर्भ में देखने की नई दृष्टि दी।

हिन्दी साहित्य में रीतिकाल के अन्तर्गत काव्य की आत्मा के सम्बन्ध में कोई नया मत स्थिर नहीं हुआ। परम्परागत सिद्धान्तों के प्रति किसी प्रकार का साम्प्रदायिक आग्रह भी नहीं दिखाया गया। कवि-आचार्यों ने मुख्यत: 'अलंकार' और 'रस' के विवेचन में ही रुचि दिखाई। डॉ० भगीरथ मिश्र ने 'हिन्दी रीति-साहित्य' का विवेचन करते हुए केशव, जसवंत सिंह, भूषण, दूलह, पद्‌माकर आदि को अलंकार-सिद्धान्त का समर्थक, चिन्तामणि, मतिराम, देव, उजियारे कवि, बेनी प्रवीन, लछिराम आदि को रस-सिद्धान्त का समर्थक तथा कुलपति, देव, सूरतिमिश्र, श्रीपति, भिखारीदास, प्रतापसाहि आदि को ध्वनि-सिद्धान्त का समर्थक सिद्ध किया है। आधुनिक काल में मुख्यत: रस, वक्रोक्ति और ध्वनि सिद्धान्तों की चर्चा हुई है, विशेष रूप से विद्वानों ने आधुनिक काल में रचित काव्य के सम्बन्ध में इनकी प्रासंगिकता पर विचार किया है। कुछ शोध-कृतियों में 'वक्रोक्ति', 'ध्वनि', एवं 'रस' को केन्द्र में रखकर आधुनिक कविता में उनकी स्थिति, व्याप्ति और महत्त्व पर विचार अवश्य किया गया है, किन्तु सामान्यत: इन्हें अप्रासंगिक ही घोषित किया गया है।

रस-निरूपण

हिन्दी के रीतिकालीन आचार्यों ने 'रस' को विशेष महत्त्व दिया। 'रस' में भी उनका ध्यान विशेष रूप से 'शृंगाररस' पर केन्द्रित रहा। 'देव' कवि ने तो स्पष्ट रूप से 'शृंगार' को वाणी का सार बताया। 'शृंगार' के वर्णन में नायक-नायिका का उल्लेख स्वाभाविक है। इसलिए हिन्दी के आचार्यों ने नायक-नायिका-भेद-कथन में अपनी शक्ति का अपव्यय किया। राजाओं के आश्रय में रहते हुए यह स्वाभाविक था। राजाओं की अभिरुचि के अनुकूल काव्य-रचना उनकी विवशता थी। धीरे-धीरे शृंगार-निरूपण और नायक-नायिका-भेद-कथन की रूढ़ि बन गई। यहाँ हमारा लक्ष्य हिन्दी के रीतिकालीन आचार्यों द्वारा निरूपित शृंगार अथवा 'नायिका-भेद' पर विचार करना नहीं है। हम संक्षेप में 'रस' के स्वरूप, अवयव और भेद आदि का परिचय देना चाहेंगे।

वस्तुतः काव्य को पढ़कर या सुनकर और नाटक को देखकर सहृदय श्रोता, पाठक या सामाजिक के चित्त में जो लोकोत्तर आनन्द उत्पन्न होता है, वही रस है। इस ''रस' की 'निष्पत्ति' के लिए भरतमुनि ने जो सूत्र दिया है वह इस प्रकार है—

'विभावानुभाव व्यभिचारिसंयोगात् रसनिष्पत्तिः'

अर्थात् 'विभाव', 'अनुभाव' और 'व्यभिचारी' भाव के संयोग से रस की निष्पत्ति होती है। इस सूत्र में आए हुए पारिभाषिक शब्दों को समझना आवश्यक है। 'विभाव' का अर्थ होता है रसानुभूति के कारण। यों कहिए कि सहृदय के हृदय में स्थित स्थायी भावों को आस्वादन योग्य बनाने वाले उपादानों को विभाव कहते हैं। ये दो प्रकार के होते हैं—आलम्बन और उद्दीपन। जिसका आलम्बन करके रसानुभूति होती है वह आलम्बन विभाव है। उदाहरण के लिए कण्व के आश्रम में शकुन्तला को देखकर दुष्यन्त के मन में 'रति' भाव उत्पन्न हुआ। यहाँ शकुन्तला 'रति' भाव का **आलम्बन** हुई। इस स्थिति में आश्रम का नैसर्गिक सौन्दर्य और शकुन्तला की लालित्यपूर्ण चेष्टाएँ भी 'रति' भाव को जागृत करने में कारण हैं। ये 'रति' को उद्दीप्त करते हैं। इसलिए इन्हें उद्दीपन विभाव कहते हैं। संक्षेप में यों कहिए कि जिसके प्रति भाव विशेष जागृत होता है वह उस भाव का '**आलम्बन**' होता है। जिसके हृदय में भाव जागृत होता है, वह उस भाव का आश्रय होता है। परिवेश और आलम्बन की चेष्टायें दोनों मिलकर उद्दीपन का कार्य करते हैं। यहाँ यह भी ध्यान रखना है कि दुष्यन्त और शकुन्तला दोनों की शृंगार चेष्टाओं को देखकर या उनका वर्णन पढ़कर सहृदय के हृदय में भी रति का भाव जागृत होता है और वे शृंगाररस का आस्वादन करते हैं। इसलिए सहृदय पाठक के लिए दुष्यन्त और शकुन्तला शृंगार के आलम्बन हैं।

भाव उत्पन्न होने पर उसके अनुरूप 'आश्रय' में कुछ शारीरिक चेष्टायें होती हैं। इन चेष्टाओं से भाव का अनुभव होता है। इन शारीरिक चेष्टाओं को **अनुभाव** कहते हैं। उदाहरण के लिए 'रति' भाव के उत्पन्न होने पर कटाक्ष, रोमांच, अनुसंगपूर्ण परस्पर अवलोकन, आलिंगन आदि चेष्टायें होती हैं। इन्हें 'रति' भाव के सूचक अनुभाव समझना चाहिए। ये अनुभाव दो प्रकार के होते हैं—1. सात्विक और 2. कायिक। सात्विक अनुभाव वे हैं जो सहज भाव से (बिना प्रयत्न के) भाव के उत्पन्न होने के साथ ही उत्पन्न हो जाते हैं। इनकी संख्या आठ मानी गई है—

1. **स्तंभ**—शरीर की चेष्टा का रुक जाना; जड़वत् हो जाना।
2. **स्वेद**—शरीर से पसीना छूटना।
3. **रोमांच**—रोंगटे खड़े होना; पुलकित होना।
4. **स्वर-भंग**—स्वर का फट जाना; गद्‌गद् हो जाना।
5. **वेपथु (कम्प)**—शरीर का काँपना।
6. **वैवर्ण्य**—मुख का रंग बदल जाना।
7. **अश्रु**—नेत्रों से आँसुओं का बहना।
8. **प्रलय**—पूर्णतः निश्चेष्ट हो जाना; अचेत हो जाना।

कुछ आचार्यों ने सात्विक भावों को 'अनुभाव' से अलग माना है, किन्तु ऐसा उचित नहीं है। रस के प्रकाशक होने के कारण सात्विक भावों को अनुभावों के अन्तर्गत ही मानना चाहिए। वस्तुतः 'सत्त्व' से तात्पर्य 'रजोगुण' और 'तमोगुण' से रहित मन है। इसी 'सत्त्व' के योग से उत्पन्न होने के कारण इन्हें सात्विक भाव कहते हैं।

कायिक अनुभाव वे हैं जिन्हें प्रयासपूर्वक प्रकट किया जाता है। जैसे भ्रू विक्षेप, इंगित, उच्छ्‌वास, कटाक्ष आदि।

व्यभिचारी भाव (संचारी भाव)

जो रसों में नाना-रूप से विचरण करते हैं और रसों को पुष्ट करके आस्वाद योग्य बनाते हैं, उन्हें व्यभिचारी या संचारी भाव कहते हैं। संचरणशील (अस्थायी) होने के कारण ही इन्हें संचारी कहा जाता है। इनकी संख्या 33 मानी गई है। परम्परा से यही संख्या मान्य है। यह संख्या इससे अधिक भी हो सकती है। यहाँ संक्षेप में इनका परिचय दिया जाता है—

1. हर्ष—(मन की प्रसन्नता) यह इष्ट वस्तु की प्राप्ति या प्रियजनों के मिलन से उत्पन्न होता है। इसके उत्पन्न होने पर आँसू निकल पड़ते हैं, रोमांच हो जाता है, वाणी गद्‌गद् हो जाती है।

2. विषाद—(अनुताप, उत्साह भंग होना) यह कार्य की असिद्धि से उत्पन्न होता है। इसके उत्पन्न होने पर दीर्घ उच्छ्‌वास निकलते हैं या अश्रुपात होता है।

3. **त्रास**—(भय गर्भित व्यग्रता) यह उल्कापात, निर्घात, विद्यमुत्पात आदि से उत्पन्न होता है। इसके उत्पन्न होने पर कम्प और रोमांच होता है।

4. **लज्जा**—(मन का संकुचित होना) यह अपने दुराचरण के बारे में सोचने और अपनी छवि खराब होने की चिन्ता से उत्पन्न होती है। इसके होने पर सिर नीचा हो जाता है, मुँह का रंग उड़ जाता है।

5. **ग्लानि**—(मानसिक खेद, दुर्बलता) यह अपने कुकृत्य पर पश्चात्ताप होने पर होती है। इसके होने पर अंग शिथिल हो जाते हैं। उत्साह समाप्त हो जाता हैं। शरीर का रंग उड़ जाता है।

6. **चिन्ता**—(दुःख-गर्भित सोच) यह अभीष्ट की प्राप्ति से उत्पन्न होती है। कृशता, शून्यता, संताप आदि इसके कार्य हैं।

7. **शंका**—(अनर्थ की आशंका से होने वाली सुख-हानि) इसके उत्पन्न होने पर मुँह सूख जाता है। स्वर-भंग और कम्प होता है।

8. **असूया**—(दूसरं के वैभव, उत्कर्ष आदि के प्रति असहिष्णुता) इसके उत्पन्न होने पर अवज्ञा, तिरस्कार, क्षोभ आदि की चेष्टाएँ की जाती हैं।

9. **अमर्ष**—(निन्दा, आक्षेप, अपमान आदि से उत्पन्न क्षोभ) इसके उत्पन्न होने पर आँखें लाल हो जाती हैं, सिर काँपने लगता है, त्यौरियाँ चढ़ जाती हैं।

10. **मोह**—(चित्त की आकुलता से होने वाला ज्ञान का लोप) इसकी उत्पत्ति दुःख के आवेग, भय, अत्यन्त चिन्तन आदि से होती है। इसके होने पर मूर्च्छा आती है, सिर चकरा जाता है, चित्त भ्रमित होता है।

11. **गर्व**—(मद, घमण्ड) यह ऐश्वर्य, विद्या, कुलीनता आदि के कारण उत्पन्न होता है। इसके उत्पन्न होने पर अवज्ञा, अविनय आदि चेष्टायें की जाती हैं।

12. **औत्सुक्य**—(वांछित वस्तु की प्राप्ति में विलम्ब से असहनीयता) यह अभिलषित वस्तु की प्राप्ति की उत्कट इच्छा से उत्पन्न होता है। इसके उत्पन्न होने पर दीर्घ निःश्वास, प्रस्वेद आदि लक्षण प्रकट होते हैं।

13. **उग्रता**—(अपमान आदि से उत्पन्न निर्दयता) इसके उत्पन्न होने पर गर्जन, तर्जन, ताड़न, भर्त्सन आदि लक्षण प्रकट होते हैं।

14. **चपलता**—(चित्त की अस्थिरता) ईर्ष्या, द्वेष, मात्सर्य आदि से उत्पन्न अस्थिरता ही चपलता है। इसके उत्पन्न होने पर उच्छृंखलता के भाव प्रकट होते हैं।

15. **दैन्य**—(दुर्गति से उत्पन्न निस्तेजस्विता) इसके उत्पन्न होने पर मुख मलीन हो जाता है। आत्महीनता के भाव प्रकट होते हैं।

16. **जड़ता**—(कर्तव्य-विमूढ़ता) अनिष्टकर वस्तु को देखने से उत्पन्न विवेकशून्यता जड़ता है। इसके उत्पन्न होने पर व्यक्ति एकटक देखता रह जाता है।

17. **आवेग**—(संभ्रम या घबराहट) इसके उत्पन्न होने के अनेक कारण हैं; वस्तुतः असमय या आस्थान में होने वाले किसी भी प्रकार के उत्पात से मन में

क्षोभ या आवेग उत्पन्न होता है। इसके होने पर रोमांच, कम्प, स्तब्धता आदि लक्षण प्रकट होते हैं।

18. निर्वेद—(आत्म धिक्कार का भाव) यह इष्ट वस्तु की हानि, दारिद्र्य; व्याधि, अपमान आदि से उत्पन्न होता है। इसके उत्पन्न होने पर अश्रुपात, दीनता, चिन्ता, निःश्वास आदि प्रकट होते हैं।

19. धृति—(चित्त की स्पृहा-रहित स्थिति) यह तत्त्व-ज्ञान या इष्ट-प्राप्ति से उत्पन्न होती है। इसके उत्पन्न होने पर मधुर वचन, शांति आदि भाव प्रकट होते हैं।

20. मति—(सद्, असद् का निर्णय करने वाली बुद्धि) यह नीति के अनुसरण, शास्त्र-ज्ञान आदि से उत्पन्न होती है। इसके उत्पन्न होने पर धैर्य, सन्तोष, आत्मगौरव आदि के भाव प्रकट होते हैं।

21. विबोध—(अविद्या का नाश होने पर होने वाला चैतन्य लाभ) इसके उत्पन्न होने पर अँगड़ाई, जँभाई, आँखों का खोलना-बन्द करना जैसी चेष्टायें होती हैं।

22. वितर्क—(संदेह के कारण उत्पन्न विचार) इसके उत्पन्न होने पर भौंहों का सिकुड़ना, सिर हिलना, उँगलियों का उठना आदि चेष्टायें होती हैं।

23. श्रम—(व्यायाम आदि करने से उत्पन्न थकान) इसके होने पर निःश्वास, जँभाई, अँगड़ाई, निद्रा आदि चेष्टायें लक्षित होती हैं।

24. आलस्य—(उत्साह-राहित्य) यह रुग्णता, जागरण, परिश्रम आदि से उत्पन्न होता है। इसके लक्षण रूप में जँभाई, अँगड़ाई आदि चेष्टायें होती हैं।

25. निद्रा—(वाह्य विषयों से निवृत्ति) यह परिश्रम, मनःस्वेद, मद्यपान आदि से उत्पन्न होता है। जँभाई, अँगड़ाई, आँखों का बन्द होना आदि इसके लक्षण हैं।

26. स्वप्न—(निद्रालीन होने पर विषयों का अनुभव) यह भावनाओं के दमन से उत्पन्न होता है। स्वप्नावस्था में कोष, आवेग, ग्लानि, भय, सुख आदि की अनुभूति होती है। यह स्वप्नावस्था, सुप्तावस्था की स्थिति है। इसमें शारीरिक निश्चेष्टता होती है।

27. स्मृति—(पूर्व-अनुभूत) विषय का पुनर्ज्ञान) यह पूर्व-अनुभूत विषय के सदृश वस्तु को देखकर जागृत होती है। इसमें भौंहों का चढ़ना आदि शारीरिक चेष्टायें होती हैं।

28. मद—(सम्मोह और आनन्द की मिश्रित अनुभूति) यह मद्यपान आदि से उत्पन्न होता है। सो-जाना, हँसना, गाना, गाली-गलौज करना आदि इसके लक्षण हैं।

29. उन्माद—(चित्त की विमूढ़ता) यह भ्रम, शोक, काम आदि से उत्पन्न है। प्रलाप, अकारण हँसना-रोना, गाने लगना आदि इसके लक्षण हैं।

30. अवहित्था—(हर्ष, काम आदि का गोपन) यह भ्रम, लज्जा, गौरव आदि के कारण उत्पन्न होता है। दूसरे काम में लग जाना, बात बदल देना, दूसरी ओर देखने लगना, इसके लक्षण हैं।

31. अपस्मार—(चित्त की विक्षिप्तता) ग्रहों की प्रतिकूलता, भूत-प्रेतादि के आवेश, असह्य मानसिक आघात आदि इसके कारण हैं। पृथ्वी पर लोटना, मुँह से झाग निकलना, पसीना बहना आदि इसके लक्षण हैं।

32. व्याधि—(वात-पित्त आदि के प्रकोप से होने वाले ज्वर आदि रोग) कँपकँपी होना, ज़मीन पर लोटना आदि इसके लक्षण हैं।

33. मरण—(मृत्यु, प्राण-त्याग) यह शोक, प्रबल आघात, असाध्य व्याधि आदि से संभव है। संज्ञाशून्यता, निश्चेष्टता आदि इसके लक्षण हैं।

भरतमुनि के सूत्र—विभावानुभाव व्यभिचारिसंयोगात् रसनिष्पत्तिः—में स्थायी भाव का उल्लेख नहीं है, किन्तु अन्यत्र उन्होंने आठ स्थायी भावों—रति, हास, शोक, क्रोध, उत्साह, भय, जुगुप्सा, विस्मय का उल्लेख किया है। उन्होंने इन भावों को ही 'रस' का उपादान कारण माना है। आचार्य मम्मट ने भी यह माना है कि विभावादि (कारण, कार्य तथा सहकारियों) के योग से व्यक्त 'रति' आदि स्थायी भाव ही रस-रूप में आस्वादित होते हैं। नवाँ स्थायी भाव 'शम' भरत द्वारा मान्य नहीं है। परवर्ती आचार्यों—उद्भट, आनन्दवर्धन, अभिनवगुप्त, मम्मट ने इसे मान्यता दी है। स्थायीभाव को आधुनिकता के प्रकाश में भी देखा-परखा गया है। आधुनिक मनोविज्ञान में जिन्हें 'मनःसंवेग' कहा गया है, सामान्यतः उन्हें ही भारतीय काव्यशास्त्र में स्थायीभाव माना गया है। 'मनःसंवेग' मूल प्रवृत्तियों पर आधृत हैं। मूल प्रवृत्तियाँ चौदह मानी गई हैं। मैक्डूगल ने इन मूल प्रवृत्तियों (प्राकृतिक शक्तियों) के साथ मनःसंवेगों के जुड़े होने की बात स्वीकार की है। मैक्डूगल की चौदह मूल प्रवृत्तियों से जुड़े संवेगों में कम-से-कम सात ऐसे हैं, जिन्हें स्थायी भावों से अभिन्न माना जा सकता है। यहाँ इन सातों को निम्नलिखित रूप में क्रमबद्ध प्रस्तुत किया जाता है—

मूल मनोवृत्ति	मनःसंवेग	स्थायीभाव
पलायन (Escape)	भय	भय
युयुत्सा (Combat)	क्रोध	क्रोध
विकर्षण (Repulsion)	घृणा	जुगुप्सा
काम (Mating, Sex)	रति	रति
जिज्ञासा (Curiousity)	आश्चर्य	आश्चर्य
हास (Laughter)	आमोद	हास
पुत्रेषणा (Parental Feeling)	वात्सल्य	वात्सल्य

इससे यह निष्कर्ष निकाला जा सकता है कि भारतीय रस-विवेचन (भाव विवेचन) आधुनिक मनोविज्ञान की कसौटी पर भी परखा जा सकता है। यह दूसरी बात है कि भारतीय काव्य-शास्त्र 'भाव' को ऐसे संवेदक तत्त्व के रूप में देखता है, जो काव्यार्थ को सहृदयों के लिए आस्वाद्य बनाता है। आचार्य भरत के अनुसार, ''स्थायी भावों में सामान्यत्व का गुण विद्यमान रहता है, इसलिए ये सहृदय को रसानुभूति कराने में समर्थ हैं।'' एभ्यश्च सामान्यगुणयोगेन रसा:निष्पद्यन्ते''। पाश्चात्य मनोविज्ञान इस दृष्टि से मनोसंवेगों को नहीं देखता। भारतीय स्थायीभाव विवेचन और आधुनिक मनोविज्ञान द्वारा किये जाने वाले मन:संवेगों के विवेचन में सबसे बड़ा अन्तर यह है कि मनोविज्ञान मनुष्य के मानसिक विकास के साथ मनोवेगों के स्वरूप में परिवर्तन स्वीकार करता है जबकि भारतीय भाव-विवेचन में 'स्थायी-भावों' की सहृदय मात्र में समान स्थिति स्वीकार की गई है। कुछ भी हो, भारतीय काव्य-चिन्तन नौ स्थायीभावों के आधार पर नौ रसों की स्थिति स्वीकार करता है। यहाँ हम अत्यन्त संक्षेप में प्रत्येक रस का परिचय देना चाहेंगे।

शृंगार रस

इसका स्थायी भाव 'रति' है। नायक-नायिका आलम्बन विभाव है। वसंत ऋतु, उद्यान, कुंज, चन्द्रिका, नायक-नायिका की प्रेम-चेष्टायें आदि इसके उद्दीपन हैं। कटाक्ष, चुम्बन, आलिंगन आदि इसके अनुभाव हैं। हर्ष, लज्जा, उत्सुकता आदि संचारी भाव हैं।

शृंगार रस के दो भेद हैं—1. संयोग शृंगार, 2. विप्रलंभ (वियोग) शृंगार। नायक-नायिका के मिलन की स्थिति में संयोग शृंगार और वियोग की स्थिति में विप्रलंभ शृंगार होता है। 'वियोग' के कई कारण हो सकते हैं—1. पूर्वानुराग, 2. मान, 3. प्रवास।

1. पूर्वानुराग—वह स्थिति जिसमें नायक-नायिका के मन में गुण-कथन, स्वप्न-दर्शन, चित्र-दर्शन आदि के कारण एक दूसरे के लिए प्रेम का उदय हो गया हो किन्तु दोनों का मिलन न हुआ हो।

2. मान—मिलन के बाद नायक के किसी अपराध से नायिका या नायिका के किसी अपराध से नायक के रूठ जाने से जो वियोग होता है, वह मान-जनित वियोग कहलाता है।

3. प्रवास—मिलन के पश्चात् नायक के किसी कारण विदेश चले जाने से जो वियोग होता है, वह प्रवासजनित वियोग कहा जाता है।

संयोग शृंगार का उदाहरण—

कहत, नटत, रीझत, खिझत, मिलत, खिलत, लजियात।
भरे भौन में करत हैं नैनन ही सों बात॥

उपर्युक्त दोहे में केवल नायिका की चेष्टायें (अनुभाव) वर्णित हैं। उन्हीं से श्रृंगार की व्यंजना हो गई है। इसी प्रकार केवल विभाव (उद्दीपन) या संचारी भाव या सात्विक भाव के वर्णन से भी श्रृंगार की व्यंजना हो जाती है। तात्पर्य यह कि विभाव, अनुभाव और संचारी भावों की स्थिति एक साथ न हो तो भी रस-व्यंजना में कोई बाधा नहीं होती।

वियोग (विप्रलंभ) का उदाहरण—

कंत बिन वासर वसंत लागे अतंक से,
तीर ऐसे त्रिविध समीर लागे लहकन;
सान धरे सार से चंदन धनसार लागे,
खेद लागे खरे मृगभेद लागे दहकन।
फाँसी से फुलेल लागे गाँसी से गुलाब अरु,
गाज अरगजा लागे, चोवा लागे चहकन
अंग-अंग आगि ऐसे केसरि के नीर लागे
चीर लागे जरन अबीर लागे दहकन॥

उपर्युक्त छन्द 'देव' कवि का है। इसमें उद्दीपन विभाव का वर्णन है। इसी के आधार पर वियोगिनी नायिका की विरह-व्यथा व्यंजित है। वियोग की स्थिति में मन की दस दशाएँ—अभिलाषा, चिन्ता, गुणकथन, स्मृति, उद्वेग, प्रलाप, उन्माद, व्याधि, जड़ता और मरण—मानी गई हैं। वियोग-वर्णन में इन दशाओं का उल्लेख एक रूढ़ि बन गई थी। वस्तुत: वियोग की स्थिति में आवश्यक नहीं कि मन की दस ही स्थितियाँ हों। उपर्युक्त दस स्थितियों में स्मृति, गुण-कथन, चिन्ता, अभिलाषा आदि अत्यन्त स्वाभाविक हैं। 'रति' जीवन की व्यापक और गंभीर वृत्ति है। इसमें सभी प्रकार के संचारियों का समावेश हो सकता है। कुछ आचार्यों ने इसे सभी भावों का कारण स्वीकार किया है। 'अग्निपुराण' में अन्य रसों को इसी का भेद माना गया है। हिन्दी में केशव, देव आदि आचार्यों ने इसे 'रसराज' माना है। 'देव' ने तो 'श्रृंगार' में सभी रसों को बिम्बित माना है। इन कवि-आचार्यों का निरूपण मनोवैज्ञानिक चाहे न हो, किन्तु यह तो सर्वमान्य है कि 'रति' या 'रागवृत्ति' जिजीविषा का केन्द्र है और अन्य वृत्तियाँ किसी-न-किसी रूप में इससे सम्बद्ध हैं।

वीर रस—इसका स्थायी भाव 'उत्साह' है। 'शत्रु' का आलम्बन है। शत्रु की ललकार, रणवाद्य, अस्त्र-शस्त्र की झंकार, चारणों द्वारा किया जाने वाला गौरव गान आदि इसके उद्दीपन हैं। नेत्रों का लाल हो जाना, दर्पयुक्त वाणी, भुजाओं का फड़कना आदि इसके अनुभाव हैं। हर्ष, गर्व, धृति, उग्रता, आदि संचारी भाव इसे पुष्ट करते हैं।

उदाहरण—

पारथ विचारों पुरुषारथ करैगो कहा,
स्वारथ-सहित परमारथ नसैहौं मैं।

कहै 'रतनाकर' प्रचारयो रन-भीषम यौं,
आज दुरजोधन को दुःख दहिदैहौं मैं।
पंचनि के देखत प्रपंच करि दूर सबै,
पंचन को स्वत्व पंचतत्त्व में मिलैहौं मैं;
हरि-पन-हारी जस धारिकै धरौं हौं सांत
सांतनु को सुभट सुपूत कहिवैहौं मैं।

यह उक्ति भीष्म पितामह की है। यहाँ श्रीकृष्ण और अर्जुन आलम्बन हैं। श्रीकृष्ण की शस्त्र न धारण करने की प्रतिज्ञा उद्दीपन है। भीष्म जी की 'प्रचारना' ही अनुभाव है। गर्व, धृति आदि संचारी हैं। इस प्रकार यहाँ वीर रस की निष्पत्ति स्पष्ट है।

वीर रस के चार भेद माने गए हैं—दानवीर, धर्मवीर, युद्धवीर और दयावीर। उपर्युक्त उदाहरण युद्धवीर का है।

दयावीर में तीर्थ, याचक, पर्व आदि आलम्बन माने जाते हैं। दान पात्र द्वारा की गई प्रशंसा, अन्य दाताओं के दान की चर्चा आदि उद्दीपन का कार्य करते हैं। दाता द्वारा अपनी दातव्य शक्ति का कथन अनुभाव होता है। हर्ष, गर्व आदि इसके संचारी भाव होते हैं।

धर्मवीर में पुराणादि धार्मिक ग्रन्थ आलम्बन माने जाते हैं। धार्मिक ग्रन्थों में वर्णित धर्म की महिमा या फलस्तुति उद्दीपन का कार्य करते हैं। धर्म के लिए कष्ट सहना अनुभाव माना जाता है। धृति, मति आदि इसके संचारी होते हैं।

दानवीर में दया का पात्र आलम्बन होता है। उसकी दीन दशा उद्दीपन का कार्य करती है। दाता द्वारा दया के पात्र को सांत्वना देना अनुभाव माना जाता है। हर्ष, धृति आदि इसके संचारी होते हैं।

उपर्युक्त चार प्रकार के वीर रसों में युद्धवीर ही प्रधान माना गया है। आधुनिक विचारकों में आचार्य शुक्ल ने दुष्कर कर्म करने की भावना को 'उत्साह' का आलम्बन माना है। ऐसा मानने पर वीरत्व की अभिव्यक्ति अनेक रूपों में माननी होगी और परम्परागत अवधारणा में विस्तार अपेक्षित होगा। वस्तुतः वीर रस की अवधारणा में निरन्तर संशोधन-परिवर्धन होता आया है। भरत-मुनि ने युद्धवीर, धर्मवीर और दानवीर इन्हीं तीन भेदों की चर्चा की है। 'दशरूपक' में धर्मवीर के स्थान पर 'दयावीर' का उल्लेख है। 'साहित्यदर्पण' में 'धर्मवीर' और 'दयावीर' दोनों को स्वीकार करके वीर रस के चार भेदों को मान्यता दी गई है। पंडितराज जगन्नाथ ने 'सत्यवीर' और 'पांडित्यवीर' का उल्लेख (खण्डनात्मक के रूप में ही सही) किया है। ऐसी स्थिति में आचार्य शुक्ल के विवेचन की उपेक्षा नहीं की जा सकती।

करुण रस

इसका स्थायी भाव 'शोक' है। स्वजनों का पराभव या किसी भी व्यक्ति की हीनावस्था या विनष्ट व्यक्ति इसके आलम्बन हैं। प्रियजनों का दाह-कर्म, उनके वस्त्राभूषणादि का दृश्य तथा उनके कार्यों का श्रवण उद्दीपन हैं। रोदन, उच्छ्वास, विवर्णता, भूमि-पतन आदि इसके अनुभाव हैं। निर्वेद, ग्लानि, स्मृति, दैन्य, चिन्ता, जड़ता आदि इसके संचारी भाव हैं।

उदाहरण—

मेरो सब पुरुषारथ थाको।
विपति-बँटावन बंधु-बाहु बिनु करौं भरोसौ काको?
सुनु सुग्रीव साँचेहु मो पर फेर्‌यौ बदन विधाता।
ऐसे समय समर-संकट हौं तज्यौं सम भ्राता
गिरि कानन जैहैं साखामृग हौं पुनि अनुज सँघाती।
ह्वैहै कहा विभीषन की गति रही सोच भरि छाती॥

यहाँ मूर्च्छित लक्ष्मण आलम्बन हैं। राम का विलाप अनुभाव है। विषाद, चिन्ता, दैन्य आदि संचारी भाव करुणरस की निष्पत्ति में सहायक हैं।

नौ रसों में करुणरस का विशेष महत्त्व है। भवभूति ने तो करुणरस को ही सभी रसों का मूल माना है। आनन्दवर्धन ने करुणरस की आर्द्रता (द्रुति) की मात्रा शृंगार से भी अधिक मानी है। आचार्य शुक्ल ने लोक-मंगल-विधायक महाकाव्यों का बीजभाव 'करुणा' को ही स्वीकार किया है। वस्तुतः 'करुणरस' का स्थायी भाव 'शोक' के स्थान पर 'करुणा' को ही मानना चाहिए। 'करुणा' का भाव ही संवेदनशील व्यक्ति को परदुःख कातर बनाकर लोक-कल्याण में प्रवृत्त करता है और शील का संस्थापक बनता है।

अद्भुत रस

इसका स्थायीभाव 'विस्मय' (आश्चर्य) है। आलम्बन अलौकिक वस्तु या कार्य है। अलौकिक वस्तु का गुण-कीर्तन इसका उद्दीपन है। स्तम्भ, स्वेद, रोमांच, गद्‌गद्‌स्वर, संभ्रम, नेत्र विकास आदि इसके अनुभाव हैं। वितर्क, आवेग, हर्ष आदि संचारी भाव इसका पोषण करते हैं।

उदाहरण—

लीन्हों उखारि पहार विसाल चल्यो तेहि काल विलम्ब न लायो।
मारुत नन्दन मारुत को, मन को, खगराज को वेग लजायो॥
तीखी तुरा तुलसी कहतो पै हिए उपमा को समाउ न आयो।
मानो प्रतच्छ परब्बत की नभलीक लसी कपि यों धुकि धायो॥

यहाँ हनुमान का पर्वत उखाड़ लेना आलम्बन है। हनुमान की गति का वर्णन उद्दीपन है। हृदय में उपमा का न सूझना अनुभाव है। इस प्रकार पूरा दृश्य विस्मय को पुष्ट करके अद्भुत-रस की अनुभूति कराता है।

हास्य रस

इसका स्थायी भाव 'हास' है। विकृत वेश-भूषा, आकार आदि इसके आलम्बन हैं। हास्यजनक चेष्टायें उद्दीपन हैं। नासिका, कपोल आदि का स्फुरण, मुख का विकसित होना आदि इसके अनुभाव हैं। आलस्य, निद्रा आदि इसके संचारी भाव हैं।

इसके छः भेद माने गए हैं—1. स्मित, 2. हसित, 3. विहसित, 4. अवहसित, 5. अपहसित, 6. अतिहसित। स्मित हास में नेत्रों का ईषत् विकास या अधरों का स्पन्दन मात्र होता है। हसित हास में दाँत कुछ-कुछ दिखाई पड़ते हैं। अवहसित हास में कंधे और सिर भी काँपने लगते हैं। अपहसित हास में हँसते-हँसते आँखों में आँसू तक आ जाते हैं। अतिहसित हास में हाथ-पैर भी उठाये-पटके जाते हैं। स्मित हास उत्तम प्रकृति वालों का हास है और अतिहसित हास अधम प्रकृति वालों का है।

उदाहरण—

काम कलोलन की बतियान में बीति गईं रतियाँ उठि प्रात में;
आपने चर के धोखे भटू झट पीतम को पहिर्‌यो पट गात में।
ले बनमाल को किंकिनी ठौर नितँबन बाँधि लई अरसात में;
देख सखीं विकसीं तब बालहु बोलि सकी न कछू सकुचान में।

यहाँ नायिका का प्रियतम का वस्त्र धारण करना आलम्बन है। सखियों का विकसना अनुभाव है। बाला का सकुचना संचारी है। सब मिलाकर विकृत वेश-जन्य हास्य का सुन्दर उदाहरण प्रस्तुत किया गया है।

रौद्र रस

इसका स्थायी भाव 'क्रोध' है। शत्रु, शत्रु के समर्थक तथा अन्य कोई व्यक्ति जिस पर क्रोध किया जाय इसके आलम्बन हैं। शत्रु द्वारा कहे गए कठोर वचन या उसके द्वारा किए गए अनिष्ट कार्य इसके उद्दीपन हैं। नेत्रों का लाल हो जाना, होंठ काटना, गर्जन-तर्जन, कम्प, प्रस्वेद, क्रूर दृष्टि से देखना आदि इसके अनुभाव हैं। मद, अमर्ष, उग्रता आदि संचारी भाव इसका पोषण करते हैं। 'रौद्र' और 'वीर' (युद्ध वीर) में बहुत कुछ समानता प्रतीत होती है। किन्तु दोनों में अन्तर है। वीर रस का स्थायी भाव 'उत्साह' है। 'उत्साह' सुखात्मक वर्ग का एक मनोभाव है। रौद्र रस का स्थायी भाव 'क्रोध' है। यह दुःखात्मक वर्ग का मनोभाव है। 'उत्साह' की स्थिति में शत्रुजय के लिए प्रयत्न करते हुए मानसिक संतुलन बना

रहता है, क्योंकि यहाँ धैर्य बराबर साथ रहता है। 'क्रोध' की प्रचण्डता संतुलन भंग कर देती है।

उदाहरण—

श्रीकृष्ण के सुन बचन अर्जुन क्षोभ से जलने लगे।
सब शील अपना भूल कर करतल युगल मलने लगे॥
संसार देखे अब हमारे शत्रु रण में मृत पड़े।
करते हुए यह घोषणा वे हो गए उठ कर खड़े॥

यहाँ स्थायी भाव 'क्रोध' है। कौरव पक्ष के वीर आलम्बन हैं। श्रीकृष्ण के वचन उद्दीपन का कार्य कर रहे हैं। अर्जुन का हाथ मलना अनुभाव है। अमर्ष, गर्व, उग्रता आदि संचारी भाव हैं। इस प्रकार यहाँ रौद्र रस की व्यंजना हुई है।

वीभत्स रस

इसका स्थायी भाव 'जुगुप्सा' या घृणा है। मांस, रुधिर, चर्बी, वमन आदि इसके आलम्बन हैं। कीड़ों का बिलबिलाना, पशुओं का मांस नोचना, सड़ाँध आदि इसके उद्दीपन हैं। मुँह बिचकाना, नाक सिकोड़ना, थूकना आदि चेष्टायें इसके अनुभाव हैं। 'विषाद', 'निर्वेद', 'त्रास', 'व्याधि' आदि संचारी इसे पुष्ट करते हैं।

उदाहरण—

कोउ अँतड़िन की पहिरि माल इतरात दिखावत।
कोउ चरबी लै चोप सहित निज अंगनि लावत॥
कोउ मुंडनि लै मानिमोद कंदुक लौं डारत।
कोउ रुंडनि पै बैठि करेजो कोरि निकारत॥
कोउ कड़ाकड़ हाड़ चाबि नाचत दै ताली।
कोऊ पीअत रुधिर खोपड़ी की करि प्याली॥

यहाँ श्मशान के दृश्य का वर्णन है। यह सारा दृश्य राजा हरिश्चन्द्र (डोम के दास) देख रहे हैं। अंतड़ियों की माला, मुंड, चर्बी आदि आलम्बन हैं। पिशाचों का नाचना, ताली बजाना, मुंड को कंदुक की तरह उछालना आदि क्रियाएँ जुगुप्सा को उद्दीप्त करती हैं। 'विषाद' संचारी भाव है। राजा हरिश्चन्द्र की चेष्टायें (जिनका उल्लेख नहीं है) अनुभाव हैं। इस प्रकार 'रत्नाकर' द्वारा वर्णित उपर्युक्त छन्द में वीभत्स रस की व्यंजना हुई है।

भयानक रस

इसका स्थायी भाव 'भय' है। भयानक वस्तु, बलवान शत्रु आदि इसके आलम्बन हैं। निर्जनता, अपरिचित आवाज़ें आलम्बन का अट्टहास आदि क्रियाएँ उद्दीपन का कार्य करती हैं। चीखना, चिल्लाना, घिग्घी बँध जाना, भागना आदि अनुभाव हैं। शंका, चिन्ता, त्रास, आवेग आदि संचारी भाव हैं।

उदाहरण—

कर्तव्य अपना इस समय होता न मुझको ज्ञात है।
कुरुराज चिन्ताग्रस्त मेरा जल रहा सब गात है।
अतएव मुझको अभय देकर आप रक्षित कीजिए।
या पार्थ प्रण करने विफल अन्यत्र जाने दीजिए।

यह उदाहरण 'जयद्रथवध' का है। यहाँ जयद्रथ आश्रय है। अर्जुन और उसकी भीषण प्रतिज्ञा आलम्बन और उद्दीपन हैं। 'भय' स्थायी भाव है। शरीर का जलना अनुभाव है। जयद्रथ की 'चिन्ता' संचारी भाव है। इस प्रकार स्पष्ट रूप से भयानकरस की व्यंजना हुई है।

शांत रस

इसका स्थायी भाव 'निर्वेद' अथवा 'शम' है। संसार की असारता का बोध, परमात्मचिन्तन आदि इसके आलम्बन हैं। पवित्र तीर्थ, ऋषियों का आश्रम, सत्संग, शास्त्र-चिन्तन आदि इसके उद्दीपन हैं। हर्ष, स्मृति, धृति, मति, आदि इसके संचारी हैं। रोमांच, संसार-भीरुता आदि इसके अनुभाव हैं। यहाँ यह ध्यान रखना होगा कि तत्त्वज्ञान से प्राप्त 'निर्वेद' ही 'शांतरस' का स्थायीभाव है। इष्टनाश या सांसारिक असफलता से जो 'निर्वेद' होता है वह मात्र संचारी होता है। 'साहित्यदर्पण' में 'शांत रस' की दशा को स्पष्ट करते हुए कहा गया है कि जहाँ न दुःख है, न सुख है, न कोई चिन्ता है, न राग-द्वेष है, न कोई इच्छा है, वही शांत रस की दशा है—

''न यत्र दुःखं न सुखं न चिन्ता न द्वेषरागौ न च काचिदिच्छा।
रसः स शान्तः कथितो मुनीन्द्रै सर्वेषु भावेषु शमप्रधानः॥''

यहाँ जिस दशा का वर्णन किया गया है उसे मोक्ष या निर्विकल्प समाधि की दशा नहीं मानना चाहिए, क्योंकि उस अवस्था में विभावादि का ज्ञान सम्भव नहीं है। यहाँ सांसारिक विषयों से मन को हटाकर एकाग्र या द्वन्द्वरहित होना ही अभीष्ट है।

अन्य उदाहरण—

मैं समुझ्यो निरधार, यह जग काचो काँच सो।
एकै रूप अपार, प्रतिबिम्बित लखियत जहाँ॥

बिहारी के उपर्युक्त दोहे में 'जग को निराधार समझना' आलम्बन है। 'एक ही परमतत्त्व का सभी रूपों में व्याप्त होना उद्दीपन है। संसार की अनित्यता का कथन अनुभाव है। धृति, मति, संचारी भाव हैं। 'निर्वेद' स्थायी है। इस प्रकार छोटे-से दोहे में 'शान्तरस' की व्यंजना हुई है।

उपर्युक्त नव रसों के अतिरिक्त 'वात्सल्य' और 'भक्ति' इन दो रसों की अवधारणा भी महत्त्वपूर्ण है। हिन्दी-साहित्य की दृष्टि से इन रसों का विशेष महत्त्व है।

वत्सल रस

इसका स्थायी भाव 'वात्सल्य प्रेम' है। बालक आलम्बन है। बालक की चेष्टाएँ उद्दीपन हैं। अंगस्पर्श, चुम्बन, रोमांच आदि अनुभाव हैं। हर्ष, गर्व, चिन्ता, आशंका आदि संचारी भाव हैं। 'वत्सल रस' को इसलिए मान्यता दी गई है कि इसका चमत्कार अन्य रसों से भिन्न है।

उदाहरण—

जसोदा हरि पालने झुलावै।
हलरावै दुलराइ मल्हावै जोइ सोइ कछु गावै॥
मेरे लाल को आउ निंदरिया काहे न आइ सुवावै।
तू काहे न वेगि सों आवै, तोकों कान्ह बुलावै॥
कबहुँ पलक हरि मूँदि लेत हैं कबहुँ अधर फरकावै।
सोवत जानि मौन ह्वै रहि-रहि करि-करि सैन बतावै॥
इहि अन्तर अकुलाय उठे हरि जसुमति मधुरे गावै।
जो सुख 'सूर' अमर मुनि दुर्लभ सो नँद भामिनी पावै॥

यहाँ वात्सल्य प्रेम (यशोदा का बालक कृष्ण के प्रति) स्थायी भाव है। बालक कृष्ण आलम्बन हैं। कृष्ण का पलकों को मूँद लेना और अधरों का फड़काना उद्दीपन विभाव हैं। यशोदा का संकेतों से बात करना, मौन हो जाना आदि अनुभाव हैं। 'हर्ष' संचारी भाव है। इस प्रकार 'वत्सल रस' अपने पूरे चमत्कार के साथ उपस्थित है।

वत्सल रस की भी संयोग और वियोग दो दशाएँ मानी गई हैं। कृष्ण के मथुरा चले जाने के बाद यशोदा की मनोदशा का चित्रण करते हुए सूर ने वियोग वत्सलता का सुन्दर उदाहरण प्रस्तुत किया है।

भक्ति रस

परम्परा से 'भक्ति' को 'भाव' ही माना जाता रहा है। 'रस' की प्रतिष्ठा उसे मधुसूदन सरस्वती और रूप गोस्वामी जैसे आचार्यों ने दिलाई है। रूप गोस्वामी ने 'भक्तिरसामृतसिंधु' में भक्ति का विस्तृत और गंभीर विवेचन किया है। उन्होंने भक्तिरस के दो भेद किए हैं—1. मुख्य भक्ति-रस, 2. गौण भक्ति-रस। मुख्य भक्ति-रस पाँच प्रकार के हैं—1. शान्त, 2. प्रीति, 3. प्रेयस, 4. वत्सल, 5. मधुर। गौण भक्ति-रस में 'हास्य' 'अद्‌भुत', 'वीर', 'करुण', 'रौद्र', 'भयानक', 'वीभत्स', इन सभी रसों का समावेश कर लिया गया है। मुख्य भक्ति-रस में 'प्रीति' को 'दास्यभाव' और 'प्रेयस' को 'सख्यभाव' की भक्ति कह सकते हैं। 'शान्त भक्ति' और 'शान्त रस' एक नहीं हैं। शान्त-भक्ति में 'शान्ति-रति' स्थायी भाव है। शान्त-रस में 'निर्वेद' स्थायी है। 'शान्ति-रति' भी रति ही है, चित्त की शमावस्था नहीं। 'शान्ति-रति' में भक्त अहंकार का पूर्ण विर्सजन करके भगवन्निष्ठ होता है।

'यशोदा' और 'नन्द' की कृष्ण के प्रति जो भक्ति है उसे वत्सल-भक्ति और राधा तथा गोपियों की जो भक्ति है उसे मधुर-भक्ति का आदर्श समझना चाहिए।

भक्ति रस का स्थायी भाव है श्रीकृष्ण-विषयक रति। कृष्ण आलम्बन हैं। तीर्थ, भक्तों का समागम, भक्ति-प्रधान ग्रन्थों का पाठ इसके उद्दीपन हैं। अश्रु, रोमांच, आत्मविस्मृति आदि इसके अनुभाव हैं। हर्ष, मति, वितर्क आदि संचारी भाव इसे पुष्ट करते हैं।

उदाहरण—

पग घुँघरू बाँध मीराँ नाची रे।
मैं तो मेरे नारायण की, आपहिं हो गई दासी रे।
लोग कहैं मीराँ भई बावरी, न्यात कहैं कुलनासी रे।
विष का प्याला राणा जी भेज्या, पीवत मीराँ हाँसी रे।
मीराँ के प्रभु गिरधर नागर, सहज मिले अविनासी रे।

उपर्युक्त पद में 'मधुरभाव' स्थायी है। कृष्ण (गिरधर नागर) आलम्बन हैं। मीरा का घुँघरू बाँध कर नाचना अनुभाव है। 'हर्ष' संचारी है। लोगों का मीरा को बावरी आदि कहना उद्दीपन है। सब मिलाकर यह 'मधुररस' का श्रेष्ठ उदाहरण है।

'रस' के इस सामान्य परिचय के साथ इस सम्बन्ध में कुछ और बातें भी ज्ञातव्य हैं। सामान्यतः सभी रसों को आनन्ददायक माना जाता है, किन्तु आचार्यों ने इन रसों का परस्पर विरोध भी लक्षित किया है। उदाहरण के लिए—

शृंगार के विरोधी रस हैं — करुण, वीभत्स, रौद्र, वीर और भयानक।
हास्य के विरोधी हैं — भयानक और करुण।
करुण के विरोधी हैं — हास्य और शृंगार।
रौद्र के विरोधी हैं — हास्य, शृंगार और भयानक।
वीर के विरोधी हैं — भयानक और शान्त।
भयानक के विरोधी हैं — शृंगार, वीर, रौद्र, हास्य और शान्त।
शान्त के विरोधी हैं — वीर, शृंगार, रौद्र, हास्य और भयानक।
वीभत्स का विरोधी है — शृंगार।

वस्तुतः एक ही प्रक्रम में दो स्वतंत्र रसों का समावेश नहीं होना चाहिए। दो समान रूप से शक्तिशाली रसों का अधिष्ठान एक नहीं होना चाहिए। दो समान बल रसों की व्यवधान-रहित अभिव्यंजना भी नहीं होनी चाहिए। उपर्युक्त बातों का ध्यान न रखने से रस-विरोध स्वाभाविक है। भारतीय काव्यशास्त्र में रस-विषयक चिन्तन की लम्बी परम्परा है। यह चिन्तन विस्तृत, गंभीर और सूक्ष्म है। यहाँ इस सम्बन्ध में जो कुछ कहा गया है, वह इसका सामान्य परिचय मात्र है।

अलंकार-निरूपण

हम देख चुके हैं कि संस्कृत के पुराने आचार्यों—भामह, दण्डी आदि—ने काव्य में अलंकारों को विशेष महत्त्व दिया है। दण्डी ने अलंकारों को काव्य-शोभा विधायक धर्म माना है। 'काव्यशोभाकरान् धर्मान् अलंकारान् प्रचक्षते'। काव्य में 'शब्द' और 'अर्थ' जल और लहर की तरह अभिन्न भी हैं और भिन्न भी। बिना 'अर्थ' के शब्द निष्प्राण है और बिना 'शब्द' के 'अर्थ' आकार-रहित है। फिर भी व्यवहार में हम दोनों का अलग-अलग प्रयोग करते हैं। इसीलिए अलंकारों के भी 'शब्दालंकार' और 'अर्थालंकार', ये दो भेद किए जाते हैं। जहाँ अलंकार का चमत्कार पूरी तरह शब्द के प्रयोग पर निर्भर होता है, वहाँ **शब्दालंकार** माना जाता है। शब्दालंकार में शब्द-विशेष (जो अलंकार के कारण है) को बदल कर उसका पर्याय रख देने पर अलंकार का चमत्कार और सौन्दर्य जाता रहता है।

उदाहरण के लिए 'देव' कवि का एक छन्द देखिए—

रीझि-रीझि रहसि-रहसि हँसि-हँसि उठै,
साँसै भरि आँसू भरि कहत दई-दई।

उपर्युक्त छन्द में रीझि-रीझि, रहसि-रहसि जैसे व्यंजनों की आवृत्ति के कारण 'छेकानुप्रास' का चमत्कार उत्पन्न हुआ है। यह चमत्कार शब्दों के प्रयोग पर आधृत है। यदि हम 'रीझि' के स्थान पर 'मोहि' रख दें, तो व्यंजनों की आवृत्ति से जो सौन्दर्य उत्पन्न हुआ है वह नष्ट हो जायेगा। यहाँ काव्य-सौन्दर्य पूर्णत: शब्द-विशेष के प्रयोग पर आधृत है। इसलिए 'शब्दालंकार' माना जाएगा। 'अर्थालंकार' में काव्य का सौन्दर्य अर्थ पर निर्भर करता है, शब्द पर नहीं। इसलिए शब्द-विशेष को हटाकर उसका पर्याय रख देने पर भी काव्य-सौन्दर्य बना रहता है। उदाहरण के लिए नीचे की पंक्ति देखिए—

सुभग सुधाधर तुल्य मुख, मधुर सुधा से बैन।

यहाँ मुख की उपमा चन्द्रमा से दी गई है। चन्द्रमा के लिए 'सुधाधर' शब्द प्रयुक्त है। यदि हम सुधाधर' के स्थान पर 'कलाधर' का प्रयोग कर दें, तो भी 'उपमा' अलंकार का सौन्दर्य बना रहेगा। इसलिए यहाँ अर्थालंकार है। इन दोनों के अतिरिक्त आचार्यों ने '**उभयालंकार**' की कल्पना भी की है। 'उभयालंकार' वहाँ होता है जहाँ अलंकार का चमत्कार शब्द और अर्थ दोनों पर आधृत हो। काव्य में 'अर्थालंकारों' की संख्या सबसे अधिक है। 'शब्दालंकार' थोड़े से हैं और उभयालंकार तो मुख्यत: एक ही है—**पुनरुक्तवदाभास।**

शब्दालंकार

आचार्य मम्मट ने छः शब्दालंकार माने हैं—वक्रोक्ति, अनुप्रास, यमक, श्लेष, चित्र और पुनरुक्तवदाभास। इनमें 'पुनरुक्तवदाभास' को उभयालंकार (शब्दार्थालंकार) मानना अधिक उचित है। शेष का यहाँ क्रमबद्ध परिचय दिया जा रहा है—

1. वक्रोक्ति

यदि वक्ता के कथन का श्रोता 'श्लेष' या 'काकु' के सहारे दूसरा अर्थ (वक्ता के अभीष्ट अर्थ से भिन्न) ग्रहण करे तो 'वक्रोक्ति' अलंकार होता है। जो वक्रोक्ति 'श्लेष' के कारण होती है उसे 'श्लेषमूलावक्रोक्ति' कहते हैं और जो 'काकु' के कारण होती है उसे 'काकुमूलावक्रोक्ति' कहते हैं।

उदाहरण—

गौरवशालिनी प्यारी हमारी सदा तुमही इक इष्ट अहो।
हौं न गऊ, नहिं हौं अवशा, अलिनी हूँ नहीं, अस काहे कहो॥

शिव जी पार्वती से कह रहे हैं, "हे गौरवशालिनी प्रिय, तुम्हीं हमारी सदा के लिए इष्टदेवी हो।" पार्वती जी 'गौरवशालिनी' शब्द को तीन टुकड़ों में भंग कर देती हैं— 1. गौः (गाय), 2. अवशा (वश रहित), 3. अलिनी (भ्रमरी) और कहती हैं न मैं गऊ हूँ, न अवशा हूँ न अलिनी हूँ। फिर आप मुझे 'गौरवशालिनी' क्यों कह रहे हैं? यहाँ पार्वती ने शिव के अभीष्ट अर्थ से भिन्न अर्थ (सभंग पद श्लेष के आधार पर) लिया। अतः यहाँ श्लेषमूलावक्रोक्ति है।

काकुमूलावक्रोक्ति का उदाहरण देखिए—

हौं सुकुमारि नाथ, वन जोगू। तुमहिं उचित तप मोकहँ भोगू॥

उपर्युक्त कथन सीता जी का है। कथन का शब्दिक अर्थ है—"मैं सुकुमारी हूँ और नाथ वन में रहने के योग्य हैं, आपके लिए तप उचित है और मेरे लिए भोग।" लेकिन सीताजी यह नहीं कहना चाहती हैं। यदि गले की ध्वनि को बदल दिया जाय जैसा आवेश में आने पर बदल दिया जाता है, तो निषेधात्मक अर्थ प्रकट होता है। सीताजी कहना चाहती हैं कि न आप (राम के लिए) वन के योग्य हैं, न आपके लिए तप उचित है। यदि मैं सुकुमारी हूँ तो आप भी सुकुमार हैं और यदि मैं राजभोग के योग्य हूँ तो आप भी उसके योग्य हैं। इसलिए आपका यह प्रस्ताव कि मैं अयोध्या में रहूँ और आप वन में जाएँ, अनुचित है। यह अर्थ गले की ध्वनि के परिवर्तन (काकु) से ही संभव है। इसलिए यहाँ 'काकुमूला' वक्रोक्ति है।

'वक्रोक्ति' के उपर्युक्त दोनों उदाहरण शब्दालंकार के अन्तर्गत इसलिए दिखाए गए हैं कि इनका चमत्कार पूर्णतः शब्द-विशेष के प्रयोग पर निर्भर है।

2. अनुप्रास

वर्णों की समानता (आवृत्ति) का नाम अनुप्रास है। वर्णों की समानता से तात्पर्य यहाँ व्यंजनों की समानता से है। 'अनुप्रास' का शाब्दिक अर्थ है—अनुकूल और प्रकृष्ट सन्निवेश। (अनु = अनुकूल। प्र = प्रकृष्ट, अस = सन्निवेश) तात्पर्य यह कि वर्णों का ऐसा प्रकृष्ट सन्निवेश जो रसादि के अनुकूल हो, अनुप्रास कहलाता है। यह अनुप्रास दो प्रकार का होता है—वर्णानुप्रास और पदानुप्रास। वर्णानुप्रास के दो भेद होते हैं—1. छेकानुप्रास, 2. वृत्यानुप्रास।

छेकानुप्रास

अनेक वर्णों की एक बार स्वरूप और क्रम से आवृत्ति (सादृश्य) को 'छेकानुप्रास' कहते हैं। 'छेक' का अर्थ है चतुर। यह अलंकार चतुरों को विशेष प्रिय है। इसलिए इसे छेकानुप्रास कहते हैं।

उदाहरण—

सर-सर हँस न होत, बाजि गजराज न दर-दर।
तरु-तरु सुफल न होत, नारि पतिव्रता न घर-घर॥

उपर्युक्त उदाहरण में 'सर-सर', 'दर-दर', 'तरु-तरु' और 'घर-घर' में छेकानुप्रास है। इसमें अनेक वर्णों की एक बार स्वरूप और क्रम से आवृत्ति हुई है।

वृत्यानुप्रास

वृत्यानुप्रास का अर्थ है—वृत्ति के अनुकूल वर्ण-विन्यास। वृत्तियाँ तीन मानी गई हैं। उपनागरिका, परुषा और कोमला। इन वृत्तियों का 'रसों से' सीधा सम्बन्ध है। 'उपनागरिकावृत्ति', 'शृंगार', 'हास्य' और 'करुण' रसों की व्यंजना के लिए अनुकूल पड़ती है। इसलिए इसमें 'ट, ठ, ड, ढ' वर्णों को छोड़कर सारे वर्णों का प्रयोग होता है। परुषा वृत्ति 'वीर', 'रौद्र' और 'भयानक' रसों के अनुकूल पड़ती है। इसमें 'ट, ठ, ड, ढ' तथा द्वित्व वर्णों की बहुलता होती है। 'कोमला' वृत्ति शृंगार, शान्त तथा अद्‌भुत रसों के अनुकूल पड़ती है। इसमें 'माधुर्य' और 'ओज' व्यंजक वर्णों को छोड़कर शेष वर्णों का विन्यास किया जाता है।

'वृत्यानुप्रास' में एक व्यंजन (वर्ण) की एक बार या अनेक बार, अनेक व्यंजनों की एक बार या अनेक बार अथवा अनेक व्यंजनों की अनेक बार क्रमानुसार आवृत्ति (सादृश्य) होती है। जैसा कि ऊपर कहा गया है, यह आवृत्तिमूलक वर्ण-विन्यास उपनागरिका, परुषा और कोमला वृत्तियों के अनुकूल किया जाता है।

उपनागरिका वृत्ति के अनुकूल अनुप्रास

कंकन किंकिनि नूपुर धुनि-सुनि। कहत लषन सन राम हृदय गुनि।

परुषा वृत्ति के अनुकूल अनुपास

मर्कट विकट भट जुटत काटत न लटत तनु जर्जर भये।

कोमला वृत्ति के अनुकूल अनुप्रास

सजनी ससि में समसील उभै नवनील सरोरुह से विकसे।

पदानुप्रास (लाटानुप्रास)

पदानुप्रास को लाटानुप्रास भी कहते हैं। इसमें वर्णों की नहीं, शब्दों या पदों की आवृत्ति (सादृश्य) होती है। इसलिए इसे शब्दानुप्रास भी कहा जाता है। इस आवृत्ति में पदों का अर्थ तो एक ही होता है, किन्तु अन्वय करने पर तात्पर्य में भेद हो जाता है। लाट देश (गुजरात) के विदग्ध लोगों को विशेष रूप से प्रिय होने के कारण इसे लाटानुप्रास कहते हैं।

उदाहरण—

पीय निकट जाके, नहीं घाम, चाँदनी ताहि।
पीय निकट जाके नहीं, घाम चाँदनी ताहि॥

उपर्युक्त उदाहरण में पहली पंक्ति में जो पद आए हैं ठीक उन्हीं की दूसरी पंक्ति में आवृत्ति हुई है। इन पदों के अर्थ में भी कोई भेद नहीं है, किन्तु अन्वय करने पर तात्पर्य में भेद हो जाता है। पहली पंक्ति का तात्पर्य है कि प्रियतम जिसके निकट हैं (संयोगिनी नायिका के लिए) उन्हें घाम (धूप) जैसा दाहक नहीं चाँदनी जैसा शीतल प्रतीत होता है। दूसरी पंक्ति का तात्पर्य है कि जिसके निकट प्रियतम नहीं हैं (वियोगिनी नायिका के लिए) उसे चाँदनीं भी घाम जैसी दाहक प्रतीत होती है।

3. यमक

जहाँ अर्थ की भिन्नता के साथ वर्णों या शब्दों की आवृत्ति होती है, वहाँ 'यमक' अलंकार होता है। 'यमक' का अर्थ है 'जोड़ा' या 'दो'। इसलिए इस अलंकार में एक ही आकार वाले वर्णों का कम-से-कम दो बार सुनाई पड़ना आवश्यक है। यमक में जिन वर्णों की आवृत्ति होती है, उनका सार्थक होना आवश्यक नहीं है। निरर्थक वर्णों की आवृत्ति होने पर भी यमक अलंकार माना जाएगा। जहाँ सार्थक वर्णों की आवृत्ति होती है, वहाँ अर्थ की भिन्नता होना आवश्यक है।

उदाहरण—निरर्थक वर्णों की आवृत्ति

वह जीते सर मैन के ऐसे देखे मैं न।
हरिनी के नैनान तें हरि! नीके यह नैन॥

उपर्युक्त छन्द में पहली पंक्ति में पहले वाले 'मैन' के वज़न पर दूसरा वाला मैन—मै+न को मिलाकर बनाया गया है। दूसरे वाले मैन को मिलाकर पढ़ने पर कोई सार्थकता नहीं है। इसी प्रकार दूसरी पंक्ति में पहले वाले 'हरिनी' शब्द के वज़न पर 'हरि' के साथ 'नीके' के 'नी' को मिलाकर पढ़ने से 'हरिनी' बनता है।

इसको भी मिलाकर पढ़ने पर कोई सार्थकता नहीं है। इस छन्द में 'यमक' तो है, लेकिन निरर्थक है। केवल सुनने में समान ध्वनियाँ चमत्कृत करती हैं।

उदाहरण—सार्थक वर्णों की आवृत्ति

कनक कनक ते सौगुनी मादकता अधिकाय।
वा पाये बौराय जग या खाये बौराय॥

उपर्युक्त दोहे में 'कनक' शब्द की आवृत्ति हुई है। पहले वाले 'कनक' का अर्थ है 'सोना'। दूसरे वाले 'कनक' का अर्थ है 'धतूरा'। दोनों शब्द सार्थक हैं। यहाँ सार्थक शब्दों की आवृत्ति है, इसलिए दोनों के अर्थ में भिन्नता रखी गई है। कनक (सोना) और कनक (धतूरा) का एक युग्म (जोड़ा) बन जाने के कारण यहाँ यमक अलंकार है।

4. श्लेष

श्लेष का अर्थ है—चिपकना। जहाँ किसी एक शब्द में कई अर्थ चिपके हों वहाँ 'श्लेष' होता है। अत: जहाँ कवि एक से अधिक अर्थ रखने वाले शब्दों का प्रयोग करके काव्य में चमत्कार उत्पन्न करता है, वहाँ श्लेष अलंकार होता है।

उदाहरण—

रहिमन पानी राखिए, बिन पानी सब सून।
पानी गये न ऊबरै, मोती, मानुस, चून॥

यहाँ 'पानी' शब्द के प्रयोग से 'कान्ति', 'प्रतिष्ठा' और 'जल' तीन अर्थ (क्रमश: मोती, मानुस और चून के संदर्भ-भेद से) प्रकट किए गए हैं। यों कहिए कि 'पानी' शब्द में 'कान्ति', 'प्रतिष्ठा' और 'जल' तीन अर्थ चिपके हुए हैं। इसलिए यहाँ श्लेष अलंकार है।

श्लेष अलंकार के दो भेद है—1. अभंग-पद श्लेष, 2. सभंग-पद श्लेष

'अभंग-पद श्लेष' वहाँ होता है जहाँ पद को भंग किए बिना उसके दो या उससे अधिक अर्थ ग्रहण किए जाते हैं। जैसे 'रहीम' के उपर्युक्त दोहे में 'पानी' 'पद' को बिना भंग किए उसके तीन अर्थ लिए गए हैं। **'सभंग-पद श्लेष'** वहाँ होता है जहाँ पद-विशेष को भंग करके (तोड़कर) उसके दो या अधिक अर्थ लिए जाते हैं।

'सभंग-पद श्लेष' का उदाहरण—

नाहीं नाहीं कहैं थोरी माँगे सब दैन कहै,
मंगन को देखि पट देत बार बार हैं।

उपर्युक्त कथन 'दाता' और 'सूम' (कंजूस) दोनों के लिए सार्थक है। दाता के पक्ष में अर्थ होगा—"नहीं, नहीं कहता, थोड़ा माँगने पर सब कुछ देने की बात कहता है और मंगन को देखकर बार-बार वस्त्र दान करता है।" सूम (कंजूस) के पक्ष में अर्थ होगा—"मंगनों (याचकों) को देखकर नहीं-नहीं कहता

है (साफ कह देता है कि मैं नहीं दूँगा) थोड़ा माँगने पर भी. ''सब दै न कहै''— कुछ बोलता ही नहीं (चुप्पी लगा जाता है) और बार-बार दरवाज़ा बंद कर लेता है''। यहाँ 'दैन' पद को भंग (दै+न) करके 'दै' को 'सब' के साथ जोड़कर 'सबदै' कर लिया गया है और तब 'सबद' ही नहीं कहता' (कुछ बोलता ही नहीं) यह दूसरा अर्थ लिया गया है। इसलिए यहाँ 'सभंग-पद श्लेष' अलंकार है।

5. चित्र अलंकार

जहाँ वर्णों का विन्यास इस रीति से किया जाता है कि वह विन्यास खड्ग, मुरज, कमल आदि की आकृति का हेतु हो जाता है, वहाँ 'चित्र अलंकार' माना जाता है। इसके अन्तर्गत हिन्दी के आचार्यों ने अनेक प्रकार के प्रश्नोत्तरों की गणना की है। इसके भेदों की कोई सीमा नहीं है। कवि अपनी विदग्धता से इसके अनेक रूपों की रचना कर सकता है। भावोत्कर्ष या रस-व्यंजना की दृष्टि से इसका कोई महत्त्व नहीं है। यहाँ हम कवि 'लेखराज' रचित 'कमलवत्' प्रश्नोत्तर का एक उदाहरण प्रस्तुत करते हैं।

कमलवत् प्रश्नोत्तर चित्र अलंकार

कमलवत् प्रश्नोत्तर अलंकार वहाँ होता है जहाँ कवि द्वारा उत्तर के रूप में प्रस्तुत पद-समूह के अंतिम वर्ण को ज्यों-का-त्यों रखकर आदि से क्रमशः एक-एक वर्ण ज़ोड़ते जाते हैं और इस जोड़ से जो पद बनते हैं वे प्रश्नों के उत्तर होते हैं।

उदाहरण—

कहा नृप गुनिन को हेरि गुन करत है?
कापै तपी साधत हैं सीत घाम बैठि बन?
वेद औ पुरान कहा किये फल भल होत?
हरषत कहा हैं विलोकि धीर वीर जन?
काहि नाहि सज्जन बबत और डेरात काहि?
काहि अति दामिनि सो चंचल सुकवि मन?
लेखराज काहि कामे राखत है आठो जाम?
सबकौ है उत्तर 'सुमात सुरसरि मन'।

उपर्युक्त छन्द में निम्नलिखित आठ प्रश्न किए गए हैं—

1. गुणियों में गुण देखकर नृप क्या करते हैं?
2. तपस्वी शीत और घाम में वन में बैठकर किस पर तप साधते हैं?
3. वेद और पुराण को क्या करने से फल अच्छा होता है?
4. धीर वीर किसे देख कर प्रसन्न होते हैं?
5. सज्जन क्या नहीं बोते हैं?

6. सज्जन किससे डरते हैं?
7. कवि दामिनी से भी चंचल किये कहते हैं?
8. कवि लेखराज आठों पहर किसे किसमें लीन रखता है?

उपर्युक्त आठों प्रश्नों का उत्तर 'मातु सुरसरि मन' इन आठ वर्णों वाले पद-समूह में निहित है। पद-समूह का अन्तिम वर्ण है 'न'। इसी न में पद-समूह के आदि से क्रमश: एक-एक वर्ण जोड़ने से प्रश्नों के क्रमिक उत्तर प्राप्त होते हैं। पद-समूह का प्रथम वर्ण 'मा' है। इसे 'न' में जोड़ने से 'मान' बनता है। यह पहले प्रश्न का उत्तर है। इसी क्रम से 'तन' दूसरे, 'सुन' तीसरे, 'रन' चौथे, 'सन' पाँचवें, 'रिन' छठें, 'मन' सातवें और 'सुरसरि' आठवें प्रश्न का उत्तर है। इस छन्द का विन्यास कमल पुरुष के रूप में कर सकते हैं। आठों प्रश्नों को आठ दलों के रूप में और उत्तर को कर्णिका के रूप में विन्यस्त करने से कमल का आकार बन जाता है। इसीलिए इसे 'कमलवत् प्रश्नोत्तर' चित्र अलंकार कहा गया है।

उभयालंकार—पुनरुक्तिवदाभास

जहाँ भिन्न अर्थ वाले और भिन्न आकार वाले पदों को सहसा सुनकर पुनरुक्ति का आभास हो, किन्तु विचार करने पर पुनरुक्ति न हो, वहाँ 'पुनरुक्तिवदाभास' अलंकार होता है।

उदाहरण—

समय जा रहा और काल है आ रहा।
सचमुच उल्टा भाव भुवन में छा रहा॥

यहाँ पहली पंक्ति में 'समय' और 'काल' दोनों शब्दों को सुनकर सहसा प्रतीत होता है पुनरुक्ति हुई है। विचार करने पर 'काल' का अर्थ यहाँ 'मृत्यु' है। इस प्रकार पुनरुक्ति न होकर 'पुनरुक्ति का आभास' है। यह अलंकार 'शब्द' और 'अर्थ' दोनों पर आश्रित है। जहाँ शब्द-विशेष का पर्याय रख देने पर भी पुनरुक्ति का आभास बना रहता है, वहाँ यह अर्थगत होता है, किन्तु जहाँ शब्द-परिवर्तन संभव नहीं होता वहाँ यह शब्दगत होता है। उदाहरण के लिए यदि कहा जाय—

'शिवशंकर हर भव भय मेरे' तो आपातत: लगता है कि 'पुनरुक्ति' हुई है, किन्तु इसका अर्थ होगा—"हे शिव, कल्याण करो (शम्+कर) मेरे सांसारिक भय (भव-भय) को दूर करो" यह अर्थ ग्रहण करने पर पुनरुक्ति नहीं रह जाती। यहाँ 'शंकर' शब्द का पर्याय रख देने पर सारा चमत्कार समाप्त हो जायेगा। यहाँ शब्द-परिवर्तन सम्भव नहीं। इसलिए यहाँ शब्द-गत 'पुनरुक्तिवदाभास' है। कहीं-कहीं एक ही साथ यह शब्दगत भी होता है और अर्थगत भी। उदाहरण के लिए यदि कहा जाय—"सरजा सिवाजी जस जगत् जहान में" तो यहाँ यह उभयगत (शब्दगत और अर्थगत दोनों) है। 'जगत्' की जगह 'उदित' रख दिया जाय तो पुनरुक्ति का आभास समाप्त हो जाता है। अत: यह शब्दगत हुआ। दूसरी ओर

'जहान' की जगह 'लोक' रख दें तो पुनरुक्ति का आभास बना रहता है। अंत: यह अर्थगत भी है। इसीलिए इसे उभयालंकार कहा जा सकता है।

कुछ विद्वान् संसृष्टि और संकर अलंकारों को भी 'उभयालंकार' मानते हैं। इन दोनों अलंकारों का लक्षण और उदाहरण अंत में दिया गया है। उभयालंकारों के निर्णय की जो व्यवस्था आचार्य मम्मट ने दी है, वह ध्यान देने योग्य है। आचार्य मम्मट ने 'काव्य-प्रकाश' के दशम उल्लास के अंत में शब्दालंकार, अर्थालंकार तथा उभयालंकार की व्यवस्था पर विचार किया है। उनके अनुसार जो अलंकार शब्द-विशेष के प्रयोग पर ही आश्रित रहे, उस शब्द को हटाकर उसका पर्यायवाची शब्द रख देने पर जिसका होना संभव न हो, उसे शब्दालंकार कहना चाहिए। इसी प्रकार जो अलंकार शब्द का परिवर्तन करके समानार्थक शब्द रख देने पर भी बना रहे—अर्थात् जिसका होना शब्द पर आश्रित न होकर अर्थ पर आश्रित हो—उसे अर्थालंकार कहना चाहिए। इसी न्याय से जो अलंकार अंशत: शब्द-परिवर्तन सहन कर सके और अंशत: शब्द-परिवर्तन सहन न कर सके उसे 'उभयालंकार' मानना चाहिए। आचार्य मम्मट के अनुसार 'पुनरुक्तवदाभास', 'परम्परिपरित रूपक' और 'शब्द-हेतुक', 'अर्थान्तरन्यास' ऐसे अलंकार हैं, जिन्हें उभयालंकर माना जा सकता हैं।

अर्थालंकार 1. उपमा

उपमा 'अलंकार' सभी सादृश्यमूलक अलंकारों का मूलाधार है। जहाँ 'उपमेय' और 'उपमान' में रूप, गुण आदि के सादृश्य का प्रतिपादन हो वहाँ 'उपमा' अलंकार होता है। 'उपमा' का शाब्दिक अर्थ है—'उप' (समीप) + 'मा' (मापना, तौलना)। जहाँ दो भिन्न पदार्थों (उपमेय और उपमान) को समीप लाकर उनको तौला जाय (उनका सादृश्य प्रतिपादन किया जाय) वहाँ 'उपमा' अलंकार होता है। उपमा के चार अंग होते हैं—1. उपमेय, 2. उपमान, 3. वाचक, 4. धर्म।

उपमेय—जिसकी उपमा दी जाय, जो उपमा देने योग्य हो, उसे 'उपमेय' कहते हैं।

उपमान—जिससे उपमा दी जाय, वह 'उपमान' है।

वाचक—उपमेय और उपमान में सादृश्य बताने वाला शब्द (समान, सदृश्य, तुल्य आदि) वाचक हैं।

धर्म—वह गुण जो उपमेय और उपमान दोनों में समान रूप से पाया जाय। इसे साधारण धर्म भी कहते हैं।

जहाँ 'उपमा' के चारों अंग (उपमेय, उपमान, वाचक, धर्म) पाये जाते हैं वहाँ 'पूर्णोपमा' होती है। जहाँ इन चारों में से किसी एक, या दो या तीन अंगों का लोप हो वहाँ 'लुप्तोपमा' होती है।

पूर्णोपमा (उदाहरण)—

ससि सो उज्ज्वल तिय वदन, पल्लव सो मृदु पानि।

उपर्युक्त पंक्ति में दो वाक्य हैं। दोनों में पूर्णोपमा है। पहला वाक्य है—'स्त्री का मुख चन्द्रमा के समान उज्ज्वल है।' इसमें स्त्री का मुख 'उपमेय', 'चन्द्रमा', 'उपमान', 'सो', 'वाचक' और 'उज्ज्वल' धर्म है। इसी प्रकार दूसरा वाक्य है—स्त्री के पाणि (हाथ) पल्लव के समान 'मृदु' हैं। इस वाक्य में 'पाणि', 'उपमेय', 'पल्लव', 'उपमान', 'सो', 'वाचक' और 'मुदु' धर्म हैं। चारों अंगों का स्पष्ट उल्लेख होने से यहाँ पूर्णोपमा है।

लुप्तोपमा (उदाहरण)—

बिजुरी सी पंकजमुखी, कनकलता तियलेखि।

उपर्युक्त कथन में दो वाक्य हैं। पहले में कहा गया है—''पंकजमुखी (नायिका) बिजली 'सी' है। इसमें पंकजमुखी 'उपमेय', बिजली 'उपमान', 'सी' 'वाचक' है। धर्म लुप्त है। इसलिए यहाँ '**धर्मलुप्तोपमा**' है। दूसरे वाक्य में कहा गया है—''तिय कनकलता है।'' इसमें 'तिय', 'उपमेय', 'कनकलता' उपमान है। 'वाचक' और 'धर्म' दोनों लुप्त हैं। इसलिए दूसरे वाक्य में '**वाचकधर्मलुप्तोपमा**' है। इसी प्रकार 'उपमेयलुप्तोपमा' और 'उपमान लुप्तोपमा' भी होती है।

जहाँ एक उपमेय के लिए अनेक उपमान लाये जायँ वहाँ (उपमाओं की माला बन जाने के कारण) '**मालोपमा**' अलंकार होता है।

उदाहरण—

हिरनी से, मीन से, सुखंजन समान चारु,
अमल कमल से विलोचन तुम्हारे हैं।

उपर्युक्त छन्द में 'विलोचन' उपमेय के लिए 'हिरनी', 'मीन', 'खंजन', और 'कमल' इन चार उपमानों का विधान करके उपमाओं की माला बना दी गई है। इसलिए यहाँ 'मालोपमा' है।

2. अनन्वय

जहाँ 'उपमेय' स्वयं ही अपना 'उपमान' हो वहाँ 'अनन्वय' अलंकार होता है। 'अनन्वय' अर्थात् (न+अन्वय) जिसका किसी से अन्वय (सम्बन्ध) न हो। जो अपने समान आप ही हो।

उदाहरण—

आज गरीबनेवाज मही पर तो सो तुही शिवराज विराजै।

उपयुक्त छन्द में 'शिवजी' के समान 'शिवाजी' ही हैं, यह कहकर 'अनन्वय' अलंकार का चमत्कार उत्पन्न किया गया है।

3. उपमेयोपमा

जहाँ 'उपमेय' और 'उपमान' को परस्पर एक दूसरे का उपमान-उपमेय बना दिया जाय वहाँ 'उपमेयोपमा' अलंकार होता है।

उदाहरण—

तो मुख सो ससि सोहत है अरु सोहत है ससि सो मुख तेरो॥

यहाँ मुख और ससि अर्थात् उपमेय और उपमान को परस्पर एक दूसरे का उपमान-उपमेय बना दिया गया है। इसलिए 'उपमेयोपमा' अलंकार है।

4. प्रतीप

जहाँ प्रसिद्ध 'उपमान' को 'उपमेय' बना दिया जाय वहाँ 'प्रतीप' अलंकार होता है। 'प्रतीप' का अर्थ है उलटा। उपमान को उपमेय बना देना क्रम को उलट देना हुआ। इसीलिए जब प्रसिद्ध उपमान को उपमेय बना देते हैं तब 'प्रतीप' अलंकार माना जाता है।

उदाहरण—

उतरि नहाने जमुन जल जो सरीर सम स्याम।

उपर्युक्त छन्द में 'जमुना का जल' (जो श्यामता का उपमान प्रसिद्ध है) को उपमेय और श्याम शरीर को उपमान बना दिया गया है, इसलिए यहाँ 'प्रतीप' अलंकार है।

5. व्यतिरेक

व्यतिरेक का अर्थ है—(वि+अति+रिच्+घञ्) विशेष आधिक्य। अर्थात् जहाँ 'उपमान' से 'उपमेय' का आधिक्य या उत्कर्ष दिखाया जाय वहाँ 'व्यतिरेक' अलंकार होता है।

उदाहरण—

सिय मुख सरद-कमल जिमि किमि कहि जाय।
निसि मलीन वह, निसि दिन यह विगसाय॥

उपर्युक्त बरवै छन्द में सीता के मुख (उपमेय) के सौन्दर्य का शरद-कमल (उपमान) से आधिक्य (उत्कर्ष) दिखाया गया है। इसलिए यहाँ **व्यतिरेक** अलंकार है।

उपमान की अपेक्षा उपमेय के उत्कर्ष को चार प्रकार से दिखा सकते हैं—

1. उपमेय के उत्कर्ष और उपमान के अपकर्ष का कारण बताकर।
2. केवल उपमेय के अपकर्ष का कारण बताकर।
3. केवल उपमान के अपकर्ष का कारण बताकर।
4. उपमेय के उत्कर्ष और उपमान के अपकर्ष का कारण बताकर।

उपर्युक्त चार स्थितियों के अनुसार 'व्यतिरेक' के चार भेद माने जाते हैं। विस्तार-भय से यहाँ चारों भेदों के उदाहरण नहीं दिए जा रहे हैं।

6. समासोक्ति

'समासोक्ति' का अर्थ है—संक्षिप्त उक्ति। जहाँ मात्र प्रस्तुत का वर्णन किया जाय किन्तु प्रतीति अप्रस्तुत की भी हो, वहाँ 'समासोक्ति' होती है। एक की उक्ति से दो की प्रतीति होने के कारण इस प्रकार की उक्ति को समासोक्ति कहते हैं।

उदाहरण—

चंप लता सुकुमार तू, धन तुव भाग्य बिसाल।
तेरे ढिग सोहत सुखद, सुन्दर स्याम तमाल॥

उपर्युक्त दोहे में वर्णन चंपकलता (प्रस्तुत) का किया गया है, किन्तु उसके लिए ऐसे विशेषण प्रयुक्त हुए हैं, जिनसे राधा (अप्रस्तुत) की भी प्रतीति होती है। इसलिए यहाँ समासोक्ति अलंकार है।

7. पर्यायोक्ति

पर्यायोक्ति का अर्थ है—दूसरे प्रकार से कथन। अर्थात् जहाँ अभीष्ट अर्थ को प्रकारान्तर से प्रकट करते हैं, वहाँ पर्यायोक्ति अलंकार होता है।

उदाहरण—

सीता हरन तात जनि, कहेउ पिता सन जाइ।
जो मैं राम तो कुल सहित, कहहि दसानन आइ॥

उपर्युक्त दोहे में प्रकारान्तर से राम ने रावण को मारने का अपना दृढ़ निश्चय प्रकट किया है। इसलिए यहाँ 'पर्यायोक्ति' है। कवि ने राम की सुशीलता की व्यंजना के लिए पर्यायोक्ति का आधार लिया है।

8. रूपक

जहाँ उपमेय में उपमान का निषेध-रहित आरोप होता है, वहाँ रूपक अलंकार होता है। आरोप का अर्थ है एक वस्तु को दूसरी के साथ इस प्रकार रखना कि दोनों का अभेद हो जाय। इस प्रकार रूपक में 'उपमेय' और 'उपमान' का अभेद दिखाया जाता है। उपमा में दोनों का सादृश्य दिखाया जाता है और रूपक में दोनों का अभेद।

उदाहरण—

उदित उदय-गिरि-मंच पर रघुवर बाल पतंग।
विकसेउ संत-सरोज वन, हरषे लोचन-भृंग॥

उपर्युक्त दोहे में मंच और उदयगिरि, रघुवर और बाल-पतंग, संत और सरोजवन तथा लोचन और भृंग का अभेद दिखाया गया है। इसलिए यहाँ रूपक अलंकार है।

रूपक के भेद

रूपक के तीन प्रमुख भेद होते हैं—1. निरंग, 2. सांग, 3. परम्परित।

निरंगरूपक—जहाँ एक उपमेय में एक ही उपमान का आरोप हो वहाँ 'निरंगरूपक' होता है।

उदाहरण—

हरि मुख-पंकज, भ्रुव-धनुष, खंजन-लोचन मित्त।
बिम्ब-अधर, कुण्डल-मकर, बसे रहत मो चित्त॥

उपर्युक्त छन्द में सभी आरोप निरंग हैं। अर्थात् एक 'उपमेय' में एक ही 'उपमान' का आरोप है। मुख में पंकज का, भौंह में धनुष का, लोचन में खंजन का, अधर में विम्ब का और कुण्डल में मकर का आरोप किया गया है। इसलिए यहाँ निरंगरूपक है।

सांगरूपक—जहाँ अंगसहित 'उपमान' का आरोप 'उपमेय' में होता है, वहाँ सांगरूपक होता है। अंग-सहित से तात्पर्य है अंगी का प्रधान उपमान और अंग या सहचर उपमान का प्रधान उपमेय और उसके सहचर का उपमेय पर आरोप। इस प्रकार इसमें कई उपमेयों पर कई उपमानों का आरोप होता है और ये उपमेय उपमान अंगी-अंग भाव से सम्बद्ध होते हैं।

उदाहरण—

नारि कुमुदिनी अवध सर, रघुवर विरह दिनेस।
अस्त भये विकसित भईं, निरखि राम राकेस॥

उपर्युक्त उदाहरण में कई उपमेय-उपमान हैं। अवध-रूपी सरोवर में नारि-रूपी कुमुदिंनी, राम-विरह रूपी सूर्य के कारण संकुचित हो गईं थीं, जब विरह-रूपी सूर्य अस्त हो गया और राम-रूपी चन्द्रमा का उदय हुआ तो नारि-रूपी कुमुदिनी विकसित हो गईं। यहाँ 'अवध-रूपी सरोवर' अंगी रूपक है और नारि-रूपी कुमुदिनी, विरह-रूपी सूर्य आदि अंग रूपक हैं। इस प्रकार अंग-सहित उपमानों का अंगसहित उपमेयों पर आरोप किया गया है।

परम्परित रूपक

जहाँ एक आरोप दूसरे आरोप पर आधृत हो वहाँ परम्परित रूपक होता है।

उदाहरण—

रामकथा कलि पन्नग भरनी। पुनि विवेक पावक कहँ अरनी॥

उपर्युक्त चौपाई में रामकथा को 'मोरिनी' कहा गया है। यह आरोप तभी संभव होगा जब कलियुग ही पन्नग (सर्प) कहा जाय। 'कलिरूपी पन्नग' के लिए ही रामकथा रूपी 'भरनी' (गारूडी मंत्र) की सार्थकता है। अर्थात् 'रामकथा-भरनी' रूपक कलि-पन्नग रूपक पर आधृत है। इसलिए यहाँ 'परम्परित रूपक' है।

कुछ आचार्यों ने रूपक के दो भेद किए हैं—1. अभेद और 2. ताद्रूप्य। अभेद रूपक के अन्तर्गत ही उन्होंने 'निरंग', 'सांग' और 'परम्परित' रूपकों को रखा है।

अभेद-रूपक वहाँ होता है जहाँ उपमेय और उपमान में पूरी-पूरी समता होती है। किसी तरह की अधिकता या न्यूनता नहीं होती। जैसे यदि कहा जाय कि 'मुख-चन्द्र' है, तो यहाँ मुख और चन्द्रमा में पूरी समानता है। यह अभेद रूपक हुआ। ताद्रूप्य रूपक वहाँ होता है जहाँ उपमेय में उपमान से कुछ अधिकता या न्यूनता हो। ऐसी स्थिति में अभेद नहीं हो सकता। तद्रूपता हो सकती है। जैसे यदि कहा जाय कि, 'मुख निष्कलंक चन्द्रमा है' तो यहाँ मुख (उपमेय) में चन्द्रमा (उपमान) से 'निष्कलंकता' की अधिकता है। इसलिए यहाँ ताद्रूप्य रूपक हुआ। वस्तुत: 'रूपक' एक महत्त्वपूर्ण अलंकार है। इसके अनेक प्रकार के भेदों की कल्पना की जा सकती है।

9. उत्प्रेक्षा

जहाँ 'उपमेय' में 'उपमान' की संभावना की जाय वहाँ 'उत्प्रेक्षा' अलंकार होता है। उत्प्रेक्षा (उत्+प्र+ईक्ष+अ) का शाब्दिक अर्थ है—उत्कट रूप से प्रकृष्ट (उपमान) को देखना। 'देखना' अर्थात् संभावना करना।

उदाहरण—

सोहत ओढ़े पीत-पट स्याम सलोने गात।
मनो नील मनि सैल पर आतप पर्‌यो प्रभात॥

उपर्युक्त दोहे में पीताम्बर ओढ़े श्याम कृष्ण (उपमेय) में नीलमणि पर्वत पर प्रभातकालीन धूप (उपमान) की संभावना की गई है। इसलिए वहाँ उत्प्रेक्षा अलंकार है।

उत्प्रेक्षा तीन प्रकार की होती है—1. वस्तूत्प्रेक्षा, 2. हेतूत्प्रेक्षा, 3. फलोत्प्रेक्षा।

वस्तूत्प्रेक्षा—वहाँ होती है जहाँ एक वस्तु में दूसरी वस्तु की संभावना की जाती है।

उदाहरण—

छिप्यो छबीली मुँह लरौ, नीले अंचल चीर।
मनो कलानिधि झलमलै, कालिन्दी के तीर॥

उपर्युक्त दोहे में नीले अंचल के भीतर छिपे हुए छबीली के मुख (उपमेय) में कालिन्दी में झलमलाते हुए चन्द्रमा (उपमान) की संभावना की गई है। यह संभावना एक वस्तु (मुख) में दूसरी वस्तु (चन्द्रमा) की की गई है, इसलिए यहाँ 'वस्तुत्प्रेक्षा' अलंकार है।

हेतूत्प्रेक्षा—वहाँ होती है, जहाँ अहेतु में हेतु की संभावना की जाती है।

उदाहरण—

मानहु विधि तन अच्छ छवि, स्वच्छ राखिबे काज।
दृगपग पोछन को किये, भूषन पायन्दाज॥

उपर्युक्त दोहे में अहेतु में हेतु की कल्पना (संभावना) की गई है। कवि कहता है कि दृष्टि के पैरों से नायिका के शरीर का सौन्दर्य मैला न हो जाय मानों इसीलिए ब्रह्मा ने पायन्दाज़ (पैर पोंछने का वस्त्र) के रूप में भूषणों की सृष्टि की है। यहाँ भूषणों की सृष्टि का जो हेतु (कारण) बताया गया है, वह कवि द्वारा कल्पित है, वास्तविक नहीं, इसलिए यहाँ 'हेतूत्प्रेक्षा' है।

फलोत्प्रेक्षा—वहाँ होती है जहाँ अफल (जो फल न हो) में फल की संभावना की जाती है।

उदाहरण—

पुहुप सुगंध करहिं एहि आसा। मकु हिरकाइ लेइ हम्ह पासा।

यहाँ कहा गया है कि पुष्प इसी आशा से (फल की आशा से) सुगन्ध विकीर्ण करते हैं कि पद्‌मावती उन्हें अपनी नासिका से लगा ले। पुष्पों द्वारा सुगन्ध विकीर्ण करने का जो उद्देश्य यहाँ बताया गया है, वह वास्तविक नहीं, संभावित है। इसलिए यहाँ 'फलोत्प्रेक्षा' है।

गम्योत्प्रेक्षा या गूढ़ोत्प्रेक्षा—उत्प्रेक्षा की सूचना देने वाले, 'जनु', 'मनु', 'मनहु', 'इव' आदि शब्द होते हैं। इन्हें उत्प्रेक्षा का वाचक माना जाता है। प्रायः कवि जहाँ उत्प्रेक्षा करते हैं, वहाँ इनका प्रयोग होता है। किन्तु जहाँ इनका प्रयोग नहीं होता और इनके अभाव में भी उत्प्रेक्षा की जाती है वहाँ 'गम्योत्प्रेक्षा' या 'गूढ़ोत्प्रेक्षा' या 'प्रतीयमान उत्प्रेक्षा' मानी जाती है।

उदाहरण—

नित्य ही नहाता क्षीर-सिंधु में कलाधर है,
सुन्दरि तव आनन की समता की इच्छा से॥

उपर्युक्त छन्द में सुन्दरी के मुख के सौन्दर्य की समता की इच्छा से कलाधर (चन्द्रमा) के क्षीर-सिंधु में नित्य नहाने की उत्प्रेक्षा की गई है, किन्तु उत्प्रेक्षा वाची 'जनु', 'मनु', 'मनो' आदि किसी शब्द का प्रयोग नहीं किया गया है। इसलिए यहाँ 'गम्योत्प्रेक्षा' है।

10. भ्रम (भ्रान्तिमान्)

जहाँ सादृश्य के कारण किसी वस्तु में दूसरी वस्तु का भ्रम हो जाता है, वहाँ 'भ्रम' या भ्रान्तिमान अलंकार होता है। यहाँ ध्यान देने की बात यह है कि वही भ्रान्ति (अलंकार) मानी जायेगी जो कवि-प्रतिभा द्वारा उत्थापित होगी। 'सीप में चाँदी', या 'रज्जु में सर्प' की भ्रान्ति अलंकार नहीं है।

उदाहरण—

पाँय महावर देन को, नाइन बैठी आइ।
फिर-फिर जान महावरी, ऐड़ी मीड़ति जाय॥

उपर्युक्त दोहे में नाइन को नायिका की एड़ी में महावर की गोली का भ्रम हो गया है। एड़ी इतनी लाल है कि नाइन उसे महावर की गोली समझकर बार-बार मीड़कर रंग निकालना चाहती है। यह भ्रम अलंकार है।

11. सन्देह

जहाँ उपमेय और उपमान में समता देखकर यह निश्चय नहीं हो पाता कि कौन उपमेय और कौन उपमान है, अर्थात् सन्देह बना रहता है वहाँ सन्देह अलंकार होता है।

उदाहरण—

वदन सुधानिधि जानिके, तुव संग फिर्‌यो चकोर।
वदन किधौं यह सीतकर, किधौं कमल भए मोर॥

उपर्युक्त दोहे में प्रथम पंक्ति में 'भ्रम' और दूसरी पंक्ति में 'सन्देह' अलंकार है। पहली पंक्ति में 'भ्रम' इसलिए है कि 'चकोर' ने 'वदन' को सुधानिधि (चन्द्रमा) मान लिया है। उसे किसी प्रकार का सन्देह नहीं है। दूसरी पंक्ति में मुख (उपमेय) तथा सीतकर और कमल (उपमान) में संदेह बना हुआ है। यह वदन है कि 'सीतकर' है कि प्रातःकाल का 'कमल', यह निश्चय न हो पाने के कारण 'सन्देह' अलंकार है।

12. उल्लेख

जहाँ किसी वस्तु का एक व्यक्ति अनेक प्रकार से (उसके गुणों के कारण) या अनेक व्यक्ति अनेक प्रकार से (अपनी-अपनी भावना के अनुसार) वर्णन करते हैं, वहाँ उल्लेख अलंकार होता है।

उदाहरण—

देखहि भूप महा रनधीरा। मनहुँ वीररस धरे सरीरा।
विदुसन्ह प्रभु विराटमय दीसा। बहु मुख कर पग लोचन सीसा।
जनक जाति अवलोकहिं कैसे। सजन सगे प्रिय लागहिं जैसे।
सहित विदेह विलोकहिं रानी। सिसु सम प्रीति न जाय बखानी।

उपर्युक्त चौपाई में एक ही राम को अनेक लोगों के द्वारा अनेक रूपों में देखा गया है। इसलिए यहाँ 'उल्लेख' अलंकार है।

13. अतिशयोक्ति

जहाँ उपमेय के सम्बन्ध में अतिशय (लोकसीमा का अतिक्रमण करने वाली) उक्ति हो वहाँ 'अतिशयोक्ति' अलंकार होता है।

यह अतिशय-कथन कई प्रकार का हो सकता है। इसलिए इसके कई भेद माने जाते हैं। मुख्य भेद छह हैं—1. रूपकातिशयोक्ति, 2. भेदकातिशयोक्ति,

3. असम्बन्धातिशयोक्ति, 4. सम्बन्धातिशयोक्ति, 5. अक्रमातिशयोक्ति, 6. अत्यन्तातिशयोक्ति।

रूपकातिशयोक्ति—जहाँ 'उपमेय' का कथन न हो और केवल 'उपमान' के कथन द्वारा उसका बोध कराया जाय वहाँ रूपकातिशयोक्ति होती है।

उदाहरण—

अद्‌भुत एक अनूपम बाग।
जुगल कमल पर गजवर क्रीडत, तापर सिंह करत अनुराग॥

उपर्युक्त पद में 'युगल कमल', 'गजवर' और 'सिंह' इन तीन उपमानों का कथन है। इनके उपमेय क्रमशः चरण, जंघा और कटि हैं। उपमेय का कथन नहीं है इसलिए यहाँ 'रूपकातिशयोक्ति' है।

भेटकातिशयोक्ति—जहाँ उपमेय में उपमान से अभेद होने पर भी भेद का कथन किया जाता है वहाँ भेदकातिशयोक्ति होती है।

उदाहरण—

अनियारे दीरघ दृगनि किती न तरुनि समान।
वह चितवनि औरे कछू जिहि बस होत सुजान॥

यहाँ 'चितवनि' को 'औरे कछू' कहकर अन्य 'चितवनियों' से भिन्न बताया गया है। वस्तुतः भेद है ही नहीं, 'औरे कछू' कहकर भेद किया गया है। इसलिए 'भेदकातिशयोक्ति' है।

असम्बन्धातिशयोक्ति—जहाँ दो वस्तुओं में सम्बन्ध होने पर भी सम्बन्ध का निषेध किया जाय, वहाँ असम्बन्धातिशयोक्ति होती है।

उदाहरण—

वह सजीव रचना थी युग की,
पल में आकर झलकी,
नहीं समायी जड़-जंगम में,
छवि उसकी जो छलकी।

उपर्युक्त छन्द में श्री कृष्ण की छवि का जड़-जंगम में समाये रहने पर भी उसका नहीं समाना कहा गया है, अर्थात् छवि का जड़-जंगम में सम्बन्ध रहने पर भी उसका निषेध किया गया है। इसलिए यहाँ असम्बन्धातिशयोक्ति है।

सम्बन्धातिशयोक्ति—जहाँ सम्बन्ध न होने पर भी सम्बन्ध दिखाया जाय, वहाँ सम्बन्धातिशयोक्ति होती है।

उदाहरण—

नित गढ़ बाँचि चलहिं ससि सूरू।
नाहि न होइ वाजि रथ चूरू॥

उपर्युक्त चौपाई में सिंहल गढ़ से शशि और सूर्य का सम्बन्ध न होने पर भी सम्बन्ध दिखाया गया है। इसलिए यहाँ 'सम्बन्धातिशयोक्ति' है।

अक्रमातिशयोक्ति—सामान्यत: कारण के बाद कार्य होता है। जहाँ कारण और कार्य का एक साथ होना वर्णित हो, वहाँ अक्रमातिशयोक्ति होती है।

उदाहरण—

वह शर इधर गाण्डीव गुण से भिन्न जैसे ही हुआ।
धड़ से जयद्रथ का उधर सिर छिन्न वैसे ही हुआ॥

यहाँ शर (कारण) का गाण्डीव से छूटना और सिर का छिन्न होना (कार्य) दोनों का एक साथ कथन किया गया है। इसलिए यहाँ कारण और कार्य में क्रम का निषेश होने से 'अक्रमातिशयोक्ति' है।

अत्यन्तातिशयोक्ति—सामान्यत: कार्य कारण के बाद होता है, किन्तु यदि कवि कारण से पहले कार्य का होना वर्णन करे, तो अत्यन्तातिशयोक्ति मानी जाएगी।

उदाहरण—

जात भयौ पहिले तन-ताप औ पीछे मिलाप भयौ मन भावते।

यहाँ मन भावते प्रियतम के मिलाप (कारण) से पहले ही तन-ताप (प्रियतमा के शरीर का ताप) के जाने की बात कही गई है। इसलिए यहाँ अत्यन्तातिशयोक्ति है।

दीपक—जहाँ प्रस्तुत और अप्रस्तुत दोनों का एक ही धर्म हो, वहाँ 'दीपक' अलंकार होता है। जैसे 'दीपक' अपना प्रकाश चारों ओर विकीर्ण करता है, उसी प्रकार 'दीपक' में साधारण धर्म प्रस्तुत और अप्रस्तुत दोनों को प्रकाशित करता है।

उदाहरण—

गजमद सों नृप तेज सों सोभा लहत बनाइ।

उपर्युक्त दोहे में राजा और हाथी (प्रस्तुत-अप्रस्तुत) दोनों का एक धर्म 'शोभित होना' कहा गया है। 'शोभित होना' यह धर्म दोनों को प्रकाशित कर रहा है। अत: यहाँ दीपक अलंकार है।

14. उदाहरण अलंकार

जहाँ कोई साधारण बात कहकर 'ज्यों', 'जैसे' आदि वाचक शब्दों द्वारा किसी विशेष बात से समता दिखायी जाय, वहाँ 'उदाहरण अलंकार' होता है।

उदाहरण—

यों रहीम जस होत है, उपकारी के संग।
बाँटन वारे को लगय ज्यौं मेंहदी को रंग॥

यहाँ 'उपकारी के साथ रहने पर यश मिलता है, यह एक साधारण या सामान्य बात कही गई है। उसके बाद, जैसे मेंहदी बाँटने वाले को उसका रंग लग जाता है' यह विशेष बात कहकर ज्यों (जैसे) शब्द द्वारा दोनों की समता दिखायी गयी है। इसलिए यहाँ 'उदाहरण' अलंकार है।

15. दृष्टान्त

जहाँ 'उपमेय' और 'उपमान' दोनों वाक्यों में उपमान, उपमेय और साधारण धर्म (इन सभी का) बिम्ब-प्रतिबिम्ब भाव हो, वहाँ 'दृष्टान्त' अलंकार होता है।

उदाहरण—

सठ सुधरहिं सत संगति पाई। पारस परसि कुधातु सुहाई।

उपर्युक्त चौपाई में दो वाक्य हैं। पहला 'सठ सत्संगति पाकर सुधरते हैं' 'उपमेय' वाक्य है। दूसरा 'पारस का स्पर्श करके कुधातु (लोहा) सुन्दर हो जाती है' 'उपमान' वाक्य है। दोनों वाक्यों में बिम्ब-प्रतिबिम्ब भाव है। दोनों वाक्यों में साधारण धर्म एक नहीं है। पहले में 'सुधरना' साधारण धर्म है। दूसरे में 'सुहाना' (सुन्दर लगना) साधारण धर्म है। दोनों की स्थिति ठीक वैसी है, जैसे बिम्ब और प्रतिबिम्ब की होती है। इसलिए यहाँ 'दृष्टान्त' अलंकार है।

उदाहरण और दृष्टान्त एक जैसे अलंकार हैं। दृष्टान्त का अर्थ भी 'उदाहरण' होता है। दोनों में मोटा अंतर इतना ही है कि उदाहरण में 'ज्यों' जैसे आदि समता सूचक शब्दों का प्रयोग किया जाता है, दृष्टान्त में नहीं।

काव्यलिंग—जहाँ काव्य में किसी बात को युक्ति देकर या कारण का कथन करके सिद्ध किया जाय, वहाँ काव्य-लिंग अलंकार होता है। यहाँ लिंग का अर्थ 'हेतु' या 'कारण' समझना चाहिए।

उदाहरण—

स्याम गौर किमि कहौं बखानी।
गिरा अनयन नयन बिनु बानी॥

उपर्युक्त चौपाई में पहले वाक्य में कवि ने कहा है—"मैं श्याम और गौर किस प्रकार कह सकता हूँ?" दूसरे वाक्य में कारण बताकर पहले वाक्य की पुष्टि की है। कारण यह बताया है—वाणी के पास नेत्र नहीं हैं और नेत्रों के पास वाणी नहीं है। इस प्रकार पहले वाक्य में कही बात को दूसरे वाक्य में कारण बताकर पुष्ट किए जाने के कारण यहाँ 'काव्य-लिंग' अलंकार है।

16. अर्थान्तरन्यास

जहाँ 'सामान्य' कथन का 'विशेष' से या 'विशेष' कथन का 'सामान्य' से समर्थन किया जाय, वहाँ 'अर्थान्तरन्यास' अलंकार होता है। अर्थान्तरन्यास का अर्थ है—दूसरे अर्थ को न्यस्त करना या रखना। जहाँ सामान्य की पुष्टि या समर्थन के

लिए विशेष अर्थ को या विशेष के समर्थन के लिए सामान्य अर्थ को न्यस्त किया जाय, वहाँ 'अर्थान्तरन्यास' होता है।

उदाहरण—

जो रहीम उत्तम प्रकृति, का करि सकत कुसंग।
चन्दन विष व्यापत नहीं, लिपटे रहत भुजंग॥

उपर्युक्त दोहे में पहला कथन 'सामान्य' है। 'अच्छी प्रकृति वालों का कुसंग कुछ नहीं कर सकता।' दूसरा कथन—'भुजंग के लिपटे रहने पर भी चन्दन में विष नहीं व्यापता'—'विशेष' है। यहाँ पहले सामान्य कथन की पुष्टि के लिए दूसरे विशेष कथन को न्यस्त किया गया है। इसलिए 'अर्थान्तरन्यास' अलंकार है।

17. अप्रस्तुतप्रशंसा

जहाँ 'अप्रस्तुत' के वर्णन से 'प्रस्तुत' की प्रतीति हो, वहाँ 'अप्रस्तुत प्रशंसा' अलंकार होता है। प्रशंसा का तात्पर्य यहाँ 'वर्णन' है।

उदाहरण—

सरद सुधाकर बिम्ब सौं लै कै सारि सुधारि।
श्री राधा मुख कौं रच्यौ चतुर विरंचि विचारि॥

उपर्युक्त दोहे में 'शरद सुधाकर' (अप्रस्तुत) के वर्णन द्वारा राधा-मुख (प्रस्तुत) के सौन्दर्य की प्रतीति कराई गई है। इसलिए यहाँ 'अप्रस्तुतप्रशंसा' अलंकार है।

अप्रस्तुत के वर्णन द्वारा प्रस्तुत की प्रतीति पाँच प्रकार से सम्भव है—

1. अप्रस्तुत कारण के वर्णन से प्रस्तुत कार्य की प्रतीति।
2. अप्रस्तुत कार्य के वर्णन से प्रस्तुत कारण की प्रतीति।
3. अप्रस्तुत विशेष के वर्णन से प्रस्तुत सामान्य की प्रतीति।
4. अप्रस्तुत सामान्य के वर्णन से प्रस्तुत विशेष की प्रतीति।
5. अप्रस्तुत-तुल्य के वर्णन से प्रस्तुत-तुल्य वस्तु की प्रतीति।

उपर्युक्त पाँच स्थितियों के आधार पर अप्रस्तुत प्रशंसा के क्रमशः पाँच भेद कारण निबन्धना, कार्य निबन्धना, विशेष निबन्धना, सामान्य निबन्धना और सारूप्य निबन्धना—माने जाते हैं। विस्तार भय से यहाँ पाँचों के उदाहरण नहीं दिए जा रहे हैं।

18. प्रतिवस्तूपमा

जहाँ उपमेय और उपमान वाक्यों में एक ही साधारण धर्म की तुलना दो भिन्न-भिन्न शब्दों द्वारा की जाती है, वहाँ प्रतिवस्तूपमा अलंकार होता है। इस अलंकार में 'उपमेय' और 'उपमान' वाक्यों में वस्तु-प्रतिवस्तु भाव होता है।

उदाहरण—

तिनहि सोहाइ न अवध-बधावा।
चोरहिं चाँदनी राति न भावा॥

उपर्युक्त चौपाई में पहला—'तिन्हें (देवताओं को) अवधपुरी के बधावे (मंगलध्वनि) नहीं सुहाते'—'उपमेय वाक्य' है। दूसरा—'चोर को चाँदनी रात नहीं भाती'—'उपमान वाक्य' है। दोनों में एक ही साधारण धर्म 'अच्छा लगना' का कथन है। इसके लिए दो अलग-अलग शब्दों--'सुहाना' और 'भाना'—का प्रयोग किया गया है। दोनों वाक्यों में 'वस्तु-प्रतिवस्तु' भाव है। इसलिए यहाँ 'प्रतिवस्तूपमा' अलंकार है।

19. निदर्शना

जहाँ उपमेय और उपमान-वाक्य असम्बद्ध हों, किन्तु सादृश्य के आक्षेप के द्वारा उन्हें सुसम्बद्ध रूप में उपस्थित करके उनकी संगति दिखाई जाय, वहाँ निदर्शना अलंकार होता है।

उदाहरण—

जो अस भगति जानि परिहरहीं। केवल ज्ञान-हेतु स्रम करहीं।
ते जड़ कामधेनु गृह त्यागी। खोजत आक फिरहिं पयलागी॥

उपर्युक्त चौपाई में दो वाक्य हैं—1. भक्ति को त्याग करके ज्ञान के लिए श्रम करना, 2. घर की कामधेनु को त्याग कर दूध के लिए आक खोजते फिरना। पहला 'उपमेय वाक्य' है, दूसरा 'उपमान वाक्य'। दोनों में कोई सम्बन्ध नहीं है। अब यदि इन दोनों में 'सादृश्य का आक्षेप' कर दिया जाय और कहा जाय कि सुगम भक्ति को छोड़कर ज्ञान-प्राप्ति के लिए श्रम करना घर की कामधेनु को छोड़कर दूध के लिए 'आक' (मदार) खोजने जैसा उपहासास्पद है, तो संगति बैठ जाती है। यहाँ 'निदर्शना' अलंकार है। निदर्शन का अर्थ दृष्टान्त होता है। निदर्शन अलंकार में भी उपमान-वाक्य दृष्टान्त के रूप में प्रथम वाक्य की पुष्टि के लिए ही आता है।

20. विरोधाभास

जहाँ दो वस्तुओं में वास्तव में विरोध न हो, मात्र विरोध का आभास हो, वहाँ विरोधाभास अलंकार होता है। इसे ही 'विरोध' अलंकार भी कहा गया है।

उदाहरण—

तंत्री नाद, कवित्त रस, सरस राग, रति-रंग।
अनबूड़े बूड़े, तिरे, जे बूड़े सब अंग।

उपर्युक्त दोहे में 'जो नहीं डूबे थे वे डूब गए' और 'जो अच्छी तरह डूब गए, वे तर गए' इस कथन में विरोध प्रतीत होता है। किन्तु यदि विचार किया जाय तो

विरोध है नहीं। कवि कहना चाहता है कि संगीत, काव्य और प्रेम में जो लीन नहीं होते, वे असफल हो जाते हैं और जो पूरी तरह तल्लीन हो जाते हैं, वे सफल हो जाते हैं। अतः कथन में विरोध का आभास मात्र है। वस्तुतः विरोध नहीं है।

21. विभावना

जहाँ 'कारण' के अभाव में 'विशेष भावना' (कल्पना) के आधार पर कार्योत्पत्ति का कथन किया जाय, वहाँ 'विभावना' अलंकार होता है।

उदाहरण—

बिन जावक दीन्हे चरन, अरुन बने हैं आज॥

उपर्युक्त पंक्ति में 'बिना जावक दिए ही चरणों का लाल होना' कहा गया है। यहाँ 'कारण' के अभाव में 'कार्य' की उत्पत्ति दिखाई गई है। इसलिए 'विभावना' अलंकार है।

विभावना अलंकार छह प्रकार का होता है—

1. जहाँ कारण के बिना कार्य की उत्पत्ति हो।
2. जहाँ अपूर्ण कारण से पूर्ण कार्य हो।
3. जहाँ प्रतिबंधक के होते हुए भी कार्य पूर्ण हो जाय।
4. जहाँ अकारण (जो जिसका कारण नहीं है) से कार्य की उत्पत्ति हो जाय।
5. जहाँ विरुद्ध कारण से कार्य हो जाय।
6. जहाँ कार्य से कारण की उत्पत्ति बताई जाय।

उपर्युक्त भेदों से यह लक्षित होता है कि कारण-कार्य सम्बन्ध को लेकर जितने प्रकार के चमत्कारिक कथन हो सकते हैं, उन सभी को 'विभावना' के अन्तर्गत दिखा दिया गया है। विस्तार भय से यहाँ सभी प्रकार की विभावनाओं का उदाहरण नहीं दिया जा रहा है।

22. असंगति

जहाँ 'कारण' और 'कार्य' में संगति (साहचर्य) न हो, वहाँ 'असंगति' अलंकार होता है। नियमानुसार जहाँ कारण होता है, वहीं कार्य होता है। दोनों में संगति होती है। किन्तु जहाँ कारण कहीं और तथा कार्य कहीं और दिखाया जाय, वहाँ असंगति अलंकार होता है।

उदाहरण—

दृग उरझत टूटत कुटुम, जुरत चतुर-चित प्रीति।
परत गाँठ दुरजन हिये, दई नई यह रीति॥

उपर्युक्त दोहे में उलझते हैं दृग (कारण), टूटता है कुटुम्ब (कार्य) तथा टूटता है कुटुम्ब (कारण) और जुड़ती है चतुरों के चित्त में प्रीति (कार्य) इसी प्रकार

जुड़ती है चतुरों के चित्त में प्रीति (कारण) और गाँठ पड़ती है दुर्जनों के हृदय में (कार्य)। अतः कारण और कार्य में संगति न होने से यहाँ असंगति अलंकार है।

23. परिसंख्या

जहाँ किसी एक वस्तु की स्थिति अनेक स्थानों पर संभव हो फिर भी उसका अन्य स्थानों पर निषेध करके एक ही स्थान पर होना दिखाया जाय, वहाँ 'परिसंख्या' अलंकार होता है।

उदाहरण—

दण्ड जतिन कर, भेद जहँ नर्तक नृत्य समाज।
जीतहु मनहि सुनिअ, अस रामचन्द्र के राज॥

उपर्युक्त दोहे में राम-राज्य के वर्णन के प्रसंग में 'दण्ड' को यतियों के पास, 'कर-भेद' को नर्तकों के समाज में और 'जीत' को मन के संदर्भ में सीमित कर दिया गया है। यद्यपि इनकी स्थिति अन्य स्थानों पर भी संभव है, इसलिए यहाँ 'परिसंख्या' अलंकार है।

24. अपह्नुति

जहाँ 'उपमेय' का निषेध करके 'उपमान' को स्थापित किया जाता है, वहाँ अपह्नुति अलंकार होता है। अपह्नुति का अर्थ है छिपाना। उपमेय को छिपाकर उपमान को स्थापित करने के कारण इसे अपह्नुति कहते हैं।

उदाहरण—

उर पर नाहि उरोज यह, कनकलता फल मानि।

उपर्युक्त छन्द में 'उरोज' (उपमेय) का निषेध करके उसके स्थान पर 'कनकलताफल' (उपमान) को स्थापित किया गया है। इसलिए यहाँ 'अपह्नुति' अलंकार है।

अपह्नुति के छह भेद माने जाते हैं—

1. शुद्धापह्नुति, 2. कैतवापह्नुति, 3. छेकापह्नुति, 4. हेत्वापह्नुति, 5. पर्यस्तापह्नुति, 6. भ्रान्तापह्नुति।

अपह्नुति का जो उदाहरण ऊपर दिया गया है, वह 'शुद्धापह्नुति' का है।

कैतवापह्नुति—कैतव का अर्थ होता है—छल, धोखा। जहाँ उपमेय का निषेध स्पष्ट रूप से न करके 'ब्याज', 'मिस', 'बहाने से' आदि शब्दों के प्रयोग द्वारा किया जाय, वहाँ 'कैतवापह्नुति' होती है। यह एक प्रकार से छलपूर्वक किया गया निषेध है।

उदाहरण—

तीक्षन तीय कटाक्ष मिसु, वर्षत मन्मथ बान।

उपर्युक्त छन्द में कटाक्ष (उपमेय) का 'मिस' शब्द के प्रयोग द्वारा निषेध किया गया है और उसके स्थान पर मन्मथ-वाण (उपमान) की स्थापना की गई है। इसलिए यहाँ 'कैतवापह्नुति' है।

छेकापह्नुति—जहाँ किसी गुप्त रहस्य को पहले प्रकट कर फिर युक्ति द्वारा (चालाकी से) उसे छिपाने की चेष्टा की जाती है, वहाँ छेकापह्नुति होती है।

उदाहरण—

करत अधर छत, पिय? नहीं, सखी सीत ऋतु बाय॥

यहाँ नायिका पहले कहती है कि हमारे अधरों को क्षत किया है, इस पर सखी पूछती है कि क्या प्रियतम ने ऐसा किया है? तब वह युक्तिपूर्वक रहस्य को छिपाकर कहती है कि नहीं सखी शीत-ऋतु की वायु ने ऐसा किया है। युक्तिपूर्वक रहस्य को छिपाने के कारण यहाँ 'छेकापह्नुति' है।

हेत्वापह्नुति—जहाँ उपमान का निषेध करते हुए निषेध के कारण को भी स्पष्ट किया जाय वहाँ हेत्वापह्नुति होती है।

उदाहरण—

सिव सरजा के कर लसै, सो न होय किरपान।
भुज भुजगेस भुजंगिनी भखति पौन अरि प्रान॥

उपर्युक्त दोहे में शिवाजी के हाथ में शोभित कृपाण (उपमेय) का निषेध करके भुजंगिनी (उपमान) की स्थापना की गई है, साथ ही वह भुजंगिनी क्यों है? इसका कारण भी बताया गया है। वह दुश्मनों के 'प्राण-पवन' का भक्षण करती है, इसलिए भुजंगिनी है। इस प्रकार निषेध के कारण की कल्पना के कारण यहाँ 'हेत्वापह्नुति' है।

पर्यस्तापह्नुति—जहाँ 'उपमान' के गुणों का निषेध करके उसे अन्य वस्तु 'उपमेय' में स्थापित किया जाय वहाँ 'पर्यस्तापह्नुति' होती है। पर्यस्तु का अर्थ इधर-उधर फेंका हुआ। पदच्युत किया गया। जहाँ उपमान को उसके गुणों से पदच्युत कर देते हैं या उसके गुणों को उससे निकाल फेंकते हैं और उसका आरोप उपमेय में कर देते हैं, वहाँ पर्यस्तापह्नुति होती है।

उदाहरण—

होय सुधाधर नाहिं यह, बदन सुधाधर ओप।

उपर्युक्त दोहे में चन्द्रमा (उपमान) के गुण 'सुधा' का निषेध कर उसकी स्थापना 'बदन' (उपमेय) में की गई है। इसलिए यहाँ पर्यस्तापह्नुति है।

भ्रान्तापह्नुति—जहाँ किसी वस्तु में किसी दूसरी वस्तु का भ्रम हो जाय और सच्ची बात बताकर उस भ्रम का निवारण कर दिया जाय, वहाँ 'भ्रान्तापह्नुति' होती है।

उदाहरण—

बेसरि मोती-दुति झलक, परी अधर पर आय।
चूनो होय न चतुर तिय, क्यों पट पोछों जाय॥

बिहारी के उपर्युक्त दोहे में अधर पर मोती की द्युति पड़ने से नायिका को चूने का भ्रम हो गया है। उसके भ्रम का निवारण करते हुए सखी सच्ची बात बताती है कि तेरे ओठ पर बेसर के मोती की चमक है, चूना नहीं, इसलिए यह कपड़े से पोंछा नहीं जा सकता। यहाँ 'भ्रान्तापह्नुति' है।

25. तद्गुण

जहाँ कोई वस्तु अपना गुण त्याग कर उत्कृष्ट गुण वाली निकटवर्ती किसी दूसरी वस्तु का गुण ग्रहण कर ले, वहाँ 'तद्गुण' अलंकार होता है।

उदाहरण—

'बेसर मोती अधरमिलि पद्मराग छवि देइ'

उपर्युक्त दोहे में बेसर के मोती ने अपना गुण (श्वेत आभा) त्याग कर अधरों के गुण (लालिमा) को ग्रहण कर लिया है। इसलिए यहाँ 'तद्गुण' अलंकार है।

26. अतद्गुण

यह तद्गुण का ठीक उल्टा है। जहाँ कोई वस्तु अपने से संबंधित किसी अन्य वस्तु का गुण ग्रहण न करे वहाँ अतद्गुण अलंकार होता है।

उदाहरण—

'पिय अनुरागी ना भये वसि रागी मन माँहि।

उपर्युक्त दोहे में पिया के 'रागी' (अनुराग-युक्त) चित्त में रहकर भी प्रिय का अनुरागी (प्रेम-पूर्ण) न होना 'अतद्गुण' है।

27. मीलित

मीलित का अर्थ है—मिल जाना, एकाकार हो जाना। जब कोई वस्तु अपने अनुरूप किसी दूसरी वस्तु में इस प्रकार मिल जाती है कि उसका स्वरूप अलग लक्षित नहीं होता, तब 'मीलित' अलंकार होता है।

उदाहरण—

'अरुन वरन तिय चरन पर जावक लख्यो न जाय।'

उपर्युक्त दोहे में नायिका के अरुण चरण में लाक्षारस (जावक) लगा है लेकिन चरण की लालिमा में वह ऐसा मिल गया है कि अलग लक्षित नहीं होता, इसलिए यहाँ 'मीलित' अलंकार है।

28. उन्मीलित

जहाँ सादृश्य के कारण कोई वस्तु अपने अनुरूप दूसरी वस्तु में मिल गई हो किन्तु किसी विशेष कारण से भेद-ज्ञान हो जाय, वहाँ 'उन्मीलित' अलंकार होता

है। उन्मीलित का अर्थ है—खुला हुआ। जहाँ किसी विशेष कारण से सादृश्य के कारण मिली हुई वस्तु का भेद (पार्थक्य) खुल जाता है, वहाँ 'उन्मीलित' अलंकार माना जाता है।

उदाहरण—

दीठि न परत समान दुति, कनक कनक से गात।
भूषन कर करकस लगत, परस पिछाने जात॥

दोहे में सोने के आभूषण सोने के रंग वाली नायिका के शरीर में (समान द्युति के कारण) मिल गए हैं, किन्तु जब हाथों से उनका स्पर्श किया जाता है, तब अपनी कठोरता के कारण वे पहचान लिए जाते हैं। इस प्रकार उनका 'उन्मीलन' हो जाता है। अत: यहाँ 'उन्मीलित' अलंकार है।

29. स्वभावोक्ति

जहाँ किसी वस्तु की जाति, गुण, क्रिया आदि का स्वाभाविक (यथार्थ) वर्णन किया जाता है, वहाँ 'स्वभावोक्ति' अलंकार होता है। इसे अलंकार माना जाय या नहीं, इस प्रश्न पर आचार्यों में मतभेद रहा है। वामन, कुन्तक, अभिनवगुप्त आदि इसे अलंकार नहीं मानते। दण्डी, रुद्रट, मम्मट, विश्वनाथ आदि इसे अलंकार मानते हैं। हिन्दी में आचार्य रामचन्द्र शुक्ल इसे अलंकार नहीं मानते। उनके अनुसार स्वभावोक्ति में 'अलंकार' (जिससे अलंकृत किया जाता है) और 'अलंकार्य' (जिसको अलंकृत किया जाता है) का भेद मिट जाता है। इसलिए इसे अलंकार नहीं मानना चाहिए। आचार्य देवेन्द्रनाथ शर्मा, डॉ० शंकर देव अवतरे आदि इसे अलंकार मानने के पक्ष में हैं। वस्तुत: उभयपक्ष में बहुत-कुछ कहा जा सकता है। इस संबंध में 'साहित्यदर्पणकार' का मत समीचीन जान पड़ता है। उनके अनुसार वस्तु-स्वभाव-वर्णन मात्र 'स्वभावोक्ति' नहीं है। 'स्वभावोक्ति' वहाँ होती है जहाँ पदार्थों के स्वरूप और क्रिया का सूक्ष्म कविजन-संवेद्य वर्णन होता है। अर्थात् कवि की प्रतिभा (कल्पनाशीलता) से लक्षित वस्तु-स्वभाव के सूक्ष्म रूप का यथावत् वर्णन 'स्वभावोक्ति' है।

उदाहरण—

विहँसति, सकुचति सी, दिऐं कुच आँचर-विच बाँह।
भींजै पट तट कौं, चली, न्हाइ सरोवर माह॥

उपर्युक्त दोहे में सद्य:स्नाता नायिका के स्वरूप और क्रिया का अत्यन्त सूक्ष्म वर्णन, ऐसा वर्णन जो कवि-प्रतिभा से ही संवेद्य है, किया गया है। सरोवर से नहाकर भीगे कपड़े में बाहर निकलती हुई नायिका का सकुचना, विहँसना और आँचल एवं कुचों के बीच में बाहों का देना, यह सारा व्यापार अत्यन्त स्वाभाविक है। इसलिए यहाँ 'स्वभावोक्ति' अलंकार है।

30. मिश्रित अलंकार

'संसृष्टि' और 'संकर' इन दो अलंकारों को मिश्रित अलंकार कहते हैं।

संसृष्टि—जहाँ अनेक अलंकारों की परस्पर निरपेक्ष (तिल-तण्डुल-न्याय) से एकत्र स्थिति होती है, वहाँ 'संसृष्टि' अलंकार माना जाता है। संसृष्टि तीन रूपों में संभव है—

1. अनेक शब्दालंकारों की परस्पर निरपेक्ष एकत्र स्थिति—'शब्दालंकार संसृष्टि'
2. अनेक अर्थालंकारों की परस्पर निरपेक्ष एकत्र स्थिति—'अर्थालंकार संसृष्टि'
3. शब्दालंकार और अर्थालंकार दोनों की परस्पर निरपेक्ष एकत्र स्थिति—'उभयालंकार संसृष्टि'

शब्दालंकार संसृष्टि

उदाहरण—

दीरघ साँस न लेहि दुख, सुख साईं नहिं भूलि।
दई दई क्यों करत है, दई, दई सु कबूल॥

उपर्युक्त दोहे में सुख, साईं आदि में 'छेकानुप्रास' और 'दई' 'दई' में यमक है। इस प्रकार दो शब्दालंकारों की परस्पर निरपेक्ष एकत्र स्थिति होने से यहाँ 'शब्दालंकार संसृष्टि' है।

अर्थालंकार संसृष्टि

उदाहरण—

सखी नीरवता के कंधे पर डाले बाँह
छाँह-सी अम्बर-पथ से चली।

उपर्युक्त पंक्तियों में छाँह-सी उपमा और अम्बर-पथ में रूपक है। इस प्रकार दो अर्थालंकारों की परस्पर निरपेक्ष स्थिति होने के कारण यहाँ 'अर्थालंकार संसृष्टि' है।

उभयालंकार संसृष्टि

उदाहरण—

सम सुबरन सुषमाकर सुखद न थोर।
सीय अंग सखि कोमल कनक कठोर॥

उपर्युक्त बरवै में पहली पंक्ति में अनुप्रास (शब्दालंकार) और दूसरी पंक्ति में 'व्यतिरेक' (अर्थालंकार) की परस्पर निरपेक्ष एकत्र स्थिति है। अतः यहाँ 'उभयालंकार संसृष्टि' है।

संकर

जहाँ दो अलंकारों का नीर-क्षीर की तरह ऐसा मिश्रण हो, जिसे अलग न किया जा सके, वहाँ संकर अलंकार होता है।

इसके तीन भेद माने जाते हैं—1. अंगांगि-भाव-संकर, 2. एकाश्रय अनुप्रवेश संकर, 3. संदेह संकर।

अंगांगि-भाव-संकर—जहाँ एक अलंकार अप्रधान (अंगरूप) और दूसरा प्रधान (अंगीरूप) हो, तो वहाँ 'अंगांगि-भाव-संकर' होता है।

उदाहरण—

हौं रीझी, लखि रीझिहौ, छविहिं छबीले लाल।
सोन जुही सी होति दुति, मिलति मालती माल।

उपर्युक्त दोहे में मालती की माला नायिका के शरीर की सुनहली द्युति से मिलकर पीतवर्ण होने में 'तद्गुण' अलंकार है उसके बाद मालती की माला का सोनजुही की माला-सा दिखाई पड़ना उपमा अलंकार है। यहाँ 'तद्गुण' अप्रधान (अंगरूप) और 'उपमा' प्रधान (अंगीरूप) है। इसलिए 'अंगांगि-भाव-संकर' है।

एकाश्रय अनुप्रवेश संकर—जहाँ एक ही पद या वाक्य में अनेक अलंकारों की स्थिति होती है, वहाँ एकाश्रय अनुप्रवेश संकर होता है।

उदाहरण—

बन्दउँ गुरु पद पदुम परागा। सुरुचि सुवास सरस अनुरागा।

उपर्युक्त चौपाई में 'पद-पदुम' में 'अनुप्रास' और 'रूपक' दोनों अलंकारों की स्थिति एक साथ है। दोनों एकाश्रय हैं। इसलिए यहाँ 'एकाश्रय अनुप्रवेश संकर' है।

संदेह संकर—जहाँ एक से अधिक अलंकारों का एक ही स्थल पर होने का सन्देह हो, वहाँ 'सन्देह संकर' होता है।

उदाहरण—

काली आँखों में कितनी, यौवन के मद की लाली।
मानिक मदिरा से भर दी, किसने नीलम की प्याली॥

उपर्युक्त छन्द में नीलम की प्याली को काली आँखों का और मानिक-मदिरा को मद की लाली का रूपक मानने से रूपक अलंकार है, किन्तु यदि माना जाय कि रक्तिमापूर्ण काली आँखें मानिक मदिरा से भरी नीलम की प्याली-सी हैं, तो उपमा अलंकार है। रूपक और उपमा में सन्देह बना रहने के कारण यहाँ 'संदेह संकर' है।

शब्द-शक्ति

काव्य के स्वरूप पर विचार करते हुए हमने यह देखा है कि उसमें शब्द और अर्थ का सहभाव होता है। इसलिए काव्य के सन्दर्भ में शब्द और अर्थ का महत्त्व निर्विवाद है। 'शब्द' क्या है? 'अर्थ' किसे कहते हैं? 'शब्द' और 'अर्थ' में क्या सम्बन्ध है? इन सभी प्रश्नों पर विचार करना आवश्यक है।

शब्द—वह सार्थक ध्वनि-समूह है जिसे हम सुनते हैं। अर्थ की दृष्टि से यह भाषा की लघुतम इकाई होता है और इसका स्वतंत्र रूप से प्रयोग होता है।

अर्थ—शब्द को सुनकर अर्थ का बोध होता है। अत: 'शब्द' अर्थ का बोध कराने वाला अर्थात् 'बोधक' हुआ और अर्थ 'बोध्य'। दोनों में बोध्य-बोधक सम्बन्ध है।

'शब्द' का कोई निश्चित् और नित्य अर्थ नहीं होता। अर्थ का निर्धारण अनेक बातों के आधार पर होता है। 'वक्ता', 'श्रोता', 'देश', 'काल', 'चेष्टा', 'अन्य-सन्निधि' (तीसरे व्यक्ति की उपस्थिति) 'प्रकरण' (बोलने का प्रसंग) इन सभी बातों का ध्यान रखकर अर्थ-ग्रहण किया जाता है।

शब्द-शक्ति

जिस व्यापार या वृत्ति से अर्थ ग्रहण करते हैं उसे 'शक्ति' कहते हैं। काव्य में शब्द तीन प्रकार के होते हैं—1. वाचक, 2. लक्षक, 3. व्यंजक। इन तीनों प्रकार के शब्दों से क्रमश: तीन प्रकार के अर्थ ग्रहण किए जाते हैं—1. वाच्यार्थ, 2. लक्ष्यार्थ, 3. व्यंग्यार्थ। शब्द से अर्थ ग्रहण करने के व्यापार (शब्द की शक्तियाँ) भी तीन होते हैं—1. अभिधा, 2. लक्षणा, 3. व्यंजना। वाचक शब्द से वाच्यार्थ का बोध कराने वाली शक्ति 'अभिधा' है। लक्षक शब्द से लक्ष्यार्थ का बोध कराने वाली शक्ति 'लक्षणा' है। व्यंजक शब्द से व्यंग्यार्थ का बोध कराने वाली शक्ति 'व्यंजना' है। शब्द कारण है। अर्थ कार्य है। शब्द-शक्तियाँ व्यापार हैं। कारण जिसके द्वारा कार्य संपादन करता है, उसे व्यापार कहते हैं। इस प्रकार शब्द-शक्तियाँ शब्द में अन्तर्निहित अर्थ को व्यक्त करने के व्यापार हैं।

अभिधा-शक्ति

साक्षात् संकेतित अर्थ का बोध कराने वाली शक्ति को अभिधा कहते हैं। साक्षात् संकेतित अर्थ से तात्पर्य शब्द के मुख्य या प्रसिद्ध अर्थ से है। अभिधा शक्ति से जिन शब्दों का अर्थ-बोध होता है वे तीन प्रकार के होते हैं—1. रूढ़, 2. यौगिक, 3. योग-रूढ़।

1. रूढ़ शब्दों की व्युत्पत्ति नहीं होती। समूचे शब्द के प्रयोग की किसी विशेष अर्थ में प्रसिद्धि होती है। इसमें प्रकृति-प्रत्यय के अर्थ की अपेक्षा नहीं होती। जैसे गढ़, घोड़ा, घड़ा आदि शब्द रूढ़ हैं। इनके अवयवों को अलग नहीं किया जा सकता।

2. यौगिक शब्दों में उनके अवयवों को अलग करके उनका अर्थ करते हैं और फिर उनके अर्थ को मिलाकर पूरे शब्द का अर्थ ग्रहण करते हैं। उदाहरण के लिए 'सुधांशु' शब्द में सुधा+अंशु दो अवयव हैं। सुधा का अर्थ है—अमृत। अंशु का अर्थ है—किरण। दोनों को मिलाकर अर्थ हुआ—'अमृत की किरणों वाला' अर्थात् 'चन्द्रमा'। इस प्रकार 'सुधांशु' एक यौगिक शब्द है। इस प्रकार नृप, दिवाकर, सुधाकर, प्रभाकर आदि शब्द भी यौगिक हैं।

3. योग-रूढ़ शब्द वे होते हैं, जिनके अवयव होते हैं और अवयवों के अर्थ से कई वस्तुओं का बोध होता है, किन्तु उस शब्द का प्रयोग उनमें से किसी एक वस्तु के लिए रूढ़ हो जाता है। उदाहरण के लिए 'वारिज' शब्द को लीजिए। इसके दो अवयव हैं—वारि+ज। वारि का अर्थ है 'जल'। 'ज' का अर्थ है—उत्पन्न। इस प्रकार 'वारिज' का अर्थ हुआ—जल से उत्पन्न। जल से कई वस्तुएँ उत्पन्न होती हैं—शंख, मोती, सीपी आदि। किन्तु 'वारिज' शब्द 'कमल' के लिए रूढ़ हो गया है। इस प्रकार जो शब्द यौगिक होने पर भी किसी एक वस्तु के लिये रूढ़ हो जाते हैं, उन्हें 'योग-रूढ़' कहते हैं। अभिधा शक्ति से इन्हीं तीन प्रकार के शब्दों का अर्थ-ग्रहण किया जाता है।

लक्षणा-शक्ति

जब मुख्य या प्रसिद्ध अर्थ बाधित हो जाता है, तब दूसरा अप्रसिद्ध या गौण अर्थ लिया जाता है। यह गौण अर्थ मुख्य अर्थ से सम्बद्ध होता है और रूढ़ि या प्रयोजन के सहारे से लिया जाता है। उदाहरण के लिए यदि हम किसी की मूर्खता से खीज कर कहें कि 'तुम गधा हो' तो निश्चय ही गधा का मुख्यार्थ (चार पैरों का जानवर, जो धोबी की लादी ढोता है) यहाँ बाधित है। इसलिए अभिधा शक्ति यहाँ कार्य नहीं कर सकती। 'गधा' से यहाँ हम 'अतिशय मूर्खता' का अर्थ लेते हैं। यह अर्थ मुख्यार्थ से सम्बद्ध माना जायेगा। यह अर्थ हमने प्रयोजन की सिद्धि के लिए लिया है। मात्र मूर्ख कहने से हमारा प्रयोजन सिद्ध नहीं होता। गधा कहकर हम मूर्खता की अतिशयता बताना चाहते हैं। अतः मुख्यार्थ के बाधित होने पर जिस शक्ति से हम रूढ़ि या प्रयोजन के सहारे मुख्यार्थ से सम्बद्ध गौण अर्थ ग्रहण करते हैं, उसे 'लक्षणा-शक्ति' कहते हैं।

लक्षणा के पहले दो भेद दिए जाते हैं—1. रूढ़ा, 2. प्रयोजनवती।

रूढ़ि लक्षणा—जहाँ केवल रूढ़ि के सहारे (मुख्य अर्थ को छोड़कर) मुख्यार्थ से सम्बन्धित दूसरा अर्थ (लक्ष्यार्थ) लिया जाता है, वहाँ रूढ़ि-लक्षणा होती है।

उदाहरण—'महाराष्ट्र साहसी है'

उपर्युक्त वाक्य में 'महाराष्ट्र' का मुख्यार्थ है—महाराष्ट्र प्रान्त। यहाँ इस अर्थ की बाधा है क्योंकि महाराष्ट्र प्रान्त तो जड़ है। उसमें साहस कैसे होगा, लक्ष्यार्थ लिया जायेगा—महाराष्ट्र प्रान्त के निवासी। यह अर्थ आधार-आधेय सम्बन्ध की दृष्टि से लिया गया है। महाराष्ट्र प्रान्त आधार है, निवासी आधेय। यह अर्थ लेने में रूढ़ि कारण है। महाराष्ट्र निवासियों को महाराष्ट्र कहने की रूढ़ि है। रूढ़ि कारण (लक्ष्यार्थ का) होने से यहाँ 'रूढ़ि-लक्षणा' मानी जाती है।

प्रयोजनवती लक्षणा—जहाँ मुख्यार्थ की बाधा होने पर मुख्यार्थ से सम्बन्धित दूसरा अर्थ किसी प्रयोजन की सिद्धि के लिए लिया जाता है, वहाँ प्रयोजनवती लक्षणा होती है।

उदाहरण—'गंगा पर ग्राम है।'

उपर्युक्त उदाहरण में गंगा का मुख्यार्थ (गंगा के जल की धारा) बाधित है, क्योंकि गंगा की धारा में गाँव नहीं हो सकता। लक्ष्यार्थ है—गंगा का तट। तट का मुख्यार्थ से सामीप्य सम्बन्ध है। गंगा का तट अर्थ (लक्ष्यार्थ) गाँव को पवित्र करने के प्रयोजन से लिया गया है। अर्थ ग्रहण करने में प्रयोजन कारण होने से यहाँ 'प्रयोजनवती लक्षणा' मानी जाती है।

यहाँ यह ध्यान रखने की बात है कि लक्ष्यार्थ सदैव मुख्यार्थ से सम्बद्ध होता है। यह सम्बन्ध कई तरह का हो सकता है—सादृश्य सम्बन्ध, आधाराधेय सम्बन्ध, सामीप्य सम्बन्ध, वैपरीत्य सम्बन्ध, तात्कर्म्य सम्बन्ध आदि। जहाँ लक्षणा सादृश्य सम्बन्ध पर आधारित होती है, वहाँ उसे 'गौणी लक्षणा' मानते हैं। जहाँ सादृश्य से भिन्न कोई दूसरा सम्बन्ध होता है, वहाँ 'शुद्धा लक्षणा' होती है। जब हम कहते हैं—'मुख चन्द्र है' तो हमें लाक्षणिक अर्थ लेना पड़ता है। मुख और चन्द्रमा दो अलग पदार्थ हैं। मुख चन्द्रमा नहीं हो सकता। इसलिए मुख्य अर्थ बाधित हुआ। लक्ष्यार्थ होगा 'मुख चन्द्रमा जैसा सुन्दर है।' यह अर्थ सादृश्य सम्बन्ध के कारण लिया गया। मुख और चन्द्रमा में धर्म साम्य है। सादृश्य सम्बन्ध होने के कारण यहाँ गौणी लक्षणा है। मुख्यार्थ और लक्ष्यार्थ में जहाँ सादृश्य के अतिरिक्त कोई भी और सम्बन्ध होगा वहाँ शुद्ध लक्षणा मानी जायेगी। मुख्यार्थ से लक्ष्यार्थ ग्रहण करने में दो स्थितियाँ होती हैं। कहीं तो मुख्यार्थ बना रहता है और कहीं वह बिल्कुल छूट जाता है, लक्ष्यार्थ ही रह जाता है। जहाँ मुख्यार्थ भी वर्तमान रहता है वहाँ 'उपादानलक्षणा' होती है। जहाँ केवल लक्ष्यार्थ रह जाता है वहाँ 'लक्षण-लक्षणा' होती है। उदाहरण के लिए यदि कहा जाय—'ये कुन्त (भाले) आ रहे हैं' तो स्पष्ट ही मुख्यार्थ बाधित हो रहा है। 'भाले' जड़ हैं। वे कैसे आ सकते हैं? अतः लक्ष्यार्थ होगा 'भाले धारण किए हुए पुरुष आ रहे हैं'। यहाँ 'भाले' का मुख्यार्थ बिल्कुल छूट नहीं गया है। 'भाले' और 'पुरुष' में 'धार्य-धारक' सम्बन्ध है। अर्थ लेने वाला 'भाले धारण किये हुए पुरुष' ही अर्थ लेगा। बाण धारण किये हुए पुरुष

नहीं। इसलिए यहाँ मुख्यार्थ भी बना हुआ है। अतः यहाँ **उपादान-लक्षणा** है। अब **लक्षण-लक्षणा** का एक उदाहरण देखिए—

कच समेटि करि भुज उलटि खए सीस पट डारि।
काको मन बाँधै न यह जूरौ बाँधन हारि॥

बिहारी के उपर्युक्त दोहे में जूड़ा बाँधती हुई नायिका का चित्र है। इसमें 'मनबाँधे' का मुख्यार्थ बाधित है, क्योंकि मन कोई स्थूल वस्तु नहीं है जिसे बाँधा जा सके। यहाँ लक्ष्यार्थ है—मन को अपने में आसक्त करना। इस लक्ष्यार्थ में 'बाँधने' का मुख्यार्थ बिल्कुल छूट गया है। इसलिए यहाँ **लक्षण-लक्षणा** है। **उपादान-लक्षणा** को 'अजहत् स्वार्था' और लक्षण-लक्षणा को 'जहत् स्वार्था' भी कहते हैं। अजहत् का अर्थ है 'नहीं छोड़ा है' और जहत् का अर्थ है—'छोड़ दिया है'। अजहत् स्वार्था अर्थात् जिसने अपना अर्थ नहीं छोड़ा है। जहत् स्वार्था अर्थात् जिसने अपना अर्थ छोड़ दिया है।

लक्षणा के अन्य प्रमुख भेदों में **सारोपा** और **साध्यवसाना** भी हैं। सारोपा का अर्थ है—आरोप के साथ। आरोप तब होता है जब हम दो वस्तुओं में अभेद बताते हैं। इस प्रकार जहाँ उपमेय और उपमान में (दोनों का शब्द द्वारा निर्देश करते हुए) अभेद बताया जाय वहाँ **सारोपा लक्षणा** होती है। उदाहरण के लिए यदि कहा जाय—'**मुख चंद्र है**' तो यहाँ मुख (उपमेय) और चन्द्र (उपमान) दोनों में अभेद कथन है। इसलिए यहाँ **सारोपा लक्षणा** हुई। रूपक अलंकार में **सारोपा लक्षणा** होती है। **साध्यवसाना** लक्षणा में केवल 'उपमान' का कथन होता है। उदाहरण के लिए यदि किसी सुन्दरी को आता हुआ देखकर कहा जाय कि 'चाँद आ रहा है' तो यहाँ मात्र उपमान का ही निर्देश होने के कारण '**साध्यवसाना**' लक्षणा हुई। रूपकातिशयोक्ति अलंकार में **साध्यवसाना लक्षणा** होती है। इस प्रकार लक्षणा के भेदों का चार्ट इस प्रकार बनाया जा सकता है—

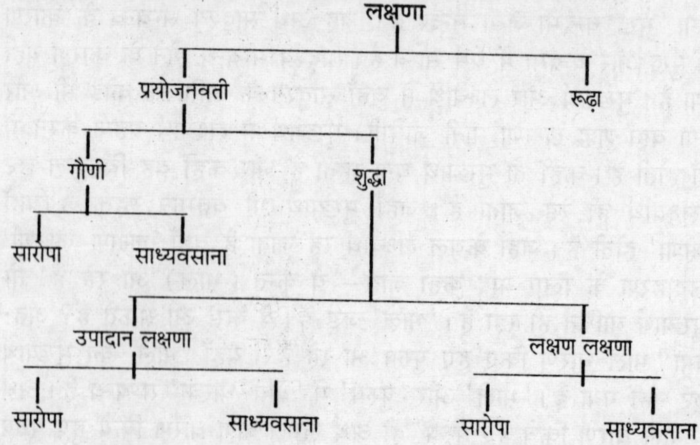

काव्य में लक्षणा शक्ति का विशेष महत्त्व है। काव्यार्थ का चमत्कार लक्ष्यार्थ और व्यंग्यार्थ में ही है। भाव के उत्कर्ष के लिए उपमान-विधान आवश्यक है। यह विधान अलंकारों के माध्यम से किया जाता है। अलंकारों के गर्भ में लक्षणा की स्थिति स्पष्ट रूप से देखी जा सकती है। सादृश्यमूलक सारे अलंकारों में **गौणी लक्षणा** देखी जा सकती है। 'रूपकातिशयाक्ति' में 'साध्यवसाना' का संकेत हम पहले ही कर आये हैं। प्रतीक-विधान में भी उपमान का ही कथन होता है इसलिए उसमें भी 'साध्यवसाना' लक्षणा देखी जा सकती है। छायावादी काव्य-भाषा में लाक्षणिक प्रयोगों के चमत्कार की ओर विद्वानों ने पाठकों का ध्यान बराबर आकृष्ट किया है। इसलिए 'लक्षणा' को काव्य-सौन्दर्य-विधायक एक महत्त्वपूर्ण तत्त्व के रूप में ग्रहण करना चाहिए।

व्यंजना शक्ति

शब्द की जिस शक्ति से अभिधा और लक्षणा की सीमा के बाहर पड़ने वाले अर्थ का बोध होता है, उसे 'व्यंजना' कहते हैं। व्यंजना से प्रतीत होने वाले अर्थ को व्यंग्यार्थ कहते हैं। व्यंग्यार्थ का ही दूसरा नाम 'ध्वनि' है। इसे ध्वनि इसलिए कहते हैं कि यह ध्वनित होता है। जैसे घंटे पर चोट लगने से पहले जोर की टंकार होती है उसके बाद उसमें से मन्द-मन्द झंकार निकलती है, जो देर तक गूँजती रहती है, उसी प्रकार शब्द से पहले मुख्यार्थ का बोध होता है और उसके बाद वक्ता, श्रोता और संदर्भ-भेद से अन्य अनेक अर्थ ध्वनित होते हैं। उदाहरण के लिए एक वाक्य है—'सूरज डूब गया' संदर्भ-भेद से इसके कई अर्थ ध्वनित होते हैं। यदि संस्कृत पाठशाला के आचार्य छात्रों को संबोधित करके कहते हैं—'सूरज डूब गया' तो छात्र पढ़ना बंद करके कुशासन और पंचपात्र लेकर संध्यावंदन के लिए चल देते हैं। यदि किसी दुकान का मालिक अपने नौकर से कहता है—'सूरज डूब गया' तो नौकर झट बटन दबाकर बिजली जला देता है। इसी प्रकार गाय चराते हुए ग्वाल-बालों से जब उनका मुखिया कहता है—'सूरज डूब गया' तो ग्वाल-बाल गायों को हाँक कर गाँव की ओर चल देते हैं। 'सूरज डूब गया' इस वाक्य का वाच्यार्थ या मुख्यार्थ तो एक ही है, किन्तु संदर्भ-भेद से अन्य अर्थ व्यंजित या ध्वनित होते हैं।

व्यंजना के दो भेद माने गए हैं—1. शाब्दी, 2. आर्थी।

शाब्दी व्यंजना

शाब्दी व्यंजना में शब्द की प्रधानता होती है। जब अनेक अर्थ वाले शब्दों से युक्त वाक्य में 'संयोग' आदि के द्वारा अर्थ का नियन्त्रण एक ही अर्थ में किया जाता है और तब शब्दों की महिमा से जो वाच्य से भिन्न अर्थ की प्रतीति होती है, उसे 'शाब्दी-व्यंजना' कहते हैं। अनेक अर्थ वाले शब्दों का एक अर्थ में नियन्त्रण करने वाले कारण अग्रलिखित हैं—

1. संयोग, 2. वियोग, 3. साहचर्य, 4. विरोध, 5. अर्थ (प्रयोजन), 6. प्रकरण, 7. लिंग (विशिष्ट सम्बन्ध से युक्त धर्म), 8. अन्य शब्द की सन्निधि, 9. सामर्थ्य, 10. औचित्य, 11. देश, 12. काल, 13. व्यक्ति (स्त्रीलिंग-पुल्लिंग), 14. स्वर।

जहाँ अनेक अर्थ-बोधक शब्दों का उपर्युक्त कारणों से एक ही अर्थ में नियन्त्रण हो जाने के बाद भी दूसरा अर्थ व्यंजित होता है, वहाँ शाब्दी-व्यंजना होती है। उदाहरण के लिए निम्नलिखित दोहा देखिए—

भयों अपत कै कोप युत, कै बौरे यहि काल।
मालिनि आज कहै न क्यों, या रसाल को हाल।

उपर्युक्त दोहे में कोई नायिका किसी बगीचे की मालिन से पूछ रही है—"उस रसाल का हाल आज क्यों नहीं बता रही हो? वह बिना पत्तों वाला क्यों हो गया है? या उसमें कोपलें निकल आई हैं? या इस समय उसमें बौर निकल आए हैं? यहाँ 'रसाल', 'अपत', 'कोप', 'बौरें' ये चार शब्द अनेकार्थी हैं, किन्तु इनका अर्थ प्रकरण की सहायता से (प्रकरण बगीचे का है) वृक्ष के विषय में सीमित कर दिया गया है। इस नियन्त्रण के बावजूद यहाँ दूसरा अर्थ भी व्यंजित हो रहा है। दूसरा अर्थ इस प्रकार होगा—

"हे मालिन! उस रसिक नायक (रसाल) का हाल क्यों नहीं बता रही हो? वह आज प्रतिष्ठाहीन (अपत) हो गया है। या कुपित (कोप-युत) है? या पागल (बौरौ) हो गया है?" यह द्वितीय अर्थ व्यंजित है। यहाँ शाब्दी-व्यंजना है। प्रधानता शब्दों की है। यदि हम 'रसाल', 'अपत', 'कोप', 'बौरौ' शब्दों के स्थान पर इनके पर्याय रख दें, तो व्यंजित-अर्थ ग्रहण नहीं कर पायेंगे।

आर्थी व्यंजना

आर्थी व्यंजना अर्थ पर आश्रित है। इसमें शब्द-परिवर्तन कर देने पर भी व्यंग्यार्थ की प्रतीति होती रहती है। जिन साधनों की सहायता से प्रतीयमान अर्थ की प्रतीति होती रहती है वे निम्नलिखित हैं—

1. वक्ता (बोलने वाला व्यक्ति), 2. बोधव्य (वह व्यक्ति जिससे बात कही जाती है), 3. काकु (एक विशेष प्रकार की कंठ-ध्वनि), 4. वाक्य-वैशिष्ट्य, 5. वाच्य-वैशिष्ट्य, 6. अन्य-सन्निधि, 7. प्रस्ताव (प्रकरण वैशिष्ट्य), 8. देश, 9. काल, 10. चेष्टा।

इन साधनों की विशिष्टता से जहाँ पाठक या श्रोता वाच्य अर्थ से भिन्न एक दूसरे प्रतीयमान अर्थ की प्रतीति कर लेता है, वहाँ 'आर्थी-व्यंजना' होती है। उपर्युक्त सभी साधनों की विशेषता से व्यंजित अर्थ के उदाहरण अलग-अलग दिए जा सकते हैं। विस्तार भय से यहाँ वक्ता की उक्ति की विशेषता से सूचित व्यंग्यार्थ का उदाहरण देकर हम यह प्रसंग समाप्त करेंगे।

वक्तृ-वैशिष्ट्य से सूचित व्यंग्यार्थ—

प्रीतम की यह रीति सखि, मोपै कही न जाय।
झिझकत हू ढिंग ही रहत, पल न वियोग सुहाय॥

उपर्युक्त कथन नायिका का है। व्यंग्यार्थ यह है कि नायिका रूपवती है, नायक उसमें आसक्त है। यह व्यंग्यार्थ वक्ता (नायिका) की विशेषता से ही सूचित है। यहाँ 'आर्थी-व्यंजना' इसलिए है कि यह शब्द पर आश्रित नहीं है। 'झिझकत', 'ढिंग' आदि शब्दों के स्थान पर इनके पर्याय भी रख दिये जायँ तब भी व्यंग्यार्थ की प्रतीति में कोई बाधा नहीं होगी। शाब्दी-व्यंजना दो प्रकार की मानी जाती है—1. अभिधामूला, 2. लक्षणामूला। 'अभिधामूला' के 14 भेद माने जाते हैं। ये भेद 'संयोग', 'वियोग', 'साहचर्य', 'विरोध', 'अर्थ', प्रकरण आदि (अनेकार्थ का नियन्त्रण करने वाले साधन) के आधार पर किये जाते हैं। 'लक्षणामूला' शाब्दी-व्यंजना के 'काव्यप्रकाश' के अनुसार 12 भेद हैं। 'साहित्यदर्पण' के अनुसार इन भेदों की संख्या 64 है। आर्थी-व्यंजना 'वक्तृ', बोधव्य, काकु, वाक्य, वाच्य आदि के वैशिष्ट्य के आधार पर 10 प्रकार की मानी जाती है।

'ध्वनि' सिद्धान्त का विकास इसी व्यंजना-व्यापार के आधार पर किया गया है। 'ध्वनि' के मुख्यत: दो भेद किये जाते हैं—

1. अभिधामूला, 2. लक्षणामूला। जिसके मूल में 'अभिधा' हो, वह अभिधामूला-ध्वनि होती है। इसी प्रकार जिसके मूल में 'लक्षणा' हो उसे लक्षणामूला-ध्वनि कहते हैं।

अभिधामूला-ध्वनि

अभिधामूला-ध्वनि में शब्द का वाच्यार्थ या मूल अर्थ बिल्कुल छोड़ नहीं दिया जाता। वह बना रहता है किन्तु व्यंग्यार्थ का बोधक बन जाता है। व्यंग्य अर्थ का बोध तभी होता है जब वाच्य अर्थ का भी बोध होता है। इसमें कहीं तो वाच्यार्थ से व्यंग्यार्थ के बीच का क्रम लक्षित होता है और कहीं पर लक्षित नहीं होता। इस प्रकार इस ध्वनि के दो भेद हो जाते हैं—1. संलक्ष्यक्रम-ध्वनि, 2. असंलक्ष्यक्रम-ध्वनि।

संलक्ष्यक्रम-व्यंग्य-ध्वनि—संलक्ष्यक्रम-क्रम-व्यंग्य कहीं शब्द-शक्ति द्वारा, कहीं अर्थ-शक्ति द्वारा और कहीं उभय-शक्ति (शब्द-अर्थ दोनों) द्वारा प्रतीत होता है। इसी आधार पर इसके तीन भेद होते हैं—1. शब्द-शक्ति उद्भव-ध्वनि, 2. अर्थ-शक्ति-उद्भव-ध्वनि, 3. उभयशक्ति उद्भव-ध्वनि।

जिस शब्द का प्रयोग किया जाय, जहाँ उसी शब्द से (उसके पर्याय से नहीं) व्यंग्यार्थ प्रतीत होता है, वहाँ शब्द-शक्ति उद्भव-ध्वनि होती है। यह दो प्रकार की होती है—1. वस्तुध्वनि, 2. अलंकार-ध्वनि। जहाँ ऐसा व्यंग्यार्थ हो, जिसमें कोई अलंकार न हो वहाँ वस्तु-ध्वनि (वस्तु व्यंग्य होने के कारण) मानी जाती है।

किन्तु जहाँ ऐसा व्यंग्यार्थ होता है, जिसमें अलंकार होता है, वहाँ अलंकार-ध्वनि मानी जाती है। जहाँ शब्द-परिवर्तन होने पर भी व्यंग्यार्थ की प्रतीति होती है, वहाँ 'अर्थशक्ति-उद्‌भव-ध्वनि' मानी जाती है। जहाँ कुछ शब्दों का परिवर्तन होने और कुछ न होने पर भी व्यंग्य सूचित हो वहाँ 'उभय-शक्ति-उद्‌भव-ध्वनि' मानी जाती है।

जहाँ वाच्यार्थ और व्यंग्यार्थ का पौर्वापर्य-क्रम लक्षित नहीं होता वहाँ 'असंलक्ष्यक्रमव्यंग्य-ध्वनि' होती है। इसके अन्तर्गत भाव, भावाभास, रस, रसाभास आदि व्यंग्यार्थ आते हैं। काव्य में विभाव-अनुभाव आदि के वाच्यार्थ का बोध होने पर ही रस-भाव आदि की प्रतीति होती है। अत: कारण (विभावादि) और कार्य (रसादि) में पौवापर्यक्रम यहाँ भी होता है, किन्तु वह लक्षित नहीं होता। 'शतपत्रभेदनन्याय' के अनुसार विभावादि से रसादि तक की यात्रा एक ही क्रम में हुई प्रतीत होती है।

लक्षणामूला-ध्वनि

लक्षणामूला-ध्वनि को **'अविवक्षित वाच्य ध्वनि'** कहते हैं। इसमें वाच्यार्थ की विवक्षा नहीं रहती। अर्थात् इसमें वाच्यार्थ का वाध होने के कारण उसका उपयोग नहीं होता। लक्षणा के दो प्रधान भेदों—उपादान-लक्षणा, लक्षण-लक्षणा—के आधार पर इसके दो भेद होते हैं—'अर्थान्तर-संक्रमित-वाच्यध्वनि' और 'अत्यन्त तिरस्कृत वाच्यध्वनि'। जहाँ वाच्यार्थ अर्थान्तर में संक्रमित हो जाता है वहाँ **अर्थान्तर-संक्रमित-वाच्यध्वनि** होती है। जहाँ वाच्यार्थ का सर्वथा तिरस्कार होता है वहाँ **'अत्यन्त तिरस्कृत वाच्यध्वनि'** होती है।

अर्थान्तर-संक्रमित-वाच्यध्वनि का उदाहरण—

कदली कदली ही तथा करभहु करभ लखाय।
मृगनैनी के उरुन की समता कितहु न पाय॥

उपर्युक्त दोहे में दूसरी बार आए हुए 'कदली' और 'करभ' शब्दों का वाच्यार्थ 'कदली' (केला) और 'करभ' (छोटी उँगली से पहुँचे तक का बाहरी भाग) ही है। यदि इस वाच्यार्थ को ही ग्रहण करें तो पुनरुक्ति-दोष हो जायेगा। इसलिए यहाँ दूसरी बार आए हुए 'कदली' और 'करभ' शब्दों का वाच्यार्थ दूसरे अर्थ में संक्रमित हो गय। है। 'कदली, कदली ही है' अर्थात् जड़ है और करभ, करभ ही है, अर्थात् हथेली के एक तरफ का भाग मात्र है। यही अर्थान्तर में संक्रमण है। यंह दूसरा अर्थ (अर्थान्तर) व्यंग्यार्थ है।

अत्यन्त तिरस्कृत वाच्यध्वनि का उदाहरण—

कहि न सकौं तव सुजनता! अति कीन्हों उपकार।
सखे! करत यों रहु सुखी जीवहु बरस हजार॥

उपर्युक्त दोहे में अपकार करने वाले व्यक्ति के कार्यों से दुःखी कोई व्यक्ति कह रहा है—''तुम्हारी सज्जनता का वर्णन नहीं कर सकता। तुमने बहुत उपकार किया। इसी प्रकार उपकार करते हुए तुम हजार वर्ष तक सुखी रहो।'' यहाँ वाच्यार्थ में अपकारी की प्रशंसा की गई है। किन्तु अपकारी की प्रशंसा नहीं की जाती। इसलिए वाच्यार्थ का वाध है। यहाँ इस वाच्यार्थ को तिरस्कृत करके (विपरीत लक्षणा से) 'सुजनता' का 'दुर्जनता', 'उपकार' का 'अपकार' और 'सखे' का 'शत्रु' अर्थ लिया जायेगा। यहाँ 'अत्यन्त अपकार' व्यंग्यार्थ होगा। इसलिए यहाँ **'अत्यन्त तिरस्कृत वाच्यध्वनि'** मानी जायेगी।

ध्वनि के सम्बन्ध में यह ध्यान रखने की बात है कि वस्तुतः 'ध्वनि' वहीं मान्य होती है जहाँ व्यंग्यार्थ का चमत्कार वाच्यार्थ से उत्कृष्ट हो। ध्वनि के भेदों के निरूपण में आचार्यों ने विलक्षण प्रतिभा का परिचय दिया है। इस विवेचन में उनके काव्य-चिन्तन की पराकाष्ठा लक्षित होती है। आज की नयी कविता के मूल्यांकन में भी ध्वनि-सिद्धान्त की प्रासंगिकता स्वीकार की जाती है। यह दूसरी बात है कि आलोचक प्रतीयमान अर्थ तो ग्रहण करते हैं, किन्तु ध्वनि-सिद्धान्त की चर्चा नहीं करते। परम्परा से विच्छिन्न हो जाने के कारण वे यह नहीं जानते कि जिस प्रक्रिया से काव्यार्थ तक पहुँचे हैं, वह ध्वनि-सिद्धान्त के अन्तर्गत आती है।

काव्य-गुण

काव्य के सौन्दर्य की वृद्धि करने वाले और उसमें अनिवार्य रूप से नित्य विद्यमान रहने वाले धर्म को गुण कहते हैं। गुण की अवधारणा भरतमुनि के समय से ही मान्य है। उनकी संख्या और स्वरूप के सम्बन्ध में आचार्यों में मतभेद रहा है। भरतमुनि ने गुणों की संख्या दस मानी है—

1. श्लेष, 2. प्रसाद, 3. समता, 4. समाधि, 5. माधुर्य, 6. ओज, 7. सौकुमार्य, 8. अर्थव्यक्ति, 9. उदारता, 10. कान्ति।

गुणों के लक्षण

श्लेष—जो रचना वृत्ति (तर्क) से विचार करके ग्रहण की जाय, स्वभाव से स्फुट तथा स्वतः सुप्रतिबद्ध हो, उसमें श्लेष होता है। इष्ट अर्थों से परस्पर सम्बद्ध पदों की शिलष्टता का नाम **श्लेष** है।

प्रसाद—जहाँ शब्द और अर्थ के संयोग से सरल होने के कारण विद्वानों द्वारा अव्याख्यात होने पर भी शब्द का अर्थ स्फुट हो जाय वहाँ **प्रसाद** ह ा है।

समता—जहाँ अलंकार और गुण समभाव से विद्यमान होकर एक-दूसरे के सदृश शोभावर्द्धक हों वहाँ **समता** नामक गुण होता है।

समाधि—जहाँ उपमा से प्राप्त अर्थों का यत्नपूर्वक अतिसंयोग किया जाय वहाँ **समाधि** गुण होता है।

माधुर्य—पुनः पुनः सुनने पर भी जो वाक्य उद्विग्न न करे वह **माधुर्य** गाना गया है।

ओज—जो बन्ध निंदित होने पर भी उदात्त का अवभावक हो और जहाँ शब्द और अर्थ की सम्पत्ति हो, वह **ओज** कहलाता है।

सैकुमार्य—जो सुश्लिष्ट संधि वाले सुप्रयोज्य शब्दों और सुकुमार अर्थ से युक्त हो वह **सौकुमार्य** कहलता है।

अर्थव्यक्ति—प्रयोग के बाद ही जिसका अर्थ मन में प्रविष्ट हो जाय वह **अर्थव्यक्ति** गुण कहलाता है।

उदारता—(उदात्त) जहाँ सौष्ठव के साथ अनेक अर्थ-विशेष हों वहाँ **उदात्त** गुण होता है।

कान्ति—जो शब्द-बन्ध मन और कान दोनों का विषय हो और जिसका प्रभाव आह्लादकारी हो, उसे **कान्ति** गुण सम्पन्न मानते हैं।

भरत के बाद भामह ने कुल तीन गुणों—प्रसाद, ओज, माधुर्य—में ही सभी गुणों का समावेश कर लिया है।

काव्य-दोष

भरत के अनुसार काव्य-दोष भी दस ही होते हैं—गूढ़ार्थ, अर्थान्तर, अर्थहीन, भिन्नार्थ, एकार्थ, अभिलुप्तार्थ, न्यायापेत, विषम, विसंधि और शब्द-च्युत।

जहाँ पर्याय शब्दों के प्रयोग से अर्थ व्यक्त किया गया हो, वहाँ **गूढ़ार्थ** होता है। जहाँ अवर्णनीय का वर्णन किया जाय वहाँ **अर्थान्तर** होता है। असम्बद्ध अर्थों की जहाँ अभिव्यक्ति हो, वहाँ **अर्थहीन** होता है। जहाँ असभ्य और ग्राम्य प्रयोग किए गए हों, वहाँ **भिन्नार्थ** होता है। जहाँ विवक्षित अर्थ का कथन न होकर दूसरा अर्थ कह दिया जाय, वहाँ भी काव्य मर्मज्ञ भिन्नार्थ ही मानते हैं। जहाँ शब्दों के अर्थ-भेद या अर्थसाम्य पर ध्यान न देकर उनके द्वारा एक अर्थ का कथन हो, वहाँ **एकार्थ** दोष होता है। जहाँ प्रत्येक वाक्यार्थ संक्षेपतः कह दिये जायँ वहाँ **अभिलुप्तार्थ** होता है। प्रमाण-रहित कथन **न्यायापेत** दोष से युक्त माना जाता है। छन्द-दोष को **विषम** कहते हैं। जहाँ शब्द संधि रहित हो वहाँ **विसंधि** दोष माना जाता है। अशब्द के जोड़ने को शब्द-हीन या **शब्द-च्युत** कहते हैं।

भरत का कहना है कि ये दोष नाटकाश्रित होते हैं। यही विपरीत होकर काव्यों में गुण कहे जाते हैं। (द्रष्टव्य—भारतीय काव्यशास्त्र की परम्परा, पृ० 13, 14) भरतमुनि के अनुसार 'गुण' और कुछ नहीं 'दोष' के विपर्यय मात्र हैं। 'दण्डी' ने इन्हें महत्त्व देते हुए काव्य-सौन्दर्य-विधायक तो माना है, किन्तु अलंकारों के भीतर ही समेट लिया है। उनके अनुसार काव्य-शोभा करने वाले सभी धर्म-श्लेषादि गुण और उपमादि अलंकार—'अलंकार' शब्द से ही वाच्य हैं। 'वामन' ने गुणों को काव्य का नित्य धर्म मानकर अलंकारों से अलग किया है। उनके अनुसार अलंकार काव्य के अनित्य धर्म हैं। वे हो भी सकते हैं, नहीं भी हो सकते हैं; किन्तु गुणों की सत्ता तो अनिवार्य है। वामन ने गुणों को 'शब्दगत' और 'अर्थगत' दोनों माना। 'आनन्दवर्धन' ने गुणों को 'रस' का अंग माना और इनकी संख्या तीन—ओज, प्रसाद, माधुर्य—तक ही सीमित कर दी। आचार्य मम्मट के अनुसार जैसे शौर्य आदि आत्मा के नित्य धर्म हैं वैसे ही 'माधुर्य' आदि गुण 'रस' के नित्य धर्म हैं। मम्मट ने भी गुणों की संख्या तीन ही मानी है। हिन्दी के आचार्यों ने सामान्यतः तीन गुणों को ही महत्त्व दिया है। 'देव' और 'भिखारीदास' ने गुणों की संख्या दस मानी है। इस प्रकार गुणों के विवेचन का भी एक लम्बा इतिहास है।

माधुर्य गुण

माधुर्य का अर्थ है—मिठास। श्रुति-मधुर शब्दों का ऐसा विन्यास जो सहृदयों को द्रवीभूत और आह्लादित कर दे, माधुर्य है। इसमें ट, ठ, ड, ढ वर्णों को

छोड़कर 'क' से लेकर 'म' तक के वर्ण, मूर्धन्य वर्ण और 'अन्त्य वर्णों' का प्रयोग विहित है। समासयुक्त पदों का विन्यास वर्जित है। करुण, विप्रलम्भ तथा शांतरस में माधुर्य गुण अपेक्षित है।

उदाहरण—

मंद मंद चढ़ि चल्यो चैत निसि चंद चारु,
मंद मंद चांदनी पसारत लतन तें।
मंद मंद जमुना-तरंगिनी हिलौरें लेति,
मंद मंद मोद मंजु मल्लिका सुमन तें।
'देख कवि' मंद-मंद सीतल सुगंध पौन,
देखि छवि छीजत मनोज छन-छन तें।
मंद-मंद मुरली बजावत अधर धारे
मंद मंद निकस्यो मुकुंद मधुवन तें॥

—देव

ओजगुण

ओज का अर्थ है—तेज, प्रताप, दीप्ति। काव्य में ऐसा वर्ण-विन्यास, जो सहृदय में उत्साह, स्फूर्ति, आवेश आदि जागृत कर दे, ओज है। इसमें चित्त का विस्तार होता है। इसमें समास-युक्त और संश्लिष्ट पद-विन्यास विहित है। ट, ठ, ड, ढ, श, ष आदि वर्णों का प्रयोग द्वित्त्व वर्णों का प्रयोग तथा प्रथम वर्ण तृतीय से और द्वितीय का चतुर्थ से योग इस गुण के विधान में सहायक होते हैं। इससे वीर, वीभत्स और रौद्र रस का पोषण होता है।

उदाहरण—

कतहुँ विटप भूधर उपारि परसेन बरक्खत।
कतहुं बाजि से बाजि, मर्दि, गजराज करक्खत॥
चरन चोट चटकन चकोट अरि डर सिर बज्जत।
विकट कटक विद्दरत वीर बारिद जिमि गज्जत॥
लँगूर लपेटत पटकि भट, 'जयति राम' जय उच्चरत।
तुलसीस पवन नन्दन अटल जुद्धं क्रुध कौतुक करत॥

—तुलसी

प्रसाद-गुण

प्रसाद का अर्थ है—प्रसन्नता। वस्तुतः प्रसाद-गुण-युक्त काव्य को पढ़कर या सुनकर सहृदय का चित्त प्रसन्न हो जाता है, मन खिल जाता है, इसीलिए इसे 'प्रसादगुण' कहते हैं। आचार्य मम्मट के अनुसार—'सूखे ईंधन में अग्नि के समान अथवा स्वच्छ वस्त्र में जल के समान जो चित्त में सहसा व्याप्त हो जाता है, वह

सभी रसों में रहने वाला 'प्रसादगुण' कहलाता है।' चित्त में सहसा व्याप्त होने के लिए सहज भाव-व्यंजक शब्दावली का प्रयोग और अर्थ की स्वच्छता आवश्यक है। इसीलिए सहजता, स्वच्छता और सहज-ग्राह्यता प्रसाद-गुण में आवश्यक है।

उदाहरण—

समर शेष है, जनगंगा को खुलकर लहराने दो।
शिखरों को डूबने और मुकुटों को बह जाने दो।
पथरीली ऊँची ज़मीन है? तो उसको तोड़ेंगे।
समतल पीटे बिना समर की भूमि को नहीं छोड़ेंगे।
—'दिनकर'

उपर्युक्त तीनों गुणों का सहृदय के चित्त पर जो प्रभाव पड़ता है उसे ठीक से जान लेना आवश्यक है। 'माधुर्य' गुण चित्त में 'द्रुति' उत्पन्न करता है। अर्थात् वह चित्त को 'द्रवित' करता है। 'ओज' गुण चित्त में 'दीप्ति' उत्पन्न करता है। इस प्रकार मन में 'उत्साह' का संचार करता है। 'प्रसाद' गुण चित्त को 'व्याप्ति' प्रदान करता है। इसलिए प्रसाद-गुण-युक्त काव्य के श्रवण से पाठक का मन उदार होता है।

काव्य-दोष

काव्य में दोष की अवधारणा अत्यन्त प्राचीन है। काव्य का दोष-रहित होना आवश्यक माना गया है। आचार्य 'मम्मट' ने काव्य की परिभाषा करते हुए 'तद्दोषौ' पहले ही कहा है। काव्य-दोषों के सम्बन्ध में 'वामन' ने बहुत स्पष्ट कहा है कि जिन तत्त्वों से काव्य-सौन्दर्य की हानि होती है, उन्हें दोष समझना चाहिए। आचार्य 'मम्मट' के अनुसार जिससे मुख्य अर्थ का अपकर्ष हो, उसे दोष कहते हैं। मुख्य अर्थ है—'रस'। इसलिए जिससे रस का अपकर्ष हो, वही दोष है। हिन्दी में चिन्तामणि, कुलपति मिश्र, सूरति मिश्र, श्रीपति, सोमनाथ, भिखारीदास आदि आचार्यों ने काव्य-दोषों पर विचार किया है। इनमें अधिकांश का आधार आचार्य 'मम्मट' का 'काव्य-प्रकाश' है।

आचार्य 'मम्मट' ने दोषों के मुख्य रूप से तीन भेद किए हैं—

1. शब्द-दोष, 2. अर्थ-दोष, 3. रस-दोष।

दोषों की संख्या उनके अनुसार 70 है। इनमें 37 शब्द-दोष, 23 अर्थ-दोष और 10 रस-दोष हैं। यहाँ कुछ प्रमुख दोषों का परिचय दिया जायेगा।

शब्द-दोष

शब्द-दोष के अन्तर्गत 'शब्दांश' (पदांश), 'शब्द' (पद) और 'वाक्य' तीनों की गणना की जाती है।

1. श्रुति-कटुत्व—जहाँ सुनने में कठोर लगने वाले शब्दों का अधिक प्रयोग किया जाता है, वहाँ श्रुति-कटुत्व दोष माना जाता है।

उदाहरण—

'पर क्या न विषयोत्कृष्टता करती विचारोत्कृष्टता'

उपर्युक्त पंक्ति में 'विषयोत्कृष्टता' और 'विचारोत्कृष्टता' सुनने में कठोर लगते हैं। इसलिए यहाँ 'श्रुति-कटुत्व' दोष है।

2. च्युत-संस्कृति—व्याकरण-विरुद्ध प्रयोगों में च्युत-संस्कृति दोष माना जाता है।

उदाहरण—

'पीछे मघवा मोहिं साप दई।'
'अंगद रक्षा रघुपति कीन्हो॥'

उपर्युक्त पहली पंक्ति में 'मघवा' शब्द पुल्लिंग है, इसलिए क्रिया 'दई' न होकर 'दयो' होनी चाहिए। इसी प्रकार दूसरी पंक्ति में 'रक्षा' स्त्रीलिंग है, इसलिए

क्रिया 'कीन्हीं' होनी चाहिए। व्याकरण-विरुद्ध प्रयोगों के कारण यहाँ च्युत-संस्कृति दोष है।

3. अप्रयुक्तत्व—जहाँ ऐसे शब्दों का प्रयोग किया जाय जो व्याकरण और कोश से सिद्ध हों किन्तु प्रचलन में न हों, वहाँ अप्रयुक्तत्व-दोष माना जाता है।

उदाहरण—

पुत्र जन्म उत्सव समय स्पर्श कीन्ह बहु गाय।

यहाँ 'स्पर्श' का प्रयोग दान के अर्थ में किया गया है। कोश से यह अर्थ ठीक है, पर प्रचलन में न होने के कारण उसे अप्रयुक्तत्व-दोष मानेंगे।

4. असमर्थत्व—जब हम किसी शब्द का प्रयोग किसी विशेष अर्थ की प्रतीति के लिए करते हैं और वह शब्द उस अर्थ की प्रतीति नहीं करा पाता तब 'असमर्थत्वदोष' होता है।

उदाहरण—

जहाँ नहीं सामर्थ्य शोध की
क्षमा वहाँ निष्फल है।

उपर्युक्त उदाहरण में 'शोध' शब्द का प्रयोग प्रतिशोध (बदला लेने) के अर्थ में किया गया है, किन्तु उससे अभीष्ट अर्थ व्यक्त नहीं हो पाता। यहाँ असमर्थत्व दोष है।

5. निहितार्थत्व—जहाँ दो अर्थों वाले शब्द का अप्रसिद्ध अर्थ में प्रयोग किया जाता है, वहाँ 'निहितार्थत्व' दोष होता है।

उदाहरण—

विषमय यह गोदावरी, अमृतन के फल देति।

उपर्युक्त उदाहरण में 'विष' शब्द का प्रयोग 'जल' के अर्थ में किया गया है। विष का प्रसिद्ध अर्थ 'ज़हर' है। 'जल' का अर्थ अप्रसिद्ध है। इसलिए यहाँ 'निहितार्थत्व' दोष है।

6. अनुचितार्थत्व—जहाँ कोई शब्द अनुचित अर्थ का बोध कराता है, वहाँ 'अनुचितार्थत्व' दोष होता है।

उदाहरण—

ह्वैके पसु रन-यज्ञ में, अमर होहिं जग सूर।

उपर्युक्त उदाहरण में शूर वीरों के लिए 'पशु' शब्द का प्रयोग अनुचित है। इसलिए यहाँ अनुचितार्थत्त्र दोष है।

7. अश्लीलत्व—जहाँ 'लज्जा', 'घृणा' और 'अमंगल' सूचक शब्दों का प्रयोग किया जाता है, वहाँ 'अश्लीलत्व' दोष होता है।

उदाहरण—

लहू में तैर-तैर के नहा रही जवानियाँ।

उपर्युक्त उदाहरण में जवानियों का लहू में तैर-तैर कर नहाना घृणा-व्यंजक है। इसलिए यहाँ अश्लीलत्व-दोष है।

8. क्लिष्टत्व—जहाँ ऐसे शब्द का प्रयोग किया जाता है, जिसका अर्थ-बोध कठिनता से होता है, वहाँ 'क्लिष्टत्व' दोष होता है। इसे गूढ़ार्थं दोष भी कहते हैं।

उदाहरण—

अहि-रिपु-पति-पिय-सदन है मुख तेरो रमनीय।

उपर्युक्त उदाहरण में कवि नायिका के मुख को 'कमल' के समान रमणीय कहना चाहता है, किन्तु 'कमल' अर्थ तक हम बड़ी कठिनाई से पहुँचते हैं। अहि=सर्प, उसका रिपु=गरुड़, गरुड़ के पति=विष्णु, विष्णु की प्रिया=लक्ष्मी, लक्ष्मी का सदन=कमल। इतनी कष्टसाध्य यात्रा के बाद अर्थ की प्राप्ति होने के कारण यहाँ 'क्लिष्टत्व' दोष है।

9. संदिग्धत्व—जहाँ किसी ऐसे पद का प्रयोग हो जो दो अर्थों का उपस्थापक हो और यह सन्देह बना रहे कि कौन-सा अर्थ तात्पर्यभूत है, वहाँ 'संदिग्धत्व' दोष माना जाता है।

उदाहरण—

'बंद्या पर करिये कृपा'

उपर्युक्त उदाहरण में 'बंद्या' पद के दो अर्थ हैं—वन्दिनी और वन्दनीया। प्रयोग से यह स्पष्ट नहीं है कि यहाँ तात्पर्यभूत क्या है?

10. अप्रतीत्व—जहाँ शास्त्र-विशेष के किसी ऐसे पारिभाषिक शब्द का प्रयोग किया जाता है, जो लोक-प्रचलित नहीं होता, वहाँ 'अप्रतीत्व' दोष माना जाता है।

उदाहरण—

'जग जीव जतीन की छूटी तटी'

उपर्युक्त उदाहरण में 'तटी' शब्द योगशास्त्र का है जिसका प्रयोग 'त्राटक मुद्रा' के अर्थ में होता है। शास्त्र-विशेष का पारिभाषिक शब्द होने के कारण अर्थ की प्रतीति में बाधा होती है। इसलिए यहाँ 'अप्रतीतत्व' दोष है।

11. न्यूनपदत्व (वाक्य-दोष)—जहाँ अभीष्ट अर्थ के वाचक पद का प्रयोग न किया गया हो, वहाँ न्यूनपदत्व दोष होता है।

उदाहरण—

'पानी पावक पवन प्रभु, ज्यों असाधु त्यों साधु'

उपर्युक्त उदाहरण में कवि का अभीष्ट अर्थ यह है कि पानी, आग, वायु और स्वामी 'साधु' और 'असाधु' दोनों के प्रति एक-सा व्यवहार करते हैं, किन्तु 'ज्यों

असाधु त्यों साधु' कहने से पूरी बात स्पष्ट नहीं होती। यहाँ 'समान व्यवहार करते हैं' इस अर्थ को स्पष्ट करने के लिए कोई और 'पद' होना चाहिए। इसलिए यहाँ 'न्यूनपदत्व-दोष' है।

12. अधिकपदत्व (वाक्य दोष)—जहाँ वाक्य में अविवक्षित अर्थ (अनावश्यक अर्थ) का सूचक पद प्रयुक्त होता है, वहाँ अधिकपदत्व दोष माना जाता है।

उदाहरण—

लपटी पुहुप-पराग-पट, सनी स्वेद मकरंद।
अवनि नारि नवोढ लौं, सुखद वायु गति मंद॥

उपर्युक्त दोहे में 'पुहुप' शब्द अनावश्यक है। 'पराग' कहने से ही 'पुष्प-रज' का बोध हो जाता है। 'पुहुप पद' अधिक है। इसलिए यहाँ 'अधिकपदत्व' दोष है।

13. पतत्प्रकर्ष (वाक्य दोष)—जहाँ किसी वस्तु का प्रकर्ष (उत्कृष्टता) दिखाकर फिर ऐसा वर्णन किया जाय कि प्रकर्ष में न्यूनता आ जाय वहाँ 'पतत्प्रकर्ष' दोष माना जाता है।

उदाहरण—

कहँ मिश्री कहँ ऊँख रस नहिं पीयूष समान।
कलाकंद कतरा अधिक तुव अधरारस पान॥

उपर्युक्त उदाहरण में अधरों के रस को पीयूष से भी उत्कृष्ट कहकर फिर 'कलाकंद' से उत्कृष्ट कहना पतत्प्रकर्ष है।

14. दूरान्वय दोष—यह अन्वय दोष के अन्तर्गत आता है। जहाँ वाक्य-प्रयोग में किसी शब्द को उसके विशेष्य से इतना दूर रखा गया हो कि अन्वय करने में दूरी के कारण कठिनाई हो, वहाँ 'दूरान्वय दोष' माना जाता है।

उदाहरण—

हृदय की अनुकृति वाह्य उदार, एक लम्बी काया उन्मुक्त।

उपर्युक्त उदाहरण में 'उदार' को 'हृदय' के पास होना चाहिए। 'उदार' शब्द हृदय का विशेषण है। अन्वय करते समय उसे दूर से खींच कर हृदय के (विशेषण के रूप में) समीप लाना पड़ता है। इसलिए यहाँ दूरान्वय-दोष है।

अर्थ-दोष

15. ग्राम्यत्व—गँवारू या ग्रामीण बोलचाल के शब्दों का शिष्ट **साहित्य में** प्रयोग ग्राम्यत्व दोष है।

उदाहरण—

धनु है यह 'गौरमदाइन' नाहीं। —**केशवदास**

उपर्युक्त उदाहरण में 'गौरमदाइन' का प्रयोग 'इन्द्रधनुष' के अर्थ में किया गया है। यह प्रयोग बुन्देलखण्डी बोली में होता है। अत: यहाँ ग्राम्यत्व दोष है।

16. दुष्क्रमत्व दोष—जहाँ किसी बात को सामान्य लोक-नियम की अवहेलना करके प्रस्तुत किया जाय, वहाँ दुष्क्रमत्व दोष होता है।

उदाहरण—

पैसे दे दो पाँच नहीं तो दस ही दे दो।

उपर्युक्त उदाहरण में लोक-नियम की अवहेलना की गई है। लोक में अधिक की माँग पूरी न होने की स्थिति में कम की माँग की जाती है। यहाँ पाँच के बाद दस की माँग की गई है। इसलिए दुष्क्रमत्व-दोष है।

17. पुनरुक्तव— जहाँ शब्द-भेद से एक ही बात दो बार कही जाय, वहाँ 'पुनरुक्तव' दोष होता है।

उदाहरण—

'मैं निस्तेजों का तेज, युगों के 'मूक' 'मौन' की बानी हूँ'

उपर्युक्त उदाहरण में 'मूक' और 'मौन' में शब्द-भेद मात्र है। अर्थ एक ही हैं। अत: पुनरुक्तव-दोष है।

18. कष्टार्थत्व—जहाँ अर्थ की प्रतीति में कष्ट हो, वहाँ कष्टार्थत्व दोष होता है। क्लिष्टत्व (शब्द-दोष) में शब्द का परिवर्तन कर देने पर अर्थ की प्रतीति में क्लिष्टता नहीं रहती, किन्तु 'कष्टार्थत्व' (अर्थ-दोष) में शब्द-परिवर्तन कर देने पर भी क्लिष्टता बनी रहती है।

उदाहरण—

वैसे अभेद सागर में प्राणों का सृष्टि क्रम है।
सब में घुलमिलकररसमय, रहता यह भाव चरम है।

उपर्युक्त उदाहरण में अर्थबोध में कठिनाई है। अत: यहाँ 'कष्टार्थत्व' दोष है।

18. अयुक्तपदत्व— जहाँ ऐसे अयुक्त पद का प्रयोग होता है, जिससे कवि के अभीष्ट अर्थ का समर्थन न होकर खण्डन हो जाता है, वहाँ 'अयुक्तपदत्व' दोष होता है।

उदाहरण—

आज्ञानुकारि सुरनाथ, पुरारिभक्ति,
लंकापुरी, विमलवंश, अपारशक्ति

है धन्य, ये यदि न रावणता कहीं हो,
एकत्र सर्वगुण किंतु कहीं नहीं हो।

उपर्युक्त उदाहरण में चौथे पद में जो बात कही गई है, उससे कवि के अभीष्ट अर्थ की पुष्टि नहीं होती। चौथे पद में कही गई बात प्रतिपाद्य के अर्थ के विरोध में चली गई है। इसलिए यहाँ अयुक्तपदत्व दोष है।

19. प्रसिद्धि-विरुद्ध—जहाँ लोक या शास्त्र-विरुद्ध वर्णन हो, वहाँ प्रसिद्धि-विरुद्ध-दोष होता है।

उदाहरण

उदयगिरि पर पिनाकी का कहीं टंकार बोला।

उपर्युक्त उदाहरण में पिनाकी (शिव) का सम्बन्ध उदयगिरि से दिखाया गया है। यह लोक और शास्त्र-विरुद्ध है। पिनाकी का सम्बन्ध कैलाश पर्वत से है। उनके धनुष की टंकार कैलाश पर ही सुनाई पड़ेगी, उदयगिरि पर नहीं। अत: यहाँ 'प्रसिद्धि-विरुद्ध' दोष है।

20. साकांक्षत्व—जहाँ अर्थ की संगति के लिए किसी शब्द की आकांक्षा बनी रहे अर्थात् वाक्य के अर्थ की संगति के लिए किसी शब्द की आवश्यकता हो किन्तु कवि ने उसका प्रयोग न किया हो, वहाँ 'साकांक्षत्व-दोष' होता है।

उदाहरण—

परिरंभ कुंभ की मदिरा, निश्वास-मलय के झोंके।
मुख-चन्द्र चाँदनी जल में, मैं उठता था मुँह धोके॥

उपर्युक्त उदाहरण में 'परिरम्भ कुंभ की मदिरा' के बाद 'पीकर' क्रियापद की आकांक्षा वाक्य की अर्थ-संगति के लिए बनी रहती है। इसलिए यहाँ 'साकांक्षत्व-दोष' है।

रस-दोष

यों तो सभी प्रकार के दोषों में 'रस' का अपकर्ष होता है, किन्तु सभी दोष नित्य नहीं होते। शब्द-दोष और अर्थ-दोष अनित्य होते हैं। 'रस-दोष' नित्य होते हैं।

1. स्व-शब्द-वाच्यत्व, 2. विभावादि की कष्ट कल्पना, 3. परिपंथि-रसांग-परिग्रह (विरोधी रस के विभावादि का वर्णन), 4. रस की पुन:-पुन: दीप्ति, 5. अकाण्ड प्रथन (रस का अनवसर विस्तार), 6. अकाण्डच्छेदन (रस का अनवसर विच्छेद), 7. अंगभूत रस (अप्रधान रस) का विस्तार, 8. अनंग-वर्णन (जो प्रधान रस की निष्पत्ति में उपकारक न हो, उसका वर्णन), 9. अंगी की विस्मृति (प्रधान रस से ध्यान हट जाना), 10. प्रकृतिविपर्यय (पात्रों की प्रकृति के प्रतिकूल वर्णन)।

उपर्युक्त सभी दोषों के स्वरूप की सूचना उनके नाम से ही मिल जाती है। फिर भी यहाँ संक्षेप में प्रत्येक रस-दोष के स्वरूप की व्याख्या आवश्यक है।

1. स्वशब्दवाच्यत्व—जहाँ किसी रस की व्यंजना की सूचना उसके नाम के कथन द्वारा दी जाती है, वहाँ 'स्वशब्द-वाच्यत्व-दोष' माना जाता है। रस की व्यंजना उसके अंगों के उचित संयोग से होनी चाहिए। रस-विशेष की व्यंजक कविता में उसका नाम नहीं आना चाहिए।

उदाहरण—

अंचल ऐंचि जु सिर धरत, चंचल नैनी चारु।
कुच कोरनि हिम कोरि कै, भर्‌यो सुरस शृंगार॥

उपर्युक्त दोहे में 'शृंगार' शब्द का प्रयोग नहीं होना चाहिए। नायिका की चेष्टाओं से शृंगार की व्यंजना स्वतः हो रही है। 'शृंगार' शब्द के प्रयोग से शृंगार-व्यंजना की सूचना देने से यहाँ 'स्वशब्द-वाच्यत्व-दोष' माना जायेगा।

2. विभावादि की कष्टकल्पना—जहाँ कविता को पढ़कर विभाव-अनुभाव की ठीक-ठीक कल्पना करने में कठिनाई होती है, वहाँ कष्टकल्पना दोष माना जाता है।

उदाहरण—

उठति, गिरति, फिरि-फिरि उठति, उठि-उठि गिरि-गिरि जात।
कहा करौं कासौं कहौं क्यों जीवै यहि राति॥

उपर्युक्त दोहे में विरह-दशा का वर्णन है किन्तु नायिका की जो दशा वर्णित है उसमें यह पता नहीं चलता कि यह साधारण व्याधि है या विरह की व्याधि। इसमें शृंगार का कोई संकेत नहीं है। अतः यह कल्पना करने में कठिनाई होती है कि आलम्बन विभाव किस रस का है।

3. परिपंथि-रसांग-परिग्रह—जहाँ जिस रस का वर्णन अभीष्ट हो, वहाँ उसी के अथवा उसके अनुकूल रस के अंगों का वर्णन होना चाहिए, जैसे शृंगार के वर्णन में या तो शृंगार के विभावादि का वर्णन होना चाहिए या हास्य के; किन्तु जब शृंगार के वर्णन में 'भयानक' के 'विभावादि' का वर्णन होगा तो 'परिपंथि-रसांग-परिग्रह' दोष माना जायेगा।

4. रस की पुनः-पुनः दीप्ति—जहाँ एक ही रस की बार-बार दीप्ति होती है, वहाँ 'पुनः-पुनः दीप्ति' दोष माना जाता है। वस्तुतः सहृदय के हृदय को काव्य में लीन करने के लिए अनेक रसों का उचित विनियोग होना चाहिए। बार-बार एक ही रस की दीप्ति अप्रीतिकर होती है।

5. अकाण्डप्रथन—जहाँ जिस रस के विस्तार का अवसर न हो, वहाँ अनावश्यक रूप से उसका विस्तार किया जाय तो 'अकाण्डप्रथन' दोष आ जाता है। करुण-रस के प्रसंग में शृंगार का विस्तार 'अकाण्ड-प्रथन-दोष' माना जायेगा।

6. अकाण्डच्छेदन—किसी रस का वर्णन करते समय सहसा (परिस्थिति का विचार किए बिना) उसे समाप्त कर देना अकाण्डच्छेदन दोष है। सहसा सहृदय का

चित्त एक रस से हटकर दूसरे में प्रवृत्त नहीं हो पाता। इस मनोवैज्ञानिक सत्य को ध्यान में रखकर किसी रस की समाप्ति और किसी अन्य रस का आरम्भ करना चाहिए।

7. अंगभूत रस का विस्तार—किसी भी प्रबंध-रचना में एक अंगी रस (प्रधान रस) होता है। अन्य रस उसके अंग बनकर आते हैं। अंग बनकर आने वाले रसों का अनावश्यक विस्तार उपर्युक्त दोष का कारण है।

8. अनंग-वर्णन—जो प्रधान या अंगी रस की निष्पत्ति में सहायक न हो उस 'अनंग' (अर्थात् जो प्रधान रस का अंग न हो) का वर्णन करने से 'अनंग-वर्णन' दोष माना गया है।

9. अंगी की विस्मृति—नाटक या प्रबन्ध काव्य में नायक और नायिका का विशेष महत्त्व होता है। अंगी रस की निष्पत्ति भी उन्हीं के माध्यम से होती है। अतः उन्हें नाटक या प्रबन्ध-काव्य में प्रमुखता मिलनी चाहिए। रचनाकार जब उन्हें विस्मृत कर देता है और गौण पात्रों को अधिक महत्त्व देता है, तब अंगी की विस्मृति का दोष माना जाता है।

10. प्रकृति-विपर्यय—भारतीय नाट्यशास्त्र में नायक की प्रकृति निर्धारित होती है। नायक तीन प्रकार के होते हैं—1. दिव्य, 2. अदिव्य (मनुष्य) 3. दिव्यादिव्य (मनुष्य के रूप में अवतरित देवता) इन सभी नायकों की प्रकृति का एक बना बनाया रूप लोक-मानस में अंकित है। उदाहरण के लिए राम का 'मर्यादा पुरुषोत्तम' रूप सर्वविदित है। जहाँ इस प्रकृति का विपर्यय करके वर्णन किया जायेगा अर्थात् राम को मर्यादा-भंजक रूप में प्रस्तुत किया जायेगा, वहाँ प्रकृति विपर्यय दोष होगा।

उपर्युक्त सभी दोष रस की व्यंजना में बाधा पहुँचाते हैं। अतः इन्हें रस-दोष माना जाता है। इनमें अंतिम सात की स्थिति प्रबन्ध-काव्यों में ही लक्षित होती है। विचारपूर्वक देखा जाय, तो सभी रस-दोषों का मूल कारण एक ही है—अनौचित्य। औचित्य ही रस का पोषक है और अनौचित्य ही रस में सबसे बड़ा बाधक है।

नाट्य

भरत का नाट्यशास्त्र : सामान्य परिचय

भारतीय काव्यशास्त्र की परम्परा का मूल स्रोत भरतमुनि का नाट्यशास्त्र माना जाता है। विद्वानों का मानना है कि इस अत्यन्त महत्त्वपूर्ण शास्त्र का कुछ अंश काफ़ी पुराना है और कुछ बाद में जोड़ा गया है। यह किसी एक आचार्य की एक समय में एक ही साथ क्रमबद्ध रूप में लिखी गई रचना नहीं है। आज जो नाट्यशास्त्र उपलब्ध है उसके अध्यायों की संख्या में भी मतभेद है। उत्तर भारत में इसका जो रूप प्रचलित है उसमें 37 अध्याय हैं, किन्तु इसका जो पाठ दक्षिण भारत में प्रचलित है, उसमें 36 ही अध्याय हैं। डॉ० पी० वी० काणे का अनुमान है कि वर्तमान नाट्यशास्त्र का छठाँ और सातवाँ अध्याय (रस-भाव-विवेचन, आठवें से चौदहवें तक के अध्याय (जिसमें अभिनय का विस्तृत विवेचन है) तथा सत्रहवें से पैंतीसवें तक के अध्याय किसी एक समय में निबद्ध हुए थे। छठें और सातवें अध्याय के गद्य अंश और आर्यायें ई० सन् के दो सौ वर्ष पूर्व लिखी जा चुकी थीं। वर्तमान नाट्यशास्त्र को जब अंतिम रूप दिया गया तब ये जोड़ी गईं।[1] डॉ० काणे का यह भी मानना है कि ईस्वी की तीसरी या चौथी शताब्दी में इसे पुनः व्यवस्थित और संपादित किया गया, इसमें कुछ पुरानी आर्यायें तथा सूत्र भाष्य शैली के गद्य जोड़े गए और नया रूप देने वाले संपादकों ने कुछ व्याख्यात्मक कारिकायें अपनी ओर से जोड़ीं। विद्वानों का मानना है कि सब कुछ के बावजूद आज इसका जो रूप उपलब्ध है, वह ईस्वी की तीसरी शती तक निश्चित् रूप से संपादित हो चुका था क्योंकि कालिदास को इसका जो रूप प्राप्त हुआ था, वह वर्तमान रूप के बहुत निकट था।

भरत का नाट्यशास्त्र कई विद्वानों द्वारा संपादित होकर कई स्थानों से निकला है। इसके प्रमुख संस्करण हैं—

1. काव्य माला संस्करण, बम्बई सन् 1894 ई०।

2. काशी संस्कृत सिरीज़, काशी सन् 1929 ई०। यह काव्य माला का ही विशुद्ध रूप है।

3. गायकवाड़ ओरियण्टल सिरीज़, चार खण्डों में। प्रथम खण्ड 1926 ई०, द्वितीय 1936 ई०, तृतीय 1954 ई० और चतुर्थ 1964 ई० में प्रकाशित। इस संस्करण का महत्त्व इसके साथ प्रकाशित होने वाली 'अभिनव भारती' टीका के कारण है। यह नाट्यशास्त्र की सबसे प्रमाणित एक मात्र उपलब्ध टीका है। इस सिरीज़ के

---

1. **'भारतीय नाट्यशास्त्र की परम्परा और दशरूपक', पृ० 31 पर उद्धृत।**

प्रथम तीन खण्डों के सम्पादक श्री रामकृष्ण कवि थे और अंतिम खण्ड का संपादन श्री जे० एस० पदे ने किया था।

4. नाट्यशास्त्र के चौथे संस्करण का संपादन कलकत्ता विश्वविद्यालय के डॉ० मनमोहन घोष ने किया है। यह एक अनुसंधानपरक संपादन है। यह दो खण्डों में किया गया है। प्रथम खण्ड में आरम्भ से सत्ताइस अध्याय तक का संपादन किया गया है और द्वितीय खण्ड में अठाइसवें अध्याय से छत्तीसवें अध्याय तक का। दूसरे खण्ड का प्रकाशन पहले किया गया और पहले खण्ड का बाद में। दूसरा खण्ड 1956 में निकला और पहला 1961 ई० में और पहले का संशोधित अनुवाद भी 1967 में निकला। इस संस्करण की विशेषता इसके पाठानुसंधान और अनुवाद में किए गए श्रम के कारण है। यह पूरा नाट्यशास्त्र 36 अध्यायों में विभक्त है।

नाट्यशास्त्र वस्तुतः ललित कलाओं का कोश है। इसमें 'नाट्य' के साथ ही छन्द शास्त्र, अलंकार शास्त्र और संगीत शास्त्र का भी विशद् विवेचन किया गया है। अध्याय-क्रम से इसमें विवेचित विषयों का क्रमबद्ध रूप इस प्रकार है—

अध्याय एक : नाट्य की उत्पत्ति।

अध्याय दो : नाट्य-शाला (प्रेक्षागृह) का वर्णन।

अध्याय तीन : रंग देवता का पूजन।

अध्याय चार : ताण्डव सम्बन्धी 108 करणों तथा 32 अंग हारों का वर्णन।

अध्याय पाँच : पूर्व रंग का विस्तृत विधान।

अध्याय छः : रस-विवेचन।

अध्याय सात : भावों का विस्तृत विवरण।

अध्याय आठ : उपांगों द्वारा अभिनय का वर्णन।

अध्याय नौ : हस्ताभिनय।

अध्याय दस : शरीराभिनय।

अध्याय ग्यारह : चारी (भौम तथा आकाश) का विधान।

अध्याय बारह : मण्डल (आकाशवाणी तथा भौम) का विधान।

अध्याय तेरह : रसानुकूल गति का प्रचार।

अध्याय चौदह : प्रवृत्त धर्म की व्यंजना।

अध्याय पन्द्रह : छन्दोविधान।

अध्याय सोलह : वृत्तों का सोदाहरण लक्षण।

अध्याय सत्रह : वागाभिनय—इसमें लक्षण, अलंकार, काव्य-गुण और काव्य-दोष का वर्णन।

अध्याय अट्ठारह : भाषाओं का भेद तथा अभिनय में प्रयोग।

अध्याय उन्नीस : काकु स्वर व्यंजना।

अध्याय बीस : दशरूपकों का लक्षण।

अध्याय इक्कीस : नाटकीय पंच संधियों और संधि के अंगों का विधान।

अध्याय बाइस : चतुर्विध वृत्तियों का विधान।

अध्याय तेईस : आहार्य अभिनय।

अध्याय चौबीस : सामान्य अभिनय।

अध्याय पचीस : वाह्य उपचार।

अध्याय छब्बीस : चित्रा अभिनय।

अध्याय सत्ताईस : सिद्धि व्यंजन का निर्देश।

अध्याय अठाइस : संगीत-शास्त्र का वर्णन। यह वर्णन तैंतीसवें अध्याय तक चला है।

अध्याय चौंतीस : प्रकृति (पात्र) का विचार है।

अध्याय पैंतीस : भूमिका की रचना पर विचार है।

अध्याय छत्तीस : नाट्य के भूतल पर अवतरण का उल्लेख किया गया है।

इस प्रकार आज 36 अध्यायों वाला जो नाट्यशास्त्र उपलब्ध है, वह मूलतः 'नाट्य-वेद' होते हुए भी अन्य अनेक कलाओं का मूल स्रोत भी है। कहा जाता है कि इसकी रचना देवताओं के आग्रह पर पितामह ब्रह्मा ने त्रेता युग में सभी वर्णों की मानसिकता को ध्यान में रखकर पाँचवें 'वेद' के रूप में की। यह अपने मूल रूप में एक ऐसा 'क्रीड़नीयक' था जो दृश्य भी था और श्रव्य भी। इसकी रचना में 'ऋग्वेद' से 'पाठ्य' अंश और 'सामवेद' से 'गीत' अंश, यजुर्वेद से 'अभिनय' का अंश और अथर्ववेद से 'रस' का अंश ग्रहण किया गया। नाट्य-वेद होने के कारण यह स्वतः प्रमाण रूप माना गया। आगे चलकर काव्य-चिन्तन के क्षेत्र में 'रस', 'अलंकार', 'रीति', 'वक्रोक्ति', 'ध्वनि' और 'औचित्य' सम्प्रदायों का विकास होने पर इसके प्रणेता भरतमुनि को रस-सम्प्रदाय का प्रवर्त्तक माना गया, किन्तु यदि विचारपूर्वक देखा जाय तो अन्य काव्य-सम्प्रदायों की बीज-भूमि भरतमुनि का नाट्यशास्त्र ही है। इसके सम्बन्ध में भरतमुनि का यह कथन—

न तत् ज्ञानं, न तत् शिल्पं, न सा विद्या, न सा कला।
न स योगो, न तत् कर्म नाट्येऽस्मिन यन्न दृश्यते॥

अक्षरशः सत्य है। अन्य तत्त्वों के साथ जिन मूल तत्त्वों के आधार पर नाट्यशास्त्र की रचना हुई थी वे थे—रस, भाव, अभिनय, धर्मी, वृत्तियाँ, प्रवृत्तियाँ, सिद्धि, स्वर, आतोद्य, गीत और रंगमंच। भरतमुनि के अनुसार—

रसभावाह्यभिनवा धर्मीवृत्ति प्रवृत्तयः
सिद्धिः स्वरास्तथातोद्यं गानं रंगम् च संग्रहः

भरतमुनि ने इन ग्यारह अंगों का विस्तार से वर्णन किया है। उनके अनुसार शृंगार, हास्य आदि आठ रस हैं। रति, हास, शोक, उत्साह आदि आठ स्थायी भाव हैं। स्वेद, स्तंभ, कम्प, आदि आठ सात्विक भाव हैं। कुल मिलाकर भावों की संख्या 49 है। अभिनय चार प्रकार के होते हैं—आंगिक, वाचिक, आहार्य और सात्विक। धर्मी दो हैं—लोकधर्मी और नाट्यधर्मी। वृत्तियाँ चार हैं—भारती, सात्वती, कैशिकी और आरभटी। प्रवृत्तियाँ पाँच हैं—अवन्ती, दाक्षिणात्या, मागधी, पांचाली और मध्यमा। सिद्धियाँ दो प्रकार की होती हैं—दैविकी और मानुषी। षड्ज, ऋषभ, गान्धार, मध्यम, पंचम आदि सात स्वर हैं, जो मुख और वेणु दोनों से निकलते हैं। आतोद्य चार प्रकार के वाद्य हैं। गान (गीत) पाँच प्रकार के होते हैं—प्रवेश, आक्षेप, निष्काप्य, प्रसारिक और ध्रुवावेग। रंगमंच तीन प्रकार के होते हैं—चतुरस्त्र, विकृष्ट और मिश्र। इन्हीं ग्यारह अंगों पर नाट्य का सारा वितान आधृत है। इन पर हम आगे चलकर संदर्भ के अनुसार विस्तार से विचार करेंगे। यहाँ हम यह दिखाने की कोशिश करेंगे कि परवर्ती सभी काव्य सम्प्रदायों को नाट्यशास्त्र से किसी-न-किसी रूप में प्रेरणा अवश्य मिली है।

भरत ने नाट्यशास्त्र के पन्द्रहवें अध्याय में मालिनी, वंशस्थ, रथोद्धता, क्रौंचनाद आदि छन्दों का उल्लेख किया है। आगे चलकर इन्हीं के आधार पर छन्दशास्त्र का विकास हुआ।

सत्रहवें अध्याय में वाचिक अभिनय के संदर्भ में उन्होंने उपमा, रूपक, दीपक और यमक इन चार अलंकारों का उल्लेख किया है। ये अलंकार आगे चलकर अलंकार-शास्त्र के रूप में विकसित हुए।

बाइसवें अध्याय में अभिनय को प्रभावी और पूर्ण बनाने के लिए उन्होंने वृत्तियों और प्रवृत्तियों की चर्चा की है। **वृत्ति** का अर्थ होता है—व्यवहार, बर्ताव। नायक की विलास-चेष्टाओं को वृत्ति कहते हैं। **प्रवृत्ति** का अर्थ होता है—खास तरह का वेश-विन्यास। इसी क्रम में **'रीति'** का उल्लेख भी किया जा सकता है। रीति, गुणों पर आधृत होती है। भरतमुनि ने सत्रहवें अध्याय में ही दस काव्यगुणों—श्लेष, प्रसाद, समता, समाधि, माधुर्य, ओज, पद, सौकुमार्य, अर्थ-व्यक्ति, उदारता और कांति तथा दस काव्यदोषों—गूढ़ार्थ, अर्थान्तर, अर्थविहीन, भिन्नार्थ, एकार्थ, अभिलुप्तार्थ, न्यायापेत, विसन्धि, शब्दच्युत—का उल्लेख किया है। भरतमुनि के दसों गुणों को महत्त्व देते हुए वामन ने **वैदर्भी रीति** को इन सभी से समृद्ध बताया है। उनके अनुसार रीतियाँ तीन होती हैं—वैदर्भी, गौणी और पांचाली। गौणी में ओज गुण का प्राधान्य होता है। पांचाली में माधुर्य और सुकुमारता का प्राधान्य होता है। कहना न होगा कि रीतियों को स्थान या प्रदेश-विशेष से सम्बद्ध करने की प्रेरणा वामन को नाट्यशास्त्र से ही प्राप्त हुई है। भरतमुनि ने प्रवृत्तियों को आवन्ती, दाक्षिणात्या, पांचाली, औड्र मागधी आदि नाम देकर उन्हें विभिन्न प्रदेशों से सम्बद्ध करके देखा था। इसी पद्धति का अनुसरण

करते हुए वामन ने रीतियों को विभिन्न प्रदेशों से सम्बद्ध करके देखा। राजशेखर ने एक अन्य दृष्टि से प्रवृत्ति और वृत्ति के साथ 'रीति' को भी जोड़ दिया। उनके अनुसार—"वेषविन्यास क्रम: प्रवृत्ति:, विलास विन्यास क्रमो वृत्ति: वचन विन्यास क्रमो रीति:।" इस प्रकार वचन चातुरी से जुड़ जाने पर रीति की 'विशिष्टपद रचना' परिभाषा सार्थक हो गई।

वृत्तियों का महत्त्व

'नाट्य' के संदर्भ में वृत्तियों का विशेष महत्त्व है। इन्हें नाट्य की मातायें कहा जाता है। वृत्तियाँ चार प्रकार की होती हैं—भारती, कैशिकी, सात्वती और आरभटी। 'भारती' को ऋग्वेद से, 'सात्वती' को यजुर्वेद से, 'कैशिकी' को सामवेद से और 'आरभटी' को अथर्ववेद से उत्पन्न माना जाता है। **भारती** वृत्ति वाचिक होती है। इसमें अभिनय का सारा कौशल वचन-भंगिमा पर ही निर्भर होता है। इसलिए इसे शब्द-वृत्ति भी कहते हैं। **कैशिकी** वृत्ति में गीत, नृत्य तथा विलास-चेष्टाओं की योजना होती है। इसमें स्त्रियों के कार्य-व्यापार भी सम्मिलित होते हैं। **सात्वती** वृत्ति में नायक के सत्व, शौर्य, त्याग आदि व्यापारों की योजना होती है। **आरभटी** वृत्ति में युद्ध, माया, इन्द्रजाल, क्रोध आदि व्यापारों की योजना होती है। इन वृत्तियों के अवान्तर भेद भी होते हैं। अभिनय का सारा विधान इन वृत्तियों पर ही आधृत होता है और अभिनय ही नाट्य का प्राण-तत्त्व है।

अभिनय

अभिनय चार प्रकार का होता है—1. आंगिक, 2. वाचिक, 3. आहार्य, 4. सात्विक। जब अंगों के विशेष प्रकार के संचालन से भाव-स्थितियों को व्यक्त किया जाता है, तब उसे आंगिक अभिनय कहते हैं। 'वाचिक' अभिनय में यही कार्य वचन भंगिमाओं के द्वारा सम्पन्न होता है। 'आहार्य' अभिनय में पात्रों के अनुकूल विशेष प्रकार की वेशभूषा धारण करके उनकी अनुकृति की जाती है। सात्विक भाव आठ होते हैं—स्तंभ, स्वेद, रोमांच, स्वर भंग, वेपथु, वैवर्ण्य, अश्रु और प्रलय। सात्विक अभिनय में इन भावों की ऐसी सटीक अभिव्यक्ति की जाती है कि वे सहज प्रतीत होते हैं। इन चार प्रकार के अभिनयों द्वारा नट राम, दुष्यन्त आदि पात्रों की अवस्थाओं (जीवन-स्थितियों) का ऐसा अनुकरण प्रस्तुत करता है कि दर्शकों को उसमें राम, दुष्यन्त आदि पात्रों की प्रतीति होने लगती है। अवस्था का यह अनुकरण ही नाट्य कहलाता है। (अवस्थानुकृतिर्नाट्य) 'नट' में राम आदि का आरोप कर दिये जाने के कारण नाट्य को रूपक भी कहते हैं।

रूपक और उपरूपक

रूपक के दस भेद होते हैं—नाटक, प्रकरण, भाण, प्रहसन, डिम, व्यायोग, समवकार, वीथी, अंक और इहामृग। इन दस रूपकों के अतिरिक्त नाट्याचार्यों ने 18 उपरूपक भी माने हैं। उपरूपक इस प्रकार हैं— 1. नाटिका, 2. त्रोटक,

3. गोष्ठी, 4. सट्टक, 5. नाट्य-रासक, 6. प्रस्थान, 7. उल्लास्य, 8. काव्य, 9. प्रेंरवण, 10. रासक, 11. संलापक, 12. श्रीगदित, 13. शिल्पक, 14. विलासिका, 15. दुर्मल्लिका, 16. प्रकरणिका, 17. हल्लीस, 18. भाणिका।

रूपक

नाटक—रूपकों में सर्वप्रमुख है। इसमें सभी रसों का समावेश हो सकता है। प्रधानता श्रृंगार या वीर रस की होती है। नाटक की कथा प्रख्यात और इतिहास-सिद्ध होती है। इसका नायक धीर-गंभीर, उदात्त और प्रतापी होता है। यदि कोई राजा या राजर्षि, या दिव्यपुरुष हो तो अच्छा माना जाता है। इसमें पाँच से लेकर दस अंक तक हो सकते हैं। पाँच से अधिक अंक होने पर इसे महानाटक कहते हैं।

प्रकरण—इसका कथानक लौकिक और कविकल्पित होता है। इसका नायक धीर, शांत होता है। वह राजा का मंत्री, ब्राह्मण या वैश्य हो सकता है। वह धर्म, अर्थ और काम की प्राप्ति के लिए प्रयत्नशील रहता है। इसकी नायिका कुलकन्या या वेश्या होती है। कभी-कभी दोनों होती हैं। कुलकन्या नायिका होने पर प्रकरण शुद्ध होता है। वेश्या होने पर विकृत और दोनों होने पर संकीर्ण होता है।

भाण—भाण में एक ही अंक और एक ही पात्र होता है। वह कोई बुद्धिमान विट होता है। वह अपने या दूसरों के धूर्त्ततापूर्ण कार्यों को वार्तालाप के क्रम में प्रकाशित करता है। वह किसी कल्पित व्यक्ति से वार्तालाप करता है। इसमें 'भारती' वृत्ति का आश्रय लिया जाता है। इसका कथानक कल्पित होता है।

प्रहसन—प्रहसन में हास्यरस की प्रधानता होती है। यह बहुत-कुछ 'भाण' जैसा ही होता है। यह तीन प्रकार का होता है। शुद्ध, विकृत और शंकर। शुद्ध प्रहसन में पाखंडी पुरोहित, संन्यासी या तपस्वी नायक होता है। इसमें चेट, चेटी या विट आदि नीच पात्रों का समावेश किया जाता है। विकृत प्रहसन में नपुंसक कंचुकी या तपस्वी कामुकों जैसी चेष्टा करते दिखायी देते हैं। संकीर्ण प्रहसन का नायक धूर्त्त होता है। इसमें परिहास और दिल्लगी का प्राचुर्य होता है।

डिम—डिम की कथा पुराण-इतिहास-सिद्ध होती है। इसमें माया, इन्द्रजाल, संग्राम, उन्मत्त लोगों की चेष्टाएँ तथा सूर्य-चन्द्र ग्रहण आदि का विधान होता है। इसके गंधर्व, यक्ष, राक्षस, देवता, भूत, पिशाच आदि उद्धत नायक होते हैं। इसमें कैशिकी की वृत्ति का प्रयोग नहीं होता। शेष तीनों वृत्तियों का होता है। इसमें चार अंक होते हैं।

व्यायोग—इसकी कथावस्तु इतिहास-पुराण सिद्ध होती है। इसका नायक धीरोद्धत, राजर्षि या दिव्यपुरुष होता है। इसमें स्त्री पात्र नहीं होते। सभी पात्र पुरुष होते हैं। इसमें युद्ध होता है, पर स्त्री के लिए नहीं। इसमें एक ही अंक होता है और कथा वृत्त भी एक ही दिन का होता है।

समवकार—इसका कथानक इतिहास-प्रसिद्ध होता है। इसमें बारह देवासुर नायक होते हैं। प्रत्येक नायक अलग-अलग फलों का भोक्ता होता है। उदाहरण के लिए समुद्र मंथन में विष्णु को लक्ष्मी, इन्द्र को रथ और देवताओं को अमृत अलग-अलग फल प्राप्त हुए थे। इसमें वीर रस प्रधान होता है। अन्य रस इसका पोषण करते हैं। इसमें प्राय: सभी वृत्तियों का प्रयोग होता है। यह तीन अंकों वाला होता है।

वीथी—इसमें एक ही अंक होता है और इसका नायक कोई उत्तम या मध्यम पुरुष होता है। इसमें भी 'भाण' की तरह आकाश-भाषित के द्वारा उत्तर-प्रति उत्तर की योजना की जाती है। इसमें शृंगार रस की प्रधानता होती है। इसलिए इसमें कैशिकी वृत्ति पाई जाती है।

अंक—इसमें भी एक ही अंक होता है। इसका कथानक विख्यात होता है, किन्तु कवि उसमें अपनी कल्पना से बहुत कुछ जोड़ लेता है। इसका नायक कोई साधारण पुरुष होता है। करुण रस की प्रधानता होती है। युद्ध प्राय: वाक्-युद्ध तक सीमित होता है। इसमें घात-प्रतिघात या प्रहार भय नहीं होता।

ईहामृग—जिस रूपक में नायक हरिणी सदृश अलभ्य नायिका की इच्छा करे, उसे ईहामृग कहते हैं। इसका कथानक कुछ प्रसिद्ध और कुछ कल्पित अर्थात् मिश्रित होता है। इसके नायक और प्रति-नायक धीरोद्धत मनुष्य या देवता होते हैं। प्रति-नायक किसी दिव्य नारी को चाहता है। दिव्य नारी उसे नहीं चाहती। प्रति-नायक उसका हरण करना चाहता है। युद्ध की संभावना होती है, किन्तु वह किसी तरह टल जाता है।

अब आधुनिक काल में रूपकों का प्रचलन ही समाप्त हो गया है, उपरूपक तो इतिहास की वस्तु बन गए हैं। सभी तरह के रूपकों को 'नाटक' कहकर संबोधित किया जाता है।

ऊपर जिन दस प्रकार के रूपकों की चर्चा की गई है, उनके भेद तीन तत्त्वों पर आधृत हैं—**वस्तु, नेता, रस।** उनमें वस्तुगत भेद होता है। नायक की दृष्टि से भेद किया जाता है और रसगत या रस की दृष्टि से भेद होता है। इसीलिए नाट्य में 'वस्तु', 'नेता' और 'रस' को विशेष महत्त्व दिया जाता है।

वस्तु—वस्तु से तात्पर्य कथावस्तु से है। इसके दो भेद होते हैं—'आधिकारिक' और 'प्रासंगिक'। प्रधान कथा को आधिकारिक और गौण को प्रासंगिक कहते हैं—रामायण में राम की कथा आधिकारिक है। सुग्रीव, विभीषण आदि की कथा प्रासंगिक है। आधिकारिक कथा उस पात्र की कथा होती है जो कथा के मुख्य प्रयोजन या फल का अधिकारी होता है। प्रासंगिक कथा प्रसंग-प्राप्त होती है, यह आधिकारिक कथा को लक्ष्य या प्रयोजन की दिशा में आगे बढ़ाती

है। जो प्रासंगिक कथा प्रमुख कथा के साथ दूर तक चलती है, उसे '**पताका**' कहते हैं और जो कुछ ही दूर तक चलती है, उसे **प्रकरी** कहते हैं। रामकथा में सुग्रीव की कथा **पताका** है और शबरी का प्रसंग **प्रकरी**।

कथावस्तु की रचना में आधिकारिक और प्रासंगिक भेद के अतिरिक्त इतिहास-पुराण से लिए गए कथानकों और कल्पना-प्रसूत कथानकों में आने वाला अन्तर भी महत्त्वपूर्ण माना जाता है। इतिहास-पुराण-गृहीत कथानकों को प्रख्यात कहा जाता है और कल्पना-प्रसूत को उत्पाद्य। यदि दोनों का आधार लिया गया है, तो उसे मिश्र कहते हैं। कथा का प्रयोजन भी उनकी प्रकृति में भेद उत्पन्न कर देता है। नाट्य कथा के तीन प्रयोजन होते हैं—धर्म, अर्थ और काम। कभी कोई रचना इनमें से किसी एक प्रयोजन की सिद्धि के लिए लिखी जाती है, कभी दो और कभी तीनों के लिए। यह प्रयोजन-भेद कथावस्तु की प्रकृति में भी भेद उत्पन्न कर देता है।

कथा के प्रयोजन या फल की प्राप्ति के साधन

फल-प्राप्ति की इच्छा रखने वाले नायक द्वारा जो कार्य आरम्भ किया जाता है, वह फल-प्राप्ति की स्थिति तक पहुँचने के क्रम में पाँच अवस्थाओं से गुजरता है। आरम्भ, प्रयत्न, प्रत्याशा, नियताप्ति और फलागम। दशरूपककार के अनुसार फल की प्राप्ति के लिए उत्पन्न उत्सुकता को 'आरम्भ' कहते हैं। उस अप्राप्त फल की शीघ्र प्राप्ति के लिए उपाय या चेष्टा विशेष को 'प्रयत्न' कहते हैं। फल की प्राप्ति में ऐसे व्यापार का होना जिसमें विघ्न की संभावना से फल-प्राप्ति अनिश्चित ही जाय, 'प्रत्याशा' कहलाता है। विघ्नों के दूर हो जाने पर फल-प्राप्ति के निश्चित हो जाने की अवस्था को 'नियताप्ति' कहते हैं। कार्य सफल हो जाने पर समस्त वांछित फलों की प्राप्ति ही 'फलागम' है।

मुख्य फल की प्राप्ति के साधनों में ही 'बीज', 'बिन्दु', 'पताका', 'प्रकरी' और 'कार्य' की गणना की जाती है। बीज एक प्रकार का कथा-बीज ही होता है। यह बीज के समान ही देखने में छोटा होता है, पर आगे चलकर इसमें तना, शाखा, पत्र आदि का विस्तार फल-प्राप्ति को सुगम बना देता है। 'बिन्दु' जो कथन-निमित्त बनकर समाप्त होने वाली कथा को आगे बढ़ाता है और प्रधान कथा धारा को अविच्छिन्न बनाए रखता है, उसे बिन्दु कहते हैं। इसे बिन्दु इसलिए कहते हैं कि यह तेल की बूँद की तरह पूरे कथा प्रवाह पर फैल जाता है। 'पताका' आधिकारिक कथा को बहुत दूर तक समर्थन देने वाली प्रासंगिक कथा को पताका कहते हैं। 'प्रकरी' आधिकारिक कथा को आगे बढ़ाने वाले छोटे कथा-प्रसंग को प्रकरी कहते हैं। राम कथा में जटायु का प्रसंग प्रकरी है।

'कार्य' जिसकी सिद्धि के लिए नायक और उसके सहायक पात्रों द्वारा सब कुछ किया जाय वह कार्य कहलाता है। राम कथा में रावण का वध कार्य है। सारी कथा इसी की सिद्धि के लिए निर्मित और नियोजित है। नाट्यवस्तु को

सुगठित करने और उसे प्रयोजन-सिद्धि तक पहुँचाने में कार्य की अवस्थाओं और अर्थ-प्रकृतियों के अतिरिक्त नाट्य-संधियों की भूमिका भी महत्त्वपूर्ण होती है। सामान्यत: यह समझा जाता है कि अर्थ प्रकृतियों और कार्य की अवस्थाओं के क्रमश: एक-दूसरे से मिलने से पाँच संधियों की उत्पत्ति होती है। दशरूपककार ने भी यही कहा है—

अर्थ प्रकृतय: पंच पंचावस्था समन्विता।
यथा संख्येन जायन्ते मुखाद्या: पंच संध्य:॥

—भारतीय नाट्यशास्त्र की परम्परा और दशरूपक
(पृ० 91, श्लोक 22)

किन्तु बहुत से विद्वान् इससे सहमत नहीं है। स्वयं नाट्यशास्त्र में कहा गया है—

इतिवृतं तु नाट्यस्य शरीरं परिकीर्तितम्।
पंचिभि: संधिमिस्तस्य विभाग: संप्रकल्पित:॥

(अर्थात् इतिवृत्त तो नाटक का शरीर है। पाँच संधियाँ उसके पाँच अंग हैं।) इस संदर्भ में 'अभिनव भारती' का हवाला देते हुए डॉ० उदयभानु सिंह कहते हैं—

''मिट्टी की मूर्ति बनाने वाला शिल्पी सिर, हाथ, पाँव आदि अंगों की अलग-अलग रचना करता है, फिर उन्हें जोड़ कर सुन्दर मानव शरीर का रूप दे देता है। 'इतिवृत्त' नाटक का शरीर है। पाँच संधियाँ उसके पाँच अंग हैं। संधियों के भी बहुत से अंग (सध्यंग) हैं। इन दोनों प्रकार के अंगों को प्रकार—वैचित्र्य कल्पनामय संधि करके नाटककार रूपक के रमणीय रूप की निष्पत्ति करता है।'' (भारतीय काव्यशास्त्र, पृ० सं० 198)

जैसा कि ऊपर कहा गया है, संधियाँ पाँच होती हैं—मुख, प्रतिमुख, गर्भ, विमर्श और निर्वहण।

मुख संधि—यह कथानक का वह भाग है, जिसमें बीज की उत्पत्ति और आरंभिक कार्यावस्था के उपर्युक्त वृत्ति का रसात्मक वर्णन होता है।

प्रतिमुख संधि—कथानक का वह अंश जिसमें मुख संधि के अन्तर्गत गूढ़ रूप से आरोपित 'बीज' का प्रकाशन और प्रयत्नावस्था के उपयुक्त वृत्त का नियोजन किया जाता है, प्रतिमुख संधि है।

गर्भ—नाट्यफल की प्राप्ति-अप्राप्ति के अनुसंधान द्वारा बीज की फलोन्मुखता का निदर्शक और प्राप्त्याशा नामक कार्यावस्था के इतिवृत्त से समन्वित कथा भाग गर्भ-संधि है। जिस प्रकार पृथ्वी के गर्भ से अदृश्य बीज अंकुरित होकर वृक्ष होता है, उसी प्रकार संधि में निबद्ध कथांश नायक के फल योग की प्राप्ति को सूचित करता है।

विमर्श—इस संधि के विषय में नाट्यशास्त्रियों ने अलग-अलग मत व्यक्त किए हैं। विमर्श शब्द का अर्थ है—तर्क, संदेहात्मक विचार। कथानक का वह अंश जिसमें फलोन्मुख बीज की सफलता के बाधक तत्त्वों पर विचार और नियताप्ति नामक कार्यावस्था के वृत्त की निबंधना की जाती है, विमर्श संधि है।

निर्वहण—निर्वहण का अर्थ है—समापन। अर्थात् इतिवृत्त का वह भाग जहाँ पूर्व-नियोजित अर्थ-प्रकृतियाँ और कार्य की अवस्थाएँ चलकर फलयुक्त होती हैं, निर्वहण संधि कहा जाता है।

नाट्यशास्त्र में नाट्य-कथा को सुनियोजित ढंग से फल प्राप्ति की स्थिति तक ले जाने के लिए उपर्युक्त विवेचित पाँच कार्यावस्थाएँ पाँच अर्थ प्रकृतियाँ, और पाँच संधियों का विधान ही पर्याप्त नहीं माना गया था। भारतीय नाट्याचार्यों ने इनमें से प्रत्येक के पाँच-पाँच अवान्तर भेद किए हैं। इस प्रकार कुल पचहत्तर नियमों और उप-नियमों के जटिल विधान का पालन करते हुए मौलिक एवं सुसंघटित कथानक की सृष्टि रचनाकारों के लिए निश्चय ही एक चुनौती रही होगी, क्योंकि उनका पहला धर्म नाट्यकृति के कलात्मक वैभव को उत्कर्ष देना था। जटिल नियमों के समावेश के साथ कलात्मक सौष्ठव की रक्षा आसान नहीं है। फिर भी भारतीय नाट्यसाहित्य में भास, शूद्रक, कालिदास, भवभूति, विशाखदत्त, हर्ष जैसे प्रतिभा सम्पन्न नाटककारों की उपस्थिति बहुत बड़ी बात है। आज अनेक कारणों से ये नियम और सिद्धान्त इतिहास की वस्तु बनकर रह गए हैं। आज इतिहास तीव्रगति से आगे बढ़ रहा है। उसने अनेक नई संभावनाओं और नए प्रयोगों को जन्म दिया है। इसकी चर्चा हम आगे चलकर करेंगे। अभी तो प्राचीन नाट्य तत्त्वों के विषय में ही बहुत कुछ कहना है।

नेता—भारतीय नाट्य परंपरा में वस्तु के बाद 'नेता' को विशेष महत्त्व प्राप्त है। 'नेता' के लिए दशरूपककार का कहना है कि उसे विनीत, मधुर, त्यागी, दक्ष, प्रियंवद, रक्तलोक (सर्वप्रिय), शुचि, वाग्मी, रूढ़वंश, स्थिर, युवा, बुद्धिमान, प्रज्ञावान, स्मृति-सम्पन्न, उत्साही, कलावान, शास्त्र चक्षु, आत्मसम्मानी, शूर, दृढ़, तेजस्वी और धार्मिक होना चाहिए।

नेता, गुणों की दृष्टि से चार प्रकार के होते हैं—

1. धीर ललित, 2. धीर शान्त, 3. धीरोदात्त, 4. धीरोद्धत।

1. धीर ललित—नायक निश्चिन्त होता है, कला प्रेमी और मृदु स्वभाव का होता है और सुखी जीवन व्यतीत करता है।

2. धीर शान्त—नायक सामान्य गुणों से युक्त होता है। इसके पात्र द्विज आदि (ब्राह्मण, वणिक) होते हैं।

3. धीरोदात्त—नायक महा पराक्रमी, अत्यन्त गंभीर, क्षमावान्, अपनी प्रशंसा स्वयं न करने वाला, स्थिर, अव्यक्त अहंकार वाला और दृढ़व्रती होता है।

4. धीरोद्धत—नायक में मात्सर्य होता है। अहंकारी, चंचल और क्रोधी होता है। निरन्तर छद्म रचता रहता है और स्वयं अपनी प्रशंसा करता है।

नाट्याचार्यों ने शृंगारिक चेष्टाओं की दृष्टि से नायकों के चार भेद किए हैं—1. अनुकूल, 2. दक्षिण, 3. शठ, 4. धृष्ट। **अनुकूल** नायक एक ही नायिका में अनुरक्त होता है। **दक्षिण** नायक की एक ऐ अधिक पत्नियाँ होती हैं। **शठ** नायक दिखाने के लिए एक ही पत्नी में अनुरक्त होता है किन्तु गुप्त रूप से कई नायिकाओं से प्रेम करता है। **धृष्ट** नायक खुले तौर पर अनेक स्त्रियों में अनुरक्त रहता है। एक ही नायक क्रमशः अपने जीवन में चारों नायकों की भूमिका निभा सकता है। यह उसके प्रेमाचरण की स्थितियों पर निर्भर करता है कि वह कब 'अनुकूल' है, कब 'दक्षिण' की भूमिका में आ गया है और कब 'शठ' और 'धृष्ट के रूप में आचरण कर रहा है।

नाट्य काव्यों में नायक के साथ ही नायिकाओं के भी अनेक भेद किए गए हैं। भरत के नाट्यशास्त्र के बाद तो नायिका भेद का एक स्वतंत्र शास्त्र ही विकसित हो गया।

नायक की प्रिया को **नायिका** कहते हैं। भरत ने नाट्यशास्त्र में नायिकाओं के चार भेद बताए हैं— **दिव्या, नृपतिनी, कुलस्त्री** और **गणिका**। आगे चलकर इन भेदों को महत्त्व नहीं दिया गया। नायिकाओं के प्रमुख रूप से तीन भेद मान्य हुए—1. स्वकीया, 2. परकीया, 3. सामान्या। **स्वकीया** चरित्रवती पत्नी होती है। वह पतिव्रता होती है। **परकीया** दूसरे की पत्नी होती है। **सामान्या** 'गणिका' को कहते हैं। वह पैसे को प्यार करती है। वय की दृष्टि से स्वकीया के तीन भेद होते हैं—1. मुग्धा, 2. मध्या, 3. प्रल्भा। मुग्धा के भी दो भेद किए गए हैं—1. **अज्ञात यौवना,** 2. **ज्ञात यौवना।** परकीया नायिका के दो भेद होते हैं—1. **कन्या,** 2. **विवाहिता।** नायिकाओं के व्यवहार और दशा भेद से आठ प्रकार माने गए हैं—1. **स्वाधीनपतिका,** 2. **वासक-सज्जा,** 3. **विरहोत्कंठिका,** 4. **खंडिता,** 5. **कलहांतरिता,** 6. **विप्रलब्धा,** 7. **प्रोषितपतिका,** 8. **अभिसारिका।**

स्वाधीनपतिका नायिका का पति उसके वश में होता है। वह अपनी प्रिया के पास ही रहता है और उसका शृंगार भी स्वयं करता है। **वासक-सज्जा** नायिका अपना शृंगार करके पति के आगमन की प्रतीक्षा करती है। **विरहोत्कंठिका** नायिका प्रिय के आगमन के प्रति उत्कंठित होकर उसकी प्रतीक्षा करती रहती है। **खंडिता** नायिका का पति दूसरी स्त्री में अनुरक्त रहता है, जब वह उसके यहाँ रात्रि व्यतीत करके लौटता है तब उसके शरीर पर अन्य स्त्री के साथ किए गए संभोग चिह्नों को देखकर वह ईर्ष्या से जल उठती है। वस्तुतः धृष्ट नायक ही नायिका खंडिता होती है।

कलहांतरिता नायिका पहले तो प्रार्थना करते हुए (प्रणय के निमित्त) अपने प्रियतम का निरादर करती है, बाद को अपने व्यवहार पर पछताती है।

विप्रलब्धा नायिका वह होती है, जिसका प्रिय संकेत स्थल पर मिलने का वादा करके नियत समय पर नहीं आता। इस प्रकार नायिका अपने को अपमानित अनुभव करती है। वह एक प्रकार से ठगी गई नायिका होती है।

प्रोषितपतिका नायिका वह होती है, जिसका पति किसी प्रयोजन से विदेश गया हो।

अभिसारिका नायिका कामार्त होकर स्वयं संकेत स्थल पर जाती है या प्रियतम को वहाँ बुलाती है। अभिसार के समय के भेद के अनुसार अभिसारिकायें तीन प्रकार की होती हैं—'कृष्णाभिसारिका' (कृष्ण पक्ष के अंधेरे में अभिसार करने वाली) 'शुक्लाभिसारिका' (शुक्ल पक्ष की चाँदनी रात में अभिसार करने वाली) 'दिवाभिसारिका' (दिन के उजाले में ही अभिसार करने वाली)।

नायिकाओं की सखियों और दूतियों की एक पूरी दुनिया होती है। दासी, सखी, धोबिन, नौकरानियाँ, पड़ोसिन, भिक्षुणियाँ, शिल्पियों की पत्नियाँ, ये सभी नायिकाओं की दूतियाँ होती हैं, जो नायकों के पास उनका संदेश पहुँचाकर मिलन को संभव बनाती हैं। इसी प्रकार नायक के भी बहुत से सहायक और सखा होते हैं। पीठमर्द सभी सहायकों में प्रमुख होता है। उसके बाद विदूषक का नम्बर आता है। इनके अलावा माली, तमोली, गंधी, धोबी, शिल्पी आदि भी नायक के सहायक होते हैं। परवर्ती नाट्याचार्यों ने इनका विस्तार से वर्णन किया है, किन्तु अब ये अतीत की वस्तु बनकर रह गए हैं।

नीचे एक छोटी-सी तालिका में नायिकाओं के कुछ प्रमुख भेद दिए जा रहे हैं—

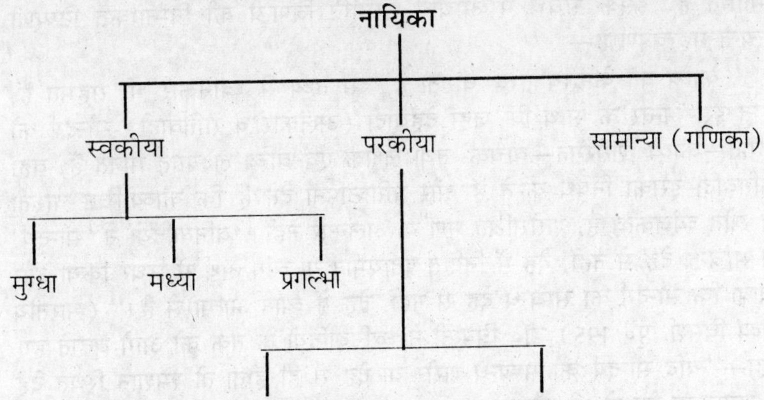

नायकों के कुछ प्रमुख भेद

नायक

- धीर शांत
- धीर ललित
- धीरोदात्त
- धीरोद्धत

शृंगार के विचार से चार भेद

नायक

- अनुकूल
- दक्षिण
- शठ
- धृष्ट

नाट्य के संदर्भ में वस्तु और नेता के बाद सर्वाधिक महत्त्व **'रस'** का है। रस-निष्पत्ति के लिए ही सारी नाट्य-योजना की जाती थी। नाटक एक दृश्य काव्य था। उसमें अभिनय के द्वारा 'रस' को 'श्रव्य-दृश्य-बिम्ब' के रूप में प्रस्तुत किया जाता था। उसका स्वरूप वस्तुनिष्ठ होता था। वह सौन्दर्य का ही वाहक था। अन्य तन्मात्राओं—गंध, रूप, स्पर्श की तुलना में अधिक सूक्ष्म होने और उपर्युक्त तन्मात्राओं को अपने भीतर समाहित करने की क्षमता के कारण ही वह सौन्दर्य या चारुता का पर्याय बन गया। कालान्तर में काव्य के श्रव्य हो जाने पर दार्शनिकों ने उसे पूरी तरह आत्मनिष्ठ बना दिया।

अलंकार और रीतिवादी आचार्यों ने चारुता या सौन्दर्य को ही काव्य का सर्वस्व माना था। भरत के रस-सिद्धान्त से वे परिचित थे, किन्तु उन्होंने 'रस' को 'रसवत्' अलंकार बना दिया। ऐसा काव्य जो मंच के अभाव में भी शब्द-दृश्य बिम्ब के रूप में अपनी चारुता से प्रभावित करता था, उसे रसवत् अलंकार मान लिया गया। काव्य-संप्रदायों के विकास में ध्वनि-संप्रदाय बाद में प्रतिष्ठित हुआ। इस संप्रदाय को सर्व-समावेशी माना जाता है। इसमें वस्तु, अलंकार, रस सभी समाहित हैं। इसके संबंध में आचार्य राममूर्ति त्रिपाठी की निम्नांकित टिप्पणी अत्यन्त महत्त्वपूर्ण है—

"काव्य का केन्द्रीय तत्त्व चारुता है, इस तथ्य से ध्वनिकार भी सहमत हैं, परन्तु इस अन्तर के साथ कि जहाँ देहवादी (अलंकार व रीतिवादी) सौन्दर्य को देहगत—काव्य शरीरगत—वाचक तथा लक्षक एवं वाच्य लक्ष्यगत मानते हैं, वहाँ ध्वनिवादी इसका निषेध करते हैं और प्रतिष्ठापना देते हैं कि काव्योचित चारुता का स्रोत व्यंजकत्व है, शरीराश्रित गुण या अलंकार नहीं। ध्वनिवादियों ने 'सौन्दर्य' का सम्बन्ध देह से नहीं, देह में निहित प्रतीयमान या व्यंग अर्थ से स्थिर किया और बताया कि सौन्दर्य का सम्बन्ध देह से नहीं, देह में व्याप्त आत्मा से है।" (भारतीय काव्य विमर्श, पृ० 195) डॉ० त्रिपाठी ने ध्वनिवादियों के तर्क को आगे बढ़ाते हुए कहा—"यदि सौन्दर्य का सम्बन्ध शरीर या देह से ही होता तो श्मशान स्थित देह या शवात्मक देह से भी सौन्दर्य का सम्बन्ध देखा जाता। होता यह है कि शव को चाहे जितने भी अलंकार पहनाए जाएँ, सौन्दर्य का न तो उद्रेक होगा और न ही

वृद्धि। लगता है कि देह से अतिरिक्त कोई तत्त्व है, जिसके हट जाने से सौन्दर्य अव्यक्त हो जाता है। अपने इस तर्क की पुष्टि में डॉ० त्रिपाठी ध्वनिकार का निम्नलिखित श्लोक उद्धृत करते हैं—

प्रतीयमानं पुनरन्य देव वस्त्वस्ति वागीषु महाकवीनाम्।
यत्तत्प्रसिद्धावयवातिरिक्तं विभाति लावण्यमिवांगनासु॥

और इसके आधार पर निष्कर्ष देते हुए कहते हैं—"निष्कर्ष यह कि काव्य के केन्द्रीय तत्त्व 'चारुता' का सम्बन्ध शरीर से नहीं, शरीर में निहित आत्मा से है और यह आत्मा है—प्रतीयमान अर्थ।" (भारतीय काव्य विमर्श, पृ० 195) यहाँ यह पूछा जा सकता है कि शरीर में निहित आत्मा का सौन्दर्य क्या किसी भी स्थिति में शरीर के अभाव में भी व्यक्त हो सकता है? इसके अतिरिक्त 'चारुता' का सम्बन्ध कलाओं से भी है। खजुराहो के मंदिरों या अजंता एलौरा की गुफाओं में निर्मित मूर्तियों को हम घण्टों निहारते रहते हैं। यह तो प्रकट है कि मूर्तियाँ जड़ हैं, निर्मिति हैं, फिर उनकी चारुता का रहस्य क्या है। वस्तुतः जैसे शरीर के अभाव में आत्मा का मूर्त्त होना संभव नहीं है, वैसे ही आत्मा के अभाव में शरीर की कांति और शोभा या लावण्य भी अकल्पनीय है। नाट्य मूलतः दृश्य काव्य है। वहाँ चारुता का आधार वाचिक अभिनय के साथ ही दृश्य (रूपात्मक) व्यापार भी है। यदि दार्शनिकों ने 'आत्मा' का प्रश्न न उठाया होता,तो देहात्मक चारुता का महत्त्व बना रहता। यहाँ यह भी सोचना होगा कि सौन्दर्य की जो सामान्य अन्तर्भूमि है, उसकी अवधारणा का आधार क्या है? 'आत्मा' मानव-निर्मित नहीं है वह अपरिगामी है। वह सार्वभौम है किन्तु चित्रों और मूर्तियों में जो सजीवता उत्पन्न कर दी जाती है, वह तो मानव-निर्मित है। उसके प्रतिमान भी पूर्णतः सार्वभौम नहीं हैं। मूर्तियों में प्रतीयमान सौन्दर्य होता है या नहीं? पंडित बलदेव उपाध्याय ने कलाओं में 'ध्वनि' का प्रश्न उठाया है। वे कहते हैं—"प्रत्येक कला के दो स्तर होते हैं—बाहरी और भीतरी। चित्रकला इसका स्पष्ट निदर्शन है। किसी चित्र को बनाने में तूलिका, रंग और फलक की आवश्यकता पड़ती है। इनकी सहायता से जो चित्र चित्रित किया जाता है वह हमारे नेत्रों को सुख देने वाला बाहरी पदार्थ है। परन्तु इस चित्र से करुणा, दीनता, दया तथा दरिद्रता की जो अभिव्यक्ति होती है वह हृदय-गम्य वस्तु है। वही चित्रकला का मूल तत्त्व है। वही वस्तु उस चित्र का जीवन है, प्राण है, 'ध्वनि' है। चित्र और काव्य में अन्तर केवल इतना ही है कि चित्रकार रेखाओं तथा वर्गों से अपने उस भाव की अभिव्यक्ति करता है। कवि शब्दों द्वारा उसे प्रकाशित करता है।" (भारतीय साहित्यशास्त्र, पृ० 215) प्रकट है कि प्रतीयमान अर्थ की 'आत्मा' से तुलना इसलिए की गई है कि आचार्य दर्शन की भूमि पर चिन्तन करते हुए काव्य में भी उसी स्तर पर आत्मा की प्रतिष्ठा करना चाहते थे जिस स्तर पर अद्वैतवादी दार्शनिक व्यक्त जगत् से परे अव्यक्त आत्मा की प्रतिष्ठा करते हैं। प्रतीयमान चारुता वैसे ही अनुभव की जाती है जैसे कांति गुण में

दीप्त रस की। देह और देही को व्यवहारतः अलग नहीं किया जा सकता। शुद्ध सैद्धान्तिक दृष्टि की बात अलग है। वस्तुतः काव्य के नित्य गुणों का अनुसंधान 'रस' की प्रतिष्ठा की दिशा में एक बहुत बड़ा कदम है। इन्हीं गुणों से रस को उत्कर्ष प्राप्त होता है। इसके बाद रस-चिंतन का सारा विकास दर्शन की भूमि पर हुआ है। भरत के प्रसिद्ध सूत्र—'विभावानुभाव संचारि संयोगात् रस निष्पत्तिः' की व्याख्या क्रमशः भट्टलोल्लट, आचार्य शंकुक, भट्टनायक और आचार्य अभिनव गुप्त ने की है। यह सभी आचार्य दार्शनिक थे। विडम्बना यह है कि इनमें 'अभिनव' को छोड़कर और किसी की मूल कृति उपलब्ध नहीं है। 'अभिनव' और 'मम्मट' ने इन्हें जिस रूप में उपस्थित किया है, वही इनका वास्तविक रूप मान लिया गया है। सामान्यतः यह माना जाता है कि भट्टलोल्लट मीमांसावादी थे। इनके 'उत्पत्ति' (निष्पत्ति का अर्थ) सिद्धान्त पर मीमांसा-दर्शन का प्रभाव है। शंकुक न्यायवादी थे। इनके अनुमिति (निष्पत्ति का अर्थ) सिद्धान्त पर न्याय-दर्शन का प्रभाव है। भट्टनायक सांख्यवादी थे। इनके 'भुक्ति' सिद्धान्त पर सांख्य का प्रभाव है और अभिनवगुप्त शैवाद्वैतावादी थे। इनका अभिव्यक्ति (निष्पत्ति का अर्थ) सिद्धान्त शैवाद्वैत पर आधृत है। इनकी थोड़ी-बहुत चर्चा 'रस सम्प्रदाय' के परिचय के संदर्भ में की जा चुकी है।

अब हमारा सारा पारंपरिक काव्य-चिंतन आधुनिक विज्ञान युग की तर्कमूलक प्रज्ञा की चुनौती झेल रहा है। हिन्दी के सर्वमान्य आचार्य रामचन्द्र शुक्ल 'रस' को महत्त्व देते हैं। उसकी जड़ें गहरी हैं यह कह कर पुराने आचार्यों के प्रति कृतज्ञता का भाव व्यक्त करते हैं। शब्द-शक्तियों पर आचार्यों ने जो गंभीर चिन्तन किया है, उसके कायल हैं। लेकिन वे रसभूमि को 'मनोमय' कोश से आगे ले जाने के पक्ष में नहीं हैं। उनके बाद के आचार्य उनसे सहमत न होते हुए भी उनकी तर्क-शक्ति के कायल हैं। देश के स्वतंत्र हो जाने के बाद, जो नए आलोचक सामने आए हैं, उनका पारंपरिक काव्यशास्त्र का ज्ञान अधूरा है। वे 'आत्मा' की सत्ता में ही विश्वास नहीं करते। वे 'अनुभूति' को महत्त्व देते हैं। विचारों को अनुभूति के स्तर पर स्वीकारते हैं। सौन्दर्यशास्त्र की प्रासंगिकता मानते हैं। वे मार्क्सवादी सौन्दर्यशास्त्र, समाजशास्त्रीय सौन्दर्यशास्त्र और अस्तित्ववादी सौन्दर्यशास्त्र की बात करते हैं। किन्तु 'रस' सिद्धान्त को अतीत की वस्तु मानते हैं। एक विचित्र बात यह देखने में आ रही है कि अब आलोचना का दायित्व भी कवियों ने ही संभाल लिया है। वे काव्यानुभूति को महत्त्व देते हैं। उनकी आलोचनाओं में अभिधेय अर्थ से अलग काव्यार्थ की जो नई परतें खुलती हैं, उन्हें आसानी से प्रतीयमान या सांकेतिक अर्थ माना जा सकता है, किन्तु वे ध्वनि-सिद्धान्त की बात नहीं करते। पारम्परिक काव्य-चिंतन से कट जाने के कारण अब वे यूरोपीय चिंतन को चुनौती देने की स्थिति में नहीं हैं। विश्वस्तर पर जिन देशों के साहित्य को नोबेल पुरस्कारों के माध्यम से महत्त्व मिलता है, वे उनकी ओर देखने लगते हैं और उनसे प्रेरणा भी

लेते हैं। आज की विश्व-व्यवस्था में सब कुछ व्यावसायिक होने को अभिशप्त है। हमारा सामयिक काव्य और काव्य-चिंतन भी प्रत्यक्ष या परोक्ष रूप से इस व्यवस्था से प्रभावित हो रहा है। गनीमत यह है कि इस विशाल देश की बहुसंख्यक जनता अभी भी घोर अभाव, अशिक्षा और अज्ञान की ज़िन्दगी जी रही है। जिस दिन यह जनता अपने बल-बूते पर उठ खड़ी होगी उस दिन बहुत कुछ बदलेगा, लेकिन वह दिन कब आएगा, इस संबंध में कुछ नहीं कहा जा सकता। यहाँ हमारा उद्देश्य पारम्परिक रस-चिंतन की आधारभूत बातों से छात्रों का परिचय कराना मात्र है। रस सम्प्रदाय की संक्षिप्त चर्चा के संदर्भ में हम यह परिचय प्रस्तुत कर चुके हैं।

रंगमंच—नाट्य के संदर्भ में वस्तु, नेता और रस तीनों के साथ ही रंगमंच (रंग मण्डप) का विशेष महत्त्व है। सभी प्रकार के अभिनय मंच पर ही दिखाए जाते थे। प्रेक्षकों के मन पर अपेक्षित प्रभाव डालने में मंच की भूमिका महत्त्वपूर्ण होती थी। भरत के नाट्यशास्त्र में तीन प्रकार के रंग मण्डपों का उल्लेख पाया जाता है—1. विकृष्ट, 2. चतुरश्र, 3. त्र्यश्र।

1. विकृष्ट रंग-मण्डप आयताकार होता था। इसके तीन रूप होते थे—ज्येष्ठ, मध्यम और अवर। तीनों की लम्बाई चौड़ाई इस प्रकार होती थी—

(क) ज्येष्ठ — 162'×81'
(ख) मध्यम — 96'×48'
(ग) अवर — 48'×24'

2. चतुरश्र रंग-मण्डप वर्गाकार होता था। इसके भी तीन रूप होते थे—ज्येष्ठ, मध्यम और अवर। इन तीनों की लम्बाई चौड़ाई इस प्रकार होती थी—

(क) ज्येष्ठ — 162'×162'
(ख) मध्यम — 96'×96'
(ग) अवर — 48'×48'

3. त्र्यश्र रंग-मण्डप त्रिभुजाकार होता था। उसके भी तीन रूप होते थे—ज्येष्ठ, मध्यम और अवर। इन तीनों की लम्बाई चौड़ाई इस प्रकार होती थी—

(क) ज्येष्ठ — 162'×162'×162'
(ख) मध्यम — 96'×96'×96'
(ग) अवर — 48'×48'×48'

रंगमण्डप की माप हाथ और दण्ड से की जाती थी। एक दण्ड चार हाथ के बराबर होता था। उपर्युक्त भेद-प्रभेदों से अनुमान लगाया जा सकता है कि नाट्यशास्त्र कालीन रंग-मण्डप का निर्माण पर्याप्त विकसित अवस्था में था। मण्डप का भीतरी भाग दो बराबर भागों में बाँट दिया जाता था। पश्चिम के अर्द्ध भाग को पुनः दो बराबर भागों में बाँट दिया जाता था। इस बँटे हुए अर्द्ध भाग में 'रंगशीर्ष' बनाया जाता था और पृष्ठ भाग में 'नेपथ्य'। अभिनवगुप्त ने भरत द्वारा प्रकल्पित रंगशीर्ष वाले भाग के पुनः दो विभाग कर शिरोभाग को रंगशीर्ष और पद-भाग को

रंगपीठ की संज्ञा दी है।[1] रंगपीठ के द्वार प्रेक्षागृह में खुलते थे। प्रेक्षागृह निश्चय ही प्रेक्षकों के बैठने की जगह होती थी। उसका नाम ही इस तथ्य का द्योतक है। आगे के पृष्ठ पर मध्यम विकृष्ट नाट्य मण्डप का रेखांकन देखिए—

मध्यम विकृष्ट नाट्य-मण्डप
(९६×४८')

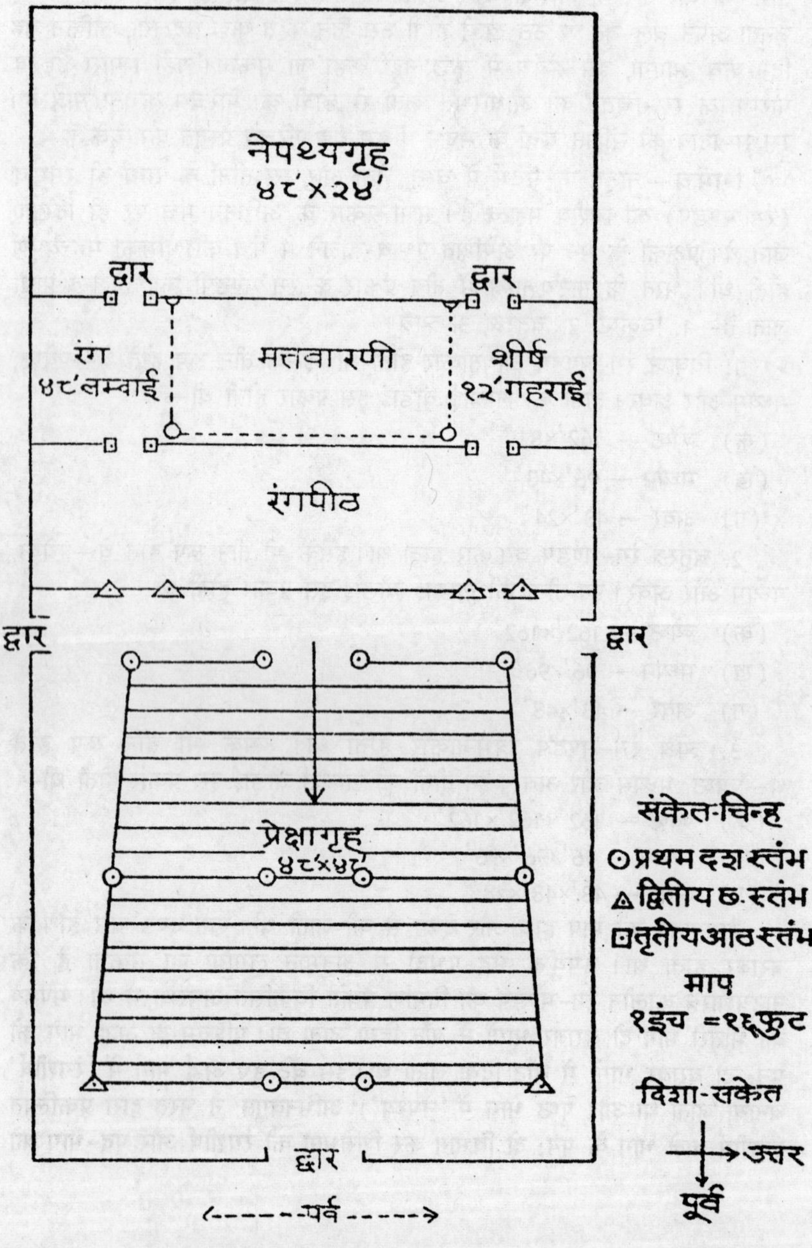

ग्रीक रोमन प्रभाव : मिथ्या अवधारणा

उन्नीसवीं शती के कई यूरोपीय विद्वानों ने यह प्रमाणित करने का प्रयत्न किया कि भारतीय नाटकों पर ग्रीक-रोमन प्रभाव पड़ा है, वेबर, विन्डिश (जर्मन) प्रो० सिल्वां लेवी (फ्रेंच) जॉन मार्शल आदि विद्वानों की दृष्टि में भारतीय नाटक ग्रीक-रोमन नाटकों से किसी-न-किसी रूप में अवश्य प्रभावित है। वेबर का अनुमान है कि बैक्ट्रिया, पंजाब और गुजरात में बहुत दिनों तक ग्रीक शासन था। ग्रीक शासकों के दरबार में ग्रीक नाटक खेले जाते थे। भारतीय नाटकों पर उनका प्रभाव अवश्य पड़ा होगा। विन्डिश का तर्क है कि महाभाष्य में वर्णित रामायण और महाभारत की लीला में जो नाट्य-तत्त्व हैं, उसके बाद के शास्त्रीय विधान का पालन करते हुए जो नाटक लिखे गए हैं, उनका रूप उनसे सर्वथा भिन्न है। परवर्ती नाटकों में अंगों और दृश्यों का विभाजन, पात्रों के ढाँचे में परिवर्तन, वाचिक अभिनय में पद्य के साथ गद्य का मिश्रण, संस्कृत के साथ प्राकृत का प्रयोग यह सब ग्रीक नाटकों के प्रभाव से ही संभव हुआ होगा। प्रो० सिल्वां लेवी ने विन्डिश के मत का तो खण्डन किया है, किन्तु स्वयं यह प्रतिपादित किया है कि अश्वघोष (कनिष्क के राजगुरू) के माध्यम से बौद्ध धर्म में जो परिवर्तन हुआ उसका कारण पश्चिम से आई हुई धार्मिक विचारधारा थी। वे यह भी मानते हैं कि पश्चिमी भारत में जो संस्कृत नाटक लिखे गए उन पर शकों का सांस्कृतिक प्रभाव है। इस प्रकार प्रो० सिल्वां लेवी, धर्म, काव्य और नाटक तीनों पर पश्चिमी संस्कृति और कला का प्रभाव स्वीकार करते हैं। जॉन मार्शल ने पेशावर से प्राप्त एक बर्तन पर ग्रीक नाटक 'एण्टिगोन' का एक अभिप्राय लक्षित किया था और उसी के आधार पर भारतीय नाटकों पर ग्रीक प्रभाव प्रमाणित किया था, किन्तु बाद के पुरातत्त्वविदों ने इसे संदेहास्पद बताया।

प्रो० ए० वी० कीथ भारतीय नाट्य-परम्परा के गंभीर अध्येता हैं। उनका मानना है कि ग्रीक-रोमन नाटक और संस्कृत नाटकों में जो साम्य दिखाई पड़ता है, वह संयोग-जन्य भी हो सकता है।

ग्रीक नाटकों के प्रभाव को प्रमाणित करने के लिए एक शब्द 'यवनिका' की चर्चा अक्सर की गई है। आचार्य हजारीप्रसाद द्विवेदी इस तर्क को बेबुनियाद बताते हैं। उनका कहना है—''वस्तुत: 'यवनिका' या 'जवनिका' संस्कृत के 'यमनिका' के प्राकृत रूप हैं जिसका अर्थ होता है संयमन की जाने वाली पटी।'' (भारतीय नाट्यशास्त्र की परम्परा और 'दशरूपक', पृ० 70)। अपनी बात आगे बढ़ाते हुए वे कहते हैं—''यदि यह शब्द किसी प्रकार 'यवन' शब्द से सम्बद्ध मान भी लिया

जाय, तो भी इसका अर्थ केवल विदेश से आई हुई वस्तु ही होगा''। (भारतीय नाट्यशास्त्र की परंपरा और 'दशरूपक', पृ० 70)। इतिहास के साक्ष्य पर वे कहते हैं—''भारतीयों का प्रथम परिचय 'आयोनियन' (Ionian) 'ग्रीक टापुओं की शृंखला' लोगों से हुआ था। उसी से संस्कृत का 'यवन' और 'पालि' का 'योन' शब्द बना है। बाद में इस शब्द का अर्थ-विस्तार हुआ और 'हेलेनिक', 'पर्शियन' साम्राज्य के सभी देशों के निवासियों के लिए इसका प्रयोग हुआ है। मिस्र, ईरान, सीरिया, बाह्लीक आदि सभी देशों के निवासी यवन कहे जाते थे और उनकी वस्तुएँ भी इसी विशेषण से स्मरण की जाती थीं'' (भारतीय नाट्यशास्त्र की परंपरा और 'दशरूपक', पृ० 71)। वास्तविकता तो यह है कि ग्रीक नाटकों में पर्दे होते ही नहीं थे।

संस्कृत साहित्य के प्रख्यात विद्वान् डॉ० राघवन ने ग्रीक-रोमन प्रभाव को बेबुनियाद बताया है। उनका कहना है कि ग्रीक नाटकों का सर्वोत्कृष्ट रूप 'ट्रैजिडी' है। भारत में ट्रैजिक नाटक लिखे ही नहीं जाते थे। यूनानी नाटकों में कोरस (Chorus) गान (सामूहिक गान) की परंपरा थी। संस्कृत नाटकों में कोरस गान की प्रथा नहीं थी। ग्रीक नाटकों में संकलन-त्रय पर विशेष ध्यान दिया जाता था, संस्कृत नाटकों में समय, स्थान और घटना की अन्विति का कोई बन्धन नहीं था। संस्कृत नाटक रसानुभूति कराने के लिए अभिनीत होते थे, जबकि ग्रीक नाटकों का लक्ष्य विरेचन मात्र था। 'रस' की अवधारणा के सामने 'विरेचन सिद्धान्त' हेय लगता है। इसलिए संस्कृत नाटकों पर ग्रीक-रोमन प्रभाव की बात कोरे अनुमान के अतिरिक्त और कुछ नहीं है।

संभव है, दो समुन्नत जातियों के संपर्क में आने से कला और संस्कृति पर एक-दूसरे का थोड़ा-बहुत प्रभाव पड़ा हो, किन्तु जहाँ तक नाटक का प्रश्न है, भारतीय नाट्य-सिद्धान्त इतना समृद्ध था कि उस क्षेत्र में आदान की अपेक्षा प्रदान की संभावना ही अधिक है। इसलिए संस्कृत नाटकों पर ग्रीक प्रभाव एक मिथ्या अवधारणा है।

द्वितीय खण्ड

पाश्चात्य काव्यशास्त्र

पाश्चात्य काव्यशास्त्र

पाश्चात्य काव्यशास्त्र मूलत: ग्रीक काव्यशास्त्र है। ग्रीक का दूसरा नाम यूनान है। यह यूरोप के दक्षिण-पूर्वी छोर पर स्थित एक प्रायद्वीप और कई छोटे-छोटे द्वीपों का समूह है। इस छोटे से देश को तीन भागों में बाँटा जा सकता है—उत्तरी, मध्यवर्ती और दक्षिणी। ये तीनों ही राज्य पहाड़ियों से भरे होने के कारण यातायात के लिए अत्यन्त दुर्गम रहे हैं। इसीलिए यह पूरा देश कभी एक शासन के अधीन नहीं रहा। इसमें अनेक छोटे-छोटे नगर-राज्य एक दूसरे से अलग और स्वतंत्र रहे हैं। इन नगर-राज्यों में तीन विशेष रूप से उल्लेखनीय हैं—उत्तरी भाग में 'मकदूनिया', मध्यवर्ती भाग में 'अत्तिका' और दक्षिणी भाग में 'लोकोनिया'। 'अत्तिका' की राजधानी 'एथेन्स' ही बहुत दिनों तक यूरोपीय बौद्धिक-सांस्कृतिक चेतना के आलोक-वृत्त का केन्द्र-विन्दु रहा है। छठी शताब्दी ई० पूर्व यूनान में ज्ञान-विज्ञान की अभूतपूर्व उन्नति का दौर आरंभ हुआ। पाँचवीं शताब्दी ई० पूर्व में यह उन्नति चरम पर पहुँच गई थी। पेरिक्लेस (Pericles 460-429 ई० पूर्व) के शासन-काल को एथेन्स के इतिहास का स्वर्ण-युग माना जाता है। पेरिक्लेस के शासन का अन्त होने के दो वर्ष पहले 'लोकोनिया' ने 'अत्तिका' पर आक्रमण कर दिया। 'लोकोनिया' की राजधानी 'स्पार्टा निवासी शारीरिक शक्ति में 'एथेन्स' वालों से बहुत आगे थे। एथेन्स ने 27 वर्षों तक 'स्पार्टा' वालों का मुकाबला किया। अन्त में उसकी पराजय हुई। इस पराजय के बाद भी बौद्धिक-सांस्कृतिक दृष्टि से 'एथेन्स' का महत्त्व बना रहा। 404 ई० पूर्व 'एथेन्स' की पराजय हुई थी और 427 ई० पूर्व यूनान के विश्वप्रसिद्ध दार्शनिक और विचारक प्लेटो का जन्म हुआ था। इस प्रकार प्लेटो ने अपनी युवा अवस्था में अपने देश की पराजय की विभीषिका देखी थी। उसके चिन्तन पर ऐतिहासिक पराजय का प्रभाव पड़ना स्वाभाविक था।

यूरोप में व्यवस्थित काव्य-चिन्तन का आरम्भ प्लेटो (427-387 ई० पूर्व) से माना जाता है। इसका यह अर्थ नहीं कि प्लेटो से पूर्व यूनान में काव्य की प्रेरणा, प्रयोजन, स्वरूप और प्रभाव के सम्बन्ध में किसी प्रकार की उद्‌भावना हुई ही नहीं थी। वस्तुत: लक्ष्य ग्रंथों के प्रणेताओं के मानस में काव्य के स्वरूप की अवधारणा अवश्य विद्यमान होती है। उनकी रचनाओं में उनके काव्यादर्श-सूचक विस्तार इतस्तत: बिखरे होते हैं। प्लेटो के आविर्भाव के पूर्व यूनान में महाकाव्यों, दु:खान्तक, सुखान्तक नाटकों तथा गीतिकाव्यों का विकास हो चुका था और होमर (1050 ई० पूर्व से 850 ई० पूर्व के बीच) हेसियाड (800 ई० पूर्व) और पिंडार (522-442 ई० पूर्व) जैसे कवि; एस्सिखुलस (525-456 ई० पूर्व), सोफोक्लेस

(495-405 ई० पूर्व) और एउरिपिदेस (480-406 ई० पूर्व) जैसे महान् ट्रैजेडी रचनाकार तथा अरिस्तोफानेस (445-358 ई० पूर्व) जैसे कामिक कवि साहित्य के क्षेत्र को गौरवान्वित कर चुके थे। इनकी रचनाओं में काव्य की प्रेरणा, प्रयोजन स्वरूप और प्रभाव सम्बन्धी अनेक मान्यतायें बिखरी हुई थीं। प्लेटो और उसके बाद के काव्य-चिन्तकों ने अपनी सीमाओं में इन मान्यताओं से प्रेरणा और प्रभाव ग्रहण किया है।

प्लेटो पूर्व काव्य-चिन्तन

प्लेटो से पूर्व ग्रीक काव्य-चिन्तन में मुख्यत: तीन सिद्धान्तों की उद्भावना हो चुकी थी—1. प्रेरणा का सिद्धान्त, 2. अनुकरण का सिद्धान्त, 3. विरेचन का सिद्धान्त।

प्लेटो-पूर्व-युग में ऐसा समझा जाता था कि काव्य-रचना की प्रेरणा ईश्वरीय होती है। कवि सामान्य मनुष्यों से अलग कुछ विशिष्ट दैवी शक्ति सम्पन्न होता है। काव्य-रचना के क्षणों में वह दैवी शक्ति से आविष्ट होता है। वह मात्र माध्यम होता है। उसमें न स्वयं की कला-निपुणता होती है, न वस्तु चयन की क्षमता। उससे रचना कराने वाला तो कोई और होता है। कवि की प्रतिभा ईश्वर की देन होती है। यह ईश्वरीय देन सबको नहीं प्राप्त होती। जिनकी आत्मा पवित्र, निर्दोष और निर्विकार होती है, उन्हें ही दैवी शक्ति प्राप्त होती है। मात्र छन्द-ज्ञान और अभ्यास के बल पर काव्य-रचना नहीं की जा सकती। उसके लिए प्रेरणा (Inspiration) आवश्यक होती है। होमर जैसे महाकवि को यह दैवीय प्रेरणा प्राप्त थी। प्लेटो-पूर्व काल की यह मान्यता प्लेटो और अरस्तू दोनों के द्वारा स्वीकार की गई थी।[1] यूरोप में अठारहवीं शती तक दैवी प्रेरणा का सिद्धान्त मान्य रहा। काव्य-रचना को दैवीय प्रेरणा मानने के कारण यह भी स्वीकार किया गया कि महान्-कृतियों में औदात्य होता है और वे अपने पाठकों को उच्चतर मूल्यों के प्रति प्रेरित करके उन्हें प्रकारान्तर से शिक्षित भी करती हैं।

अनुकरण सिद्धान्त का मूल रूप भी प्लेटो-पूर्व-युग में लक्षित किया जा सकता है। होमर की रचना 'हिम टू अपोलो' तथा अरिस्तोफानेस की रचना 'वीमेन सेलीब्रेटिंग दि थेस्मोफोरिया' में कला को अनुकरण-मूलक बताया गया है। अनुकरण के लिए होमर ने 'माइमेसिस' (Mimesis) शब्द का प्रयोग किया है। यद्यपि यहाँ अनुकरण का ठीक वही अर्थ नहीं है जिस अर्थ में बाद में प्लेटो ने इसे प्रयुक्त किया है, किन्तु इसमें प्लेटो की मान्यता का बीज निहित है।

विरेचन (Catharsis) का बीज प्लेटो से 59 वर्ष पूर्व उत्पन्न होने वाले प्रसिद्ध दार्शनिक एवं भाषण-शास्त्री गोर्जियस (486-376 ई० पूर्व) की काव्य की परिभाषा

---

1. Plato and Aristotle both suggest that inspiration is divine.
—A Dictionary of Literary Terms (J A Cuddon)

में देखा जा सकता है। उसके अनुसार, ''काव्य श्रोताओं में कँपा देने वाला भय, अश्रुपूर्ण करुणा तथा दूसरों के दुःख में सहानुभूति उत्पन्न करता है।'' गोर्जियस भाषण-शास्त्री था। वक्ता द्वारा प्रयुक्त शब्द के प्रभाव और शक्ति के विषय में उसका कहना था कि, ''शब्द सशक्त शासक हैं, जो भय को दूर कर सकते हैं, आनन्द प्रदान कर सकते हैं और आत्मविश्वास से मंडित कर सकते हैं।'' आगे चलकर अरस्तू ने भी इसी अवधारणा को थोड़ा परिष्कृत करके **'विरेचन सिद्धान्त'** की स्थापना की।

काव्य आनन्द प्रदान करता है और उसमें उपदेश देकर व्यक्ति के चरित्र-उन्नयन की क्षमता भी होती है। यह धारणा भी प्लेटो के बहुत पहले से प्रचलित थी।

प्लेटो के काव्य-सिद्धान्त : अनुकृति सिद्धान्त

प्लेटो मूलतः दार्शनिक और शिक्षाशास्त्री था। वह सुकरात का शिष्य था। सुकरात एक अविचल बुद्धिवादी और तार्किक था। जो तर्क की कसौटी पर खरा नहीं उतरता था उसे वह स्वीकार नहीं करता था। तत्कालीन धार्मिक मान्यताओं में कुछ ऐसा था जो तर्क की कसौटी पर मिथ्या प्रमाणित होता था। सुकरात खुले आम सड़कों पर युवकों के बीच ऐसी रूढ़ियों का खण्डन किया करता था, जिनका कोई बौद्धिक आधार नहीं था। समाज के रूढ़िवादी कर्णधारों ने सुकरात पर नास्तिक होने और युवकों को बरग़लाने का आरोप लगाया। उसे मृत्युदण्ड दिया गया। इस घटना ने प्लेटो को विचलित कर दिया। स्पार्टा वालों की जीत और अपने राज्य (अत्तिका) की पराजय से वह यों भी दुखी था। उसे अपनी राज्य-स्थापना में त्रुटियाँ दिखाई पड़ रही थीं। उसने यह अनुभव किया कि यदि एथेन्स के निवासी मन से दृढ़ और शरीर से स्वस्थ होते तो उनकी पराजय न होती। उसने अपने पूरे चिन्तन को इसी आधार पर व्यवस्थित किया। उसने युवकों को दर्शन, संगीत और गणित की शिक्षा देने पर बल दिया। काव्य के सम्बन्ध में उसके विचार मुख्यतः उसकी कृतियों में बिखरे हैं। ये तीन कृतियाँ हैं—1. इयोन (Ion), 2. सिम्पोज़ियम (Symposium) और 3. रिपब्लिक (Republic)। एक दार्शनिक के रूप में प्लेटो आदर्शवादी (Idealist) था। उसकी दृष्टि में प्रत्यय (Idea) ही सत्य है। यह इन्द्रिय-गोचर होने वाला वस्तु-जगत् 'प्रत्यय' का अनुकरण है। इसलिए यह मिथ्या है। चूँकि कलाकार किसी-न-किसी वस्तु का चित्रण करता है, इसलिए उसके द्वारा चित्रित वस्तु गोचर वस्तु का अनुकरण है। इस प्रकार गोचर वस्तु-जगत् प्रत्यय का अनुकरण और चित्रित वस्तु वस्तु-जगत् का अनुकरण होने के कारण मूल सत्य से त्रिधा अपेत (Thrice removed) वास्तविक सत्य से कलाकार द्वारा चित्रित वस्तु तीसरा अलगाव है। प्लेटो द्वारा प्रस्तुत 'पलंग' का उदाहरण प्रसिद्ध है। उसके अनुसार ईश्वर ने मात्र एक पलंग का आदर्श-रूप (आइडिया) बनाया। पलंग का आदर्श-रूप एक से अधिक हो ही नहीं सकता। ईश्वर द्वारा

बनाया हुआ यह आदर्श-रूप ही सत्य है। बढ़ई जब कोई विशिष्ट पलंग बनाता है, तब वह ईश्वर द्वारा आदर्श-रूप में निर्मित पलंग का अनुकरण करता है। इसके बाद चित्रकार जब बढ़ई द्वारा निर्मित पलंग को देखकर उसका चित्र अंकित करता है, तब वह बढ़ई के पलंग का अनुकरण करता है। इस प्रकार चित्रकार द्वारा चित्रित पलंग अनुकरण का अनुकरण है। वस्तुतः ईश्वर द्वारा निर्मित पलंग का प्रत्ययात्मक रूप ही सत्य है। शेष दोनों ही असत्य हैं। यही स्थिति कवि की है। कवि भी वस्तु-जगत् का ही शब्द-चित्र प्रस्तुत करता है। वस्तु-जगत् स्वयं ईश्वर-रचित प्रत्यय-जगत् की अनुकृति या छाया है। इसलिए वस्तुत-जगत् मिथ्या है। वस्तु-जगत् की अनुकृति होने के कारण काव्य-जगत् भी मिथ्या है क्योंकि वह छाया की छाया या अनुकृति की अनुकृति है। प्लेटो के चिन्तन को सार रूप में इस प्रकार प्रस्तुत कर सकते हैं—

1. ईश्वर द्वारा रचित प्रत्यय-जगत् ही सत्य है।
2. वस्तु-जगत् प्रत्यय-जगत् की अनुकृति या छाया होने के कारण मिथ्या या असत्य है।
3. कला-जगत् वस्तु-जगत् की छाया या अनुकृति होने के कारण और भी मिथ्या है। क्योंकि वह अनुकृति की अनुकृति है।[1]

कहना न होगा कि प्लेटो का उपर्युक्त चिन्तन एक शुद्ध प्रत्ययवादी दार्शनिक का चिन्तन है। जब यह सिद्ध हो चुका कि काव्य का आधार असत्य है, तो फिर उसकी सामाजिक उपादेयता का संदिग्ध होना स्वाभाविक है। इसलिए प्लेटो ने प्रतिपादित किया कि काव्य समाज के लिए हानिकर है, जिसका आधार ही मिथ्या है, वह उपयोगी कैसे हो सकता है? इसलिए प्लेटो ने यह फतवा दे दिया कि आदर्श गणतंत्र में कवियों का कोई स्थान नहीं है। उसमें दार्शनिकों और विचारकों को महत्त्व मिलना चाहिए, गणितज्ञों को सम्मान मिलना चाहिए और संगीतज्ञों का आदर होना चाहिए। संगीत को प्लेटो ने इसलिए महत्त्व दिया कि उसके अनुसार संगीत मानसिक शक्ति प्रदान करता है। चूँकि आदर्श गणतंत्र में ऐसे नागरिक होने चाहिए, जो शरीर और मन दोनों से सशक्त हों, इसलिए संगीतज्ञों को सम्मान मिलना ही चाहिए।

प्लेटो के अनुसार काव्य का प्रभाव अशुभ होता है। काव्य वासनाओं को जागृत करके पाठकों और श्रोताओं के विवेक को कुंठित कर देता है। यही नहीं उसमें देवताओं का जो चरित्र-चित्रण किया जाता है, वह असत्य और अनुचित

---

1. Plato saw the world as an imperfect imitation of a divine ideal, shadowy and even distorted simulacrum of a heavenly prototype. It followed that the poet imitated this (because he imitated nature) and thus his work was merely an imitation of an imitation.

—A Dictionary of Literary Terms (J A Cuddon) page 110.

होता है। होमर के महाकाव्यों ('इलियड' और 'ओडेसी') में देवताओं को क्रूर, लोभी, ईर्ष्यालु और प्रतिशोधी दिखाया गया है। इसी प्रकार वीरों का चरित्र भी उदात्त और प्रेरक न चित्रित करके दुर्बल और दोषपूर्ण चित्रित है। न तो देवता कोई ऊँचा आदर्श प्रस्तुत कर सकते हैं न वीर। ऐसी स्थिति में महाकाव्यों की सामाजिक उपादेयता क्या हो सकती है? काव्यों में सज्जनों को दु:ख और दुर्जनों को सुख भोगते हुए दिखाया जाता है, प्लेटो को यह भी मान्य नहीं था। वह यह चाहता था कि सज्जन सुखी दिखाए जायँ और दुर्जन दण्ड के भागी बनें। स्पष्ट है कि काव्य के सम्बन्ध में प्लेटो की दृष्टि पूर्णत: नैतिक है। वे शिवत्व को केन्द्र में रखकर निर्णय देते हैं। उनके लिए जो शिव हैं, कल्याणकर है, वही सत्य और सुन्दर भी है।

उपर्युक्त विवेचन से यह निष्कर्ष नहीं निकाला जाना चाहिए कि प्लेटो पूरी तरह काव्य-विरोधी हैं। उन्होंने ऐसी कविताओं को महत्त्वपूर्ण और उचित माना है, जिनमें वीर पुरुषों के गुणों को उभार कर प्रस्तुत किया गया हो या जिनमें देवताओं के स्तोत्र हों। वस्तुत: प्लेटो काव्य-कृतियों एवं नाटकों के व्यापक प्रभाव से परिचित थे। उन्होंने देखा था कि 'एथेन्स' में जब एस्सिखुलस, सोफोक्लेस और एउरिपिदेस के नाटक खेले जाते थे, तो बीस-बीस हजार नागरिक तन्मय होकर उन्हें देखते थे। प्लेटो ने अनुभव किया था कि नाटकों और महाकाव्यों में सहृदय नागरिकों के चित्त को प्रभावित करने की अपार क्षमता होती है। इसलिए उनका उदात्त और नैतिक होना आवश्यक है।

प्लेटो ने काव्य का विरोध चार दृष्टियों से किया है। पहली दृष्टि या आधार नैतिक है। चूँकि काव्य का आधार असत्य है। काव्य-जगत् मिथ्या है। उसमें समाज के नैतिक बोध को समुन्नत करने की क्षमता नहीं है। इसलिए उसका महत्त्व मान्य नहीं होना चाहिए। दूसरा आधार भावात्मक है। प्लेटो के अनुसार काव्य में कुछ आधारभूत कमज़ोरियाँ होती है। उदाहरण के लिए कवि किसी रहस्यमयी दैवी शक्ति से आविष्ट होकर रचना करता है। उसके उद्‌गार तर्क पर आधृत नहीं होते। वे विवेक की कसौटी पर खरे नहीं उतरते। उनमें क्षणिक उन्माद की मनोदशा प्रधान होती है। इसलिए उनका प्रभाव शुभ और प्रेरक नहीं हो सकता। देव-स्तुतियों को छोड़कर शेष सभी काव्य-कृतियाँ—कथात्मक महाकाव्य, दुखान्त एवं सुखान्त नाटक—अनुकरणात्मक होती हैं। उनमें चित्रित पात्र अवास्तविक होते हैं। पाठक उन्हें वास्तविक मानकर उन्हीं जैसा आचरण करने लगता है। उदाहरण के लिए नाटकों में जो व्यक्ति किसी स्त्री-पात्र का अभिनय करता है, उसका स्वभाव स्त्रियों जैसा हो जाता है और वह व्यावहारिक जीवन में स्त्रैण बन जाता है। प्लेटो के अनुसार मानव-व्यक्तित्व के तीन आन्तरिक तत्त्व होते हैं—1. बौद्धिक, 2. ऊर्जस्वी और 3. सतृष्ण। इनमें कवि के लिए निम्नगामी प्रवृत्तियों का अनुकरण आसान होता है। वह निम्नगामी प्रवृत्तियों से युक्त पात्रों का चित्रण करता है और

पाठक ऐसे ही पात्रों के आचरण में अधिक रमते और रस लेते हैं। इस प्रकार पाठक अपनी निम्नगामी वासनात्मक प्रवृत्तियों का पोषण करते हैं और अपने विवेक को कुंठित करते हैं।

प्लेटो के काव्य-विरोध का तीसरा आधार बौद्धिक है। वह यह मानकर चलता है कि कवि को सत्य का बोध नहीं होता। वह चीज़ों की आकृति का अनुकरण करता है। वास्तविक सत्ता तक उसकी पहुँच नहीं होती। इन्द्रिय-गोचर-जगत् से परे वास्तविक भावात्मक सत्ता की एक अलग दुनिया है। सत्य, शिव और सुन्दर एक अव्यक्त आदर्शात्मक सत्ता है। गोचर-जगत् तो मायिक और असत्य है। वह वास्तविक जगत् का छायाभास मात्र है। कवि इसी छायाभास का अनुकरण करता है। काव्य में मूर्त्त जगत् का कोई बौद्धिक या तार्किक आधार नहीं है, इसलिए काव्य का महत्त्व अमान्य होना चाहिए।

चौथा आधार शुद्ध उपयोगितावादी है। चूँकि काव्य समाज के उत्थान और चरित्र-निर्माण में प्रत्यक्ष भूमिका अदा नहीं करता, इसलिए वह युवकों के लिए अनुपयोगी है। मात्र हल्का मनोरंजन करने वाली चीज़ मूल्यवान नहीं हो सकती। इसलिए एक आदर्श गणतंत्र में कवियों को महत्त्व नहीं दिया जाना चाहिए। वे दूर ही रहें तो अच्छा।

आग्रहों और सीमाओं के बावजूद प्लेटो के काव्य-चिन्तन में ऐसी अनेक विशेषतायें हैं, जिनका महत्त्व आज भी स्वीकार किया जाता है। पहली बात यह है कि प्लेटो ने सभी कलाओं की प्रकृति का विश्लेषण करते हुए प्रतिपादित किया कि काव्य, चित्र, नाटक आदि सभी कलाओं की मूल प्रकृति अनुकरण की है। उसके बाद के काव्य-चिन्तकों ने उसके इस सिद्धान्त को मूल रूप में स्वीकार किया। सभी ने उसके द्वारा अनुकरण के लिए प्रयुक्त शब्द 'माइमेसिस' (Mimesis) का ही प्रयोग किया। यह दूसरी बात है कि जिस तरह भारत में भरत के द्वारा प्रयुक्त 'अनुकृति' शब्द का अर्थ परवर्ती विचारकों ने अलग-अलग किया, उसी प्रकार यूरोप में भी 'माइमेसिस' शब्द का प्रयोग बाद के विचारकों ने प्लेटो से भिन्न अर्थ में किया।

काव्य-रचना की प्रेरणा ईश्वरीय या दैवी होती है और रचनाकार आविष्ट होकर रचना में प्रवृत्त होता है, यह सिद्धान्त भी महत्त्वपूर्ण माना गया और काव्य की रचना-प्रक्रिया के विश्लेषण में बहुत दिनों तक इसका उपयोग होता रहा।

सभी कलाओं में आवयविक एकता (Organic unity) होनी चाहिए। आन्तरिक सामंजस्य के अभाव में कोई कलाकृति सुन्दर नहीं हो सकती। प्लेटो का यह सिद्धान्त आज भी महत्त्वपूर्ण माना जाता है।

रूप की दृष्टि से प्लेटो ने पहली बार काव्य का वर्गीकरण किया। उसने बताया कि काव्य तीन प्रकार का होता है—1. गीतात्मक, 2. महाकाव्यात्मक, 3. नाट्य-प्रधान। उसके द्वारा किया गया वर्गीकरण आज भी प्रासंगिक है।

काव्य के उद्देश्य पर विचार करते हुए उसने हल्के मनोरंजन से अधिक महत्त्व उपदेशात्मकता को दिया। श्रेष्ठ काव्य वह नहीं है जो पाठकों का हल्का मनोरंजन करके थोड़े समय का सुख प्रदान करता है, श्रेष्ठ काव्य वह है जो पाठकों में उदात्त भावनाओं को जागृत करके उनके चरित्र का निर्माण करता है।

प्लेटो ने यद्यपि ट्रैजेडी के सम्बन्ध में विचार करते हुए 'विरेचन' (Catharsis) शब्द का प्रयोग नहीं किया है, किन्तु उसने स्वीकार किया है कि 'भय' और 'करुणा' ट्रैजेडी के लिए उपयुक्त मनोभाव हैं। ट्रैजेडी का अभिनय देखने पर द्रष्टाओं के चित्त में भय एवं करुणा के प्रभाव से जो बाहरी उद्वेलन होता है, वह अन्तस् में उन्हें शान्ति भी प्रदान करता है। प्लेटो की इस स्वीकृति में 'विरेचन' की अवधारणा का संकेत मिल जाता है।

उपर्युक्त तथ्यों के आधार पर यह कहा जा सकता है कि अपनी सीमाओं के बावजूद यूरोपीय काव्य-चिन्तन के क्षेत्र में प्लेटो का महत्त्व स्वीकार्य है। उसने काव्यशास्त्र की ऐसी अनेक अवधारणाओं को व्यवस्थित किया है, जो आगे चलकर परवर्ती विचारकों के लिए प्रेरणा का स्रोत बनी हैं। प्लेटो द्वारा प्रतिपादित अनेक सिद्धान्त आज भी प्रासंगिक माने जाते हैं।

अरस्तू (384 ई० पूर्व-322 ई० पूर्व)

अरस्तू योरोपीय काव्य-चिन्तन के मेरुदण्ड हैं। अरस्तू का यूनानी नाम अरिस्तोतेलेस है। इनके पिता मकदूनिया के राजदरबार में चिकित्सक थे। इनका जन्म ई० पूर्व 384 में हुआ था। प्लेटो ने एथेन्स में ज्ञान-विज्ञान की शिक्षा के लिए अकादमी की स्थापना की थी। 368 ई० पूर्व अरस्तू इसी अकादमी में उच्चस्तरीय शिक्षा प्राप्ति के लिए प्रविष्ट हुए। वे एक अत्यन्त मेधावी छात्र थे। उन्हें विश्वास था कि प्लेटो के बाद वे ही अकादमी के आचार्य होंगे, किन्तु ऐसा नहीं हुआ। 347 ई० पूर्व प्लेटो की मृत्यु के बाद उन्हें एथेन्स छोड़ना पड़ा। 348 ई० पूर्व अरस्तू को मकदूनिया के राजकुमार इतिहास-प्रसिद्ध सिकन्दर का शिक्षक नियुक्त किया गया। सिकन्दर के पिता फिलिप ने अनुसंधान कार्य के लिए अरस्तू को प्रभूत धनराशि प्रदान की। 335 ई० पूर्व अरस्तू ने एथेन्स के समीप 'अपोलो' में अपना एक निजी विद्यापीठ 'लीसियस' नाम से स्थापित किया। 323 ई० पूर्व सिकन्दर की मृत्यु हुई। एथेन्स के नागरिक अरस्तू से असंतुष्ट थे, कारण था उनका स्वतंत्र चिन्तन। सिकन्दर के कृपापात्र होने के कारण भी एथेन्स के लोग उनसे नाराज़ थे। विवश होकर वे 323 ई० पूर्व अपनी जन्मभूमि (स्तगिरा के समीप स्थित खलकिस नगर) लौट आए। यहीं 62 वर्ष की अवस्था में ई० पूर्व 322 में अरस्तू की मृत्यु हो गई। अपने जीवन-काल में अरस्तू ने तर्कशास्त्र, मनोविज्ञान, तत्त्वमीमांसा, भौतिकशास्त्र, ज्योतिर्विज्ञान, राजनीतिशास्त्र, आचार-शास्त्र तथा साहित्यशास्त्र जैसे विषयों पर लगभग 400 ग्रन्थों की रचना की।

अरस्तू का काव्यशास्त्र विषयक प्रसिद्ध ग्रन्थ 'पेरिपोइएतिकेस' है। इसी को अंग्रेज़ी में 'ऑनपोएटिक्स' कहा जाता है। यह एक छोटी-सी पुस्तक है। इसमें छोटे-छोटे छब्बीस अध्याय हैं। कुछ अध्याय तो मात्र एक पृष्ठ के हैं। लगता है, यह पुस्तक अरस्तू ने अध्यापन के लिए नोट्स के रूप में तैयार की थी। इसमें अरस्तू ने काव्य की उत्पत्ति, काव्य की प्रकृति, काव्य का सत्य, काव्य के भेद और काव्य का प्रयोजन इन सभी विषयों पर विचार किया है।

उसके महत्त्वपूर्ण काव्य-सिद्धान्त त्रासदी के विवेचन-क्रम में विकसित हुए हैं। अपने प्रसिद्ध ग्रंथ पोएटिक्स में उसने ट्रैजेडी, एपिक (महाकाव्य) तथा कामेडी (सुखान्त नाटक) की चर्चा अनुकरणात्मक काव्य के रूप में की है। तात्पर्य यह है कि उसने काव्य के सभी रूपों को अनुकरणात्मक माना है। इन सभी रूपों में ट्रैजेडी को सर्वाधिक महत्त्व देते हुए अरस्तू ने इसका विस्तृत विवेचन पोएटिक्स के 14 अध्यायों (छठें से 19वें अध्याय तक) में किया है। ट्रैजेडी के प्रयोजन की चर्चा के क्रम में ही उनका प्रसिद्ध **विरेचन सिद्धान्त** सामने आया है। उनके काव्य-चिन्तन ने यूरोपीय काव्यशास्त्र पर सर्वाधिक प्रभाव डाला है। उसके द्वारा प्रतिपादित काव्य-सिद्धान्त आज भी प्रासंगिक हैं। इसका सबसे बड़ा कारण यह है कि उसने मानव-मनोविज्ञान और अन्तःप्रकृति को दृष्टि में रखकर अपनी स्थापनाएँ की हैं। यों तो अरस्तू का पूरा काव्य-चिन्तन महत्त्वपूर्ण है, किन्तु जिन स्थापनाओं को लेकर विचारकों में सर्वाधिक चर्चा हुई है और जिनकी व्याख्याएँ विवादास्पद रही हैं, उनमें दो प्रमुख हैं—1. अनुकरण का सिद्धान्त, 2. विरेचन (Catharsis) का सिद्धान्त। यहाँ हम इन्हीं सिद्धान्तों के सम्बन्ध में विस्तार से चर्चा करना चाहेंगे।

अनुकरण सिद्धान्त

'पोएटिक्स' के पचीसवें अध्याय में व्यावहारिक आलोचना की समस्याओं पर विचार करते हुए अरस्तू ने चित्रकार अथवा किसी अन्य कलाकार की तरह कवि को भी अनुकर्त्ता माना है और उसके अनुकार्य का विवेचन करते हुए कहा है—"चित्रकार अथवा किसी अन्य कलाकार की ही तरह कवि अनुकर्त्ता है। अतएव उसका अनुकार्य अनिवार्यतः इन तीन प्रकार की वस्तुओं में से ही कोई एक हो सकती है—जैसी वे थीं या हैं, जैसी वे कही या समझी जाती हैं अथवा जैसी वे होनी चाहिए। अभिव्यक्ति का माध्यम है भाषा, जिसमें प्रचलित शब्द हो सकते हैं या अप्रचलित अथवा लाक्षणिक। भाषा में और भी कई प्रकार के रूपान्तर किए जा सकते हैं, जिनका अधिकार कवि को है।"[1] अरस्तू के उपर्युक्त कथन पर डॉ० देवेन्दनाथ शर्मा की टिप्पणी ध्यान देने योग्य है—"इन वस्तु-कोटियों में तृतीय (उन्हें जैसा होना चाहिएं) स्पष्ट ही आदर्शात्मक है। अनुकरण तो उसी वस्तु का

---

1. **अरस्तू का काव्यशास्त्र, सं० डॉ० नगेन्द्र, पृ० 66-67।**

सम्भव है, जिसकी सत्ता थी या है। द्वितीय कोटि को भी गौणत: ही सही अनुकरण की सीमा में रख सकते हैं, किसी वस्तु को जैसा कहा या माना जाता है'' का अर्थ है उसके सम्बन्ध में प्रचलित लोक-धारणा के आधार पर भी वस्तु का अनुकरण शक्य है। किन्तु तृतीय कोटि में अर्थात् ''जैसा होना चाहिए'' में तो कोई वस्तु है ही नहीं; अभी तो उसे होना है। कलाकार अपनी मान्यता, विश्वास, संस्कार आदि के आधार पर किसी वस्तु का जैसा भी काल्पनिक रूप प्रस्तुत करना चाहे, कर सकता है। कहने की आवश्यकता नहीं कि वस्तु-जगत् में जिसकी सत्ता ही नहीं है जो शुद्ध आदर्श है, उसके अनुकरण का प्रश्न ही नहीं उठता। हाँ, कवि या कलाकार, वस्तु-सत्ता के अभाव में भी, कल्पना के द्वारा, कलाकृति की सृष्टि कर देता है। अत: प्लेटो का यह कहना कि कलाकृति वस्तु-जगत् का अनुकरण-मात्र होने से सत्य से अपेत (दूर) है, अमान्य है क्योंकि कलाकृति सदा वस्तु-जगत् का अनुकरण नहीं होती, बहुत बार वह कल्पना की उपज होती है।''[1]

उपर्युक्त टिप्पणी से यह स्पष्ट हो जाता है कि अरस्तू का **अनुकरण-सिद्धान्त** प्लेटो के **अनुकरण-सिद्धान्त** से सर्वथा भिन्न है। अरस्तू ने अनुकरण-सिद्धान्त को निरस्त न करते हुए भी उसे नया अर्थ प्रदान किया है।

सभी कलाओं के सामान्य आधार की चर्चा करते हुए भी अरस्तू ने प्लेटो से भिन्न मत प्रकट किया है। प्लेटो ने 'अनुकरण' को सभी कलाओं की एकता का सामान्य आधार माना था। उसकी दृष्टि में अनुकरण ही ललित कलाओं को एक दूसरे से जोड़ता है। इस संदर्भ में उसने कविता की तुलना चित्रकला से की है, किन्तु अरस्तू ने कविता को संगीत-कला के समतुल्य माना है। चित्रकला में वस्तु-जगत् की चीज़ों के स्थूल रूपाकार का अनुकरण किया जाता है। संगीत-कला में मनुष्य की आन्तरिक वासनाओं, वृत्तियों और भावनाओं को मूर्त्त किया जाता है। संगीत से तुलना करने से स्पष्ट है कि अरस्तू को 'अनुकरण' का व्यापक और सूक्ष्म अर्थ मान्य है। उसके लिए अनुकरण दृश्य वस्तु-जगत् की स्थूल अनुकृति नहीं है। वह यह नहीं स्वीकार करता कि 'अनुकरण' प्रकृति का यथावत् रेखांकन है, जिसका उद्देश्य वास्तविक वस्तु का भ्रम पैदा करना मात्र है, उसके अनुसार कवि अपनी रचना में दृश्य-जगत् की वस्तुओं को जैसी वे हैं, वैसी ही प्रस्तुत नहीं करता। या तो वह उन्हें बेहतर रूप में प्रस्तुत करता है या हीनतर रूप में। उसकी दृष्टि में 'अनुकरण' मात्र आकृति और स्वर का ही नहीं किया जाता वह आन्तरिक भावों और वृत्तियों का भी किया जाता है।[2] अरस्तू के अनुसार कवि के

---

1. पाश्चात्य काव्यशास्त्र, डॉ० देवेन्द्र नाथ शर्मा, पृ० 43
2. Imitation therefore has a wider meaning for Aristotle than it has for Plato. It is not merely production of a thing, so like what we perceive in nature as to create an illusion of reality but of things better or worse than they are to be found in external world. It is the presentation of an

अनुसरण का विषय कर्म-रत मनुष्य है। मनुष्य केवल वाह्य जीवन में ही क्रियाशील नहीं होता, मानसिक स्तर पर भी वह क्रियाशील होता है। उसके मानसिक क्रियाकलापों का, उसकी मानसिक उधेड़-बुन का, या मनोवृत्तियों के उत्कर्षापकर्ष का चित्रण एक मनोवैज्ञानिक एवं रचनात्मक प्रक्रिया है। कवि इसे अपनी रचनात्मक कल्पना द्वारा ही मूर्त्त या चित्रित कर सकता है। प्लेटो यह नहीं समझ सका था कि बढ़ई द्वारा निर्मित पलंग भी जब चित्रकार द्वारा चित्रित किया जाता है तब वह उसकी हूबहू प्रतिकृति नहीं होता। बढ़ई के पलंग को जब चित्रकार देखता है तो नेत्रों के माध्यम से देखा गया रूपाकार पहले चित्रकार के मानस-पटल पर अंकित होता है। उसके बाद उसका मनोबिम्ब चित्रकार की कल्पना-शक्ति के सहारे चित्र के रूप में आकार ग्रहण करता है। इसलिए उसे नकल या स्थूल अनुकरण कहकर हेय नहीं ठहराया जा सकता।

अरस्तू प्लेटो की स्थापना से सहमत नहीं था। वह प्रयोग तो अनुकरण शब्द का ही करता है, किन्तु अनुकरण की उसकी व्याख्या प्लेटो से सर्वथा अलग है। वास्तविकता यह है कि अरस्तू दार्शनिक होने के साथ एक वैज्ञानिक भी है। उसे प्लेटो के चिन्तन में जो कमियाँ दिखाई पड़ीं, उसने उन्हें यथासंभव दूर करने की कोशिश की। प्लेटो के चिन्तन को स्वीकार करने से बहुत से प्रश्न उभर कर सामने आते हैं। प्लेटो के अनुसार प्रत्यय-जगत्, वस्तु-जगत् या गोचर-जगत् से सर्वथा परे है। वह सितारों के पार अपना अस्तित्व रखता है। वस्तु-जगत् निश्चल चेतना-रहित पिण्ड मात्र है। यदि उसकी इस स्थापना को स्वीकार कर लिया जाय तो प्रश्न उठता है कि वस्तु-जगत् में चीज़ों में निरन्तर परिवर्तन कैसे होता है? या मानव-पिण्ड तो चेतन और क्रियाशील है। ऐसी स्थिति भें प्रत्यय या आइडिया को प्रत्यक्ष जगत् से सर्वथा भिन्न नहीं माना जा सकता। गोचर-जगत् असत्य नहीं है। जब गोचर-जगत् असत्य नहीं है, यह उतना ही सत्य है जितना प्रत्यय-जगत् तो इस गोचर-जगत् की वस्तुओं का जो मनोगत बिम्ब कला के रूप में मूर्त्त होता है वह असत्य कैसे है? प्लेटो ने काव्य के सम्बन्ध में विचार करते हुए मात्र विषय-वस्तु का बिवेचन किया था। निश्चय ही यह विवेचन एकांगी था। काव्य के संदर्भ में विषय के साथ माध्यम और पद्धति का भी महत्त्व है। इनका भी विवेचन होना चाहिए था। अरस्तू ने तीनों को दृष्टि में रखकर विचार किया। प्लेटो का अनुकरण-सिद्धान्त मात्र वस्तु के विवेचन पर आधृत है। अरस्तू ने स्पष्ट कर दिया था कि कवि और चित्रकार के कला माध्यम अलग-अलग हैं। चित्रकार रूप और रंग के माध्यम से अनुकरण करता है जबकि कवि भाषा, लय और सामंजस्य के

---

advance on a given reality. It is not confined to the perceptible. It extends to the mental. Voices and figures are to be imitated no less than the passions and feelings.

—Comparative Aesthetics : Vol. II by K. C. Pandey, Page 44

मध्यम से। इस स्तर पर वह संगीत कला के अधिक निकट है। इसलिए काव्य की तुलना चित्रकला से नहीं संगीत-कला से की जानी चाहिए। तात्पर्य यह कि अरस्तू की स्थापनायें प्लेटो से अलग हैं। अरस्तू का काव्य-चिन्तन अधिक व्यापक और पूर्ण है। उसने काव्य के साथ न्याय किया है। यद्यपि उसके सामने ग्रीक का ही साहित्य था। उसने उसी को दृष्टि में रखकर अपनी स्थापनाएँ की हैं। उन्हीं से उदाहरण देकर अपनी बात स्पष्ट की है, किन्तु उसकी प्रतिभा इतनी प्रखर और बुद्धि इतनी पैनी थी कि उसने, जो काव्य-सिद्धान्त स्थिर किए, वे आज भी प्रासंगिक माने जाते हैं। अरस्तू के 'पोएटिक्स' का महत्त्व प्रतिपादित करते हुए डॉ० रघुकुल तिलक ने कहा है—'पोएटिक्स न केवल साहित्य का प्रथम समग्र दार्शनिक विवेचन है, वरन् यह परवर्ती काव्य-चिन्तन का आधार भी है। यह जितना होमर और सोफोल्केस के संदर्भ में प्रासंगिक था उतना ही शेक्सपीयर और मिल्टन के संदर्भ में है। यह संसार की ऐसी महत्त्वपूर्ण पुस्तकों में से एक है जिनका महत्त्व शाश्वत है और जो पूरे विश्व में आदर की दृष्टि से देखी जाती हैं।''[1]

विरेचन सिद्धान्त

अरस्तू ने 'विरेचन' की चर्चा ट्रैजेडी के विवेचन-क्रम में की है। 'पोएटिक्स' के छठे अध्याय में उसने कहा है—'त्रासदी किसी गंभीर स्वत:पूर्ण तथा निश्चित् आयाम से युक्त कार्य की अनुकृति का नाम है, जिसका माध्यम नाटक के भिन्न-भिन्न भागों में भिन्न-भिन्न रूप से प्रयुक्त सभी प्रकार के आभरणों से अलंकृत भाषा होती है, जो समाख्यान के रूप में न होकर कार्य-व्यापार रूप में होती है और जिसमें करुणा तथा त्रास के उद्रेक द्वारा इन मनोविकारों का उचित 'विरेचन' किया जाता है।''[2] अरस्तू ने इस पारिभाषिक शब्द की व्याख्या यहाँ नहीं की है। यद्यपि अपने प्रसिद्ध ग्रन्थ 'राजनीति' के भाग 8, अध्याय 7 में संगीत के अध्ययन के उद्देश्यों का उल्लेख करते हुए उसने काव्य के संदर्भ में विरेचन की यथार्थ व्याख्या करने की बात कही है। उसका पूरा कथन इस प्रकार है—''संगीत का अध्ययन एक नहीं, वरन् अनेक उद्देश्यों की सिद्धि के लिए होना चाहिए अर्थात् (1) शिक्षा के लिए, (2) विरेचन (शुद्धि) के लिए; (यहाँ हम विरेचन शब्द का प्रयोग बिना व्याख्या के कर रहे हैं, किन्तु काव्य का विवेचन करते समय हमने इस विषय का

---

1. The Poetics is not only the first thoroughly philosophical discussion of literature but the foundation of all subsequent discussions. It is an exposition of the principles of literary criticism, as valid for Shakespeare and Milton, as it was for Homer and Sophocles. It is of those "world books", which enjoy a world-wide popularity, and whose influence and fascination is perennial."

   —History and principles of literary criticism, Page 84

2. अरस्तू का काव्यशास्त्र, सं० डॉ० नगेन्द्र, पृ० 19।

यथार्थ प्रतिपादन किया है।) (3) संगीत से बौद्धिक आनन्द की भी उपलब्धि होती है, इससे परिश्रम के उपरान्त मनोविनोद होता है, अत: यह स्पष्ट है कि हमें सभी रागों का प्रयोग करना चाहिए, किन्तु सभी की विधि एक नहीं होना चाहिए। शिक्षा के लिए सर्वाधिक नैतिक रागों को प्राथमिकता देनी चाहिए, किन्तु दूसरों का संगीत सुनने के समय (अर्थात् संगीत-सभाओं में या रंगमच पर) हम कार्य (उत्साह) और आवेग को अभिव्यक्त करने वाले रागों का भी आनन्द ले सकते हैं, क्योंकि 'करुणा' और 'त्रास' अथवा आवेश कुछ व्यक्तियों में बड़े प्रबल होते हैं और उनका न्यूनाधिक प्रभाव, तो प्राय: सभी पर रहता है। कुछ व्यक्ति 'हाल' की दशा में आ जाते हैं, किन्तु हम देखते हैं कि धार्मिक रागों के प्रभाव से—ऐसे रागों के प्रभाव, जो रहस्यात्मक आवेश को उद्‌बुद्ध करते हैं—वे शान्त हो जाते हैं, मानो उनके आवेश का शमन और विरेचन हो गया हो। करुणा और त्रास से आविष्ट व्यक्ति, प्रत्येक भावुक व्यक्ति इस प्रकार का अनुभव करता है, और दूसरे भी, अपनी-अपनी संवेदन-शक्ति के अनुसार प्राय: सभी, इस विधि से एक प्रकार की शुद्धि का अनुभव करते हैं, उनकी आत्मा विशद् और प्रसन्न हो जाती है। इस प्रकार विरेचक राग मानव-समाज को निर्दोष आनन्द प्रदान करते हैं।"[1] उपर्युक्त लम्बे उद्धरण से यह प्रमाणित होता है कि काव्यशास्त्र में काव्य के विवेचन के प्रसंग में उसने 'विरेचन' की व्याख्या की रही होगी। संभव है, इस समय उसका 'काव्यशास्त्र' जिस रूप में प्राप्त है, वह पूरे ग्रन्थ का संक्षिप्त रूप हो। अरस्तू की विस्तृत व्याख्या उपलब्ध न होने पर भी उसके सूत्र वाक्य से उसका आशय समझा जा सकता है। उसके कथन में तीन प्रक्रियाओं का उल्लेख स्पष्ट है—

(1) ट्रैजेडी के प्रभाव से 'त्रास' और 'करुणा' के भावों का उद्रेक होता है।

(2) ट्रैजेडी को अभिनीत होते देखकर दर्शक के जो भाव चेतना में सुप्त होते हैं, वे जागृत हो जाते हैं।

(3) इन उद्‌बुद्ध या जागृत भावों का उचित विरेचन हो जाता है। अर्थात् ये पूर्णत: निष्कासित नहीं होते। मात्र इनकी उत्तेजना शमित हो जाती है।

उपर्युक्त पूरी प्रक्रिया को समझने के लिए 'विरेचन' (Catharsis) के मूल अर्थ को सामने रखना होगा। 'केथारसिस' शब्द यूनानी चिकित्सा-शास्त्र का है। 'विरेचन' शब्द भारतीय आयुर्वेद का। भारतीय आयुर्वेद के अनुसार मानव-शरीर में वात, पित्त, कफ ये तीन दोष या विकार होते हैं। शरीर का स्वस्थ होना इन तीनों की आनुपातिक स्थिति पर निर्भर है। जब इनका अनुपात किसी कारण बिगड़ जाता है, तब हम अस्वस्थ हो जाते हैं। इनमें से किसी एक की वृद्धि या ह्रास होने मात्र से अनुपात भंग हो जाता है। इनको साम्यावस्था में लाकर रोगों का शमन

---

1. **पाश्चात्य काव्यशास्त्र की परंपरा, संपादिका डॉ० (श्रीमती) सावित्री सिन्हा, पृ० 42 पर उद्धृत।**

किया जाता है। आयुर्वेद के अनुसार आमाशय या पक्वाशय में मल के संचित होने की स्थिति में इनका अनुपात भंग होता है। आमाशय में संचित मल के निष्कासन के लिए वमन कराया जाता है। इसी प्रकार पक्वाशय में संचित मल के निष्कासन के लिए विरेचन (दस्त) कराया जाता है। इस प्रकार आयुर्वेद के अनुसार विरेचन या मल-निष्कासन वह विधि है, जिसके द्वारा त्रिदोषों को साम्यावस्था में लाकर शरीर को स्वस्थ किया जाता है। जिस प्रकार शारीरिक स्वास्थ्य के लिए मल का निष्कासन और शोधन आवश्यक है, उसी प्रकार मानसिक स्वास्थ्य के लिए मनोमल (ईष्या, द्वेष, क्रोध, मोह आदि) का निष्कासन और शोधन आवश्यक है। मन को स्वस्थ रखने के लिए इनका संतुलन अनिवार्य है। अनुपात से अधिक क्रोध, लोभ, मोह आदि अनर्थ कर सकते हैं। योगशास्त्र में 'यम', 'नियम' आदि का विधान मन की शुद्धि के लिए ही किया गया है। इस प्रकार 'विरेचन' की आवश्यकता शरीर और मन दोनों के मल के शमन के लिए मान्य है। चिकित्सा-शास्त्र में प्रयुक्त 'विरेचन' शब्द धीरे-धीरे नैतिक, मनोवैज्ञानिक, दार्शनिक एवं धार्मिक क्षेत्रों में प्रयुक्त होने लगा। इस क्रम में इसका अर्थ-विस्तार होता गया।

अरस्तू ने ट्रैजेडी के संदर्भ में इसका प्रयोग निश्चय ही भाव-शोधन के लिए किया है। यदि उसने अपना आशय इस शब्द की विस्तृत व्याख्या के द्वारा स्पष्ट कर दिया होता तो आगे चलकर इस शब्द को लेकर साहित्य-क्षेत्र में जो अनेक मत प्रकट किए गए और भिन्न-भिन्न व्याख्यायें सामने आयीं, वह न होता।

यहाँ यह स्मरणीय है कि अरस्तू ने अनेक स्तरों पर अपने गुरु प्लेटो की स्थापनाओं में संशोधन किया है। प्लेटो की स्थापनाएँ अरस्तू की स्थापनाओं का पूर्व पक्ष हैं। इसलिए त्रासदी के सम्बन्ध में प्लेटो ने जो कुछ कहा था और जिन तर्कों के आधार पर उसे अवांछित घोषित किया था, अरस्तू ने अपने सूक्ष्म एवं गंभीर चिन्तन के आधार पर गुरु के तर्कों और स्थापनाओं की व्यर्थता सिद्ध करते हुए फिर से उसका महत्त्व प्रतिपादित किया है। 'विरेचन सिद्धान्त' को समझने के लिए हमें प्लेटो के कथनों पर ध्यान देना होगा। प्लेटो का मानना था कि ट्रैजेडी वासनाओं को जगाकर और हीन भावनाओं—भय, करुणा, को उद्दीप्त करके मनुष्य के विवेक को कुंठित कर देती है और उसके पौरुष को क्षीण करके उसे वासना के पंक में निमज्जित कर देती है। प्लेटो की दृष्टि में हीन भावनाओं—भय, करुणा का अतिरेक आत्मा में एक प्रकार की अराजकता उत्पन्न कर देता है। अरस्तू ने कहा ट्रैजेडी में भय और करुणा का उद्रेक अवश्य होता है, किन्तु दर्शक जब इसका अभिनय देखता है तो उसके मन में संचित भय एवं करुणा के भाव उचित मात्रा में बाहर आकर उसे एक प्रकार की मानसिक विश्रांति प्रदान करते हैं। जिन भावों को वह भीतर दबाए रखता है वे उसको कुंठित करते रहते हैं। भावों का दमन तो और भी हानिकर है। जब दर्शक अभिनेताओं को भय और

करुणा की अभिव्यक्ति करते हुए देखता है तो वह उनका भोक्ता नहीं होता, मात्र द्रष्टा होता है। जिस प्रकार की उत्तेजना उसे वास्तविक जीवन में प्राप्त होती है, वैसी उत्तेजना अभिनय देखकर नहीं प्राप्त होती। वास्तविकता का अभिनय उसकी कल्पना को जागृत करता है और वह भय एवं करुणा की काल्पनिक अनुभूति करता है। जिस प्रकार वास्तविक जीवन में हम यदि शेर को सामने आता देख लें तो भय के मारे हमारी घिग्घी बँध जायेगी, हमारा विवेक नष्ट हो जायेगा, किन्तु यदि हम चित्र में शेर की आकृति देखें तो हमें भय की अनुभूति नहीं होगी। होगी भी तो बहुत हल्की और क्षणिक होगी। उसी प्रकार अभिनय में भय की अभिव्यक्ति हमारे योगक्षेम को प्रभावित करने वाली नहीं होगी। हम उसकी प्रातीतिक या काल्पनिक अनुभूति करेंगे। यह अनुभूति विश्रान्ति-दायिनी होगी। इस प्रकार ट्रैजेडी का अभिनय देखकर देखने वाले सामाजिकों को मानसिक विश्रांति प्राप्त होगी। इसमें संचित और दमित भावों का परिष्कार हो जायेगा। जहाँ तक अभिनेताओं का प्रश्न है, वे भी भोक्ता नहीं अनुकर्त्ता होते हैं। वास्तविकता की प्रतीति कराने के प्रयत्न में वे भावाविष्ट हो सकते हैं, लेकिन उनका यह आवेश धीरे-धीरे शमित हो जाता है और इस प्रक्रिया में उनका भी विरेचन हो जाता है। अब प्रश्न यह उठता है कि ट्रैजेडी के दर्शकों की उत्तेजना के शमित होने पर उन्हें जो मानसिक विश्रांति मिलती है वह किस कोटि की है? क्या उसे कला से प्राप्त आनन्द की कोटि में रख सकते हैं। इस सम्बन्ध में डॉ० नगेन्द्र की टिप्पणी ध्यान देने योग्य है। वे कहते हैं—"विरेचन में न तो 'स्व' का उन्नयन अन्तर्भूत है और न कला का आनन्द। अरस्तू इन दोनों तत्त्वों से सर्वथा अवगत थे, और इन दोनों का संक्षिप्त विवेचन भी उन्होंने किया है; परन्तु यह विवेचन विरेचन-सिद्धान्त का अंग नहीं है, अतएव विरेचन-सिद्धान्त में सुख का केवल अभावात्मक रूप ही प्रतिपादित है—मन:शक्ति, विशदता या राहत से आगे वह नहीं जाता। यह अनुभव निश्चय ही सुखद है; परन्तु यह सुख ऋणात्मक है धनात्मक नहीं है—भारतीय दर्शन के अनुसार आनन्द की भूमिका है, आनन्द नहीं है।"[1]

'विरेचन' के संदर्भ में एक प्रश्न यह भी उठता रहा है कि ट्रैजेडी से जो 'विरेचन' होता है, वह अभिनेता के मन में होता है या पाठक और दर्शक के मन में। मैंने ऊपर दोनों के विरेचन की बात कही है। यह प्रश्न प्रभाकर माचवे ने भी उठाया है। वे कहते हैं—"इस विषय में भी यूरोप के कलाशास्त्रियों में मतभेद हैं कि ट्रैजेडी से उत्पन्न 'कैथार्सिस' अभिनेता के मन में होता है या पाठक, दर्शक के। जर्मन महाकवि गेटे (1749-1832) के अनुसार यह प्रभाव पाठक-दर्शक के मन में होता है।"[2] प्रभाकर माचवे ने स्वयं कोई निर्णय नहीं दिया है। वास्तविकता यह है कि विरेचन कवि या रचनाकार, अभिनेता और दर्शक या पाठक तीनों का होता

---

1. अरस्तू का काव्य-सिद्धान्त, भूमिका, पृ० 12।
2. हिन्दी साहित्य कोश, भाग 1, पृ० 781।

है। रचनाकार ट्रैजेडी के पात्रों की सृष्टि कल्पना के आधार पर करता है। अभिनेता भी अभिनेय पात्रों के भावों, चेष्टाओं तथा वेश-विन्यास आदि का अनुकर्त्ता होता है। वह जिस रूप में उनकी कल्पना करता है उसी रूप के साथ तादात्म्य स्थापित करने की कोशिश करता है। पाठक और दृष्टा भी अपनी ग्राहिका कल्पना के सहारे ही अभिनेताओं द्वारा व्यक्त भावों का अनुभावन करके अपनी उत्तेजना को शमित करता है। इनमें कलात्मक आनन्द की सर्वाधिक संभावना द्रष्टा या पाठक में की जा सकती है। जब वास्तविक जीवन में विरेचन की स्थिति लक्षित की जा सकती है, तब रचना में तो उसका होना सहज संभाव्य है। यह माना जाता है कि होली के अवसर पर, जो अश्लील गालियाँ दी जाती हैं, उनसे समाज के उस वर्ग का विरेचन हो जाता है, जो इन गालियों के द्वारा अपनी दमित भावनाओं की अभिव्यक्ति कर लेता है। ऐसी स्थिति में विरेचन तो सभी का होता है। हाँ, कलात्मक आनन्द की स्थिति पाठक और द्रष्टा में ही अधिक संभावित है, क्योंकि ट्रैजेडी को देखते समय व्यक्तिगत योग-क्षेम से परे सर्वाधिक तटस्थ वही होता है। यूरोप में अरस्तू के प्रसिद्ध व्याख्याता प्रो० बुचर की व्याख्या इस स्थापना के बहुत निकट है। उनके अनुसार, "जीवन में प्रत्यक्ष अनुभूतियों में जो त्रासद और कष्टकारी है, उसे दूर करने की क्रिया विरेचन है। जब भय वास्तव में कल्पनीय में बदलता है तो उसका रूप दूसरा हो जाता है। अनुकम्पा (करुणा) में भी वैयक्तिक दुख-भाव बदलकर सार्वजनिक (विशेष से सामान्य) हो जाता है।"[1] तात्पर्य यह कि विशेष से सामान्य होने पर उसका दंश समाप्त हो जाता है और उसकी अनुभूति सुखात्मक होती है। उपर्युक्त विवेचन से यह स्पष्ट है कि विरेचन सिद्धान्त भी एक प्रकार से इस समस्या के समाधान के क्रम में सामने आया था कि जीवन के दुःखद भाव काव्य में व्यक्त होकर कैसे सुखद हो जाते हैं। अरस्तू के अनुसार 'भय' और 'करुणा' के उत्तेजन और उसके बाद उनके उचित शमन से एक प्रकार की मानसिक शान्ति प्राप्त होती है, जो सुखद होती है। इस सुखद अनुभूति को कलाजन्य-आस्वाद भी माना जा सकता है। यदि अरस्तू की पूरी व्याख्या उपलब्ध होती तो इस समस्या का समाधान आसानी से हो जाता। फिर भी, उसका जो सूत्रवाक्य उपलब्ध है, उससे इस समस्या का समाधान तो हो ही जाता है कि वास्तविक जीवन के दुःखद भाव काव्य में व्यक्त होकर सुखात्मक कैसे हो जाते हैं? अनुकरण और विरेचन सिद्धान्तों के अतिरिक्त काव्य-चिन्तन की परिधि में ऐसे कई और सिद्धान्त भी हैं, जिनकी संक्षिप्त जानकारी अपेक्षित है। यह इसलिए भी कि अरस्तू ही यूरोपीय काव्य-चिन्तन की रीढ़ हैं। उसी के सिद्धान्तों के विवेचन-विश्लेषण-क्रम में पूरा यूरोपीय काव्यशास्त्र विकसित हुआ है। यहाँ हम अत्यन्त संक्षेप में अरस्तू द्वारा निर्दिष्ट काव्य की परिभाषा, प्रयोजन, हेतु और भेद पर विचार करेंगे।

---

1. **हिन्दी साहित्य कोश, भाग 1, पृ० 781।**

परिभाषा

अरस्तू ने एक ही स्थान पर काव्य की सभी विशेषताओं को ध्यान में रखकर उसकी परिभाषा नहीं की है। उसके विचार बिखरे हुए हैं। इन बिखरे विचारों को एक सूत्र में बाँधकर हम उसके द्वारा निर्दिष्ट परिभाषा की रूपरेखा बना सकते हैं। अरस्तू की दृष्टि में काव्यचित्र, संगीत आदि की भाँति एक अनुकरणमूलक कला है। सभी कलाएँ प्रकृति का अनुकरण करती हैं। सभी कलाओं के अनुकरण के माध्यम अलग-अलग है। काव्य का माध्यम है 'भाषा'। इन सारे सूत्रों को मिला दिया जाय तो अरस्तू के काव्य की परिभाषा का स्वरूप कुछ इस प्रकार होगा—काव्य भाषा के माध्यम से प्रकृति का अनुकरण है।"[1] प्रकृति से अरस्तू का तात्पर्य मात्र वस्तु-जगत् ही नहीं मानव-जीवन भी है। साथ ही अनुकरण का अर्थ रूपाकार की निर्मिति नहीं, वरन् कल्पनात्मक सर्जना है, इसलिए अरस्तू की परिभाषा को इस प्रकार प्रस्तुत किया जा सकता है—

"काव्य भाषा के माध्यम से कल्पना द्वारा मानव-जीवन का पुनःसृजन है।" कहना न होगा कि यह परिभाषा आज भी सार्थक और प्रासंगिक है।

प्रयोजन

अरस्तू ने अपने काव्यशास्त्र में काव्य के दो प्रयोजनों की ओर संकेत किया है। वह कहता है, "अनुकृत वस्तु से प्राप्त आनन्द भी कम सार्वभौम नहीं। अनुभव इसका प्रमाण है—जिन वस्तुओं के प्रत्यक्ष दर्शन से हमें क्लेश होता है, उन्हीं की यथावत् प्रतिकृति का भावन आह्लादकारी बन जाता है, जैसे किसी अत्यन्त जघन्य पशु अथवा शव की रूपाकृति का उदाहरण लिया जा सकता है। इसका कारण यह है कि ज्ञान के अर्जन से अत्यन्त प्रबल आनन्द प्राप्त होता है—केवल द्वार्शनिक को ही नहीं सामान्य व्यक्ति को भी—जिसकी ज्ञानार्जन-क्षमता अपेक्षाकृत कहीं सीमित होती है।"[2] उपर्युक्त कथन में ज्ञान का अर्जन शिक्षा की ओर संकेत करता है और उससे प्राप्त आनन्द, सुखात्मक अनुभूति की ओर। दोनों को मिलाकर यों कह सकते हैं—काव्य के दो प्रयोजन हैं—1. शिक्षा, 2. आनन्द। अनुकृत वस्तु को देखकर अनुकार्य का ज्ञान होता है। इस ज्ञान से हम शिक्षित होते हैं। साथ ही यह ज्ञान आनन्द भी देता है। किसी वस्तु की प्रतिकृति को देखकर हम सोचते हैं—"अरे यह तो अमुक है" यह प्रत्यभिज्ञान हमें आनन्द प्रदान करता है। यह आनन्द न तो आध्यात्मिक है, न ऐन्द्रिक, न बौद्धिक। यह प्रत्यभिज्ञान का आनन्द है। प्रत्यभिज्ञान का आनन्द भी दो प्रकार का होता है—प्रत्यक्ष और काल्पनिक। हम किसी बहुत पहले देखे हुए स्थान को जब फिर देखते हैं और पहचान कर कहते हैं—अरे! यही वह वृक्ष है जिस पर हम झूला झूलते थे। तो यह प्रत्यक्ष

---

1. **अरस्तू का काव्यशास्त्र, डॉ० नगेन्द्र, पृ० 26।**
2. **अरस्तू का काव्यशास्त्र, डॉ० नगेन्द्र, पृ० 14।**

प्रत्यभिज्ञान है। यह भी सुखात्मक होता है, किन्तु काल्पनिक प्रत्यभिज्ञान का आनन्द अधिक सूक्ष्म होता है। जब हम अपने उसी पहले देखे हुए स्थान का वर्णन पढ़ते हैं या चित्र देखते हैं और अपनी कल्पना से उसके रूप को मन के भीतर मूर्त्त करते हैं तो यह प्रत्यभिज्ञान काल्पनिक होता है। अरस्तू ने इसी प्रत्यभिज्ञान से उत्पन्न आनन्द की ओर संकेत किया है। इस प्रकार अरस्तू की दृष्टि में काव्य से ज्ञान (प्रत्यभिज्ञान)—जनित शिक्षा तो मिलती ही है, काल्पनिक आनन्द भी मिलता है।

काव्य हेतु

अरस्तू से पहले ग्रीक में काव्य का हेतु दैवी प्रेरणा या 'इंस्पिरेशन' माना जाता था। अरस्तू ने मानव-स्वभाव में ही काव्य-रचना की मूल प्रवृत्ति लक्षित की। उनके अनुसार अनुकरण और सामंजस्य ये दो प्रवृत्तियाँ मनुष्य में निसर्गतः विद्यमान हैं। इन दोनों के योग से रचना की प्रवृत्ति का विकास होता है। इन दो प्रवृत्तियों के साथ ही अरस्तू ने रचना के लिए प्रतिभा को भी आवश्यक माना है। कथानक की एकान्विति पर विचार करते हुए वह कहता है—"ऐसा प्रतीत होता है इस क्षेत्र में भी अपनी सहज प्रतिभा अथवा निपुणता के बल पर उसने (होमर ने) सत्य का साक्षात्कार कर लिया था। ओधुसोइया (ओडिसी) में उसने आधुस्सेउस के जीवन की सभी घटनाओं का समावेश नहीं कर लिया है—उसने ऐसी घटनाओं को छोड़ दिया है, जिनमें परस्पर कोई आवश्यक या सम्भाव्य सम्बन्ध नहीं है।"[1] इसी प्रकार काव्य-पदावली के संबंध में विस्तार से विचार करते हुए जब वह 'लक्षणा' के प्रयोग का महत्त्व प्रतिपादित करने लगता है, तो उसका ध्यान 'प्रतिभा' की ओर जाता है और वह कहता है—"परन्तु सबसे अधिक महत्त्वपूर्ण तो यह है कि कवि लक्षणा के प्रयोग में सिद्धहस्त हो। यही एक ऐसा गुण है जिसका उपार्जन नहीं हो सकता, यह तो 'प्रतिभा' का लक्षण है।"[2] ऊपर के दोनों उद्धरणों पर ध्यान दें। कथानक की एकान्विति स्थापित करने में होमर अपनी सहज प्रतिभा के बल पर सत्य का साक्षात्कार करता है। इसी प्रकार काव्य-पदावली में लक्षणा का प्रयोग सबसे महत्त्वपूर्ण है और यह प्रतिभाजन्य है, इसे उपार्जित नहीं किया जा सकता। तात्पर्य यह कि अरस्तू की दृष्टि में काव्य-रचना के क्षेत्र में कवि को वैशिष्ट्य प्रदान करने वाले कई ऐसे गुण हैं, जो प्रतिभा-जन्य हैं, उन्हें उपार्जित नहीं किया जा सकता। इन्हीं उद्धरणों से यह भी प्रमाणित है कि अरस्तू की दृष्टि में कई काव्य-गुण ऐसे भी हैं, जिन्हें अर्जित किया जा सकता है। जब वह कहता है कि काव्य के पद-विन्यास में लक्षणा का विशेष महत्त्व है और वह अर्जित नहीं की जा सकती, तो इसी कथन में यह भी संकेतिक है कि लक्षणा से इतर जो गुण हैं, वे अभ्यास-जन्य हैं और उन्हें अर्जित किया जा सकता

1. **अरस्तू का काव्यशास्त्र, डॉ० नगेन्द्र, पृ० 24-25।**
2. **अरस्तू का काव्यशास्त्र, डॉ० नगेन्द्र, पृ० 70-71।**

है। इस प्रकार काव्य-हेतु पर विचार करते हुए अरस्तू भारतीय मान्यताओं के बहुत समीप आ गया है। प्रतिभा और अभ्यास ये दोनों काव्य-हेतु भारतीय आचार्यों के भी मान्य हैं। तीसरा हेतु 'व्युत्पत्ति' तो विवाद से परे है। उसका अलग से उल्लेख चाहे न किया जाय। यह तो सभी को स्वीकार्य है कि कवि को बहुश्रुत और अधीत होना चाहिए।

काव्य के भेद

अरस्तू ने कवि-व्यक्तित्व, काव्य-विषय, काव्य-रीति तथा काव्य-माध्यम के आधार पर काव्य के भेद किए हैं। कवि-व्यक्तित्व के आधार पर काव्य दो प्रकार के होते हैं—

1. वीर-काव्य, 2. व्यंग्य-काव्य। जो कवि गंभीर एवं उदात्त होते हैं, वे वीर-काव्य की रचना करते हैं। जो क्षुद्र और विनोदी होते हैं वे व्यंग्य काव्य रचते हैं।

विषय के अनुसार काव्य तीन प्रकार के होते हैं—

1. उदात्त काव्य, 2. यथार्थ काव्य, 3. क्षुद्र काव्य।

उदात्त के अन्तर्गत 'महाकाव्य', 'ट्रैजेडी' और 'देवसूक्त' आते हैं।

क्षुद्र-काव्य के अन्तर्गत कामदी (प्रहसन) और अवगीति काव्य आते हैं। रौद्र स्त्रोतों को मिश्र काव्य मानते हैं, क्योंकि इनमें ओजपूर्ण भावों के साथ ही मनोमत्तकारी भावों का सम्मिश्रण होता है।

अनुकरण की पद्धति या रीति के अनुसार काव्य के दो भेद होते हैं—

1. समाख्यान काव्य, 2. दृश्य काव्य।

माध्यम के अनुसार काव्य के दो प्रकार होते हैं—1. पद्यकाव्य, 2. गद्यकाव्य।

उपर्युक्त भेदों में अनुकरण की पद्धति या रीति के आधार पर किये गये भेद ही महत्त्वपूर्ण हैं, क्योंकि अनुकरण ही काव्य की मूल प्रवृत्ति है। इस दृष्टि से दो भेद किए गए हैं—1. समाख्यान काव्य, 2. दृश्य काव्य। समाख्यान काव्य का प्रमुख भेद है—

महाकाव्य की कोई सुनिश्चित् परिभाषा अरस्तू ने नहीं दी है। ट्रैजेडी से तुलना करते हुए उसने आनुषंगिक रूप से महाकाव्य के विषय में इतस्ततः जो कुछ कहा है उसके आधार पर महाकाव्य की परिभाषा सुनिश्चित् की जा सकती है।

पोएटिक्स के पाँचवें अध्याय के अंत में अरस्तू कहता है—"महाकाव्य और त्रासदी में यह समानता है कि उसमें उच्चतर कोटि के पात्रों की पद्यबद्ध अनुकृति रहती है। भेद यह है कि महाकाव्य में केवल एक प्रकार का छन्द ग्राह्य होता है और उसका रूप समाख्यानात्मक होता है। दोनों के विस्तार में भी भेद होता है—त्रासदी को यथासम्भव सूर्य की एक परिक्रमा (एक दिन) या इससे कुछ

अधिक समय तक सीमित रखने का प्रयत्न किया जाता है, परन्तु महाकाव्य के कार्य-व्यापार में काल की सीमा का कोई बन्धन नहीं है।''[1] इसी प्रकार पोएटिक्स के तेइसवें अध्याय में उसने कहा है—''महाकाव्य में उसके समाख्यानात्मक रूप के कारण, एक ही समय घटित होने वाली अनेक घटनाएँ प्रस्तुत की जा सकती हैं और यदि ये विषय-संगत हों तो इनसे काव्य को घनत्व और गरिमा प्राप्त होती हैं।''[2]

उपर्युक्त दोनों कथनों के आधार पर महाकाव्य की ये विशेषताएँ निर्दिष्ट की जा सकती हैं—महाकाव्य, काव्य का वह रूप है जिसमें उच्चतर कोटि के पात्रों की अनुकृति होती है। वह पद्यबद्ध होता है। इसमें आद्योपान्त एक ही छन्द का प्रयोग किया जाता है। इसका रूप समाख्यानात्मक होता है। इसके कार्य-व्यापार की कोई सीमा नहीं होती। इसमें वर्णित घटनाओं के विषयसंगत होने पर इसे घनत्व और गरिमा प्राप्त होती है।

अरस्तू ने सबसे विस्तृत विवेचन ट्रैजेडी का किया है। पोएटिक्स के छठें से उन्नीसवें अध्याय तक मात्र ट्रैजेडी का ही विवेचन किया गया है। पहले से पाँचवें अध्याय तक 'ट्रैजेडी', 'महाकाव्य' और 'कामेडी' का माध्यम, विषय और पद्धति की दृष्टि से अन्तर स्पष्ट किया गया है। छब्बीसवें (अंतिम) अध्याय में महाकाव्य और ट्रैजेडी का तुलनात्मक मूल्यांकन प्रस्तुत किया गया है। यहाँ अरस्तू के विस्तृत विवेचन को प्रस्तुत करना न आवश्यक है न समीचीन। हम यहाँ अत्यन्त संक्षेप में उसके विवेचन का सारतत्त्व प्रस्तुत करना चाहेंगे।

पोएटिक्स के छठे अध्याय में ट्रैजेडी की लगभग सभी विशेषताओं को समेटते हुए अरस्तू ने कहा है—''अस्तु त्रासदी किसी गंभीर, स्वतःपूर्ण तथा निश्चित् आयाम से युक्त कार्य की अनुकृति का नाम है, जिसका माध्यम नाटक के भिन्न-भिन्न भागों में भिन्न-भिन्न रूप से प्रयुक्त सभी प्रकार के आभरणों से अलंकृत भाषा होती है, जो समाख्यान के रूप में न होकर कार्य-व्यापार रूप में होती है और जिसमें 'करुणा' तथा 'त्रास' के उद्रेक द्वारा इन विकारों का उचित विरेचन किया जाता है। 'अलंकृत भाषा' से मेरा अभिप्राय ऐसी भाषा से है, जिसमें लय, सामंजस्य और गति का समावेश हो जाता है।''[3]

उपर्युक्त उद्धरण में ट्रैजेडी की जिन विशेषताओं का समावेश है, उन्हें इस प्रकार सूत्रबद्ध किया जा सकता है—

1. ट्रैजेडी किसी गंभीर, स्वतःपूर्ण और निश्चित् आयाम वाले कार्य की अनुकृति है।
2. इसकी भाषा छन्द, लय, गति आदि से अलंकृत होती है।

---

1. **अरस्तू का काव्यशास्त्र, पृ० 18।**
2. **अरस्तू का काव्यशास्त्र, पृ० 63।**
3. **अरस्तू का काव्यशास्त्र, पृ० 19।**

3. इसमें कार्य का वर्णन या समाख्यान नहीं किया जाता वरन् इसे नाट्य-रूप में प्रदर्शित किया जाता है।
4. इसमें भय और करुणा के भावों को उद्बुद्ध करके इनका विरेचन किया जाता है।

उपर्युक्त सामान्य विशेषताओं के अतिरिक्त अरस्तू ने **कथावस्तु** और **नायक** के सम्बन्ध में भी विस्तार से विचार किया है। कथावस्तु से तात्पर्य घटनाओं के संघटन से है। यों तो ट्रैजेडी में कथानक, चरित्र-चित्रण, पद-रचना, विचार-तत्त्व, दृश्य-विधान, गति आदि कई अंग होते हैं, किन्तु इनमें घटनाओं के संघटन का महत्त्व सर्वोपरि है। ट्रैजेडी कार्य-व्यापार का अनुकरण है। कार्य-व्यापार घटनाओं के उचित संघटन से गतिशील होता है। चरित्र तो कार्य-व्यापार के साथ गौण रूप में चित्रित हो ही जाता है। इसलिए घटनाएँ और कथानक ही ट्रैजेडी के साध्य हैं। अरस्तू की दृष्टि में, "बिना कार्य-व्यापार के ट्रैजेडी नहीं हो सकती, बिना चरित्र-चित्रण के हो सकती है।"[1]

कथानक दो प्रकार के हो सकते हैं—1. सरल, 2. जटिल। सरल कथानक में कार्य-व्यापार एक और अविच्छिन्न होता है तथा उसमें भाग्य-परिवर्तन, स्थिति-विपर्यय एवं अभिज्ञान के अभाव में भी हो जाता है। जटिल कथानक का आधार कार्य-व्यापार की जटिलता है। अरस्तू के शब्दों में "जटिल व्यापार वह है जहाँ यह (भाग्य) परिवर्तन स्थिति-विपर्यय या अभिज्ञान अथवा दोनों के द्वारा घटित होता है।"[2] इसकी व्याख्या करते हुए डॉ० नगेन्द्र ने कहा है—"अर्थात् जटिल कथानक का विकास 'सीधा' नहीं होता, वह अकेला चरम स्थिति की ओर आगे नहीं बढ़ता वरन् स्थिति-विपर्यय तथा अभिज्ञान आदि आकस्मिक घटना-विधान द्वारा उसकी परिणति सिद्ध होती है।"[3]

नायक के सम्बन्ध में अरस्तू के विचार भारतीय मान्यताओं के बहुत निकट हैं। काव्यशास्त्र के तेरहवें अध्याय में अरस्तू ने कहा है—"अब इन दो सीमान्तों (अत्यन्त सच्चरित्र या अत्यन्त दुष्ट) के बीच का चरित्र रह जाता है—ऐसा व्यक्ति जो अत्यन्त सच्चरित्र और न्यायपरायण तो नहीं है, फिर भी जो अपने दुर्गुण या पाप के कारण नहीं वरन् किसी कमज़ोरी या भूल के कारण दुर्भाग्य का शिकार हो जाता है। यह व्यक्ति अत्यन्त विख्यात एवं समृद्ध होना चाहिए जैसे ओइदिपूस (ईडिपस), थ्युएस्तेस अथवा ऐसा ही कोई यशस्वी कुलीन पुरुष।"[4] दो सीमान्तों (अत्यन्त सच्चरित्र या अत्यन्त दुष्ट) के बीच का चरित्र चित्रित करने के पीछे अरस्तू का तर्क यह था कि यदि किसी अत्यन्त सच्चरित्र व्यक्ति का सम्पत्ति से

---

1. **अरस्तू का काव्यशास्त्र, पृ० 21।**
2. **अरस्तू का काव्यशास्त्र, पृ० 28।**
3. **अरस्तू का काव्यशास्त्र, भूमिका, पृ० 75।**
4. **अरस्तू का काव्यशास्त्र, पृ० 33।**

विपत्ति में पतन दिखाया जायेगा तो न तो इससे करुणा का उद्रेक होगा, न भय का। इससे तो पाठक या द्रष्टा के मन को आघात लगेगा। इसी प्रकार यदि किसी अति दुष्ट पात्र का विपत्ति से सम्पत्ति में उत्कर्ष दिखाया जायेगा, तो न तो इससे द्रष्टा की नैतिक भावना का परितोष होगा न करुणा और भय का उद्रेक ही होगा। किसी अत्यन्त दुष्ट पात्र का पतन दिखाने से भी बात नहीं बनेगी। इससे द्रष्टा की नैतिक भावना का परितोष तो होगा किन्तु 'करुणा' या 'भय' का उद्रेक न होगा। इसलिए नैतिक भावना का परितोष तो होगा किन्तु 'करुणा' या 'भय' का उद्रेक न होगा। इसलिए ट्रैजेडी में औसत स्तर का पात्र ही चित्रित होना चाहिए; हाँ, उसका विख्यात और समृद्ध होना आवश्यक है। औसत चरित्र का व्यक्ति भी समृद्ध और विख्यात हो सकता है।

इस प्रसंग को समाप्त करने के पहले हम यूरोपीय काव्य-चिन्तन के क्षेत्र में अरस्तू के महत्त्व के संबंध में दो शब्द अवश्य कहना चाहेंगे। अरस्तू की अप्रतिम प्रतिभा का महत्त्व यूरोप के प्रत्येक विचारक ने स्वीकार किया है। सच्चाई तो यह है कि रेनेसाँ-काल से लेकर आज तक यूरोप की साहित्य-समीक्षा अरस्तू के काव्यशास्त्र के इर्द-गिर्द केन्द्रित रही है। अरस्तू की सबसे बड़ी विशेषता यह है कि उसने सबसे पहले यह स्पष्ट किया कि दर्शन, इतिहास, राजनीति, आचार-शास्त्र आदि की भाँति साहित्य भी एक गंभीर चिन्तन का विषय है। दूसरी बड़ी विशेषता यह है कि उसने मात्र यूनानी साहित्य को लक्ष्य में रखकर कई ऐसी स्थापनाएँ कीं जो विश्वस्तरीय हैं। **अनुकरण** और **विरेचन** सिद्धान्तों की उसने जो व्याख्या की है, वह सार्वदेशिक और सार्वकालिक है। उसकी तीसरी विशेषता यह है कि उसने पहली बार काव्य-वस्तु के साथ ही उसके रूप-पक्ष और शिल्प पर गंभीरता से विचार किया। उसके ये विचार आज भी प्रेरक और प्रासंगिक हैं। निश्चय ही भारतीय काव्य-चिंतन के क्षेत्र में जो स्थान भरतमुनि का है, वही स्थान यूरोपीय काव्य-चिन्तन के क्षेत्र में अरस्तू का।

अरस्तू की मृत्यु (322 ई० पू०) के बाद धीरे-धीरे एथेन्स (ग्रीक की राजधानी) का बौद्धिक-सांस्कृतिक वैभव क्षीण होने लगा। अब यह गौरव मिस्र की राजधानी 'सिकन्दरिया' को प्राप्त हुआ। लगभग दो सौ वर्षों बाद सम्राट् आगस्टस (Augustus—27 ई० पू० से ई० 14 तक) के समय में रोम यूरोपीय सभ्यता और संस्कृति का केन्द्र बन गया। आगस्टस ने शक्तिशाली रोम साम्राज्य की नींव डाली थी। तेरहवीं शताब्दी तक सारे यूरोप पर रोमन साम्राज्य का प्रभाव छाया रहा। इस युग में लैटिन भाषा का प्रभाव बढ़ा। शताब्दियों तक यूरोप में लैटिन ज्ञान-विज्ञान की भाषा बनी रही।

आगस्टस का समय शक्ति और वैभव के साथ ही विद्या और कला का भी समय था। इसी समय में रोम में होरेस (65 ई० पूर्व से 8 ई० पू०) जैसे कवि-आलोचक का उद्भव हुआ। आगस्टस कला-प्रेमी थे, कवियों को संरक्षण देते थे,

किन्तु कवियों से आशा करते थे कि वे या तो राष्ट्रीय गौरव का गान करें या सम्राट् की प्रशस्ति लिखें। उद्देश्य ही सीमित हो, तो उसमें कालजयी कृतियों की सृष्टि संभव नहीं। होरेस प्रतिभाशाली थे। यूनानी साहित्य का उन्होंने अच्छा अध्ययन किया था, किन्तु काव्य-चिन्तन के क्षेत्र में कोई मौलिक उद्भावना नहीं की। उनकी आलोचना पुस्तक का नाम 'आर्सपोएटिका' (Ars Poetica) है। वस्तुत: यह पद्य में लिखा हुआ एक लम्बा पत्र है, जिसमें 'पिसो' नामक एक युवक को काव्य-शिक्षा दी गई है। सोलहवीं से अठारहवीं शताब्दी तक तीन विषयों का निरूपण किया गया है—1. **विषय-वस्तु,** 2. **रूप,** 3. **कवि।** 'रूप' के अन्तर्गत काव्य-शैली का विवेचन किया गया है। इस प्रकार यदि देखा जाय तो होरेस ने काव्य, काव्य-शैली और कवि इन्हीं तीन विषयों का प्रतिपादन किया है। डॉ० देवेन्द्रनाथ शर्मा ने होरेस के पूरे काव्य-चिन्तन में से 18 महत्त्वपूर्ण बातें चुनकर उसका सार-तत्त्व प्रस्तुत कर दिया है। इनमें भी कुछ बातें छोड़ी जा सकती हैं। होरेस के पूरे काव्य-चिन्तन को अत्यन्त संक्षेप में इस प्रकार प्रस्तुत किया जा सकता है।

1. काव्य का विषय सरल, सघन और कवि की रचना-शक्ति के अनुकूल होना चाहिए।
2. शब्द-संयोजन सुरुचिपूर्ण और विषयानुकूल होना चाहिए। प्रचलित शब्द उपयुक्त न प्रतीत हों तो नए शब्द प्रयुक्त हो सकते हैं। नये शब्द यूनानी स्रोत से लिए जायँ तो अच्छा होगा।
3. छन्दों का प्रयोग भावानुकूल होना चाहिए। छन्दों का वर्ण्य-विषय से गहरा सम्बन्ध होता है। हर तरह के भाव और विचार प्रत्येक छन्द में व्यक्त नहीं हो सकते। कौन छन्द किस भाव के लिए उपयुक्त है, इसका निर्णय प्राचीन कवियों के छन्द-प्रयोगों को ध्यान में रखकर किया जाना चाहिए।
4. काव्य में श्रोता और पाठक को भाव-मग्न करने की क्षमता होनी चाहिए। इसके लिए कवि का सहृदय और संवेदनशील होना आवश्यक है। भाव-विशेष में स्वयं डूब कर ही कवि पाठकों को भाव-मग्न करा सकता है।
5. नाटक का कथानक चाहे प्रसिद्ध और परंपरा-प्राप्त हो चाहे कल्पित, उसमें आदि से अन्त तक संतुलन और सामंजस्य होना चाहिए।
6. नाटक में उत्तेजक घटनायें मंच पर प्रदर्शित नहीं की जानी चाहिए। उन्हें सूच्य रूप में प्रस्तुत करना ही समीचीन होगा।
7. नाटक की भाषा द्रष्टाओं की समझ के अनुकूल होनी चाहिए।
8. श्रेष्ठ रचना के लिए प्रतिभा, व्युत्पत्ति और अभ्यास तीनों ही आवश्यक हैं। इनमें भी 'अभ्यास' का विशेष महत्त्व है।

9. काव्य का प्रयोजन शिक्षा और आनंद दोनों होना चाहिए।
10. रचना आंतरिक प्रेरणा से ही की जानी चाहिए। किसी बाहरी दबाव से की जाने वाली रचना श्रेष्ठ नहीं हो सकती।

उपर्युक्त विचार-सूत्रों को ध्यान में रखकर देखा जाय तो होरेस सब मिलाकर औचित्यवादी प्रतीत होता है। प्रत्येक स्तर पर उसने सन्तुलन और सामंजस्य पर बल दिया है।

होरेस का औचित्यवाद

औचित्य का अर्थ होता है उचित का भाव। काव्य के सम्बन्ध में—रचना से प्रभाव तक—जो भी उचित हो उसको ग्रहण कर लेना और जो अनुचित हो, उसे त्याग देना ही औचित्यवाद है। औचित्यवादी कोई निजी स्थापना नहीं करता। वह पूर्व-स्थापित मान्यताओं में से ही 'उचित' का चयन करता है। वह अतिवादी नहीं होता। आग्रही नहीं होता। अतिरेकी नहीं होता। उसका दृष्टिकोण सकारात्मक होता है। वह सभी मतों से चुनकर जो उपयुक्त होता है, उसे ही पूरे विश्वास से प्रस्तुत करता है। वह एक प्रकार से मर्यादावादी होता है। संस्कृत काव्यशास्त्री आचार्य क्षेमेन्द्र को औचित्यवादी माना जाता है। यही स्थिति पाश्चात्य काव्य-चिन्तन में होरेस की है। होरेस की उपर्युक्त स्थापनाओं को देखा जाय तो सभी में औचित्य दिखाई देता है। उसने काव्य और नाटक दोनों पर विचार किया है। काव्य, बाहरी दबाव से भी लिखा जाता है और आन्तरिक प्रेरणा से भी। बाहरी दबाव, प्रलोभन, भय, आग्रह, प्रशंसा आदि रूपों में सामने आता है। इनसे ऊपर उठकर ही श्रेष्ठ काव्य लिखा जा सकता है। काव्य के लिए आन्तरिक प्रेरणा ही सबसे उचित है। कबीर, सूर, तुलसी सभी ने आन्तरिक प्रेरणा से ही रचना की थी। काव्य के हेतुओं में 'प्रतिभा' को प्रमुख स्थान प्राप्त है। होरेस ने भी इसे महत्त्व दिया है। लेकिन 'व्युत्पत्ति' और 'अभ्यास' भी आवश्यक है। इसलिए होरेस ने तीनों को महत्त्वपूर्ण माना है। काव्य का प्रयोजन मुख्यत: आनन्द माना गया है। लेकिन आनन्द के साथ ही यदि उससे शिक्षा भी मिले तो सोने में सुगन्ध जैसी स्थिति होगी और काव्य का महत्त्व बढ़ जाएगा। प्रभाव की दृष्टि से काव्य में यह क्षमता होनी चाहिए कि वह पाठक को भावमग्न कर दे। उसे क्षण भर के लिए विभोर कर दे। यदि ऐसा नहीं है, तो कविता का कोई अर्थ ही नहीं है। सहृदय पाठक को भावविभोर कर देना काव्य की पहली विशेषता होनी चाहिए। यदि कविता पढ़कर पाठक का चित्त आर्द्र नहीं होता तो कविता निष्प्रभावी और निरर्थक है। इसी प्रकार शब्द-संयोजन, छन्द-विधान, नाट्य-भाषा, नाटक की कथावस्तु आदि के सम्बन्ध में भी होरेस ने जो कुछ कहा है, वह सर्वथा उचित कहा है। उसने अपनी औचित्यनिष्ठा को एक उदाहरण द्वारा व्यक्त करते हुए कहा था—''मेरे मित्रों! यदि कोई चित्रकार मनुष्य के सिर के साथ घोड़े की गर्दन जोड़ दे, और एक स्त्री की चित्र-रचना करते समय तमाम जानवरों के अंगों की

विशेषताएँ लेकर ऐसा चित्र बनाए कि उसका ऊपरी हिस्सा सुन्दरी स्त्री का हो और नीचे का हिस्सा मछली का तो क्या आप लोग अपनी हँसी रोक पायेंगे।[1] यही स्थिति कविता की है। कविता में भी आंगिक अनुपात औचित्यपूर्ण होना चाहिए।''।

यूरोपीय काव्य-चिन्तन पर होरेस का व्यापक प्रभाव है। अरस्तू को समझने के लिए पाठकों को उसकी दार्शनिक तर्क-पद्धति से अवगत होना आवश्यक था, किन्तु होरेस को समझने के लिए रचना की आन्तरिक प्रवृत्ति का बोध पर्याप्त है। होरेस ने पाठकों की व्यावहारिक कठिनाइयों को ध्यान में रखकर बहुमूल्य सुझाव दिए हैं। उसकी बातें सहज बोधगम्य हैं। होरेस के व्यापक प्रभाव का विश्लेषण करते हुए अबरक्राम्बी (Abercrombie) ने कहा है—''यदि हम प्रभाव की दृष्टि से विचार करें तो आलोचना के इतिहास में अरस्तू के बाद दूसरा नाम होरेस का ही लिया जा सकता है। अरस्तू के दार्शनिक चिन्तन ने आलोचना को स्वायत्तता प्रदान की किन्तु होरेस की आर्सपोयेतिका (Ars Poetica) ने अरस्तू के काव्यशास्त्र के बीज को यूरोप की सभी भाषाओं के साहित्य में वितरित कर दिया।''[2]

होरेस की मृत्यु ई० पू० 8 में हुई। उसके बाद काव्य-चिन्तन के क्षेत्र में फिर एक यूनानी विचारक चमक उठा। इसका नाम लोंगिनुस (Longinus) अंग्रेज़ी लोंजाइनस) था। उसका जन्म कब हुआ? यह निश्चित नहीं है। इसका समय कुछ लोग ईसा की प्रथम और कुछ तृतीय शताब्दी मानते हैं। लोंगिनुस के नाम से जो ग्रन्थ प्रसिद्ध है, उसका नाम 'पेरिइप्सुस' है। लगभग 1500 वर्षों तक अज्ञात रहने के बाद 1554 ई० में रोवेरतेल्लो (Robertello) नामक इतालवी विद्वान् ने इसका प्रकाशन कराया। इसका अंग्रेज़ी अनुवाद 1652 ई० में हुआ। अंग्रेज़ी में लोंगिनुस के सिद्धान्त को 'आन दी सब्लाइम'. (On the Sublime) कहते हैं। इसके लिए हिन्दी में 'उदात्त' शब्द प्रचलित है। 'पेरिइप्सुस' मूलतः भाषण-शास्त्र का ग्रन्थ है। 'आर्सपोयेतिका' की तरह यह भी पत्र-शैली में लिखा गया है। लोंगिनुस ने अपने

---

1. He says—"If a painter should try to unite a horse's neck to a human head and to add various features to limbs collected from every kind of animal, so that a woman's fair form above should end in a foul and ugly fish beneath, tell me my friend, could you control your laughter, if admitted to a private view."

—History and principles of literary criticism, p. 93.

2. "On the whole, if we judge by effect" the most important name in the history of criticism next to Aristotle is Horace. Criticism which can give a rational account of itself was first made possible by Aristotle's philosophy but it was the Ars Poetica which broadcast the seed of poetics over every literature in Europe."

—Abercrombie

मित्र पोस्तुमिउस तेरेन्तियानुस (Postumius Terentianus) को पत्र लिखकर भाषण-कला की बारीकियों से परिचित कराया है। भाषण-ग्रन्थ होते हुए भी यह काव्यशास्त्रियों के बीच पर्याप्त सम्मानित है। कारण यह है कि भाषण-कला में भी भावों को उद्दीप्त और तर्क-पुष्ट करके गरिमा और सौन्दर्य का समावेश किया जाता है।

उदात्तवाद

लोंगिनुस ने उदात्तवाद के पाँच स्रोतों की ओर ध्यान आकृष्ट किया है। वह कहता है—"हम कह सकते हैं कि उदात्तभाषा के पाँच मुख्य स्रोत होते हैं। इन पाँच भेदों के तल में वक्तृत्व-शक्ति की प्रतिष्ठा होती है, मानो वही सबकी नींव है। वह अनिवार्य है। सर्वप्रथम और सर्वाधिक महत्त्वपूर्ण है महान् विचारोद्भावना की क्षमता (Grandeur of Conception) दूसरा तत्त्व है प्रेरणा प्रसूत एवं उद्दाम आवेग (Vehement and inspired passion)। उदात्त के ये दो तत्त्व अधिकांश में नैसर्गिक होते हैं। शेष तत्त्व अंशत: कला की निष्पत्ति है। तीसरा अवयव है समुचित अलंकार-योजना जिसके अन्तर्गत भाव और अभिव्यंजना दोनों से सम्बन्धित अलंकार आते हैं। (The due formation of figures which are of two kinds, figures of thought and figures of language)। इसके पश्चात् साधुभाषा आती है, जिसके अन्तर्गत शब्द-चयन और उनका विन्यास, रूपकादि के प्रयोग और भाषा-विस्तार का समावेश है। (Noble diction which is the result of choice and arrangement of words, use of images and metaphors and similes and comparison)। उदात्त का पाँचवाँ गुण है, गरिमामय रचना-विधान (Dignified, elevated) and elaborate composition)। जिस भाषिक अभिव्यक्ति में ये पाँचों गुण होते हैं, वह उदात्त होती है। उपर्युक्त पाँच स्रोतों में प्रथम दो—"महान् विचारोद्भावना की क्षमता तथा प्रेरणा-प्रसूत और उद्दाम आवेग—नैसर्गिक हैं। इन्हें अभ्यास द्वारा प्राप्त नहीं किया जा सकता। शेष तीन अभ्यास और प्रयत्न से आयत्त किए जा सकते हैं। लोंगिनुस नैसर्गिक स्रोतों को अधिक महत्त्व देता है। उसके अनुसार महान् विचारोद्भावना महत् आत्मा की प्रतिध्वनि होती है। (Echo of greatness of soul)। यह मात्र वाणी के द्वारा ही नहीं मौन के माध्यम से भी प्रतिध्वनित होती है। जहाँ तक उद्दाम आवेग का प्रश्न है, सभी आवेग उदात्त की सृष्टि नहीं कर सकते। उसके अनुसार—"कुछ आवेग ऐसे हैं, जो निम्न कोटि के और उदात्तता से बहुत दूर होते हैं—जैसे, दया, शोक एवं भय।"[1] यहाँ यह भी ध्यान देने की बात है कि कभी-कभी आवेग-शून्य होने पर भी अभिव्यक्ति गरिमा और उदात्तता से युक्त हो सकती है। उदाहरण के लिए प्रशस्तियों एवं समारोह-अभिभाषणों में

---

1. **पाश्चात्य काव्यशास्त्र की परंपरा, पृ० 52, सं० डॉ० (श्रीमती) सावित्री सिन्हा।**

आवेग न होने पर भी गरिमा और औदात्य होता है। अभ्यास और प्रयत्न से आयत्त होने वाले तत्त्वों में अलंकारों का उचित प्रयोग, भव्य शब्द-योजना तथा रचना की गरिमा और उत्कर्ष ये तीन आते हैं। वस्तुतः औदात्य के ये सभी तत्त्व संश्लिष्ट और संतुलित रूप में संयोजित होने पर ही अपेक्षित प्रभाव उत्पन्न करते हैं।

लोंगिनुस ने उन तत्त्वों का भी उल्लेख किया है, जो उदात्त-विरोधी हैं। उसकी दृष्टि में सुरुचि-विहीन वागाडम्बर (Testless rant of tumidity) भावाडम्बर, शब्दाडम्बर, लय की अस्त-व्यस्तता, कथन की अतिसंक्षिप्तता तथा क्षुद्र और 'कुत्सित भाषा-प्रयोग' औदात्य का ह्रास कर देते हैं। इनसे बचना चाहिए। सच्चे 'औदात्य' का लक्षण स्पष्ट करते हुए लोंगिनुस कहता है—"सच्चे औदात्य के द्वारा हमारी अन्तरात्मा सहज भाव से ऊपर उठ जाती है। वह आनन्द से उल्लसित हो उठती है। गोया कि इसने वह सब स्वयं उत्पन्न किया है, जिसे सुनकर वह आनन्दित हुई है। यह अनुभव एक या दो बार नहीं बार-बार होता है। वस्तुतः महान् वह है, जिसकी महत्ता बार-बार के परीक्षण के बाद भी कायम रहे और जिसकी स्मृति निरन्तर बनी रहे। सामान्यतः औदात्य के उन्हीं कारणों को वास्तविक और सही समझना चाहिए, जो सबको सब समय आनन्दित करने में समर्थ हो।"[1] लोंगिनुस के उपर्युक्त कथन का सार यह है कि औदात्य से आत्मा का उन्नयन होता है, वह अनिर्वचनीय आनन्द से उल्लसित हो उठती है और यह उल्लास स्थायी होता है। प्रश्न उठता है कि औदात्य का नित्यधर्म क्या है। कहा जा सकता है कि 'महत् विचारोद्भावना' (Grandeur of Conception) ही औदात्य का नित्यधर्म हो सकता है। अन्य भाषिक विशेषताएँ नित्यधर्म के रूप में मान्य नहीं हो सकतीं।

भारतीय काव्य-सिद्धान्तों में कुन्तक का 'वक्रोक्ति सिद्धान्त' लोंगिनुस के 'उदात्त' के बहुत समीप है। इस सम्बन्ध में डॉ० देवेन्दनाथ शर्मा का निर्णय ध्यान देने योग्य है। वे कहते हैं—"उदात्त के पाँचों स्रोत कुन्तक की सारिणि में वर्तमान हैं। लोंगिनुस जिसे विचार कहते हैं वह कुन्तक की भाषा में 'अर्थ' है। 'भाव' दोनों के यहाँ हैं। भाव की प्रधानता या सांद्रता ही 'रस' है। अलंकार भी उभयनिष्ठ हैं; हाँ कुन्तक में अलंकारों की संख्या लोंगिनुस से कुछ अधिक है। लोंगिनुस का पद-चयन कुन्तक

---

1. "Our soul is instinctively uplifted by the true sublime; it takes a proud flight, and is filled with joy and vaunting, as though it had itself produced what it has heard; and this not once or twice, but repeatedly. For that is really great which bears a repeated examination and which it is difficult, rather impossible, to withstand, and the memory of which is strong and hard to efface. In general, consider those examples of sublimity to be fine and genuine, which please all and always."

—Literary Criticism, by R. Dwivedi, P. 77

की पद-वक्रता में गतार्थ हो जाता है और रचना की गरिमा कुंतक की वाक्य-वक्रता, प्रकरण-वक्रता तथा प्रबन्ध-वक्रता में।''

अपनी महत्त्वपूर्ण स्थापनाओं के कारण लोंगिनुस क्लासिकल और रोमैंटिक दोनों ही शिविरों के आलोचकों में समादरणीय रहा है। कुछ लोग उसे प्रथम रोमैंटिक समीक्षक कहते हैं, जबकि कुछ दूसरे उसे क्लासिकल समीक्षक का सर्वोत्तम उदाहरण मानते हैं। वैसे सामान्यत: यह माना जाता है कि उसमें एक सच्चे स्वच्छन्दतावादी समीक्षक की आत्मा निवास करती थी। यों उसे मर्यादित स्वच्छन्दतावादी (Disciplined romantic) कहना अधिक समीचीन होगा।

मध्यकाल

ईस्वी सन् 500 से लेकर लगभग 1450 ई० तक का समय यूरोप के इतिहास का मध्यकाल माना जाता है। इसे अंधकार-युग भी कहते हैं। इस अंधकार-युग में यूरोप में कैथोलिक धर्म का व्यापक प्रभाव था। इस धर्ममत के अनुसार कविता पवित्र मसीही धर्म की भावनाओं के विरुद्ध संसार के प्रति आसक्ति जागृत करती है। इसके प्रभाव से मनुष्य निवृत्ति प्रधान पारलौकिक जीवन से विमुख हो जाता है। प्लेटो ने तो आदर्श लोकतन्त्र के लिए वासना उत्पन्न करने वाली कविता को अवांछित मानकर कवियों को आदर्श लोकतंत्र से बहिष्कृत करने की बात कही थी। कैथोलिक मसीही धर्म ने धार्मिक-नैतिक आधार पर कविता को अवांछित करार दे दिया। पादरियों के लिए अभिनय देखना और गीत सुनना पाप-कर्म माना जाता था। स्थिति यहाँ तक पहुँची कि, "रंगमंच से सम्बद्ध नृत्य, स्वाँग, गायन आदि सभी कलाओं का बहिष्कार किया गया। विदूषकों, अभिनेताओं आदि को शैतान का प्रतिनिधि घोषित किया गया और धर्मशास्त्र से इतर साहित्य के लिए जीना कठिनतर हो गया।"[1] ऐसी स्थिति में न तो श्रेष्ठ कविता लिखी जा सकती थी, न गंभीर काव्य-चिन्तन ही संभव था। इसी कारण ईसा की चौथी शताब्दी से लेकर महाकवि दाँते (Dante Alighieri 1965-1321) के आविर्भाव से यूरोप में कोई प्रथम श्रेणी का काव्य-चिन्तक नहीं हुआ। तेरहवीं शताब्दी ई० में इटली के फ्लोरेन्स नगर में उत्पन्न महाकवि दाँते ने इस जड़ता को तोड़ा। दाँते ने काव्य के उद्देश्य, काव्य के भेद तथा भाषा-शैली, छन्द आदि सभी विषयों पर विचार किया। दाँते भी मसीही धर्म को मानने वाला था, लेकिन वह कविता को धर्म की चेरी नहीं मानता था। उसने लोकभाषा में रचना करने की प्रवृत्ति पर बल दिया और स्वयं लैटिन के स्थान पर इटैलियन में रचना की। उसकी दृष्टि में श्रेष्ठ रचना के लिए विषय, भाषा और शैली में पूर्ण सामंजस्य होना आवश्यक है। विषय का चयन विवेकपूर्ण और उपयुक्त तथा भाषा परिष्कृत और शैली व्यंजनापूर्ण होनी चाहिए। दाँते के काव्यशास्त्रीय ग्रन्थ 'द वल्गारी एलोकुओ (De Vulgari Eloquentia) की भूरि-भूरि प्रशंसा प्रसिद्ध इतिहास लेखक जार्ज सेण्ट्सबरी ने की है। उसकी दृष्टि में दाँते एक साथ ही महाकवि और महान् आलोचक दोनों ही था।

---

1. **पाश्चात्य काव्यशास्त्र की परंपरा, भूमिका पृ० 4।**

नवजागरण

मध्ययुग या अंधकार-युग के बाद यूरोप में नवजागरण का युग आरम्भ होता है। सन् 1453 ई० में उस्मानी तुर्कों ने कुस्तुन्तुनियाँ को जीत लिया। इसी समय यूरोप में पुनर्जागरण या नवजागरण का आरम्भ होता है। यह नवजागरण सबसे पहले इटली में हुआ। धीरे-धीरे पूरे यूरोप में इसका आलोक फैल गया। पुनर्जागरण (Renaissance) का शाब्दिक अर्थ होता है—पुनर्जन्म। किसी भी देश में विद्या और कला के पुनर्जन्म को सामान्यत: रेनेसाँ कहते हैं। यूरोप के इस पुनर्जागरण-काल में ग्रीक चिन्तन का पुनरन्वेषण और पुनराख्यान आरम्भ हुआ। इस अन्वेषण और आख्यान के लिए ग्रीक भाषा का ज्ञान आवश्यक था। आलोचकों को लैटिन का ज्ञान तो था लेकिन ग्रीक भाषा से वे पूरी तरह परिचित नहीं थे। इसलिए प्लेटो और अरस्तू की मान्यताओं की भ्रान्त व्याख्या की गई। सबसे दु:खद बात यह थी कि, "अरस्तू के लैटिन अनुवाद मूल ग्रीक पाठ से न होकर अरबी अनुवादों तथा भाषान्तरों से किए गए थे। प्लेटो और अरस्तू के उद्धरण बराबर दिये जाते थे, पर उसकी व्याख्या प्राय: गलत की जाती थी।"[1] व्याख्या चाहे जैसी हो, आलोचकों के उत्साह में कमी नहीं थी। मुद्रण कला के विकास के कारण विचारों के प्रचार में तेज़ी आई। सोलहवीं शती तक पुनर्जागरण का आलोक इंग्लैण्ड में पहुँच चुका था। काव्य-चिन्तन के क्षेत्र में इंग्लैण्ड के पुनर्जागरण काल में **सर फिलिप सिडनी** (1554-1586 ई०) और **बेन जानसन** (1573-1637 ई०) दो उल्लेखनीय व्यक्तित्व सामने आये। इस समय इंग्लैण्ड में महारानी एलिज़ाबेथ का शासन था। इंग्लैण्ड का औद्योगिक विकास तेज़ी से हो रहा था। इसलिए सांस्कृतिक मूल्य भी बदल रहे थे। इसी युग में इंग्लैण्ड के विश्वविख्यात नाटककार शेक्सपीयर का आविर्भाव हुआ था।

सिडनी ने नए वातावरण में नए काव्य-मूल्यों को प्रतिष्ठित किया। उसने काव्य के स्वरूप और उसकी उपयोगिता का विश्लेषण तो किया ही, अपने ऊपर शुद्धतावादियों द्वारा लगाए जाने वाले आरोपों का उत्तर भी दिया। उसने प्रमाणित किया कि कविता की स्वायत्त सत्ता है। वह उतनी ही महत्त्वपूर्ण है जितना दर्शन, इतिहास और राजनीति। कवि भविष्यद्रष्टा होता है। उसमें रचना की अपूर्व क्षमता होती है। वह अपनी कल्पना-शक्ति के बल पर एक ऐसे संसार की रचना करता है, जो वास्तविक जगत् से अधिक पूर्ण और मोहक होता है। कविता पाठकों को उत्तम गुणों को ग्रहण करने की प्रेरणा देने वाली एक दिव्य विभूति है। दर्शन या नीतिशास्त्र तो केवल सत्य का उद्‌घाटन करते हैं, किन्तु कवि में सत्य को सौन्दर्य से समन्वित करने की क्षमता होती है। कविता का सौन्दर्यपक्ष उतना ही महत्त्वपूर्ण होता है जितना इसका उपदेशात्मक पक्ष। सत्य को सौन्दर्य से समंजसित करके कवि पाठकों की रुचि को अपेक्षित दिशा में मोड़ देता है। यह कार्य ज्ञान का कोई

---

1. **पाश्चात्य काव्यशास्त्र की परंपरा, भूमिका पृ० 5।**

अन्य अनुशासन नहीं कर सकता। कवि प्रकृति की नकल नहीं करता। वह उसी प्रकार एक नई सृष्टि करता है, जिस प्रकार विधाता ने प्रकृति की रचना की है। जो शक्ति कवि में है वह न दार्शनिक में है, न इतिहासकार या वैज्ञानिक में। कविता कोरी कल्पना नहीं है। वह सजीव रचना है। कविता मात्र पद्य में ही नहीं होती। वह गद्य में भी हो सकती है। कविता की मूल प्रवृत्ति एक पूर्ण, सुन्दर सामंजस्यपूर्ण संसार की रचना करना है, वह गद्य और पद्य दोनों के माध्यम से हो सकता है। सिडनी की सबसे महत्त्वपूर्ण कृति 'एपोलाजी फार पोयेत्री' (Apologie for poetrie) है। इसमें काव्य के महत्त्व और व्यावहारिक जीवन में उसकी उपयोगिता का प्रतिपादन अभूतपूर्व तर्क-शक्ति के आधार पर किया गया है। इसमें पुनर्जागरण युग की काव्य-चेतना नये रूप में साकार हो उठी है। इसमें न तो ग्रीक काव्य-सिद्धान्तों का अनुकरण किया गया है, न इटली के काव्य-चिन्तन को दुहराया गया है। सिडनी ने सभी स्रोतों से सिद्धान्त-सूत्रों का संचयन करके उसे अपूर्व नवता के साथ प्रस्तुत किया है। कविता और उसके विविध प्रकारों के सम्बन्ध में उसकी स्थापनायें मौलिक हैं और इंग्लिश आलोचना के इतिहास में उसका स्थान प्लेटो और अरस्तू (ग्रीक काव्य-चिन्तकों) के समकक्ष है।

नवशास्त्रवाद

बेन जानसन आलोचकों की उस महत्त्वपूर्ण परम्परा का प्रस्थान बिन्दु है, जो उससे आरम्भ होकर जान ड्राइडेन, डॉ० जानसन और टी० एस० इलिएट के साथ जुड़ती हुई अपनी पहचान कायम कर सकी है। **बेन जानसन** से कुछ पूर्व **सिडनी** दर्शन और इतिहास के समक्ष कविता का महत्त्व पूरी योग्यता से प्रतिपादित कर चुका था। अब कविता की स्वतंत्र सत्ता थी। कवि को दैवी शक्ति सम्पन्न विशिष्ट समझा जाने लगा था। परिणाम यह हुआ कि कविता सर्व-तंत्र-स्वतंत्र हो गई। काव्य की भाषा और शैली के क्षेत्र में एक प्रकार की अराजकता व्याप्त हो गई। **बेन जानसन** ने अपने सशक्त व्यक्तित्व और प्रखर समीक्षा-दृष्टि के बल पर काव्य के क्षेत्र में पुनः अनुशासन कायम किया। एक प्रकार से उसने **नवशास्त्रवाद** की शुरुआत की। बेन जानसन ने होरेस की पुस्तक 'आर्स पोयतिका' का अनुवाद किया था। वह ग्रीक काव्यशास्त्र का अच्छा जानकार था। उसने काव्य के क्षेत्र में बढ़ती हुई अराजकता को दूर करने के लिए 'संतुलन', 'विवेक' और 'औचित्य' पर विशेष बल दिया। इन गुणों को आधार बनाकर उसने अपने समय में काव्य-रचना के क्षेत्र में व्यवस्था लाने की कोशिश की। वह यह नहीं मानता था कि कवियों को भाषा और शैली के स्तर पर कुछ सीखने, अभ्यास करने और अपने को निखारने की आवश्यकता नहीं होती। उनमें दैवी शक्ति होती है, इसलिए उनका सब कुछ अतर्क्य होता है। उसने शेक्सपीयर जैसे रचनाकार की भाषा में भी कमियाँ दिखाईं और कहा कि यदि शेक्सपीयर ने थोड़ा अपने को निखारा होता तो और प्रभावी होता। उसने उस युग में आधुनिक कवियों और रचनाकारों के साथ

न्याय करने का साहस दिखाया, जिस युग में प्राचीन विचारकों एवं चिन्तकों के प्रति अंध-श्रद्धा प्रकट की जाती थी। उसका अध्ययन व्यापक और गंभीर था। उसकी अन्तर्दृष्टि सूक्ष्म थी और उसका सामान्यज्ञान व्यापक और पूर्ण था। संभवत: उसके इन्हीं गुणों के कारण सेण्ट्सबरी ने उसे अंग्रेज़ी का प्रथम महान् आलोचक कहा है।[1]

बेन जानसन के बाद यूरोप में **नवशास्त्रवादी समीक्षा** का युगारंभ माना जाता है। आलोचनात्मक साहित्य का केन्द्र इटली के स्थान पर फ्रांस हो जाता है। फ्रांस में 'ब्वालो' (Boileau) 'रापैं' (Rapin) और 'ल' बीस्यू' (Le Bossu) तीन उल्लेखनीय आलोचक नवशास्त्रवाद के प्रबल समर्थक के रूप में मान्य होते हैं। ये समीक्षक प्राचीन ग्रीक काव्य-सिद्धान्तों को पुनर्जीवित करने का प्रयत्न करते हैं। यह प्रयत्न इटली के काव्य-चिन्तकों ने भी किया था, किन्तु उनमें अनेक प्रकार की भ्रान्तियाँ और असंगतियाँ थीं। फ्रांसीसी नवशास्त्रवादियों ने भ्रान्तियों को दूर कर ग्रीक के प्राचीन चिन्तकों का यथावत् अनुकरण किया। फ्रांस के इन नवशास्त्रवादियों ने पूरे यूरोप को प्रभावित किया। इंग्लैण्ड भी इस प्रभाव से अछूता न रहा।

इस प्रभाव के जादू को तोड़ने का कार्य **जान ड्राइडेन** (1631-1700 ई०) ने किया। फ्रेंच नवशास्त्रवादियों का प्रभाव आंशिक रूप से स्वीकार करते हुए भी उसने इंग्लैण्ड की जातीय कविता को विशेष महत्त्व दिया और यह उसी के प्रखर और विवेकपूर्ण समर्थन का फल था कि अंग्रेज़ी साहित्य नवशास्त्रवादियों के उस कठोर अनुशासन से मुक्त रहा, जिसमें फ्रांसीसी साहित्य जकड़ा हुआ था। ड्राइडेन एक महान् कवि, नाटककार और समीक्षक था। डॉ० जानसन ने उसे अंग्रेज़ी समीक्षा का जनक कहा है। ड्राइडेन की परम्परा को **एडीसन** और **डॉ० जानसन** ने आगे बढ़ाया और इनके माध्यम से अंग्रेज़ी की जातीय समीक्षा का स्वरूप विकसित और पुष्ट हुआ। ड्राइडेन की समीक्षा की कुछ आधारभूत विशेषताएँ ध्यान देने योग्य हैं। ड्राइडेन ने सिद्धान्तकथन से आगे बढ़कर कृतियों के विश्लेषण और गुणात्मक महत्त्व के प्रतिपादन पर बल दिया। उसने अंग्रेज़ी साहित्य की निजी पहचान को रेखांकित किया। उसने सबसे पहले ऐतिहासिक आलोचना की शुरुआत की। उसने दृढ़ता के साथ यह प्रतिपादित किया कि साहित्य गत्यात्मक होता है। इसलिए साहित्य-सिद्धान्त भी गत्यात्मक और विकसनशील होने चाहिए। उसने फ्रांस और इंग्लैण्ड के जातीय स्वभाव के भेद को लक्षित करते हुए दोनों देशों के साहित्यों की प्राणधारा में अन्तर को स्पष्ट करने की कोशिश की। उसने रचना-विशेष के समग्र प्रभाव को ध्यान में रखकर उसके महत्त्व का आकलन

---

1. Saintsbury has marked with characteristic confidence, "that Ben Johnson is the first critic of England is hardly a matter of opinion.
—Literary criticism, by R. Dwivedi-P. 127

किया। वह शास्त्रीय सिद्धान्तों का विरोधी नहीं था, किन्तु उन्हें मात्र साधन मानता था। उसकी दृष्टि में शास्त्र-स्थिति-सम्पादन मात्र से कोई रचना महान् नहीं हो जाती। उसकी गुणवत्ता, उसका सामूहिक प्रभाव और उसकी आनन्ददायिनी क्षमता, सब मिलकर उसे विशिष्ट बनाते हैं। उसकी इस मान्यता को दृष्टि में रखकर उसे **उदार शास्त्रीयतावादी** कहा जाता है। उपर्युक्त गुणों के साथ ही ड्राइडेन में एक दोष भी था। दोष यह था कि वह सामयिक जीवन-प्रवाह और जातीय-राष्ट्रीय चेतना के दबाव से आक्रांत था। इसलिए प्राय: उसके स्वदेशाभिमान ने उसके निर्णयों को प्रभावित किया है।

ड्राइडेन के बाद **जोसेफ एडीसन** (1672-1719 ई०) और **अलेक्ज़ेण्डर पोप** (1688-1744 ई०) के समय तक अंग्रेज़ी समीक्षा में **नवशास्त्रीयतावाद** का प्रधान्य माना जाता है। इसके बाद डॉ० सैम्युएल जानसन (1709-1784 ई०) के समय में नवशास्त्रीयतावाद का ह्रास शुरू हो जाता है और **स्वच्छन्दतावादी समीक्षा** का सूत्रपात होता है। यह संक्रांतिकाल **नवशास्त्रीयतावाद** और स्वच्छन्दतावाद के द्वन्द्व से उत्पन्न माना जा सकता है।

जोसेफ एडीसन मूलत: निबन्धकार थे। अपने निबन्धों में उन्होंने पाठकों की अभिरुचि (Taste) को विशेष महत्त्व दिया। उनके अनुसार रचना और रचनाकार की श्रेष्ठता का निर्णायक-तत्त्व पाठकों की अभिरुचि है। आलोचना के क्षेत्र में यह एक नई बात थी। अभी तक शास्त्रीय आधार पर ही रचना की श्रेष्ठता का आकलन किया जाता था। एडीसन ने रचना के प्रभाव पर ध्यान दिया। वह एक संपादक था। उसने अपने पत्र स्पेक्टेटर (Spectator) के माध्यम से मध्यवर्गीय पाठकों की साहित्यिक अभिरुचि को परिष्कृत करने का प्रयत्न किया। अभिरुचि (Taste) को परिभाषित करते हुए उसने कहा—''अभिरुचि आत्मा की वह शक्ति है जो रचना के सौन्दर्य को आनन्दपूर्वक ग्रहण करती है और उसकी अपूर्णताओं को नापसंद करती है।[1] इस प्रकार एडीसन ने रचना की श्रेष्ठता के निर्णय में उसकी आस्वाद-क्षमता को महत्त्व दिया। उसकी दृष्टि में श्रेष्ठ रचना आनन्ददायिनी होती है। उससे उपदेश भी मिलता है लेकिन वह आनन्द के साथ मिलता है। यह आनन्द कल्पना का आनन्द है। महान्, असामान्य और सुन्दर वस्तुएँ हमारी कल्पना को जागृत करती हैं। यह कल्पना दो प्रकार की होती है। पहली वह जो भव्य, महान् और सुन्दर वस्तुओं के प्रत्यक्ष दर्शन से जागृत होती हैं और दूसरी वह जो इन वस्तुओं के मानसिक बिम्बों के मूर्त्त रूप को देखकर जागृत होती हैं। वह मानसिक बिम्ब भिन्न-भिन्न कलाओं में भिन्न-भिन्न माध्यमों से मूर्त्त

---

1. Joseph Addison in his Spectator papers on taste (1712) defined it as "that faculty of the soul which discerns the beauties of an author with pleasure and the imperfections with dislike.

—A Dictionary of Literary Terms, J. A. Cuddon, P 686

होते हैं। काव्य-कला में शब्द ही मूर्ति-विधान का माध्यम है। सटीक शब्दों के माध्यम से कवि जब भव्य, सुन्दर, महान् और असामान्य को और अधिक पूर्ण बनाकर मूर्त्त कर देता है, तब उसका आनन्द कुछ और हो जाता है। यह कल्पना पर आधृत कला का आनन्द है। इस प्रकार एडीसन ने 'कल्पना के आनन्द' का सिद्धान्त प्रस्तुत करके अपनी मौलिक विवेचन-क्षमता का परिचय दिया है। उसे लाक् (Locke—1632-1704) के दार्शनिक चिन्तन से प्रेरणा भले मिली हो, किन्तु यह स्वीकार करना होगा कि कला के आनन्द को कल्पना-प्रक्रिया से जोड़ने में उसने अपनी मौलिक विचारशक्ति का परिचय दिया है।

अलेक्ज़ेण्डर पोप यूरोप के नवशास्त्रवादी समीक्षकों में अग्रणी हैं। वे नैतिक विचारों के प्रसार को साहित्य का मुख्य प्रयोजन मानते थे। 'एसे ऑन क्रिटिसिज़्म' उनकी प्रसिद्ध आलोचनात्मक कृति है। इसके तीन भाग हैं। प्रथम भाग में प्राचीन काव्य-चिन्तकों के अनुकरण-सिद्धान्त को आधार बनाकर काव्य-सिद्धान्त का निरूपण किया गया है। दूसरे भाग में **प्रतिभा के स्वरूप** का विवेचन और सभी प्रकार के अतिवादों को बचाकर काव्य-सिद्धान्तों के अनुसरण पर बल दिया गया है। तीसरे अध्याय में एक श्रेष्ठ **आलोचक के गुणों** का आख्यान किया गया है। पोप के विचारों में मौलिकता की कमी है। उन्होंने मुख्यत: अरस्तू, होरेस, क्विंटीलियन और लोंगिनुस के विचारों से प्रेरणा ली है। उनका महत्त्व इन विचारों को सन्तुलित और स्पष्ट शैली में व्यक्त करने के कारण है। पोप के अनुसार आलोचक का कार्य काव्य के मर्म को और अधिक आकर्षक और प्रभावी बनाकर पाठकों तक पहुँचाना है। आलोचना शक्ति तीन प्रकार के बोध पर आधृत होती है—1. प्रकृति-बोध (Idea of nature), 2. पुरातनता-बोध (Idea of Antiquity), 3. विवेक-बोध (Idea of reason)। उपर्युक्त तीनों ही बोध संश्लिष्ट हैं। ये एक दूसरे के विरोधी नहीं हैं। पुरातन कवियों को प्रकृति का ठीक-ठीक बोध था। उन्होंने प्रकृति के भीतर से ही कला-मूल्यों का सृजन किया था। साथ ही वे मूल्य तर्क-संगत भी थे। पोप ने आलोचक के गुणों की चर्चा विस्तार से की है। उनके अनुसार अच्छे आलोचक में ज्ञान, विवेक, विनम्रता, निष्पक्षता तथा विश्लेषण-क्षमता होनी चाहिए। उसका अध्ययन विशद् होना चाहिए और सबसे बड़ी बात यह है कि उसमें सत्य-कथन का साहस होना चाहिए। पोप में कुछ अन्य विशेषताएँ भी ध्यान देने योग्य हैं। एडीसन ने कल्पना के आनन्द को विशेष महत्त्व दिया था। पोप ने 'वाग्विदग्धता' (Wit) को अधिक महत्त्व दिया। वाग्विदग्धता के बल पर ही कवि श्रेष्ठ व्यंग्य-काव्य (satire) की रचना करने में समर्थ होता है। कल्पना का अतिरेक स्वच्छन्दता की ओर ले जाता है। इसलिए पोप विकेक, वाग्विदग्धता व्यंग्य आदि को अधिक महत्त्व देता है। ये तत्त्व स्वच्छन्दता पर नियंत्रण रखकर नैतिक मूल्यों को सुरक्षित रखते हैं। इनके साथ ही पोप ने 'औचित्य' को प्रत्येक स्थिति में बनाये रखने की हिमायत की। कहा जा सकता है

कि ड्राइडन की आलोचना के साथ जिन स्वच्छन्दतावादी प्रवृत्तियों का आरंभ हुआ था, पोप ने एक सीमा तक उन्हें नियन्त्रित करने का प्रयत्न किया। इसलिए यूरोप के नवशास्त्रवादी समीक्षकों में उनका स्थान गौरवपूर्ण माना जाता है।

यूरोपीय नवशास्त्रवादी समीक्षकों में डॉ० सैमुअल जॉनसन (1709–1784 ई०) का महत्त्वपूर्ण स्थान है। उसके समय में स्वच्छन्दतावादी प्रवृत्तियों का उन्मेष होने लगा था। यह उसी की प्रतिभा और व्यक्तित्व का परिणाम है कि 'नवशास्त्रवाद' उसके समय में प्रभावी बना रहा। यह ध्यान रखना होगा कि वह जड़ परम्परावादी नहीं था। वह यथार्थता का चित्रण करने वाली नवीन प्रवृत्तियों का भी आदर करता था। उसकी दृष्टि में काव्य में वास्तविकता, नैतिकता और सामान्यता का होना आवश्यक है। साहित्य में जीवन यथार्थ रूप में चित्रित होना चाहिए। रोमांस, रूपक-काव्य, उपन्यास और चारणकाव्य को वह अपना समर्थन इसलिए नहीं दे पाया कि इनमें वास्तविकता की उपेक्षा होती है। साहित्य के नैतिक दायित्व को भी वह महत्त्व देता है। साहित्यकार का दायित्व है कि वह अपनी रचनाओं के माध्यम से समाज को बेहतर बनाये। बेहतर समाज में पूर्वापेक्षा नैतिक मूल्यों का उन्नयन आवश्यक है। इसलिए साहित्य में नैतिक सत्य का सन्निवेश होना चाहिए। साहित्य में 'सामान्यता' से उसका तात्पर्य सामान्य मानव प्रकृति के चित्रण से था। कवि को मानव-प्रकृति की समझ होनी चाहिए। सामान्य मानव-प्रकृति के चित्रण से ही कविता दीर्घकाल तक अधिक-से-अधिक पाठकों को प्रभावित कर सकती है।

डॉ० जानसन का आलोचक रूप उनके द्वारा संपादित अंग्रेज़ी शब्दकोश की भूमिका, कवियों की जीवनियों में उनके वैशिष्ट्य के उद्घाटन, शेक्सपीयर के नाटकों की भूमिका तथा 'रैम्बलर' (Rambler) में लिखे गए उनके स्फुट समीक्षात्मक निबन्धों पर आधृत हैं। उनका सबसे महत्त्वपूर्ण कार्य कवियों की समीक्षात्मक जीवनियाँ हैं। यह अंग्रेज़ी साहित्य में जीवनीपरक समीक्षा की सर्वश्रेष्ठ कृति मानी जाती है। इस कृति में भी संभवत: सर्वोत्तम जीवनी मिल्टन (Milton) की है। मिल्टन, डॉ० जानसन का आदर्श कवि है। उसकी समीक्षा करते हुए डॉ० जानसन ने कविता की जो परिभाषा दी है, वह ध्यान देने योग्य है। उनकी दृष्टि में, "कविता एक ऐसी कला है, जिसमें कवि का विवेक कल्पना की सहायता से सत्य को आनन्ददायी बनाकर प्रस्तुत करता है।"[1] इस परिभाषा में वे सारे तत्त्व समाहित हैं, जिन्हें जानसन कविता में आवश्यक मानते हैं। कविता एक 'कला' है। इसमें कवि का विवेक कल्पना के सहारे क्रियाशील होता है अर्थात् इसमें

---

1. "Poetry is the art of uniting pleasure with truth, by calling imagination to the help of reason."
—History and Principle of Literary Criticism—by Dr. Raghukul Tilak, P. 200

विवेक और कल्पना दोनों का होना अनिवार्य है। कविता अन्ततः सत्य को ही व्यक्त करती है, किन्तु यह अभिव्यक्ति आनन्दप्रद होती है। इस परिभाषा में सत्य, विवेक और कला ये तीन तत्त्व शास्त्रवाद और **नवशास्त्रवाद** के पोषक हैं। इसके साथ कल्पना और आनन्द ये दो तत्त्व **स्वच्छन्दतावाद** की ओर इशारा कर रहे हैं। निश्चय ही जानसन एक नवशास्त्रवादी समीक्षक हैं, किन्तु वह नितान्त अतीतजीवी भी नहीं है। उसका व्यापक अध्ययन आदर्शवादी प्रकृति एवं गंभीर व्यक्तित्व उसे शास्त्रवाद का समर्थक बनाते हैं, तो समय की धड़कनों को पहचानने की उसकी सहज प्रज्ञा एवं मर्मग्राहिता उसे नये युग की पदचाप सुनने को विवश करते हैं। इसलिए उसे मर्यादित नवशास्त्रवादी कहना सर्वथा उचित है।

स्वच्छन्दतावाद

अठारहवीं शती के अंतिम चरण तक आते-आते यूरोप का मानसिक क्षितिज बहुत कुछ बदल चुका था। नवजागरण के क्रमिक विकास की परिणति स्वरूप जीवन के सभी क्षेत्रों में विज्ञान का आलोक फैल चुका था। अनेक प्रकार के वैज्ञानिक आविष्कार हो चुके थे। औद्योगिक क्रांति ने आर्थिक ढाँचे में आमूल परिवर्तन कर दिया था। सामन्तशाही पृष्ठभूमि में चली गई थी। मध्यवर्ग का उदय हो चुका था। पूँजीवादी व्यवस्था अपनी जड़ें जमा रही थी। स्वतंत्रता और समानता के मूल्य उभरकर सामने आ गए थे। फ्रांस की राज्य-क्रांति ने स्वतंत्र-चिन्तन का मार्ग प्रशस्त कर दिया था। एक तरह के नए सौन्दर्यशास्त्र के सृजन की पृष्ठभूमि बन चुकी थी। जर्मनी के 'लेसिंग' (Lessing 1729-81 AD) 'हर्डर' (Herder 1744-1803 AD) और 'गोइथे' (Goethe 1749-1832 AD) जैसे कवि और नाटककार परम्परा को चुनौती देते हुए नये काव्य-मूल्यों की प्रतिष्ठा के अग्रदूत के रूप में मान्य हो रहे थे। काण्ट (Kant 1724-1804 AD) के चित्वादी दर्शन ने नवीन काव्य-मूल्यों को सशक्त वैचारिक आधार प्रदान किया था, तो प्रत्यक्ष है, सीमित है, स्थूल है, नियमबद्ध है, उससे परे रहस्यमय विराट् और असीम के प्रति जिज्ञासा का भाव सभी क्षेत्रों में जागृत हुआ। रूसो (Russo 1712-1778 AD) ने मानव-स्वभाव का विश्लेषण करते हुए विवेक के स्थान पर अन्तःकरण (Conscience) को अधिक महत्त्व दिया। शास्त्रवादी विचारक विवेक और बुद्धि को अत्यधिक महत्त्व देते थे। विवेक ही उन नियमों की सृष्टि करता है, जिनका पालन करके मनुष्य समाज में अपने को नैतिक प्रमाणित करता है। रूसो की दृष्टि में मनुष्य की अन्तरात्मा स्वतः सद्वृत्तियों को चालित करती है। बाहर से बुद्धि द्वारा थोपे हुए अनुशासन की तुलना में मनुष्य अपनी अन्तरात्मा से प्रेरित होकर अधिक नैतिक हो सकता है। रूसो की यह मान्यता नवीन रोमैण्टिक काव्य-मूल्यों के विकास में सहायक सिद्ध हुई। अठारहवीं शताब्दी के अंतिम चरण और उन्नीसवीं शताब्दी के प्रथम चरण के बीच इंग्लैण्ड में वर्ड्सवर्थ (Wordsworth 1770-1850 AD), कीट्स (Keats 1795-1821 AD), शेली (Shelly 1792-1822

AD), बायरन (Byron 1788-1824 AD) और कोलरिज (Coleridge 1712-1778 AD) जैसे अत्यन्त प्रतिभा-सम्पन्न कवियों का आविर्भाव हुआ। इन कवियों ने परम्परागत शास्त्रीय मान्यताओं को नकार कर नये काव्य-मूल्यों को महत्त्व दिया। पत्र-पत्रिकाओं में प्रकाशित होने वाली समीक्षाओं में पारंपरिक मूल्यों और आग्रहों के प्रति विरोध का भाव प्रकट होने लगा। सन् 1798 ई० में विलियम वर्ड्सवर्थ का 'लिरिकल बैलेड्स' (Lyrical Ballads) प्रकाशित हुआ। 1800 ई० में इसके दूसरे संस्करण में उन्होंने परंपरा से हटकर अपनी नवीन मान्यताओं की स्थापना की। उन्होंने कहा कि सभी अच्छी कविताएँ, "प्रबल भावावेग की सहज, स्वैच्छिक, अदम्य अभिव्यक्ति हैं।"[1] उनकी यह परिभाषा पारंपरिक शास्त्रीय मान्यताओं से अलग नवीन स्वच्छन्द काव्य-मूल्यों का आधार मानी जाती हैं। वर्ड्सवर्थ के पूर्व डॉ० जानसन के समय तक यूरोप में काव्यशास्त्र का ही बोलबाला था। नवशास्त्रवादी पारंपरिक काव्यरूढ़ियों के पालन, प्रकृति के अनुकरण, कविता की शुद्धता, उसके उपदेशात्मक स्वरूप की रक्षा तथा भाषा और शैली के कलात्मक संयोजन पर अधिक बल देते थे। वर्ड्सवर्थ ने, "काव्य के बहिरंग की अपेक्षा अंतरंग की महत्त्व-प्रतिष्ठा कर, शैली की परिशुद्धता और अलंकृति के स्थान पर आत्मा की अन्तःस्फूर्ति और उससे प्रेरित भावों के सहज उच्छलन पर बल देकर, स्वच्छन्दतावादी आलोचना का प्रवर्त्तन किया। इस दृष्टि से मूलतः आलोचक न होने पर भी पाश्चात्य आलोचनाशास्त्र में उनकी मान्यताओं का गौरव अक्षुण्ण है।"[2]

वर्ड्सवर्थ के बाद स्वच्छन्दतावादी कवि समीक्षकों में **सैमुअल टेलर कोलरिज** अग्रणी हैं। उनका महत्त्व प्रतिभा, कल्पना और काव्य की सर्जन-प्रक्रिया के विशद् विवेचन के कारण विशेष रूप से मान्य है। अभी तक कल्पना और काव्य की सर्जन-प्रक्रिया का विवेचन यूरोपीय काव्यशास्त्र में उस स्तर और कोटि का नहीं हुआ था, जिस स्तर पर कोलरिज ने किया है। कोलरिज के अनुसार समस्त गोचर जगत् के स्वरूप को व्यवस्थित रूप ग्रहण कराने वाली शक्ति ही मुख्य (Primary) कल्पना है। गौण (Secondary) कल्पना कला-विधायिनी होती हैं। यह मुख्य कल्पना द्वारा ऐंद्रिय संवेदनों को नये रूप में ढालकर रम्य रूप में प्रस्तुत करती है। यह मुख्य कल्पना की प्रतिध्वनि होती है। मुख्य कल्पना अपना कार्य सहज रूप में बिना किसी प्रयत्न या चेष्टा के स्वतः करती रहती है, किन्तु गौण कल्पना स्वतः क्रियाशील नहीं होती। वह कवि की इच्छा और ज्ञान-शक्ति से प्रेरित होने पर क्रियाशील होती है। कवि-कर्म का मुख्य आधार यही गौण कल्पना है। कोलरिज ने प्रतिभा और अंतःप्रज्ञा को भी विशेष महत्त्व दिया। उसके अनुसार एक श्रेष्ठ कवि में प्रतिभा का होना अनिवार्य है। प्रतिभा के द्वारा ही कवि

1. "All good poetry is the spontaneous overflow of powerful feeling."
2. **पाश्चात्य काव्यशास्त्र की परम्परा, पृ० 144।**

काव्योचित विषयों का चयन और भावोद्दीप्त बिम्बों की रचना करता है। प्रतिभा, सहजात होती है। भावों की उद्दीप्ति के कारण अनिर्वचनीय होते हैं। इन कारणों को ही अंत:प्रेरणा या 'इंस्पिरेशन' कहा जाता है। इन्स्पायर्ड होने पर भी कवि सौन्दर्यभावना को तभी मूर्त्त कर पाता है, जब उसकी अंत-प्रज्ञा (Intution) क्रियाशील होती है। इस प्रकार एक श्रेष्ठ कवि में 'प्रतिभा', 'अंत:प्रज्ञा', 'इंस्पिरेशन' (अंत:प्रेरणा) और 'कल्पनाशक्ति' का होना अनिवार्य है। कोलरिज ने मुख्य कल्पना और गौण कल्पना में ही अन्तर नहीं किया उसने कल्पना और रम्य कल्पना (फैंसी) में भी अन्तर किया है। उसके अनुसार फैंसी केवल सुन्दर वस्तुओं के मन:बिम्बों को एकत्र कर देती है। उन्हें संश्लिष्ट करके नूतन सौन्दर्य-बिम्ब की रचना नहीं कर पाती। फैंसी और कल्पना में वही अन्तर है जो यांत्रिक मिलावट और रासायनिक घोल में होता है। यांत्रिक मिलावट में जिन-जिन वस्तुओं को मिलाया जाता है, उनके अलग-अलग गुण बने रहते हैं, जबकि रासायनिक घोल में वे सभी संश्लिष्ट होकर एक सर्वथा नवीन गुण वाले द्रव्य का रूप ले लेते हैं। कल्पना अनेक प्रकार के सुन्दर मन:बिम्बों को संश्लिष्ट करके एक सर्वथा नवीन सौन्दर्य-बिम्ब की रचना करने में समर्थ होती है। फैंसी मन:बिम्बों को यांत्रिक तरीके से एकत्र भर कर देती है। वह ऐसी सौन्दर्य-सृष्टि नहीं कर पाती जो पाठकों को सौन्दर्य का भावन कराकर आनंदित कर सके।

कोलरिज का कल्पना-सिद्धान्त जर्मन दार्शनिक काण्ट के आत्मवादी (चिद्वादी) दर्शन से प्रभावित है। काण्ट के अनुसार सृष्टि का मूल सत्य चैतन्य है, पदार्थ नहीं। पदार्थ-जगत् की रचना ईश्वर ने अपनी रचनात्मिका शक्ति (कल्पना शक्ति) से की है। मनुष्य की चेतना विराट् और असीम ईश्वरीय चेतना का अंश है। इसलिए मनुष्य में भी आंशिक रूप से ईश्वरीय रचना-शक्ति (कल्पना) विद्यमान होती है। यह मनुष्यमात्र में होती है। यह मुख्य कल्पना-शक्ति है। गौण कल्पना-शक्ति कवियों एवं कलाकारों में होती है। यह मुख्य कल्पना-शक्ति की छाया होती है। इसकी विशेषता यह है कि यह वस्तु-जगत् से प्राप्त मन:बिम्बों को संश्लिष्ट करके नवीन सौन्दर्य-सृष्टि कर सकती है। कहा जा सकता है कि 'आत्म' और अनात्म' को जोड़ने वाली शक्ति कल्पना है।

कोलरिज के दार्शनिक भित्ति पर आधृत सारे जटिल विचारसूत्रों को अलग करके उसकी मूल स्थापनाओं को सामने रखा जाय तो कहा जा सकता है कि, "उसकी पूरी आलोचना—चाहे वह सैद्धान्तिक हो या व्यावहारिक—का ढाँचा दो स्तम्भों पर टिका है—'भावावेग' और 'कल्पना'। सभी प्रकार का श्रेष्ठ साहित्य निश्चित् रूप से भावावेग-गर्भित और रचनात्मक कल्पना-शक्ति की उपज होता है। आलोचक का कर्तव्य है कि वह काव्य की सृजन-प्रक्रिया को और उसकी संरचना के योजक-तत्त्वों को समझे और उनकी व्याख्या करे। काव्य में अनुभूति और कल्पना दोनों का साहचर्य निरन्तर बना रहता है। अनुभूति कल्पना की निरन्तर

सहायता करती है और स्वयं भी उससे रंजित होती रहती है। स्वच्छन्दतावादी समीक्षकं के लिए काव्य के अन्य कलात्मक उपादान गौण होते हैं। वे तो रम्य कल्पना के बल पर स्वत: आविर्भूत हो जाते हैं।''1

स्वच्छन्दतावाद को समर्थन देने वाले कवि-विचारकों में 'कोलरिज' के बाद **'शेली'** का नाम महत्त्वपूर्ण है। शेली के मित्र पीकाक (Thomas Love Peacock 1785-1866 AD) ने अपनी पुस्तक 'कविता के चार युग' (The Four Ages of Poetry) में यह प्रतिपादित किया था कि मध्यकाल कविता का लौहयुग, शेक्सपीयर का समय स्वर्ण-युग तथा ड्राइडेन और पोप का समय रजत-युग था और उनका अपना समय पीतल का युग है। उसका कहना था कि विज्ञान और यांत्रिकी का महत्त्व कविता से कहीं ज़्यादा है। गणितज्ञ, ज्योतिर्विद, रसायनशास्त्री, दार्शनिक, नीतिज्ञ, इतिहासकार, राजनीतिज्ञ, अर्थशास्त्री आदि बौद्धिक उत्कर्ष के शिखर हैं। वर्तमान समय में समाज के लिए इनकी उपयोगिता कवियों की तुलना में कहीं अधिक है। 'शेली'' को यह स्थापना स्वीकार्य नहीं थी। उन्होंने अपनी प्रसिद्ध कृति 'दी डिफेन्स ऑफ पोयट्री' (The Defence of Poetry) में पूरी शक्ति से कविता का पक्ष प्रस्तुत किया। शेली ने इतिहास से प्रमाण देते हुए सिद्ध किया कि साहित्यिक उत्कर्ष के युग नैतिक गुणों के उत्कर्ष-युग भी रहे हैं। उसने कहा कि नैतिक मूल्यों की चरितार्थता के लिए व्यक्ति का कल्पनाशील होना आवश्यक है। सिद्धान्त रूप में तो सभी नैतिक मूल्यों का ज्ञान रखते हैं। नित्यप्रति के जीवन में उन मूल्यों को चरितार्थ करने के लिए व्यक्ति का संवेदनशील होना ज़रूरी है। कल्पनाशीलता के अभाव का अर्थ है संवेदनशीलता का अभाव और संवेदनशीलता के अभाव में व्यक्ति कठोर और क्रूर हो जाता है। शेली ने कहा कि, "वही व्यक्ति मूलत: अच्छा होता है जो कल्पनाशील होता है। कविता मनुष्य की उस आंतरिक शक्ति को समृद्ध करती है, जो नैतिक गुणों का मूल आधार है।''2 यहाँ यह

---

1. "The entire superstructure of his criticism, whether theoretical or applied is reared upon the twin pillars of emotion and imagination. All good literature must be impregnated with strong passion and must reveal the creative principle of imagination at work. The whole duty of the consists in knowing and expounding the workings of the seminal principle, the esemplastic power. Feelings go hand in hand with the imagination, assist it and are themselves coloured by it. To the romantic erotic outward adornments mere fruits of taney, are of secondary value only." —Literary Criticism, by R. Dwivedi, P. 277
2. "A man to be greatly good", says shelly, "must imagine intensely and comprehensively...poetry strengthens the faculty which is the organ of the moral nature."
—History and Principle of Literary Criticism, Dr. Raghukul Tilak, P. 281

स्मरणीय है कि शेली के लिए 'कल्पना' काव्य-रचना का अनिवार्य तत्त्व है, कोलरिज को छोड़कर अन्य किसी ने कल्पना-शक्ति पर उतनी गंभीरता और स्पष्टता से विचार नहीं किया है जितनी गंभीरता, स्पष्टता और विशदता से शेली ने किया है। शेली की आलोचना में कमियाँ भी हैं। कविता का पक्ष प्रस्तुत करते हुए वह प्रायः वैचारिक वैदुष्य एवं तर्क-पद्धति का आधार न लेकर भावावेग में बहता हुआ कविता का गुणगान करने लगता है। उसकी स्फीत वाग्धारा की तरंगों में पाठक बहने लगता है, किन्तु यह स्वीकार करना होगा कि उसमें काव्य की दार्शनिक ऊँचाई एवं व्यावहारिक महत्त्व की गहरी समझ थी। यदि वह कुछ दिन और इस संसार में रह गया होता तो कविता ही नहीं उन सभी कलाओं को शक्ति, समर्थन और प्रेरणा मिली होती जो कल्पना-व्यापार पर आधृत हैं।

शेली के बाद इंग्लैण्ड के सांस्कृतिक-साहित्यिक जीवन में बहुत बड़ा परिवर्तन होता है। हम महारानी विक्टोरिया के युग में प्रवेश करते हैं। यह युग औद्योगिक विकास का युग है। विज्ञान और तकनीकी ज्ञान के विकास से जीवन का पूरा ढाँचा बदल जाता है। बड़े-बड़े औद्योगिक नगरों का उदय होता है। भौतिक समृद्धि चरम पर पहुँच जाती है। ग़रीब और अमीर के बीच की खाईं बढ़ जाती है। जीवन-दृष्टि भौतिकवादी हो जाती है। कल्पना का स्वप्निल संसार भौतिक समृद्धि की चकाचौंध में धीरे-धीरे नेत्रों से ओझल हो जाता है। कवियों और समीक्षकों के सौन्दर्य-बोध में आधारभूत परिवर्तन होता है और यह अनुभव किया जाता है कि कविता को जीवन के समीप आना चाहिए। देखते-देखते कविता जीवन की समीक्षा बन जाती है। आलोचना के क्षेत्र में मैथ्यू आर्नल्ड (Mathew Arnold 1822-88 AD) का आगमन होता है और आलोचना नैतिक मूल्यों के अनुशासन में बँध जाती है। स्वच्छन्दतावाद का युग समाप्त हो जाता है। इसके पूर्व कि हम मैथ्यू आर्नल्ड की आलोचना पर विस्तृत चर्चा करें 'नवशास्त्रीयतावाद' और 'स्वच्छन्दतावाद' की सापेक्षिक स्थिति और महत्त्व पर विचार करना चाहेंगे।

नवशास्त्रीयतावाद और स्वच्छन्दतावाद

नवशास्त्रीयतावाद का अर्थ है शास्त्रीयतावादी काव्य-दृष्टि की पुनर्प्रतिष्ठा। ग्रीस और रोम में शास्त्रीयतावाद की प्रतिष्ठा हो चुकी थी। ग्रीस में प्लेटो, अरस्तू और होरेस ने जिन काव्य-मूल्यों की प्रतिष्ठा की थी, उन्हें सामान्यतः 'शास्त्रीयतावादी' मूल्य कहा जाता है। तेरहवीं शताब्दी में इटली में ग्रीस के साहित्य-चिन्तकों का अनुकरण किया गया। इस अनुकरण में गलतियाँ भी हुईं, लेकिन प्रयत्न इसी बात का किया गया कि पारंपरिक काव्य-मूल्यों को उनके मूलरूप में पुनः प्रतिष्ठित किया जाय। इस प्रकार ग्रीस और रोम में प्रतिष्ठित काव्यमूल्य सामान्यतः 'शास्त्रीयतावादी' माने जाते हैं। शास्त्रीयतावाद की कुछ आधारभूत विशेषताएँ मानी गई हैं। इनमें प्रमुख हैं—

(क) शास्त्रीयतावाद परम्परावादी होता है। वह साहित्य में परम्परा की प्रतिष्ठा पर बल देता है।

(ख) शास्त्रीयतावाद आचार्यों द्वारा प्रतिष्ठित काव्य-नियमों का सम्मान करता है और नियमों की मर्यादा में बँधकर काव्य-रचना करने पर बल देता है।

(ग) शास्त्रीयतावाद मानसिक स्वास्थ्य का ध्यान रखता है और ऐसी उत्तेजक भावनाओं की अभिरुचि को अच्छा नहीं समझता जो पाठकों के मानसिक सन्तुलन को भंग करती हों। इसीलिए एबरक्राम्बी (Abercrombie) ने शास्त्रीयतावाद को 'कला का स्वास्थ्य' कहा है।

(घ) शास्त्रीयतावाद संयम और संतुलन पर विशेष बल देता है। सन्तुलन भंग होने पर कोई भी रचना अपना कलात्मक सौष्ठव खो देती है।

(ङ) शास्त्रीयतावादी साहित्य में किसी जाति की आत्मा का पूर्ण प्रतिबिंब लक्षित होता है। किसी भी जाति के जीवन-आदर्श, सांस्कृतिक-मूल्य, जीवन-पद्धति, नैतिक-बोध उसके शास्त्रीयतावादी साहित्य में प्रतिबिम्बित होते हैं।

(च) शास्त्रीयतावादी साहित्य की एक बहुत बड़ी विशेषता यह भी होती है कि उसमें वर्णित घटनायें तथा चित्रित परिस्थितियाँ और पात्र बार-बार सामने आने पर भी अपना आकर्षण बनाए रखते हैं। प्रत्येक युग का रचनाकार उनसे प्रेरणा और शक्ति प्राप्त करता है। ग्रीस में होमर के महाकाव्य 'ईलिएड' और 'ओडेसी' तथा भारतवर्ष में 'रामायण' और 'महाभारत' इसके प्रमाण हैं।

'शास्त्रीयतावाद' के सम्बन्ध में यह भी ध्यान रखना होगा कि समय-समय पर इसका अभिप्राय बदलता रहा है। सामान्यत: इसका प्रयोग ग्रीस और रोम के साहित्य-चिन्तकों द्वारा निर्धारित काव्य-सिद्धान्तों के अर्थ में होता है लेकिन ईसा पूर्व दूसरी शती में इसका प्रयोग अभिजात लेखन के अर्थ में होने लगा था। अर्थात् वे कृतियाँ, जो कुलीन समाज में सम्मानित थीं और उसे प्रभावित करती थीं 'क्लेसिकल,' कही जाती थीं और उनकी रचना के आधारभूत सिद्धान्तों को शास्त्रीयतावादी सिद्धान्त कहा जाता था। ईसा की सोलहवीं शती में श्रेष्ठ या महान् साहित्यिक कृतियों को क्लेसिकल कहा जाने लगा। आवश्यक नहीं कि यह कृतियाँ ग्रीस रोम की ही हों। आज भी जर्मनी और इटली जैसे देशों में क्लेसिकल का तात्पर्य महान् कृतियाँ ही होता है। चूँकि महान् कृतियों की गुणवत्ता का प्रतिमान ग्रीस और रोम की शास्त्रीयतावादी रचनाएँ ही थीं इसलिए ग्रीस और रोम की शास्त्रीयतावादी रचनाओं की विशेषताओं से अनुप्राणित रचनाओं को क्लेसिकल कहने की परमपरा चल पड़ी। इंग्लैण्ड में सत्रहवीं शती के अंतिम चरण और अठारहवीं शती के मध्य तक के साहित्य को अर्थात् ड्राइडेन, पोप और एडीसन के

समय के साहित्य को, आगस्टस-युग का साहित्य इसलिए कहा गया कि उसमें रोम के सम्राट् आगस्टस (27 ई० पू० से 14 ई० तक) के समय में होने वाले महान् साहित्यकारों 'वर्जिल' (Virgil), होरेस (Horace), ओविड (Ovid) और टिबुलस (Trbullus) की श्रेष्ठ रचनाओं के गुणों का अनुकरण किया गया था।

'नवशास्त्रीयतावाद' भी शास्त्रीयतावाद ही है। नवशास्त्रीयतावादियों—ड्राइडेन, पोप, स्विफ्ट, एडीसन और जानसन—ने भी प्राचीन ग्रीस और रोम के शास्त्रीय साहित्य को ही पुनर्जीवित करने का प्रयत्न किया था। दोनों में अन्तर यह है कि नवशास्त्रीयतावादियों ने अपने युग की सीमाओं के आलोक में प्राचीन ग्रीक शास्त्रीयतावाद को परिभाषित किया है। मुख्यत: वे होरेस (Horace) से प्रभावित थे। उन्होंने होरेस से प्रेरणा लेकर काव्य के सम्बन्ध में यह धारणा बनाई थी कि काव्य में उपदेशात्मकता के साथ ही आनन्ददायिनी शक्ति भी होती है। मनुष्य उनकी दृष्टि में एक ऐसा प्राणी था, जिसके कार्य-व्यापार उसकी आन्तरिक प्रकृति और उस समाज के द्वारा नियन्त्रित होते हैं, जिसका वह अंग होता है। उनकी दृष्टि में काव्य में कलात्मकता आवश्यक थी तथा स्वच्छन्द एवं रम्य कल्पना पर बुद्धि एवं विवेक का शासन लाजिमी था। वे पारंपरिक मूल्यों में विश्वास करते थे और प्रत्येक स्थिति में शालीनता और श्रेष्ठता बनाए रखने के लिए प्रयत्नशील रहते थे। नवशास्त्रीयतावादी संरक्षणशील प्रवृत्ति के कत्तई नहीं थे। यद्यपि वे पारंपरिक एवं आदर्श-प्रतीकों को संस्थापित करना चाहते थे, किन्तु वे नवीन एवं विशिष्ट को भी स्वीकार करते थे और नये अनुसंधानों एवं रम्य कल्पनाओं को भी महत्त्व देते थे।[1]

स्वच्छन्दतावाद यूरोप में एक आन्दोलन के रूप में उभरा था। फ्रांस की राजनीतिक एवं औद्योगिक क्रांति (1789 ई०) से इसे प्रेरणा और शक्ति मिली। उन्नीसवीं शताब्दी के प्रथम चरण तक आते-आते यह पूरे यूरोप में फैल गया। वस्तुत: सौन्दर्य को मूर्त्त करने की आकांक्षा किसी भी रचनाकार की मूल प्रवृत्ति होती है। अन्वेषण एवं अनुसंधान के युग में जगत् के रहस्यों के प्रति कवियों में जिज्ञासा का भाव जगना स्वाभाविक है। जिज्ञासा के जगने से सौन्दर्य के साथ अद्भुत का मेल हुआ और इन दोनों प्रवृत्तियों ने कला में स्वच्छन्दता को जन्म दिया। कवियों ने परंपरा से हटकर नवीन विषयों एवं नवीन शैली-रूपों को लेकर नये-नये प्रयोग किए। स्वच्छन्दतावाद किसी भी वाह्य या आरोपित नियमों में बँधना

---

1. Despite all this the Neo-classicists were not conservative in any pejorative sense. Though they were inclined to settle for the traditional and the typical, they were ready to accept the novel and the particular and they were much concerned with the importance of invention, and fancy and imagination. —A Dictionary of Literary Terms, P. 421

नहीं चाहता। वह नहीं चाहता कि अच्छी कविता के कुछ सूत्र पहले से तय कर लिए जायँ और फिर उन्हें ध्यान में रखकर कविता की जाय। वह आन्तरिक अनुभूति को विशेष महत्त्व देता है, स्वच्छन्द कल्पना में विश्वास करता है और मनुष्य की स्वतंत्रता का हिमायती है। 'स्वच्छन्दतावाद' की कुछ विशेषताएँ निम्नलिखित हैं—

(क) आन्तरिक भावावेग पर बल—स्वच्छन्दतावाद रचना के लिए वाह्य प्रेरणा के स्थान पर आन्तरिक भावावेगों की अभिव्यक्ति को विशेष महत्त्व देता है।

(ख) कल्पना-व्यापार का महत्त्व—स्वच्छन्दतावाद काव्य में कल्पना-व्यापार को सर्वाधिक महत्त्व देता है। आन्तरिक भावों को उत्कर्ष और विस्तार देने के लिए स्वच्छन्द कल्पनाशक्ति का होना अनिवार्य है। कवि-कल्पना के द्वारा ही नये-नये रूपों का विधान करके भावों को उत्कर्ष देता है; उनमें रहस्य और रोमांच के तत्त्वों का समावेश करता है और पाठकों के कुतूहल की तुष्टि करके उन्हें आनन्द प्रदान करता है।

(ग) सौन्दर्य एवं रहस्य-प्रियता—स्वच्छन्दतावाद नैतिक बन्धनों को अस्वीकार करके 'शिव' के स्थान पर 'सुन्दर' की प्रतिष्ठा करता है। उसकी प्रवृत्ति नित्यप्रति के परिचित जीवन से अधिक रहस्य एवं रोमांचपूर्ण जीवन में होती है।

(घ) तर्क एवं विवेक की अपेक्षा संवेदनशीलता को महत्त्व—स्वच्छन्दतावाद चीज़ों को तर्क की कसौटी पर कसकर और नाप-तोल कर नहीं देखता। वह संवेदनशीलता को महत्त्व देता है। उसकी दृष्टि में मनुष्य यन्त्र का पुतला नहीं है। वह एक संवेदनशील प्राणी है। कविता उसके इस पक्ष की रक्षा करती है और उसे यंत्र बनने से बचाती है।

(ङ) सहजता एवं स्वतःस्फूर्तता का महत्त्व—स्वच्छन्दतावाद प्रयत्नसाध्य कला-कौशल की अपेक्षा सहज एवं स्वतःस्फूर्त उद्‌भावना के सौन्दर्य को महत्त्व देता है। उसकी दृष्टि में कविता श्रम-साध्य शब्द-कौशल नहीं है। वह आत्मप्रेरित भावाभिव्यक्ति है। उसमें किसी प्रकार की बनावट नहीं होनी चाहिए।

(च) उपयोगितावाद के स्थान पर आनन्दवाद की प्रतिष्ठा—स्वच्छन्दतावाद कविता को स्थूल उपयोगितावाद से जोड़कर नहीं देखता। कविता एक मानसिक व्यापार है। वह एक काल्पनिक सृष्टि है। वह पाठक की कल्पना को जागृत करके उसे रहस्य-रोमांच के अपरिचित लोक में ले जाकर आनन्दमग्न करती है। इसीलिए उसको उपयोगिता की स्थूल कसौटी पर नहीं परखना चाहिए।

(छ) व्यक्ति-स्वातंत्र्य पर बल—स्वच्छन्दतावाद मनुष्य की सहज एवं स्वाभाविक अच्छाई में विश्वास करता है। उसकी धारणा है कि सभ्यता के

उपादान मनुष्य को क्रमशः भ्रष्ट करते जा रहे हैं। मनुष्य अपने प्रकृत रूप में भला है। उसकी स्वतंत्रता की रक्षा होनी चाहिए। वस्तुतः स्वच्छन्दतावादी आन्दोलन पर रूसो के विचारों का गहरा प्रभाव था। रूसो का मानना था कि, "स्वतंत्रता मानव का परम् आन्तरिक तत्त्व है। स्वतंत्रता मानवता का प्राण है, जिसके अपहरण का अर्थ है—मानवता का विलोप होना। स्वतंत्रता ही नैतिकता का आधार है। स्वतंत्रभाव से काम करने पर ही उत्तरदायित्व अभिव्यक्त होता है।" रूसो की स्वतंत्रता, स्वच्छन्दता का पर्याय नहीं है। वह सामान्य हित की दृष्टि से बनाए गए सामाजिक नियमों के पालन का हिमायती था। उसकी दृष्टि से स्वतंत्रता नैतिक गुणों का स्रोत है। इसलिए उसकी रक्षा होनी चाहिए। स्वच्छन्दतावादी कला-आन्दोलन रूसो के इन विचारों से बहुत दूर तक प्रभावित था।

(ज) मानवतावादी जीवन-दृष्टि—स्वच्छन्दतावाद मनुष्य को उसके सहज प्राकृतिक रूप में पूर्ण मानता है। यह जीवन-दृष्टि भी रूसो की ही देन थी। रूसो ने ही दृढ़तापूर्वक यह प्रतिपादित किया था कि मनुष्य को मनुष्य के रूप में महत्त्व दिया जाना चाहिए। उसने स्वतंत्रता, समता और सहिष्णुता पर विशेष बल दिया था। ये तीनों ही गुण मनुष्य को महिमामंडित करने वाले हैं। स्वच्छन्दतावादी कवियों ने भी मनुष्य को महिमामंडित करके प्रस्तुत किया है। स्वच्छन्दतावादी कवियों ने पीड़ित मानवता के प्रति व्यापक और गहरी संवेदना व्यक्त की है। उन्होंने उदात्त भावों को महत्त्व देकर मनुष्य की संभावनाओं को असीम बना दिया। इस प्रकार स्वच्छन्दतावादी काव्य-दृष्टि ने प्रकारान्तर से मानवतावाद की प्रतिष्ठा की।

(झ) सहज और अकृत्रिम भाषा-शैली—स्वच्छन्दतावाद ने भाषा और शैली की कृत्रितमा का विरोध किया। उसने पारंपरिक छन्दों के बन्धन को अस्वीकार कर दिया। वस्तुतः उसे किसी भी स्तर पर पारंपरिक बंधन स्वीकार्य नहीं थे। जब कवि की मूल प्रेरणा उसकी स्वाधीन चेतना है, तो उसकी भावाभिव्यक्ति सहज और स्वाभाविक होनी चाहिए। वाणी का सौन्दर्य ठसके मुक्त प्रवाह में है। यदि किसी में नैसर्गिक सौन्दर्य नहीं है, तो उसे अलंकारों से लादकर सुन्दर नहीं बनाया जा सकता। इसी प्रकार यदि कवि की वाणी में सहज अनुभूति-दीप्त लयात्मक संगीतमय भाषा-प्रवाह नहीं है, तो उसे प्रयत्नपूर्वक पारंपरिक अलंकारों से बोझिल करके सुन्दर नहीं बनाया जा सकता।

(ञ) उत्कट प्रकृति प्रेम—स्वच्छन्दतावाद की एक बहुत बड़ी विशेषता प्रकृति के प्रति उत्कट प्रेम की अभिव्यक्ति थी। प्रकृति उसके लिए जड़ सत्ता नहीं थी। वह उसमें चेतन व्यक्तित्व की झलक पाता था। प्रकृति के कार्य-कलापों में वह किसी रहस्यमयी सत्ता के संकेत का अनुभव करता था। प्रकृति का मानवीकरण स्वच्छन्दतावादी काव्य की एक प्रमुख प्रवृत्ति थी। वस्तुतः रूसो ने वैज्ञानिक सभ्यता के यांत्रिक दबाव से बचने के लिए पुनः प्रकृति की गोद में जाने

का आह्वान किया था। उसके विचारों से प्रभावित स्वच्छन्दतावादी काव्यधारा में प्रकृति और मनुष्य के संश्लिष्ट सम्बन्धों की अभिव्यक्ति स्वाभाविक थी।

स्वच्छन्दतावाद की उपर्युक्त सभी विशेषतायें किसी एक कवि में मिलती हों, यह आवश्यक नहीं है। उसके वृत्त में आने वाले सभी कवियों की विशेषताओं को एक साथ लक्षित करने पर हम निश्चित् रूप से उपर्युक्त काव्यधारा का सामान्य स्वरूप निर्दिष्ट कर सकते हैं।

यहाँ एक बात और ध्यान देने की है। कभी-कभी 'शास्त्रीयतावाद' और 'स्वच्छन्दतावाद' को एक दूसरे का विरोधी मान लिया जाता है। वस्तुतः ऐसा नहीं है। ये दोनों ही प्रवृत्तियाँ एक दूसरे की पूरक हैं। 'स्वच्छन्दतावाद' का विरोध यदि किसी से है तो 'यथार्थवाद' से। 'शास्त्रीयतावाद' पारंपरिक मूल्यों की प्रतिष्ठा पर बल देता है। परम्परा का सही अर्थ न लेकर जब हम उसके नाम पर रूढ़ियों की लीक पीटने लगते हैं तब काव्य निर्जीव हो जाता है। ऐसी स्थिति में भाव-प्रवण आत्मप्रेरित काव्यमूल्यों की प्रतिष्ठा आवश्यक हो जाती है। मनुष्य नियमों की समष्टि नहीं है, वह सजीव प्राणी है। उसकी यह सजीवता उसकी संवेदनशीलता पर आधृत है। जब कविता नियमों के बंधन को शिथिल करके संवेदनशीलता को महत्त्व देने लगती है तब वह रोमैंटिक या स्वच्छन्द हो जाती है। यह स्वच्छन्दता अराजकता का पर्याय नहीं है। यदि कवि पारंपरिक शास्त्रीय नियमों को मात्र साधन मानकर उनका उचित सन्निवेश करे, साथ ही मनुष्य की सहज संवेदनशीलता को बनाए रखे तो कविता अधिक मूल्यवान, सजीव और कालजयी हो सकती है। जिस प्रकार अतिशय नियम-बद्धता अवांछित है, उसी प्रकार अतिशय स्वच्छन्दता भी अनुचित है। दोनों का सामंजस्य रचना को पूर्ण और कालजयी बनाता है। 'स्वच्छन्दतावाद' मनुष्य की पूर्णता में विश्वास करता है। वह उसे अनन्त संभावनाओं का आधान मानता है। शास्त्रीयतावाद उसे पारंपरिक मूल्यों एवं सामाजिक विधि-विधानों के अनुशासन में रखना चाहता है। यह दोनों ही प्रवृत्तियाँ एक सीमा तक मनुष्य के विकास के लिए आवश्यक हैं। इसलिए 'शास्त्रीयतावाद' और 'स्वच्छन्दतावाद' दोनों के सामंजस्य से काव्य अधिक महत्त्वपूर्ण और श्रेष्ठ बन जाता है। कहा जाता है कि 'शास्त्रीयतावाद' और 'स्वच्छन्दतावाद' मानव-हृदय के सिकुड़ने और फैलने की क्रियाओं के प्रतीक हैं। मानव-चेतना जब नियमों और परंपराओं में बँध कर सिकुड़ जाती है तब 'शास्त्रीयतावाद' प्रधान हो जाता है और जब इन बंधनों को तोड़कर मुक्त हो जाती है तब 'स्वच्छन्दतावाद' का महत्त्व बढ़ जाता है।

मैथ्यू आर्नल्ड (1822-1888 ई०) ने काव्य और जीवन के रिश्तों पर गंभीरतापूर्वक विचार किया। उसने प्राचीन ग्रीक चिन्तकों में अरस्तू को अपना आदर्श माना। उसने विज्ञान की अपूर्णता की ओर संकेत करते हुए कहा कि कविता के बिना ज्ञान अपूर्ण है। कविता केवल मनोरंजन का साधन नहीं है, वह

जीवन की समीक्षा है। इसलिए आलोचक को काव्य और जीवन की संश्लिष्टता को ध्यान में रखकर काव्य की समीक्षा करनी चाहिए। आर्नल्ड ने आलोचना को व्यापक आधार पर प्रतिष्ठित किया। उसके अनुसार आलोचना, "संसार में जो भी सर्वोत्तम चिन्तन और ज्ञान है उसके अधिगम एवं प्रचार का निस्संग प्रयास है। उसके माध्यम से ताजे और सच्चे विचारों की प्रतिष्ठा होती है।"[1] इस प्रकार आलोचना एक बौद्धिक और आध्यात्मिक वातावरण का निर्माण करती है, जिससे रचनात्मक प्रतिभाओं को प्रेरणा और प्रोत्साहन मिलता है।

काव्य-रचना के सम्बन्ध में आर्नल्ड के विचारों को संक्षेप में एक साथ प्रस्तुत करते हुए डॉ० देवेन्द्रनाथ शर्मा ने लिखा है—"काव्य-रचना में आर्नल्ड ने चार बातों पर ध्यान रखने का आग्रह किया—(क) काव्य की विषय-वस्तु महत्त्वपूर्ण होनी चाहिए, जिसमें गहन और तीव्र भावों की संभावनाएँ हों। (ख) रचना-प्रक्रिया के क्रम में कवि को संरचनात्मक अन्विति (Structural Unity) अनुपात (Proportion) तथा सुसंगति (Harmony) या सामंजस्य पर ध्यान रखना चाहिए। (ग) वर्णन में भव्य शैली (Grand Style) का प्रयोग आवश्यक है। भव्य-शैली की धारणा आर्नल्ड की वही है, जो लोंगिनुस की थी। (घ) काव्य के प्रयोजन के रूप में आर्नल्ड ने आनन्द के साथ नैतिक उन्नयन को हमेशा रखा।"[2] उपर्युक्त विचारों पर ध्यान देने से स्पष्ट है कि जिस प्रकार आलोचना को आर्नल्ड एक समग्र एवं पूर्ण जीवन-दृष्टि के रूप में देखते थे वैसे ही रचना को भी वे 'वस्तु' और 'शिल्प' दोनों स्तरों पर सन्तुलित और सामंजस्यपूर्ण देखना चाहते थे। यह होने पर भी यह निर्विवाद है कि वे विषय-वस्तु को सर्वाधिक महत्त्व देते थे। उनका निश्चित् मत था कि विषय की हीनता और तुच्छता को आलंकारिक भाषा और शैली के बल पर छिपाया नहीं जा सकता। उनके अनुसार कवियों को चाहिए कि वे कविता के लिए ऐसे कार्य-व्यापार का चयन करें, जो हमारी स्थायी-सार्वभौम और सर्वकालिक संवेदनाओं एवं भावनाओं को जागृत और प्रभावित करने में समर्थ हों। ऐसे ही कार्य-व्यापार सबको, सब समय आनंद प्रदान कर सकते हैं।

सब मिलाकर आर्नल्ड प्रत्येक क्षेत्र में पूर्णता की प्रतिष्ठा चाहते थे। उनके अनुसार काव्य के माध्यम से ही संस्कृति समग्रत: अभिव्यक्त होती है। काव्य ही संस्कृति का सर्वोत्तम साधन है और संस्कृति जीवन की पूर्णता का पर्याय है। आर्नल्ड यूनानी काव्यादर्शों के प्रेमी थे। उन्होंने आलोचना को एक स्वतंत्र एवं

---

1. "It is the business of criticism to know the best that is known and thought in the world, and in its turn by marking this known, to create a current of true and fresh idea."
—History and Principle of Literary Criticism, Dr. Raghukul Tilak, P. 298
2. **पाश्चात्य काव्यशास्त्र, डॉ० देवेन्द्रनाथ शर्मा, पृ० 150।**

महत्त्वपूर्ण विधा के रूप में प्रतिष्ठित किया। उनसे पूर्व आलोचना के क्षेत्र में तरह-तरह की असंगतियाँ और बिखराव था। उन्होंने उसे एक गंभीर, संतुलित, स्वच्छ और पूर्ण विश्लेषण-पद्धति के रूप में विकसित किया। सिद्धान्त एवं व्यवहार दोनों स्तरों पर उन्होंने आलोचना को समग्रता, पूर्णता और पारदर्शिता प्रदान की। उन्होंने बहुत अच्छी तैयारी के बाद आलोचना-कर्म को स्वीकार किया था। वे कवि भी थे। इसलिए काव्य के मर्म को समझने में पूर्णत: समर्थ थे। यही कारण है कि अंग्रेज़ी आलोचना के इतिहास में वे एक युग-निर्माता के रूप में प्रतिष्ठित हैं।

मैथ्यू आर्नल्ड के बाद हम बीसवीं शताब्दी की आलोचनाधारा का साक्षात्कार करते हैं। यह शताब्दी साहित्य-चिन्तन के क्षेत्र में अनेक स्थापनाओं, वादों और सिद्धान्तों की शताब्दी है। इन वादों और सिद्धान्तों की चर्चा हम आगे चलकर करेंगे। यहाँ हम उन तीन महान् साहित्य-चिन्तकों के विचारों को संक्षेप में प्रस्तुत करना चाहेंगे, जिन्होंने हिन्दी-समीक्षा को विशेष रूप से प्रभावित किया है। ये चिन्तक हैं—(1) बेनेदेत्तो क्रोचे (Benedetto Croce, 1866-1952 AD), (2) आई० ए० रिचर्ड्स (Ivor Armstrong Richards, 1893-1979 AD), और (3) टी० एस० इलियट (Thomas Stearms Eliot, 1888-1965 AD)।

अभिव्यंजनावाद (बेनेदेत्तो क्रोचे)

बेनेदेत्तो क्रोचे इटली के प्रसिद्ध दार्शनिक थे। दार्शनिक होने के नाते उन्होंने अपने आत्मवादी दर्शन के आधार पर सौन्दर्यतत्त्व की व्याख्या की। उनका सौन्दर्य-सिद्धान्त 'अभिव्यंजनावाद' (Expressionism) के नाम से प्रसिद्ध है।

क्रोचे के अनुसार आत्मा की चार मूलभूत क्रियाएँ होती हैं। इनमें दो ज्ञान की क्रियाएँ हैं और दो इच्छा की। ज्ञान की क्रियाओं को सैद्धान्तिक और इच्छा की क्रियाओं को व्यावहारिक कह सकते हैं। ज्ञान की क्रियाएँ भी दो प्रकार की होती हैं—(1) अन्त:प्रज्ञात्मक (Intutive) और (2) तर्कात्मक (Logical)। इच्छा की क्रियाएँ भी दो प्रकार की होती हैं—(1) आर्थिक (Economical) और (2) नैतिक (Moral)। आत्मा की इन चारों क्रियाओं में कला-रचना की दृष्टि से अन्त:प्रज्ञात्मक (Intutive) ज्ञान का महत्त्व सर्वोपरि है। तर्कात्मक (Logical) ज्ञान का कला-रचना की दृष्टि से कोई महत्त्व नहीं है। अन्त:प्रज्ञा स्वयं प्रकाशित होती है। वह इन्द्रियों की प्रत्यक्षानुभूति से परे असीम, अगोचर रहस्यमय तत्त्व का ज्ञान प्राप्त करने में समर्थ है। वह वस्तुओं को अखण्ड रूप में देखती है। वह एक तरह की आत्मानुभूति है। अन्त:प्रज्ञात्मक ज्ञान के लिए किसी बाहरी प्रमाण की आवश्यकता नहीं होती। अन्त:प्रज्ञात्मक ज्ञान के साथ 'अभिव्यंजना' का नित्य संबंध है। हम यों कह सकते हैं कि, 'अन्त:प्रज्ञात्मक ज्ञान अभिव्यंजनात्मक ही होता है।' जिस प्रकार अन्त:प्रज्ञात्मक आत्मिक होता है, वैसे ही अभिव्यंजना भी एक आन्तरिक प्रक्रिया है। अन्त:प्रज्ञा और कला का सम्बन्ध भी नित्य है। कहा जा सकता है कि, "प्रत्येक अन्त:प्रज्ञा कला है और प्रत्येक कला अन्त:प्रज्ञा"। अर्थात् प्रत्येक अन्त:

प्रज्ञा अभिव्यंजित होकर 'कला' में परिणत हो जाती है। यह प्रक्रिया पूरी तरह आन्तरिक है। अन्तःप्रज्ञा की अभिव्यंजना मन के भीतर ही होती है।

अन्तःप्रज्ञा की कलात्मक परिणति चार चरणों में होती है। सबसे पहले अन्तः प्रज्ञा में संस्कार या इंप्रेशन स्फुरित होता है। इसके बाद अभिव्यंजना होती है। तीसरे चरण में इस अभिव्यंजना से सौन्दर्यमूलक आनन्द की अनुभूति होती है। इसके बाद चौथे चरण में आकर इस आनन्द की स्थूल अभिव्यक्ति ध्वनियों, गतियों, रंगों और रेखाओं के माध्यम से होती है। इनमें सबसे अधिक महत्त्व 'अभिव्यंजना' का है।

क्रोचे के अनुसार कला-सृष्टि कोई ऐच्छिक प्रक्रिया नहीं है। रचनाकार अपनी इच्छा से कला-वस्तु का चयन नहीं करता। वस्तुतः अन्तःप्रेरणा (Inspiration) के क्षण में सहसा कोई वस्तु अन्तःप्रज्ञा में उद्‌भाषित हो जाती है। उद्‌भाषित होने के साथ ही वह अभिव्यंजित होने पर ही रचनाकार को उसका बोध हो पाता है। इस पूरी प्रक्रिया में रचनाकार अन्तःप्रेरणा से ही प्रेरित होता है। उसे स्वतः सोचने-विचारने का अवसर ही नहीं मिलता।

क्रोचे कलावस्तु को अखंड और अविभाज्य मानता है। इसलिए उसका किसी प्रकार का वर्गीकरण या विभाजन उसे मान्य नहीं है। वह यहाँ तक कह जाता है कि कला के वर्गीकरण से सम्बन्धित कृतियों को जला दिया जाय तो कोई हानि नहीं होगी। क्रोचे 'अलंकृत' और 'अनलंकृत' का भेद भी स्वीकार नहीं करते। उनके अनुसार अभिव्यंजना में अलंकार का योग कैसे हो सकता है? यदि वह बाहर से योग देता है तो उसे अभिव्यंजना से भिन्न माना जायेगा। यदि वह भीतर से योग देता है तो उसे अभिव्यंजना की पूर्णता में बाधक माना जायेगा और एक प्रकार से उसे प्रदूषित करेगा। यदि वह उससे अभिन्न और उसी में अन्वित होकर योग देता है, तब उसकी सत्ता ही नहीं रह जाती, वह अभिव्यंजना का ही अंग बन जाता है।

क्रोचे कला का कोई प्रयोजन या उद्देश्य नहीं मानते। 'कला' कला के लिए ही होती है। वह किसी महत् उद्देश्य का साधन नहीं है। वह स्वयं साध्य है। उसे लेकर नैतिक-अनैतिक का प्रश्न भी नहीं उठना चाहिए।

क्रोचे की कला-विषयक मान्यता में एक विशिष्ट बात है, उनका 'रूप' को अत्यधिक महत्त्व देना। वह कहता है—"कभी-कभी सोचा जाता है कि वस्तु-तत्त्व को सौन्दर्यात्मक होने के लिए, अर्थात् रूप में परिवर्तित होने के लिए, कुछ ऐसे गुणों से युक्त होना चाहिए जो निर्धारित अथवा निर्धारणीय है। किन्तु यदि ऐसा हो तो रूप और आधेय, अभिव्यंजना और प्रभाव एक ही चीज़ होंगे। यह सच हैं कि आधेय वह है, जो रूप में परिवर्तित हो सकता है, किन्तु जब तक यह रूपान्तरण नहीं हो जाता उसके पास कोई निर्धारणीय गुण नहीं होते। इस सम्बन्ध में हम कुछ नहीं जानते। वह कलात्मक वस्तु-तत्त्व तभी बनता है जबकि वह

सचमुच रूपान्तरित हो जाता है, इसके पूर्व नहीं।''[1] उपर्युक्त कथन से यह स्पष्ट है कि क्रोचे वस्तु-तत्त्व का निषेध नहीं करता, लेकिन एक कला-कृति में अभिव्यंजित होने या रूप ग्रहण करने के पूर्व वह उसकी सत्ता नहीं मानता। इस प्रकार उसकी दृष्टि में निर्विवाद रूप से 'रूप' का ही महत्त्व सर्वोपरि है। क्रोचे की यह मान्यता विवाद से परे नहीं है। हिन्दी के सबसे बड़े कवि तुलसीदास 'वस्तु' और 'भणिति' (भाषिक अभिव्यक्ति) में भेद करते हैं। उन्होंने कहा है—'भणिति भदेस वस्तु भलि वरनी'। अर्थात् वस्तु का भला होना 'भणिति' पर निर्भर नहीं है। उसकी स्वतंत्र सत्ता है और वह भली भी हो सकती है, बुरी भी। इस संदर्भ में डॉ० देवेन्द्रनाथ शर्मा की टिप्पणी ध्यान देने योग्य है—''प्रधानत: कला की स्थिति रूप में है किन्तु वह सर्वथा वस्तु-निरपेक्ष नहीं है। अगर ऐसा होता तो सभी वस्तुओं में समान कलात्मक संभावना होती, पर बात ऐसी नहीं है। बहुत दूर तक कलात्मक महत्ता या विशिष्टता वस्तु पर भी निर्भर करती है, उससे निर्देशित तथा नियंत्रित भी होती है। कविता या चित्र की दृष्टि से गुलाब का फूल जितना उपादेय है, उतना पेपरवेट नहीं।''[2] कुछ भी हो, बीसवीं शती के सौन्दर्यशास्त्रियों में क्रोचे का महत्त्व सर्वमान्य है। उनका 'ईस्थेटिक' ग्रन्थ इटालवी भाषा में 1902 में प्रकाशित हुआ। सारे यूरोप में उसकी चर्चा हुई और क्रोचे को एक महान् सौन्दर्यशास्त्री माना गया।

हिन्दी में क्रोचे के 'अभिव्यंजनावाद' का उल्लेख सबसे पहले आचार्य शुक्ल ने किया। उन्होंने 'अभिव्यंजनावाद' को 'वक्रोक्तिवाद' का विलायती उत्थान बताते हुए कहा—''योरप का यह 'अभिव्यंजनावाद' हमारे यहाँ के पुराने 'वक्रोक्तिवाद'—वक्रोक्ति: काव्य-जीवितम्—का ही नया रूप या विलायती उत्थान है।''[3] शुक्ल जी के इस कथन के बाद हिन्दी में 'वक्रोक्तिवाद' और 'अभिव्यंजनावाद' की तुलना की प्रवृत्ति चल पड़ी। यह बात बार-बार दुहराई गई कि शुक्ल जी ने 'अभिव्यंजनावाद' को ठीक से नहीं समझा। वस्तुत: शुक्ल जी ने अन्याय 'अभिव्यंजनावाद' के साथ नहीं 'वक्रोक्तिवाद' के साथ किया है। कुन्तक का 'वक्रोक्तिवाद' काव्य-वस्तु की उपेक्षा नहीं करता। कुन्तक ने अभिव्यंजना के चमत्कार को महत्त्व अवश्य दिया है, किन्तु उन्होंने अलंकार और अलंकार्य के भेद को स्वीकार किया है। अन्य स्तरों पर भी दोनों में अन्तर है। इसलिए कुन्तक के 'वक्रोक्तिवाद' को क्रोचे के 'अभिव्यंजनावाद' के समरूप मानना उचित नहीं है। संभवत: शुक्ल जी ने 'वक्रोक्ति जीवित' का ठीक से अध्ययन नहीं किया था। उन्होंने 'उक्ति' को अधिक महत्त्व दिये जाने की बात को सामने रखकर 'अभिव्यंजना' से वक्रोक्ति की तुलना कर दी। 'संभवत:' शब्द इसलिए जोड़ना पड़ा कि 'रसमीमांसा' में शुक्ल जी ने कुंतक की वक्रता की व्यापकता को स्वीकार

---

1. **पाश्चात्य काव्यशास्त्र की परंपरा, सं० डॉ० (श्रीमती) सावित्री सिन्हा, पृ०-273।**
2. **पाश्चात्य काव्यशास्त्र, पृ० 169।**
3. **चिन्तामणि, भाग 2, पृ० 98।**

किया है और कहा है—"कुंतक जी की वक्रता बहुत व्यापक है, जिसके अन्तर्गत वे वाक्य-वैचित्र्य की वक्रता और वस्तु-वैचित्र्य की वक्रता दोनों लेते हैं।"[1] शुक्ल जी के द्वारा उपर्युक्त दोनों काव्य-सिद्धान्तों—'वक्रोक्तिवाद' और 'अभिव्यंजनावाद'—के विषय में कही गई सभी बातों को सामने रखने पर ऐसा लगता है कि वे दोनों के सम्बन्ध में सबसे बड़ी 'उक्ति' या 'रूप' को ज़रूरत से ज्यादा महत्त्व देते हैं। जहाँ तक काव्यवस्तु का प्रश्न है, कुंतक को तो उसकी सत्ता मान्य है ही, शुक्ल जी ने सप्रमाण सिद्ध कर दिया है कि क्रोचे को भी उसे मानना पड़ा है। शुक्ल जी की टिप्पणी है—"भाव या हृदय की अनुभूति ऐसी वस्तु से, जिसका सच्ची कविता के साथ नित्य सम्बन्ध है, पीछा छुड़ाना क्रोचे के लिए सहन न था। एक स्थान पर उसकी सत्ता उसे स्वीकार करनी पड़ी है। वह कहता है, "द्रव्य वह भावात्मकता है जो कला के रूप में निरूपित न हुई हो" (Matter is emotive not aesthetically elaborated) द्रव्य से उसका अभिप्राय मन के भीतर वाह्य प्रकृति के रूप-संस्कारों (छापों) से है, यह मैं सूचित कर आया हूँ। मन में संचित वाह्य-जगत् के नाना रूपों की भावात्मकता का मतलब क्या हो सकता है? यही न कि उनमें भावों के उद्बोधन की शक्ति होती है। बस यही तो मेरा—मेरा क्या काव्य से वास्तव में प्रभावित होने वाले मात्र का—पक्ष है।"[2] शुक्ल जी के लिए प्रश्न वस्तु और रूप के अस्तित्व के स्वीकार का उतना नहीं है, जितना 'रूप' या 'उक्ति' या 'अभिव्यंजना' पर बल देने का। शुक्ल जी दोनों सिद्धान्तों की बारीक़ी से तुलना नहीं कर रहे थे। वे केवल 'वस्तु' की गौणता और 'रूप' की प्रधानता को दृष्टि में रखकर दोनों की सामान्य एकता की ओर इशारा भर कर रहे थे। इसीलिए उन्होंने 'अभिव्यंजनावाद' को 'वक्रोक्तिवाद' का विलायती उत्थान कह दिया। उनके इस कथन को गंभीरता से लिया गया और 'वक्रोक्ति' तथा "अभिव्यंजना' की बारीकियों के विश्लेषण की परम्परा चल पड़ी। इससे हिन्दी-आलोचना-जगत् का लाभ यह हुआ कि भारत के एक महान् काव्यचिन्तक की ओर लोगों का ध्यान आकृष्ट हुआ और यूरोप के बीसवीं शती के एक महान् सौन्दर्यशास्त्री के कला-चिन्तन के आलोक में उसकी मान्यताओं का पुनर्मूल्यांकन किया जाने लगा। निश्चय ही इससे हिन्दी-समीक्षा गंभीर और समृद्ध हुई। इस प्रसंग को समाप्त करने के पूर्व हम संक्षेप में 'अभिव्यंजनावाद' और 'वक्रोक्तिवाद' का अन्तर स्पष्ट करना चाहेंगे।

(क) 'अभिव्यंजनावाद' सभी कलाओं को दृष्टि में रखकर स्थापनाएँ करता है। 'वक्रोक्तिवाद' मात्र काव्य-कला को दृष्टि में रखकर निर्णय देता है।

(ख) 'अभिव्यंजनावाद' कला की रचना-प्रक्रिया की व्याख्या करता है, जबकि 'वक्रोक्तिवाद' काव्य के आस्वाद-पक्ष का विवेचन करता है।

---

1. **रसमीमांसा, पृ० 40।**
2. **चिन्तामणि, भाग 2, पृ० 188।**

(ग) 'अभिव्यंजनावाद' वस्तु की सत्ता का निषेध करता है। वह 'अभिव्यंजना' या 'रूप' को ही सर्वोपरि महत्त्व देता है। वह पूरी तरह ऐसा कर सका या नहीं? यह अलग प्रश्न है। जबकि 'वक्रोक्तिवाद' वस्तु और रूप दोनों का महत्त्व स्वीकार करता है।

(घ) 'अभिव्यंजनावाद' शाब्दिक या भाषिक अभिव्यक्ति को महत्त्व नहीं देता। उसके अनुसार यदि रचनाकार के मन में अभिव्यंजना की प्रक्रिया पूर्ण हो गई है, तो उसकी शाब्दिक अभिव्यक्ति कलात्मक होगी ही।

(ङ) 'अभिव्यंजनावाद' कला का कोई उद्देश्य नहीं मानता। उसके अनुसार कला, कला के लिए होती है; जबकि 'वक्रोक्तिवाद' अर्थ, धर्म, काम, मोक्ष की सिद्धि को अपना उद्देश्य मानता है। लोक-व्यवहार का ज्ञान और आनंद प्रदान करना भी उसका उद्देश्य है।

(च) क्रोचे 'कला' के वर्गीकरण के सर्वथा विरुद्ध हैं। उनकी दृष्टि में अभिव्यंजना ही कला है और अभिव्यंजना पूर्ण होती है। उसका वर्गीकरण या कोटि-निर्धारण नहीं हो सकता, जबकि कुन्तक काव्य का वर्गीकरण स्वीकार करते हैं।

(छ) 'अभिव्यंजनावाद' कला को स्वतःस्फूर्त अन्तःप्रज्ञा की देन मानता है। उसके लिए रचनाकार को अभ्यास नहीं करना पड़ता। इसके विपरीत 'वक्रोक्तिवाद' काव्य-रचना की प्रक्रिया में कवि-कौशल को महत्त्व देता है। कवि-कौशल स्वतःस्फूर्त नहीं होता। वह कवि की कला-चेष्टा का परिणाम होता है।

'अभिव्यंजनावाद' और 'वक्रोक्तिवाद' में मौलिक एकता मात्र दो बातों में है। एक तो यह कि दोनों में ही 'उक्ति' (अभिव्यंजना) को अधिक महत्त्व देते हैं। कुन्तक वस्तु की सत्ता को स्वीकार अवश्य करता है, किन्तु महत्त्व 'उक्ति' को ही देता है। उसकी दृष्टि में 'वक्र उक्ति ही काव्य का जीवन है'। उक्ति में सौन्दर्य नहीं है, तो वस्तु की श्रेष्ठता उसे सुन्दर नहीं बना सकती। दूसरी एकता यह है कि दोनों ही अलंकार को रचना का नित्य धर्म मानते हैं। अलंकार बाहर से लादी जाने वाली वस्तु नहीं है। उसे रचना का आन्तरिक गुण माना जाना चाहिए। तात्पर्य यह कि 'अभिव्यंजना' और 'वक्रोक्ति' में भेद अधिक और समता कम है। यदि आचार्य शुक्ल ने विधिवत् दोनों की तुलना की होती तो वे 'अभिव्यंजनावाद' को 'वक्रोक्तिवाद' का विलायती उत्थान न कहते।

आई० ए० रिचर्ड्स

क्रोचे के बाद यूरोपीय समीक्षकों में सर्वाधिक चर्चित नाम **आई० ए० रिचर्ड्स** का है। आचार्य शुक्ल ने भी इन्हें अनेक स्थानों पर उद्धृत करके इनके प्रति सम्मान का भाव व्यक्त किया है। आई० ए० रिचर्ड्स (Ivor Armstrong Richards 1893-1979 AD) ने क्रैम्ब्रिज विश्वविद्यालय से आचार-विज्ञान (Moral Science)

में स्नातक की उपाधि प्राप्त की थी। मनोविज्ञान में उनकी गहरी पैठ थी। उनकी आलोचना पर मनोविज्ञान का प्रभाव सर्वमान्य है। वैसे उन्होंने अर्थशास्त्र, मानव-विज्ञान और सौन्दर्यशास्त्र का भी व्यापक अध्ययन किया था। आलोचना के क्षेत्र में रिचर्ड्स की दो कृतियाँ—1. 'दि प्रिंसिपुल्स ऑफ लिटरेरी क्रिटिसिज़्म', 2. प्रैक्टिकल क्रिटिसिज़्म—विशेष रूप से चर्चित हैं।

रिचर्ड्स की आलोचना के दो आधार-स्तंभ हैं—

1. मूल्य सिद्धान्त और **2. सम्प्रेषण सिद्धान्त**। सबसे पहले मूल्य-सिद्धान्त को समझना आवश्यक है। रिचर्ड्स के अनुसार—"ऐसी कोई भी वस्तु मूल्यवान है, जो समान या अधिक महत्त्वपूर्ण इच्छा को कुंठित किए बिना किसी इच्छा को तुष्ट करती है। दूसरे शब्दों में हम कह सकते हैं कि किसी इच्छा को तुष्ट न करने का एक ही कारण बताया जा सकता है कि उसकी तुष्टि कर देने से उससे अधिक महत्त्व वाली इच्छाओं की तुष्टि में बाधा उत्पन्न हो जाती है।"[1]

उपर्युक्त परिभाषा पर गंभीरता से विचार करने पर कहा जा सकता है कि जिस वस्तु से हमारी अधिक-से-अधिक इच्छाओं की तुष्टि हो सकती है, वह सर्वाधिक मूल्यवान है। इस परिभाषा में इच्छाओं का विभाजन कम महत्त्वपूर्ण और अधिक महत्त्वपूर्ण के रूप में तो किया जा सकता है, लेकिन कौन-सी इच्छा अच्छी और हितकर है और कौन-सी बुरी या अहितकर इस पर विचार नहीं किया गया है। मान लीजिए किसी को मदिरा पीने की इच्छा है। कई कारणों से कभी-कभी यह इच्छा अदम्य हो जाती है। ऐसी स्थिति में मदिरापान से ही इस इच्छा की तुष्टि संभव है और तब मदिरा सामान्य उदरपूर्ति के साधनों से अधिक मूल्यवान हो जाती है। यह प्रश्न उठ सकता है कि सामान्य व्यक्ति के जीवन में अन्न-वस्त्र, भोजन आदि का मूल्य अधिक है या मदिरा का। मूल्य की जो मनोवैज्ञानिक व्याख्या रिचर्ड्स ने की है, उसके अनुसार किसी भी व्यक्ति के जीवन में नैतिक मूल्य जैसी कोई चीज़ रह ही नहीं जाती। रिचर्ड्स की दृष्टि में, "नैतिकता मात्र व्यवहार-कुशलता का नाम है और आचार-संहिता इष्ट-सिद्धि की वह सामान्य व्यवस्था है, जिसे किसी व्यक्ति या समाज ने लब्ध किया है।"[2] इस मान्यता को सहज भाव से स्वीकार नहीं किया जा सकता।

---

1. We can now extend our definition. Anything is valuable which will satisfy an appetency without involving the frustration of some equal or more important appetency; in other words, the only reason which can be given for not satisfying a desire is that more important desires will thereby thwarted. —Principles of Literary Criticism, P. 36
2. "Thus the morals become purely prudential and ethical codes merely expression of the most general scheme of expediency to which an individual or a race has attained." —Principles of Literary Criticism, P. 36

रिचर्ड्स कलात्मक या काव्यात्मक अनुभूति और सामान्य अनुभूति में अन्तर नहीं मानते। उनके अनुसार कलात्मक अनुभूति किसी भी रूप में अलौकिक नहीं होती। अलौकिक शब्द आधुनिक वैज्ञानिक चिन्तन में ग्राह्य नहीं है। यह तो परंपरागत अमूर्त्त चिन्तन की देन है। कलात्मक अनुभूति साधारण अनुभूति की तुलना में सूक्ष्म और जटिल अवश्य होती है। सूक्ष्मता और जटिलता के अन्तर को रिचर्ड्स आधारभूत अन्तर नहीं मानते। वस्तुत: अपने चिन्तन को अधिक-से-अधिक वैज्ञानिक बनाने के लिए रिचर्ड्स अनुभूति की अलौकिकता का निषेध करते हैं। वे यह भूल जाते हैं, कि जिसे वह सूक्ष्म और जटिल कहते हैं, उसे ही पूर्व विचारकों ने 'अलौकिक' कहा है। अलौकिक अर्थात् सामान्य से भिन्न। मनोविज्ञान का आधार ग्रहण करते समय रिचर्ड्स यह भी ध्यान नहीं देते कि मनोविज्ञान गणित या भौतिकी की भाँति पूर्ण और शुद्ध विज्ञान नहीं है। इस प्रकार देखा जाय तो रिचर्ड्स की उपर्युक्त मान्यतायें विवाद-मुक्त नहीं हैं।

रिचर्ड्स द्वारा प्रतिपादित दूसरा महत्त्वपूर्ण सिद्धान्त है—सम्प्रेषण-सिद्धान्त (A theory of Communication)—'संप्रेषण' की व्याख्या करते हुए वे कहते हैं—''संप्रेषण से तात्पर्य अनुभूति का यथावत् अन्तरण नहीं है और इसे दो व्यक्तियों के बीच अनुभूति का तादात्म्य भी नहीं कह सकते। वस्तुत: विशेष परिस्थितियों में विभिन्न व्यक्तियों की अनुभूतियों में अत्यधिक समानता ही संप्रेषण है।''[1] विशेष परिस्थितियों को स्पष्ट करते हुए वे कहते हैं कि वातावरण पर किसी मन की ऐसी क्रिया जिससे दूसरा मन उससे प्रेरित और प्रभावित हो जाय ऐसी स्थिति में दूसरे मन और पहले (वातावरण पर क्रिया करने वाले) मन की अनुभूतियों में थोड़ी-बहुत समानता होती है और दूसरे मन की अनुभूति पहले पर आश्रित भी होती है। दोनों मनों की अनुभूतियों में जितनी अधिक समानता होगी, संप्रेषण उतना ही सफल माना जायेगा। 'संप्रेषण' के संबंध में रिचर्ड्स दो बातें और कहते हैं। उनका मानना है कि रचना के समय कोई भी रचनाकार सजग और सतर्क होकर संप्रेषण के लिए प्रयत्नशील नहीं होता। इसलिए 'संप्रेषण' अचेतन-प्रक्रिया है। दूसरी बात यह कि रचनाकार की अनुभूति और उसकी रचना में जितना ही सामंजस्य होगा, उतनी ही उसमें संप्रेषण क्षमता भी होगी। रिचर्ड्स की यह मान्यता कि संप्रेषण अचेतन प्रक्रिया है, स्वीकार्य नहीं है। प्रत्येक बड़ा रचनाकार अधिक-से-अधिक लोगों में अपनी बात पहुँचाना चाहता है। रचना में निहित संदेश सुविचारित होता है। प्रत्येक रचनाकार की कल्पना में उसके आदर्श पाठक विद्यमान होते हैं। तात्पर्य यह कि रिचर्ड्स ने अपनी मान्यताओं को मनोविज्ञान-सम्मत बनाने के क्रम में बहुत सी ऐसी स्थापनाएँ की हैं, जिनसे सहमत नहीं हुआ जा सकता।

---

1. "Communication defined as strict transference of or participation of in identical experience does not occur. All that occur is that under certain condition separate minds have closely similar experience."
—Principles of Literary Criticism, P. 176

रिचर्ड्स ने कविता की परिभाषा पर भी विचार किया है और भाषा पर भी। कविता की परिभाषा करते हुए वे कहते हैं—

"कविता अनुभूतियों का एक वर्ग (Class) है, जो मानक अनुभूति की प्रत्येक विशेषता से भिन्न होती हुई भी, किसी विशेषता से एक खास मात्रा से अधिक भिन्न नहीं होती।"[1] कहना न होगा कि रिचर्ड्स की उपर्युक्त परिभाषा अस्पष्ट और जटिल है। इसे अन्य किसी समीक्षक ने महत्त्व नहीं दिया है।

रिचर्ड्स का भाषा संबंधी चिन्तन महत्त्वपूर्ण है। उसने प्रयोग की दृष्टि से भाषा के दो वर्ग माने हैं। पहला 'तथ्यात्मक प्रयोग' (Use for the sake of reference) और दूसरा 'रागात्मक प्रयोग' (Emotive use) भाषा के तथ्यात्मक वर्ग का प्रयोग वैज्ञानिक और दार्शनिक करते हैं। रचनाकार भाषा के रागात्मक वर्ग का प्रयोग करते हैं। रागात्मक वर्ग की भाषा में प्रतीकों, बिम्बों और भाव-संकेतों को विशेष महत्त्व दिया जाता है। यही भाषा कवियों और रचनाकारों की अनुभूति को सम्प्रेषित करने में समर्थ होती है। शब्द और अर्थ के सम्बन्धों पर गहराई से विचार करते हुए रिचर्ड्स ने चार प्रकार के 'अर्थों' का उल्लेख किया है—(क) अभिधार्थ (Sense); (ख) भाव (Feeling); (ग) ध्वनि (Tone); (घ) अभिप्राय (Intention)। अर्थात् पहले तो वक्ता के कथन का मुख्य अर्थ (Sense) ग्रहण किया जाता है फिर हम उसमें निहित भावना या अभिरुचि को ग्रहण करते हैं। उसके बाद वक्ता की वचनभंगी (Tone) पर ध्यान दिया जाता है। वक्ता श्रोताओं के स्तर को ध्यान में रखकर अपनी वचनभंगी में परिवर्तन करता रहता है। यह वचनभंगी भी अर्थ को प्रभावित करती है और अन्त में वक्ता का अभिप्राय ग्रहण किया जाता है। रिचर्ड्स के अनुसार समृद्ध और समर्थ भाषा में उपर्युक्त चारों अर्थछायायें होती हैं। समर्थ रचनाकार की भाषा में उपर्युक्त सभी विशेषताएँ होती हैं।

अंग्रेज़ी के समीक्षकों में रिचर्ड्स का स्थान महत्त्वपूर्ण माना जाता है। उन्होंने पहली बार व्यापक और व्यवस्थित ढंग से काव्य-समीक्षा के सभी अंगों पर विचार किया है। उन्होंने आलोचना को अधिक-से-अधिक वैज्ञानिक बनाने की कोशिश की है। उन्होंने समीक्षा के दो आधारस्तंभ स्वीकार किये—(1) काव्य-मूल्य (2) अनुभूति का संप्रेषण—ये दोनों ही आधारस्तंभ अत्यन्त महत्त्वपूर्ण हैं। रिचर्ड्स की मान्यताओं में अन्तर्विरोध हो सकते हैं। उनके चिन्तन की सीमायें भी हो सकती हैं, किन्तु उनके महत्त्व को अस्वीकार नहीं किया जा सकता। उन्होंने आचार्य शुक्ल

---

1. "It is the only workable way of defining a poem, namely a class of experiences, which do not differ in any character more than a certain amount, varying for each character from a standard experience."
—Principles of Literary Criticism, P. 178

जैसे विचारक को बहुत गहरे प्रभावित किया है और उनकी आलोचना को नया मोड़ देने में महत्त्वपूर्ण भूमिका निभाई है।

टी० एस० इलियट

बीसवीं शती के सर्वाधिक प्रतिभासंपन्न कवि और आलोचक टी० एस० इलियट (Thomas Stearns Eliot) का जन्म सेंट लुई (अमेरिका) में 26 सितम्बर, 1888 ई० को हुआ था। उन्होंने 1910 ई० में हार्वर्ड विश्वविद्यालय से एम० ए० की परीक्षा उत्तीर्ण की। छात्र-जीवन में इन्होंने संस्कृत और पालि-भाषा का भी अध्ययन किया था। 1915 ई० में वे लन्दन पहुँचे और वहीं बस गए। 1925 में वे लंदन के प्रसिद्ध प्रकाशन-संस्थान 'फेबर एण्ड फेबर' के निदेशक नियुक्त हुए। इस संस्थान से 'दि क्राइटेरियन' (The Creterion) नामक त्रैमासिक पत्रिका निकलती थी। आप इसके संपादक नियुक्त हुए। इस पत्रिका के माध्यम से आपके कवि और आलोचक व्यक्तित्व का विकास हुआ। 1949 ई० में आपको नोबेल पुरस्कार मिला।

इलियट ने समीक्षा की कोई व्यवस्थित पुस्तक नहीं लिखी। समय-समय पर आपने जो निबन्ध और टिप्पणियाँ लिखीं उन्हीं को संगृहीत करके पुस्तकों के रूप में प्रकाशित किया गया है। 'दि सेक्रेड वुड' (1920 ई०), 'सेलेक्टेड एसेज़' (1917-32 ई०), 'दि यूज़ ऑफ पोयट्री एण्ड दि यूज़ ऑफ क्रिटिसिज़्म' (1933 ई०), 'एलिज़ाबेथियन एसेज़' (1938 ई०), 'पोयट्री एण्ड ड्रामा' (1951 ई०), 'दि थ्री यूज़ेज ऑफ पोयट्री' (1953 ई०), 'सेलेक्टेड प्रोज़' (1953 ई०), तथा 'आन पोयट्री एण्ड पोयट्स' (1957 ई०) आदि आपकी प्रसिद्ध कृतियाँ हैं।

इलियट की आलोचना का मूलाधार उनका प्रसिद्ध निबन्ध 'ट्रेडिशन एण्ड दि इंडिविजुअल टैलेंट' है। यह 'दि सेक्रेड वुड' में प्रकाशित हुआ था। वस्तुतः इलियट के पहले उन्नीसवीं शती में अंग्रेज़ी में जिस रोमैंटिक समीक्षा का प्रचलन था वह कवि की वैयक्तिकता और कल्पनाशीलता को विशेष महत्त्व देती थी। उन्नीसवीं शती के अंतिम चरण में **वाल्टर पेटर** और **ऑस्कर वाइल्ड** ने 'कलावाद' को अत्यधिक महत्त्व दिया। अर्थात् उन्नीसवीं शती की अंग्रेज़ी समीक्षा कृति के स्थान पर कवि और उसकी वैयक्तिकता को महत्त्व देती थी। इलियट ने इसका प्रतिकार किया। उन्होंने **परंपरा** को विशेष महत्त्व दिया और इस बात पर बल दिया कि परंपरा के भीतर ही कवि की वैयक्तिक प्रज्ञा की सार्थकता मान्य होनी चाहिए।

'परंपरा' को परिभाषित करते हुए उन्होंने कहा कि, "इसके अन्तर्गत उन सभी स्वाभाविक कार्यों, आदतों, रीति-रिवाजों का समावेश होता है, जो स्थान-विशेष पर रहने वाले लोगों के सह-सम्बन्ध का प्रतिनिधित्व करते हैं। परंपरा के भीतर विशिष्ट धार्मिक आचारों से लेकर आगन्तुक के स्वागत की पद्धति और उसको

सम्बोधित करने का ढंग, सब कुछ समाहित है।''[1] इलियट यह मानता है कि परंपरा उत्तराधिकार में प्राप्त नहीं होती। वह अर्जित की जाती है। वस्तुतः इलियट के लिए परंपरा एक अविच्छिन्न प्रवाह है, जो अतीत के सांस्कृतिक साहित्यिक दाय के उत्तमांश से वर्तमान को समृद्ध करता है। यह अतीत की जीवन्त शक्ति है जिससे वर्तमान का निर्माण होता है और भविष्य का अंकुर फूटता है। परंपरा के नाम पर अंधविश्वासों और रूढ़ियों का अनुकरण नहीं करना चाहिए। भारत के संदर्भ में परंपरा को व्याख्यायित करते हुए डॉ० देवेन्द्रनाथ शर्मा कहते हैं—''भारत के संदर्भ में व्यास, वाल्मीकि से लेकर आज तक का और केरल से लेकर कश्मीर तथा गुजरात से असम तक का सारा दाय भारतीय परंपरा में वर्तमान है और उसे जिस कवि ने जितना आत्मसात् किया है, उसे उतनी ही सिद्धि मिली है और प्रसिद्धि भी। इतिहास-बोध इस परंपरा का अभिन्न अंग है, क्योंकि जब इतिहास का सम्यक् अवगम नहीं होता तब तक न तो कोई कालातीत को समझ पायेगा, न कालिक को न उनके पार्थक्य को और न उनके योगपथ को।''[2] परंपरा के महत्त्व का प्रतिपादन करते हुए इलियट ने इस बात पर बल दिया कि कवियों का मूल्यांकन परंपरा की सापेक्षता में किया जाय। उसके अनुसार कोई भी रचनाकार स्वयं में महत्त्वपूर्ण नहीं होता वह अपने पूर्ववर्ती कवियों की तुलना में ही अपनी महत्ता सिद्ध कर सकता है।

परंपरा के महत्त्व के साथ ही इलियट ने काव्य की '**निर्वैयक्तिकता**' के सिद्धान्त का प्रतिपादन किया। उसने आत्मनिष्ठ (Subjective) साहित्य के स्थान पर वस्तुनिष्ठ (Objective) साहित्य को विशेष महत्त्व दिया। उसके अनुसार, ''महान रचनाकार निर्वैक्तिक होता है। कविता भाव की उन्मुक्त अभिव्यक्ति नहीं है, वह भाव से मुक्ति है। वह व्यक्तित्व की अभिव्यक्ति नहीं, व्यक्तित्व से मुक्ति है। किन्तु निश्चय ही जिनमें व्यक्तित्व और भाव हैं, वे ही यह जान सकते हैं कि उनसे मुक्ति की आकांक्षा का अर्थ क्या होता है।''[3]

इलियट के इस सिद्धान्त को ही 'निर्वैयक्तिकता' (Depersonalisation) का सिद्धान्त कहा जाता है। उसने इस सिद्धान्त का प्रतिपादन रोमैंटिक कवियों की व्यक्तिवादिता के विरोध में किया। साथ ही, इस सिद्धान्त के प्रतिपादन के माध्यम से

---

1. Tradition involves all those habitual actions, habits and customs, from the most significant religious rites to our conventional way of greeting a stranger, which represent the blood kinship of the same people living in the same place. —After Strange Gods, P. 18
2. **पाश्चात्य काव्यशास्त्र, देवेन्द्रनाथ शर्मा, पृ० 191।**
3. "Poetry is not a turning loose of emotion, but an escape from emotion, it is not expression of personality. But of course, only those who have personality and emotions know what it means to want to escape from these things." —The Sacred Wood, P. 58

उसने काव्य-सिद्धान्त को वैज्ञानिक बनाने की कोशिश की। उसने कवि के मन की तुलना प्लेटिनम के तार से की। उसने कहा कि यदि 'आक्सीजन' और 'सल्फर डायोक्साइड' के कक्ष में प्लेटिनम का एक तार डाल दिया जाय तो ऑक्सीजन और सल्फर डायोक्साइड मिलकर सल्फ्यूरस एसिड (Sulphurous Acid) बन जाते हैं, किन्तु इस सल्फ्यूरस एसिड में प्लेटिनम का कोई चिह्न दिखाई नहीं देता। प्लेटिनम का तार भी पूर्णत: अप्रभावित रहता है। इसी प्रकार कवि के मन के संपर्क में अनेक प्रकार के संवेदन, अनुभूतियाँ और भाव आते हैं और नये-नये रूप ग्रहण करते रहते हैं, किन्तु प्रौढ़ कवि का मन अप्रभावित रहता है। वास्तविकता यह है कि रचनाकार जितना ही प्रौढ़ और परिपक्व होगा उसमें भोक्ता और स्रष्टा व्यक्तित्व का अंतर उतना ही स्पष्ट होगा। अर्थात् उसके अनुभूत संवेदन और भावों से उसके द्वारा रचित काव्य में व्यक्त भाव और संवेदन उतने ही भिन्न होंगे।

इलियट द्वारा प्रतिपादित 'वस्तुनिष्ठ समीकरण' (Objective correlative) का सिद्धान्त भी विशेष महत्त्व का है। 'वस्तुनिष्ठ समीकरण' से तात्पर्य है 'भावानुकूल आलम्बन विधान'। इलियट यह मानता है कि प्रत्येक भाव की प्रभावी अभिव्यक्ति के लिए आवश्यक है कि कवि ऐसी वस्तुओं, स्थितियों या घटनाओं का चयन करे जो भाव विशेष को उद्दीप्त एवं जागृत करने के लिए उचित आलंबन का काम कर सकें। इलियट के इस '**वस्तुनिष्ठ समीकरण**' की तुलना भारतीय रस-सिद्धान्त के **विभावन-व्यापार** से की जा सकती है। इस सम्बन्ध में डॉ० देवेन्द्रनाथ शर्मा का कथन है—"इलियट का यह 'मूर्त्त-विधान' (Objective correlative) भारतीय रस-सिद्धान्त का विभावन-व्यापार है। कविगत भाव की अभिव्यक्ति का अनिवार्य साधन है 'विभाव'। इलियट का यह 'मूर्त्त-विधान' भाव के उद्बोधन मात्र तक सीमित है, किन्तु रस-सिद्धान्त में भाव के उद्बोध का ही नहीं, उपचय (वृद्धि) का भी महत्त्व स्वीकार किया गया है। इसलिए विभाव के दो भेद माने गए हैं—आलम्बन और उद्दीपन। आलम्बन भाव को उद्बुद्ध करता है और उद्दीपन उसे उपचित करता है। रस-निष्पत्ति के लिए भाव का उद्बोध मात्र पर्याप्त नहीं है; उसका उपचय भी आवश्यक है। अत: विभावन-व्यापार में आलम्बन-विभाव के साथ उद्दीपन-विभाव की भी उपादेयता है। इलियट के मूर्त्त-विधान (Objective correlative) की तुलना में रस-सिद्धान्त का 'विभावन-व्यापार' कहीं अधिक व्यापक और परिमार्जित है।[1]

इलियट ने 'काव्य-भाषा', 'काव्य का संगीत', 'काव्य और नैतिकता' आदि विषयों पर भी विचार किया है, किन्तु यहाँ हम उसकी प्रमुख स्थापनाओं और सिद्धान्तों तक ही अपने को सीमित रखना चाहेंगे।

---

1. **पाश्चात्य काव्यशास्त्र, डॉ० देवेन्द्रनाथ शर्मा, पृ० 207।**

अंग्रेज़ी के बीसवीं शती के कवि समीक्षकों में इलियट का स्थान अन्यतम हैं। उन्होंने अंग्रेज़ी की व्यावहारिक समीक्षा को न केवल समृद्ध किया वरन् उसे नई मर्यादा प्रदान की। उन्होंने अभिजातीय संस्कारों को नये संदर्भ में प्रतिष्ठित किया। सिद्धान्त ग्रन्थों की रचना न करते हुए भी उन्होंने अनेक महत्त्वपूर्ण सिद्धान्तों को प्रतिष्ठित किया। आधुनिक वैज्ञानिक चिन्तन को ध्यान में रखकर उन्होंने काव्य को नई भूमि पर प्रतिष्ठित किया। एक समीक्षक के रूप में उन्होंने साहित्य की जीवन्त परंपरा के संरक्षण पर बल दिया। रुचियों के परिष्कार को आवश्यक माना और साहित्य के बोध और आस्वाद की महत्ता स्पष्ट की। आलोचना की समृद्धि के लिए उन्होंने तुलना और विश्लेषण को अनिवार्य माना। इलियट ने श्रेष्ठ आलोचक के लिए सहृदयता के साथ ही व्यापक अध्ययन और स्पष्ट विश्लेषण-क्षमता जैसे गुणों को भी आवश्यक माना। सब मिलाकर उन्होंने अंग्रेज़ी समीक्षा को अधिक-से-अधिक वस्तुनिष्ठ और विशद् बनाने में महत्त्वपूर्ण भूमिका अदा की।

मार्क्सवादी सौन्दर्य-शास्त्र

मार्क्सवादी सौन्दर्य-शास्त्र से तात्पर्य मार्क्स के जीवन-दर्शन के आधार पर रचे गए साहित्य में लक्षित सौन्दर्य के तत्त्वों का सामान्यीकरण है। मार्क्स (1818-1883 ई०) जर्मन दार्शनिक थे। उनका दर्शन ऐतिहासिक भौतिकवाद के नाम से प्रसिद्ध है। मार्क्स के विचारों को दो स्तरों पर समझा जा सकता है। पहला स्तर है—सृष्टि और समाज के सम्बन्धों का विश्लेषण। दूसरा स्तर है—इस विश्लेषण से प्राप्त ज्ञान के आधार पर सामाजिक परिवर्तन का प्रयास। मार्क्स के ऐतिहासिक भौतिकवाद को द्वन्द्वात्मक भौतिकवाद भी कहते हैं। इसका सीधा अर्थ है कि यह सृष्टि भौतिक है और इसमें निरन्तर परिवर्तन होता रहता है। परिवर्तन एक सार्वभौम सत्य है। यह परिवर्तन द्वन्द्वात्मक प्रक्रिया से होता है। वस्तुतः प्रत्येक परिस्थिति में उसका विरोधी तत्त्व निहित होता है। इन दोनों में द्वन्द्व स्वाभाविक है। यह द्वन्द्व ही परिवर्तन का कारण है। हिन्दी-साहित्य कोश (भाग-एक) के अनुसार—''द्वन्द्वात्मक भौतिकवाद वह दार्शनिक दृष्टिकोण है, जिसके अनुसार सृष्टि का तत्त्व मैटर है जिसका निरन्तर रूप परिवर्तन हो रहा है। इस परिवर्तन की प्रणाली द्वन्द्वात्मक है, जिसके अनुसार हर एक परिस्थिति के मूल में संघर्ष इसलिए है कि इस परिस्थिति विशेष में ही उसके नाश के उपकरण निहित हैं। परिस्थिति विशेष के इन्हीं विरोधी उपकरणों में संघर्ष होता है जो कालान्तर में नई व्यवस्था का सर्जन करता है'' (पृ० 292)।

प्रगति प्रकाशन, मास्को द्वारा प्रकाशित दर्शन कोश के अनुसार—''द्वन्द्वात्मक भौतिकवाद की आधारशिला यह शिक्षा है कि जगत् भौतिक है, उसमें भूत द्रव्य और उनकी गति तथा परिवर्तन के नियमों के अतिरिक्त और कुछ नहीं है''। (पृ० 298) प्रश्न यह उठता है कि जब भूत द्रव्य और उसकी द्वन्द्वात्मक गति ही सब कुछ है तो मनुष्य के विचार जगत् के अस्तित्व का आधार क्या है? मार्क्स का कहना है कि विचार जगत् तो भौतिक जगत् का ही मानव मस्तिष्क पर पड़ा हुआ प्रतिबिम्ब है। हीगेल से अपने विचारों का अन्तर स्पष्ट करते हुए वह कहता है—"To Hegal the real world is only the external phenomenal form of the idea, with the contrary the idea is nothing but the material world reflected by the human mind and translated into form of thought." मार्क्स की इस व्याख्या ने भौतिक जगत् से परे किसी शुद्ध चेतन तत्त्व के अस्तित्व की पारंपरिक अवधारणा को खारिज कर दिया। इससे कर्मफल और

पुनर्जन्म की अवधारणा भी हाशिए पर चली गई। यह प्रमाणित हुआ कि समाज में अमीर-गरीब, ऊँच-नीच का सारा भेद मानव-स्वार्थ की देन है। समाज का आर्थिक ढाँचा ही सामाजिक सम्बन्धों का नियमन करता है। मार्क्सवादी यह मानते हैं कि आदिम समाज में व्यक्तिगत संपदा जैसी कोई चीज नहीं थी। एक तरह का 'साम्यवाद' था। इसे आदिम साम्यवाद कह सकते हैं। इसकी परिणति 'दासप्रथा' में हुई। दासप्रथा ने सामन्तशाही को जन्म दिया। वैज्ञानिक प्रगति ने उत्पादन की शक्ति को कुछ थोड़े से पूँजीपतियों में सीमित कर दिया और सामन्तशाही की परिणति 'पूँजीवाद' में हुई। पूँजीवाद ने व्यक्ति स्वातंत्र्य को महत्त्व दिया। व्यक्ति ने निरंकुश होकर समाज की संपदा पर अपना वर्चस्व स्थापित कर लिया। इस व्यवस्था में सर्वाधिक शोषण श्रमिकों का हुआ। श्रमिक सर्वहारा हो गया। द्वन्द्वन्याय से यह सर्वहारा वर्ग ही पूँजीवाद का खात्मा करेगा और 'साम्यवाद' की स्थापना होगी। मार्क्स और लेनिन के सिद्धान्त, इंग्लैण्ड, फ्रांस, जर्मनी आदि देशों में चरितार्थ नहीं हुए, किन्तु रूस में जारशाही के विरुद्ध सर्वहारा क्रांति हुई। साम्यवादी व्यवस्था का एक ढाँचा कायम हुआ। सारे संसार के श्रमिकों ने रूसी क्रांति का स्वागत किया। हमारे जैसे परतंत्र और गरीब देश में भी आशा की किरणें फूटीं। अक्टूबर 1917 में रूसी क्रांति हुई थी। हिन्दी की राष्ट्रवादी पत्रिकाओं ने इसका व्यापक स्वागत किया। 1939 ई० में द्वितीय महायुद्ध छिड़ गया। रूस को विकास के लिए कुल 21 वर्षों का समय मिला था फिर भी उसने जर्मन जैसे सशक्त फासिस्ट देश को हराकर अपना महत्त्व कायम रखा। लेकिन अब स्थिति बदल गई थी। अमेरिका, इंग्लैण्ड, फ्रांस ये सभी देश 'रूस' के विरुद्ध हो गये। 'रूस' को अपना वर्चस्व कायम रखने के लिए पूँजीवादी देशों के साथ टेक्नोलाजी और शास्त्रों के विकास की होड़ में शामिल होना पड़ा। उसके जनहित को महत्त्व देने वाले विकास कार्य प्रभावित होने लगे। जनता और बड़े नेताओं के बीच दूरी बढ़ती गई। किशन पटनायक के शब्दों में—"आधुनिक समृद्धि के कुछ द्वीप बने। शहर और गाँव का फासला बढ़ता गया। गैर रूसी गणराज्यों में आधुनिक टेक्नोलाजी का तामझाम नगण्य था। उनकी स्थिति उपनिवेश जैसी थी। पूर्वी यूरोप के देशों से रूस का रिश्ता औपनिवेशिक था।" इन सबके मन में असन्तोष था। इधर अमेरिका के नेतृत्व में व्यक्ति स्वातंत्र्य एवं सांस्कृतिक उन्नयन को महत्त्व देने वाले साहित्य को सुसंघटित प्रचार किया जाने लगा। रूसी क्रांति से उत्पन्न जनसंघर्ष एवं सामान्य जन के जीवन में सौन्दर्य देखने की प्रवृत्ति को सुनियोजित विरोध का सामना करना पड़ा। रूस में स्टालिन के बाद क्रमशः उदारीकरण की प्रवृत्ति बढ़ने लगी। सर्वहारा के प्रति गहरी सहानुभूति और पूँजीवाद के प्रति तीव्र आक्रोश को व्यक्त करने वाले साहित्य के प्रति आकर्षण कम होने लगा। अमेरिका के प्रभाव में सांस्कृतिक स्वतंत्रता को महत्त्व देने वाली आधुनिक बोध केन्द्रित रचनाएँ हिन्दी में लिखी जाने लगीं। उधर यूरोप में द्वितीय

महायुद्ध की विनाशलीला ने मनुष्य को इतना आहत किया था कि उसका आत्म-विश्वास ही खो गया था। उसे लग रहा था कि जीवन व्यर्थ है। इसका कोई मूल्य या उच्च आदर्श नहीं है। भीषण विनाशकारी यंत्रों और व्यक्तिगत वर्चस्व को कायम करने की स्पर्धा में उनके दुरुपयोगों को देखते हुए यूरोपीय रचनाकारों को 'मृत्यु' ही एकमात्र चरम सत्य प्रतीत होने लगी। इन्हीं स्थितियों में वहाँ अस्तित्ववादी दर्शन और उससे प्रेरित रचनाओं का दौर चला। अस्तित्ववादियों में सोरेन किर्केगार्ड (1813-55 ई०), कार्ल यास्पर्स (1883-1969 ई०), मार्टिन हाइडेगर (1889-1976 ई०), ज्याँ पाल सार्त्र (1905-1980 ई०), अलवेयर कामू (1913-60 ई०), काफ्का (1883-1924 ई०) आदि प्रमुख थे। हिन्दी में इन दार्शनिकों का थोड़ा बहुत प्रभाव पड़ा। यूरोप के महासंग्राम से विचलित अस्तित्ववादी विचारकों और लेखकों ने एकाकीपन, अजनबियत, उबकाई, असंगति, त्रास, पदार्थीकरण, वेदना, निरर्थकता आदि शब्दों के प्रयोग से जीवन-यथार्थ को परिभाषित करने की कोशिश की। हिन्दी साहित्य के छठे दशक में इन शब्दों से ही 'आधुनिकता' को पहचाना जाता था। जाहिर है कि ये शब्द न हमारी परंपरा से मेल खाते थे न हमारा सारा तत्कालीन रचनात्मक लेखन इनकी सीमाओं में आता था। इसलिए नये लेखकों ने इससे थोड़ी-बहुत प्रेरणा लेने के बाद अपनी नई रचना-भूमि तलाश ली। किन्तु इस आन्दोलन ने सोद्देश्य और वैचारिक प्रतिबद्धता से जुड़े मार्क्सवादी लेखन के प्रति नई पीढ़ी के आकर्षण को कम कर दिया। अमेरिकी प्रभाव से प्रेरित और पोषित नई आलोचना को विशेष महत्त्व दिया जाने लगा। धीरे-धीरे 'नई कविता' के साथ 'नई आलोचना' का दौर चल पड़ा। नई कविता आधुनिक बोध की कविता थी। इसमें कुछ तत्त्व अस्तित्ववाद से लिए गए थे और कुछ तत्कालीन मध्यवर्गीय जीवन-यथार्थ की चेतना से। यह आन्दोलन सांस्कृतिक स्वतंत्रता को महत्त्व देने की बात करता था। सबसे पहले 'मुक्तिबोध' ने इसकी असलियत को पहचाना। उसने दो कार्य किए। एक तो इसके सांस्कृतिक स्वतंत्रता के दावे को अमेरिकी राजनीति का हिस्सा प्रमाणित करके नई पीढ़ी को सचेत किया। दूसरे फैंटेसी शिल्प का प्रयोग करते हुए उसके माध्यम से निम्नमध्यवर्गीय जीवन की त्रासदी को नई कविता के केन्द्र में प्रतिष्ठित किया।

उधर रूस में उदारीकरण के दौर में कविता में रूपवाद का प्रचलन बढ़ा। यह 'रूपवाद' अमेरिकी नई कविता की भाषिक संरचना के रूपवादी रुझान के बहुत करीब था।

गोपीचंद नारंग के शब्दों में—"रूसी रूपवाद वस्तुतः उस आलोचना से बहुत दूर नहीं था जो ब्रिटेन और अमेरिका में 'नई समीक्षा' के नाम से लोक-प्रिय हुई तथा कलाकृति को एक सांघटिक इकाई समझते हुए उसकी व्यावहारिक आलोचना पर बल देती थी। (संरचनावाद, उत्तर संरचनावाद एवं प्राच्य काव्यशास्त्र, पृ० 62)

हिन्दी में 'मुक्तिबोध' की रचनाओं का स्वागत हुआ। कला, सौन्दर्यानुभूति, वस्तु और रूप तथा साहित्य के उद्देश्य के सम्बन्ध में उन्होंने विचार व्यक्त किए, उन्हें महत्त्व दिया गया और एक प्रकार से 'मुक्तिबोध' ने नये संदर्भ में मार्क्सवादी आलोचना को नई शक्ति और ऊर्जा प्रदान की।

रूस में सामाजिक ढाँचे के विघटन के बाद मार्क्सवादी आलोचना को गहरा झटका लगा है। कहने के लिए तो अब भी आलथूसे और टेरी ईगल्टन जैसे मार्क्सवादी आलोचक हैं। स्वयं 'देरिदा' अपने को स्वतंत्र मार्क्सवादी कहता है। उसका कहना है कि मार्क्सवाद स्वतंत्र वैज्ञानिक सिद्धान्त था। इसे परिस्थितियों के अनुसार निरन्तर बदलते रहना चाहिए था। स्वतंत्र मार्क्सवाद वह है—"जो उन समस्याओं से भी दृष्टि नहीं चुराता जो भले ही सिद्धान्त के बाहर उत्पन्न हों। मार्क्सवाद में स्वयं ऐसे सिद्धान्त मौजूद हैं तथा उनकी सहायता से ऐसी समस्याओं का विवेचन किया जा सकता है, जो थ्योरी में नई सम्भावनाओं को जन्म दें, कम-से-कम मैं यही समझता हूँ। ईगल्टन को असंदिग्ध रूप से मार्क्सवादी आलोचक माना जाता है, किन्तु उसके विचार मार्क्सवाद एवं उत्तर संरचनावाद के मध्य सेतु की हैसियत रखते हैं। ईगल्टन ने मार्क्सवाद की सीमाओं को भी पहचाना है। उसका कहना है कि मार्क्स ने व्यापक मानवीय कल्याण की दृष्टि से अपने सिद्धान्त स्थिर किए थे, किन्तु उसकी सीमा यह थी कि उसने समस्त नैतिकता को बुर्जुआ नैतिकता घोषित कर निरस्त कर दिया। अन्यथा देखा जाय तो मार्क्स की सारी खोज यही है कि उन स्थितियों का निर्धारण किया जाय जिनमें मानवीय प्रगति की संभावनाएँ क्रियान्वित हो सकें। (संरचनावाद, उत्तर संरचनावाद एवं प्राच्य काव्यशास्त्र, गोपीचंद नारंग, पृ० 408)। वर्तमान मार्क्सवादियों का कहना है कि मानवाधिकारों की समस्या भी एक समाजवादी समस्या है और उसका समाधान भी समाजवादी थ्योरी के अलोक में तथा उसके भीतर ढूँढ़ा जा सकता है। वस्तुतः यदि मार्क्स को उसके अनुयायियों ने मार्क्सवादी बनाकर कुछ निश्चित् सिद्धान्तों की परिधि में कैद न कर दिया होता तो नई परिस्थितियों में भी उसकी प्रसंगिकता बनी रहती।

मार्क्सवाद का एक बीज शब्द है—'विचारधारा'। बदली हुई परिस्थितियों में उसकी परिभाषा में भी बदलाव आया है। 'प्रगति प्रकाशन' मास्को से प्रकाशित 'दर्शन कोश' में विचारधारा को परिभाषित करते हुए कहा गया है—

"राजनीतिक, कानूनी, नैतिक, सौन्दर्यात्मक, धार्मिक, दार्शनिक विचारों की एक प्रणाली है। विचारधारा ऊपरी ढाँचा (आधार तथा अधिरचना) का भाग है और इस रूप में आर्थिक सम्बन्धों को प्रतिबिम्बित करता है। विरोधी वर्गों वाले समाज में विचारधारात्मक संघर्ष वर्गहितों के संघर्ष के अनुरूप होता है × × × × मार्क्सवाद-लेनिनवाद सच्चे अर्थों में विज्ञान-सम्मत विचारधारा है। यह मजदूर वर्ग और मानव जाति की विशाल बहुसंख्या के जीवन-हितों को व्यक्त करता है, जो

शांति, स्वतंत्रता तथा प्रगति के इच्छुक होते हैं।" (पृ० 579) रूसी दर्शन कोश का संस्करण 1980 में प्रकाशित हुआ था। हिन्दी-अनुवाद 1988 ई० में प्रकाशित हुआ है। निश्चय ही विचारधारा की उपर्युक्त परिभाषा पारंपरिक मान्यताओं को दृष्टि में रखकर प्रस्तुत की गई है। आधुनिक मार्क्सवादी विचारक आलथूसे (Allthusser) के अनुसार—"विचारधारा कोई बाहर से लादी हुई अथवा ओढ़ी हुई वस्तु है ही नहीं, जिसे व्यक्ति संज्ञान और साभिप्राय ग्रहण करता हो, अपितु यह विश्व के हमारे अनुभव की शर्त है। अर्थात् यह वह सामाजिक, राजनीतिक स्थिति है, जिसमें हम जीवन व्यतीत करते हैं और यह अनभिप्रेत है क्योंकि सामान्यतया हम उसे बिना सोचे-समझे स्वीकार कर लेते हैं।"—(संरचनावाद, उत्तर संरचनावाद एवं प्राच्य काव्यशास्त्र, पृ० 27) निश्चय ही आलथूसे की व्याख्या परंपरा से भिन्न है। बिना सोचे-समझे तो हम उन बातों को स्वीकार कर लेते हैं, जो गतानुगतिकता के न्याय से तर्कहीन जीवनशैली का अंग बन गई हैं। आधार और अधिरचना के सम्बन्धों को तो समझना पड़ता है। उनकी व्याख्या करनी पड़ती है और तब कहीं समाज का प्रबुद्धवर्ग उसे मनसां स्वीकार करता है। आलथूसे, टेरी ईगल्टन नये युग के मार्क्सवादी हैं। वे बदले हुए माहौल में मार्क्सवादी विचारधारा को प्रासंगिक बनाए रखना चाहते हैं।

टेरी ईगल्टन से पूर्व मार्क्सवाद का सबसे समर्थ प्रतिपादक लुसोई गोल्डमन हुआ था। वह भी पारंपरिक मार्क्सवाद से पूरी तरह सहमत नहीं था। उसका मानना था कि—"सामाजिक परिवर्तन को सम्यक रूप से समझने हेतु कर्तृत्व के अन्तर्वैयक्तिक स्वरूप पर दृष्टि रखना आवश्यक है, जिससे सामाजिक संरचनाएँ समादृत होती हैं।" लुसोई गोल्डमन ने तब वामपंथियों के निराशावादी दर्शन से अपने को अलग रखा। वह मूलतः उपन्यासों का आलोचक था। अपनी परवर्ती रचनाओं में मार्क्स और लेनिन की स्थापनाओं के प्रति उसने थोड़ी सहानुभूति अवश्य दिखाई है, किन्तु अपनी निजी स्थापनायें तो निश्चय ही वह उनसे अलग है। उसका मूल "उद्देश्य अनुभवात्मक अस्तिवाचक एवं मंनोवैज्ञानिक पारंपरिक अभिवृत्तियों का प्रत्याख्यान करके मानवीय मस्तिष्क एवं सांस्कृतिक अभिव्यक्ति का ऐसा विज्ञान अन्वेषित करने का आयास करना है, जो अपना ध्यान अलग-अलग व्यक्तियों पर नहीं अपितु सामाजिक समुदायों पर केन्द्रित करना हो।" (संरचनावाद, उत्तर संरचनावाद एवं प्राच्य काव्यशास्त्र, पृ० 193) इस प्रकार देखा जाय तो एक प्रकार से मार्क्सवाद की सीमाओं में रहते हुए उसने कथा साहित्य के संरचनावादी समाजशास्त्रीय अध्ययन की एक नई पद्धति विकसित की है। कहा जा सकता है कि उसने मार्क्सवाद और संरचनावाद में तादात्म्य स्थापित करने का प्रयास किया है।

वस्तुतः रूस के समाजवादी सामाजिक ढाँचे के विघटन से मार्क्सवादी सौन्दर्यशास्त्र को गहरा झटका लगा है। विश्व-बाजारवाद एवं सूचना प्रौद्योगिकी

के विकास ने प्रतिरोध की रचनात्मक संभावना को सन्देहास्पद बना दिया है। अब तो विचारधारा और इतिहास दोनों के अन्त की बात कही जा रही है। वर्ग-संघर्ष के स्थान पर दलित चेतना और नारी-मुक्ति आन्दोलन का प्रभाव बढ़ गया है। किन्तु मेरा विश्वास है कि मार्क्स का मूल दर्शन आज भी अप्रासंगिक नहीं हुआ है। मार्क्स का चिन्तन सामान्य अभावग्रस्त जनता की मुक्ति का दर्शन है। अभी भी तीसरी दुनिया में अशिक्षा, अभाव, अंधविश्वास और शोषण का अन्त नहीं हुआ है। भारत की भी दो तिहाई आबादी घोर अभाव में जी रही है। हिन्दी में आज भी जनवादी लेखन हो रहा है। आज भी जनता को जगाने के लिए रचनात्मक लेखन एक सशक्त माध्यम है। 'शब्द' की संस्कृति आज भी अपना प्रभाव बनाए हुए है। ठेठ मार्क्सवाद भले ही अपना आकर्षण खो दे, किन्तु सामान्य जन की आवाज बुलन्द करने के लिए उससे सशक्त कोई दूसरा माध्यम आज भी नहीं है। आज भी हिन्दी में प्रकाशित होने वाली पत्रिकाओं में मुख्यत: प्रगतिशील और यथार्थवादी तत्त्वों को ही तरजीह दी जा रही है। यह अवश्य है कि व्यावसायिकता का दबाव इन पत्रिकाओं पर भी स्पष्ट लक्षित होता है। हो सकता है निकट भविष्य में तीसरी दुनिया के संघटित रचनात्मक प्रतिरोध की शक्ति को आत्मसात् करके मार्क्सवादी सौन्दर्यशास्त्र स्थिति के अनुकूल किसी नये रूप में उभरकर सामने आए।

हिन्दी के संघर्ष को सामने रखकर देखा जाय तो सन् 1936 ई० से लेकर आज तक उसमें इतने उतार-चढ़ाव आए हैं कि उन्हें सीधे-सीधे मार्क्सवादी सौन्दर्यशास्त्र की मर्यादा के भीतर सूत्रबद्ध नहीं किया जा सकता। उनकी एक सामान्य रूपरेखा अवश्य प्रस्तुत की जा सकती है।

प्रगतिशील या मार्क्सवादी सौन्दर्यशास्त्र की पहली विशेषता यह है कि यह सौन्दर्य को वस्तुनिष्ठ मानता है। जब यह भौतिक जगत् सत्य है तो वस्तुओं के गुण धर्म में ही सौन्दर्य की अन्तर्भूमि का निर्माण स्वीकार्य होना चाहिए।

कला में वस्तु और रूप दोनों पक्षों को समान रूप से महत्त्व दिया जाना चाहिए। रूप की उपेक्षा रचना के आकर्षण को प्रभावित करती है। इसलिए दोनों का सामंजस्य मार्क्सवादी सौन्दर्यशास्त्र की दूसरी विशेषता मान्य होनी चाहिए।

रचना को लोकधर्मी या यथार्थपरक होना चाहिए। सामाजिक संरचना के सारे जटिल अन्तर्विरोधों की यथार्थता का उद्‌घाटन मार्क्सवादी आलोचना के लिए आवश्यक है। किन्तु इस यथार्थ को परिभाषित करके उसे अविचल नियमों में बाँध देना उचित नहीं होगा। मार्क्सवादी सौन्दर्यशास्त्र जीवन-मूल्यों के सौन्दर्य पर विश्वास करता है। इन मूल्यों का आधार समाज के उपेक्षित और पीड़ित व्यक्तियों का व्यापक हित होता है। इन हितों को केन्द्र में रखकर रचित साहित्य मूल्यवान और सुन्दर होता है।

आकर्षण और संप्रेष्यता किसी भी कलावस्तु के सौन्दर्य की पहली शर्त है। आकर्षण के आधार तत्त्व अनेक हैं। लय, प्रवाह, अलंकरण, भावबोध, स्थापत्य,

नाद-सौन्दर्य, मूर्त्त विधान, प्रतीक योजना, अर्थ-विस्तार, बिम्ब योजना, औदात्य आदि अनेक तत्त्वों के समन्वित उत्कर्ष से कला अपने को रूपायित करती है। इसलिए किसी भी बड़े रचनाकार की समीक्षा करते हुए उसकी रचना में निहित इन तत्त्वों के सौन्दर्य का भी उद्‌घाटन करना चाहिए। रचना की श्रेष्ठता का आधार विचारों की उत्तमता के साथ ही उनकी अभिव्यक्ति को प्रभावी बनाने वाले भाषिक उपादान और आनुभूतिक तत्त्व भी होते हैं। मैं समझता हूँ 'निराला' काव्य की आलोचना करते समय डॉ० रामविलास शर्मा ने मार्क्सवादी सौन्दर्यशास्त्र का एक अच्छा नमूना हमारे सामने उपस्थित कर दिया है। इस आलोचना में उन्होंने तीन बातों को विशेष रूप से उभारा है। पहली बात यह कि 'निराला' ने अपने पूरे साहित्य में 'नव मानवतावाद' की प्रतिष्ठा की है। दूसरी यह कि सारे दार्शनिक आवरण के बावजूद 'निराला' की रचनाओं में क्रमशः यथार्थ का सौन्दर्य निखरता गया है और अंतिम बात यह कि 'निराला' में कला-चेतना किसी भी आधुनिक कवि की तुलना में कहीं अधिक उत्कर्ष प्राप्त कर सकी है। वस्तु और रूप तथा वैचारिक औदात्य के सघन सामंजस्य में 'निराला' तुलसी से होड़ लेते दिखाई देते हैं। 'निराला' अतीत से शक्ति लेते हैं। वर्तमान को उसकी पूरी व्याप्ति और जटिलता में आकार देते हैं। पीड़ितों, उपेक्षितों और दलितों को उनका अधिकार दिलाने के लिए पूरी व्यवस्था में बदलाव का आह्वान करते हैं। आशाप्रद भविष्य में विश्वास प्रकट करते हैं, किन्तु इन सबके लिए रचनाकारों के सामने संकल्पबद्ध समर्पित कला आराधना की शर्त भी रखते हैं।

मैं समझता हूँ इन तत्त्वों से प्रेरणा लेकर मार्क्सवादी सौन्दर्यशास्त्र आज भी अपनी प्रासंगिकता प्रमाणित कर सकता है।

पाश्चात्य आलोचना के कुछ प्रमुख 'वाद'

यथार्थवाद

यूरोप में 'यथार्थवाद' का आरम्भ एक प्रकार से 'स्वच्छन्दतावाद' के विरोध में हुआ था। स्वच्छन्दतावादी रचनाकार वास्तविक जगत् से परे कल्पनालोक में विचरण करते थे। उनकी रचनाओं में अलौकिक तत्त्व अधिक होते थे। उनके पात्र महिमामंडित होते थे। उनके कार्यकलाप अविश्वसनीय, अवास्तविक और स्वच्छन्द होते थे। इसकी प्रतिक्रिया में इस भौतिक जगत् के वास्तविक जीवन के चित्रण की प्रवृत्ति ने 'यथार्थवाद' को जन्म दिया।

आधुनिक वैज्ञानिक दृष्टि ने 'यथार्थवाद' को प्रेरित और प्रभावित किया। वैज्ञानिकों के अनुसार यह दृश्यमान जगत् भौतिक कार्य-कारण का परिणाम है। इसकी स्थिति और गति में किसी परोक्ष और दिव्य सत्ता का कोई योगदान नहीं है। इस मान्यता ने साहित्य के क्षेत्र को भी प्रभावित किया।

ऐसा माना जाता है कि यथार्थवादी कला का आरंभ 1856 ई० में फ्रेंच लेखक फ्लाबेयर (Flaubert) की प्रसिद्ध रचना 'मादाम बावेरी' के प्रकाशन से हुआ। यद्यपि फ्लाबेयर स्वयं अपनी रचना पर कोई ऐसा लेबुल लगाने के पक्ष में नहीं थे। इसके बाद बाल्ज़ाक (Balzac) और ज़ोला (Zola) ने इस आन्दोलन को आगे बढ़ाया। इन लोगों ने जिस 'यथार्थवाद' को प्रश्रय दिया वह **'प्रकृतवाद'** कहा गया है। ये लोग प्रकृति के सत्य को विशेष महत्त्व देते थे। प्रकृति का सारा सौन्दर्य प्रत्यक्ष और निरावृत है। प्राकृतिक जीवन में कोई आवरण नहीं है। इसलिए इन लोगों ने मानव-जीवन को भी उसकी नग्न वास्तविकता में चित्रित किया। उन्नीसवीं शती के अन्तिम चरण में फ्रांस में ही 'यथार्थवाद' की इस प्रवृत्ति का विरोध होने लगा। इसके बाद यथार्थवादी कला का विकास रूस में लक्षित होता है। दास्तोवस्की (Dostoevsky) के प्रथम उपन्यास 'पुअर पीपुल' को यथार्थवादी उपन्यास माना गया है। इसके बाद रूस में ही टालस्टॉय (Tolstoy), "गोगोल' (Gogal) और गोर्की (Gorky) ने यथार्थवादी कला को विकसित किया। गोर्की की कृतियों में 'यथार्थवाद' का रूप लक्षित हुआ, जिसे 'सामाजिक यथार्थवाद' कहा जाता है।

'यथार्थवाद' के अनेक रूप हैं। प्रकृतिवादी यथार्थ और सामाजिक यथार्थ के साथ ही 'अतियथार्थवाद' (Surrealism) की चर्चा की जाती है। अतियथार्थ, प्रकृतिवादी यथार्थ की वाह्य और सतही वास्तविकता की प्रतिक्रिया में आया था। यह आन्दोलन भी फ्रांस में ही अधिक लोकप्रिय हुआ। ऐसा समझा जाता है कि

इस आन्दोलन का सूत्रपात चार्ल्स बोदेलेयर (1821-1876 ई०) ने किया था, किन्तु द्वितीय महायुद्ध के बाद इसे विशेष महत्त्व प्राप्त हुआ। 'अतियथार्थवाद' मनोजगत् की विकृतियों को चित्रित करता है। इसे फ्रांस के प्रसिद्ध कवि आंद्रे ब्रेतन (Andre Breton) ने पूरा समर्थन दिया। उसने 1924 ई० में इसका मैनिफेस्टो प्रस्तुत किया। यह आन्दोलन कविता के साथ ही चित्रकला के क्षेत्र में भी लोकप्रिय हुआ 'अतियथार्थवादी' यह मानते हैं कि वास्तविक यथार्थ वह है जो अवचेतन में विद्यमान होता है। इस पर नैतिक मूल्यों का कोई दबाव नहीं होता। स्वप्नावस्था में इसे लक्षित किया जा सकता है। इसे व्यक्त करने के लिए चेतना-प्रवाह-शैली (Stream of consciousness) का प्रयोग किया जाता है। हिन्दी-साहित्य में 'अतियथार्थवाद' का विशेष प्रभाव नहीं पड़ा है।

हिन्दी-साहित्य में 'यथार्थवाद' तो नहीं, किन्तु यथार्थ-चित्रण का आरंभ भारतेन्दु के नाटकों से ही लक्षित किया जाता है, किन्तु आगे चलकर 'प्रगतिवादी' और 'प्रयोगवादी' काव्यान्दोलनों में इसका पूर्ण विकास लक्षित होता है। प्रेमचंद के उपन्यासों में भी यथार्थवादी कला का रूप क्रमशः निखरता गया है। उसके बाद उपेन्द्रनाथ 'अश्क' और यशपाल के उपन्यासों में भी इसका रंग और गहरा हुआ है। इलाचन्द्र जोशी के उपन्यासों में मनोवैज्ञानिक यथार्थ का प्रभाव लक्षित किया जा सकता है। छायावादी युग के कवियों में 'निराला' की रचनाओं में 'सामाजिक यथार्थ' के अत्यन्त प्रभावी चित्र देखे जा सकते हैं। प्रगतिवादी काव्यधारा में यथार्थ पर विशेष बल दिया गया है। प्रगतिवादी काव्य अपने श्रेष्ठ और सशक्त रूप में 'यथार्थवादी' काव्य है। यह प्रवृत्ति 'प्रयोगवाद' में भी कुछ विशिष्ट बौद्धिक जटिलता के साथ बनी हुई है और इसका अविच्छिन्न प्रवाह 'नयी कविता' तथा उससे जुड़े हुए परवर्ती काव्यान्दोलनों में भी देखा जा सकता है। इस संदर्भ में डॉ० रामस्वरूप चतुर्वेदी का निम्नलिखित कथन ध्यान देने योग्य है—"प्रगतिवाद के उपरान्त 'प्रयोगवाद' को भी यथार्थवाद का दाय मिला। एक प्रकार से प्रयोगवाद में यथार्थवादी प्रवृत्ति कुछ और गहरी हुई। जीवन की तुच्छ-से-तुच्छ परिस्थिति को भी साहित्य में चित्रित करने योग्य समझा गया। द्वितीय महायुद्ध ने यथार्थवाद को साहित्य में और अधिक ग्राह्य बनाया और इस प्रकार 'प्रयोगवाद' ने इस मौलिक प्रवृत्ति को अपनी आधारशिला के रूप में स्वीकार किया।"[1]

वस्तुतः 'यथार्थवाद' साहित्य की एक व्यापक प्रवृत्ति है। इसे सीमित दायरे में बाँधा नहीं जा सकता। इसीलिए इसकी न तो कोई नपी-तुली परिभाषा दी जा सकती है, न इसका कोई एक निश्चित् स्वरूप ही निर्धारित किया जा सकता है। इसके सम्बन्ध में निश्चयपूर्वक इतना कहा जा सकता है कि यह अलौकिक, काल्पनिक और संभाव्य अवधारणा-मूलक जीवन-स्थितियों, पात्रों और घटनाओं का रंगीन चित्र न होकर सहज, परिचित, वास्तविक एवं नित्य-प्रति के जीवन में

1. **हिन्दी साहित्यकोश, भाग-1, पृ० 511।**

अनुभूत होने वाली स्थितियों और घटनाओं का चित्रण होता है। जो कुछ हमारे दैनन्दिन जीवन में हमारे आसपास नित्यप्रति घटित होता है, वही हमारा यथार्थ है। यों तो जिसे हम आदर्श कहते हैं, वह भी अयथार्थ नहीं होता। फ़र्क इतना ही है कि वह कभी-कभी बहुत सीमित रूप में घटित होता है। यहाँ यह भी ध्यान देने की बात है कि यथार्थ-चित्रण की प्रवृत्ति रोमैंटिक साहित्य की प्रतिक्रिया के रूप में प्रचलित एवं ग्राह्य हुई। इसलिए इसकी मूल प्रवृत्ति गैर-रोमैंटिक होती है। नयी कविता के यथार्थ को जटिल इसीलिए कहा गया कि उसका मूल स्वर गैर-रोमैंटिक था। यथार्थवाद में न तो गलदश्रु भावुकता होती है, न इन्द्रधनुषी कल्पना। इसमें धरती का ठोस और खुरदुरा जीवन ही उभर कर सामने आता है। आवश्यक नहीं है कि हम यथार्थ के नाम पर कुत्सित, अश्लील और वीभत्स जीवन-स्थितियों का ही चित्रण करें। यह भी आवश्यक नहीं है कि हम यथार्थ को कुछ अविचल नियमों में बाँध कर संकीर्ण और यांत्रिक बना दें। वाद-मुक्त ठोस वास्तविकता का चित्रण ही साहित्य में यथार्थ के रूप में स्वीकार्य है।

प्रतीकवाद

'प्रतीक' का अर्थ होता है किसी एक वस्तु के प्रतिनिधि या व्यंजक के रूप में दूसरी वस्तु को प्रस्तुत करना। उदाहरण के लिए गणित के क्षेत्र में हम जोड़ के लिए धन (+) और घटाने के लिए ऋण (—) चिह्नों का प्रयोग करते हैं। इसी प्रकार शांति की भावना को व्यंजित करने के लिए कबूतर उड़ाते हैं। पूर्णता को व्यंजित करने के लिए गोल निशान बना देते हैं। प्रतीक अमूर्त्त वस्तुओं को मूर्त्त और मूर्त्त वस्तुओं को अमूर्त्त रूप में प्रस्तुत करने के लिए भी प्रयुक्त होते हैं। उदाहरण के लिए 'यश' एक अमूर्त्तभाव है। उसे मूर्त्त करने के लिए हम 'श्वेत' रंग को सामने लाते हैं और गंगा नदी एक मूर्त्त प्राकृतिक जलधारा है उसे मातृत्व प्रदान करके हम अमूर्त्त दैवी शक्ति की कल्पना कर लेते हैं। प्रतीकों का प्रयोग मानवीय चेतना के विकास का द्योतक है। ज्यों-ज्यों मनुष्य की चेतना विकसित होती गई, त्यों-त्यों वह जीवन के अलग-अलग क्षेत्रों में प्रतीकों का प्रयोग करने लगा। गणित के क्षेत्र में हम अनेक प्रतीकों का प्रयोग करते हैं। इसी प्रकार धर्म और कला के क्षेत्रों में भी प्रतीकों के प्रयोग निरन्तर होते रहे हैं।

ऐसा माना जाता है कि एक साहित्यिक-आन्दोलन के रूप में 'प्रतीकवाद' का आरंभ फ्रांस में उन्नीसवीं शती के अंतिम चरण में हुआ। वहाँ प्रकृतवादियों ने साहित्य में यथार्थ के नाम पर जीवन के सतह पर तैरते हुए नग्न यथार्थ को चित्रित करना शुरू किया था। धीरे-धीरे यह प्रवृत्ति प्रमुखता प्राप्त करती गई। उनका तर्क यह था कि प्रकृति का सौन्दर्य मुक्त और अनावृत्त है। मनुष्य भी प्रकृति का ही एक अंग है। इसलिए मानव-जीवन का यथार्थ सौन्दर्य उसे पूर्णतः अनावृत कर देने में है। इस 'यथार्थवाद' की प्रतिक्रिया में आध्यात्मिक मूल्यों को महत्त्व दिया जाने लगा और इन मूल्यों की अभिव्यक्ति के लिए अमूर्त्त प्रतीकों का प्रयोग आरंभ हुआ।

इस प्रवृत्ति के बढ़ने से 'प्रतीकवाद' एक आन्दोलन बन गया। फ्रांस में इस आन्दोलन के पुरस्कर्ता **बादलेयर** (Baudelaire 1821-67) माने जाते हैं। प्रतीकवादियों ने कविता को आध्यात्मिक गरिमा से मंडित कर दिया। प्रतीकों और व्यंजकों के सहारे उन्होंने प्रत्यक्ष भौतिक जगत् को परोक्ष आध्यात्मिक जगत् में रूपान्तरित करने की कोशिश की। कवि प्रत्यक्ष द्रष्टा न रहकर रहस्य-द्रष्टा हो गया। तार्किक ज्ञान के आधार पर स्वयंप्रकाशज्ञान को विशेष महत्त्व दिया गया। बादलेयर के बाद **मेलार्मे** और **आर्थर रिम्बो** ने इस आन्दोलन को आगे बढ़ाया। इंग्लैण्ड में **विलियम बटलर येट्स** ने प्रतीकवाद को प्रश्रय दिया। यूरोप में प्राय: एक आन्दोलन दूसरे आन्दोलन की प्रतिक्रिया में उभरता रहा है; इसीलिए उसकी आयु लम्बी नहीं होती थी। इसलिए कुछ ही दिनों बाद यह आन्दोलन भी समाप्त हो गया।

भारतवर्ष में 'प्रतीकवाद' आन्दोलन नहीं बन सका। यह सही है कि विलियम बटलर येट्स और रवीन्द्रनाथ टैगोर एक दूसरे को प्रिय थे। रवीन्द्रनाथ टैगोर पर येट्स का प्रभाव भी अवश्य पड़ा था। यह भी सही है कि टैगोर ने औपनिषदिक चेतना को कवि सुलभ रहस्य-चेतना के रूप में प्रस्तुत करते हुए प्रतीकों का प्रचुर प्रयोग किया, किन्तु उन्हें 'प्रतीकवादी' नहीं माना गया। हिन्दी-साहित्य में प्रतीकों का विशेष प्रयोग छायावादी-रहस्यवादी कविता में किया गया। पंत की कविता में प्रात:कालीन '**प्रथमरश्मि**' 'नवीन चेतना' का प्रतीक बनकर आई। 'निराला' में '**बादल**' ध्वंस-सृजन और क्रांति का प्रतीक बन गया। 'प्रसाद' में '**लहर**' नूतनभावोल्लास के प्रतीक के रूप में गृहीत हुई और महादेवी की कविता में '**दीपशिखा**' समर्पित जीवन की उत्सर्ग-चेतना का प्रतीक बनी। छायावादी काव्य में 'पुष्प का विकास', उल्लास का, 'मुकुल', प्रेम का, 'उषा' ताजगी और स्फूर्ति का तथा 'संध्या' वैराग्य का प्रतीक माने गए। इन प्रतीकों के प्रयोग से काव्य-भाषा की व्यंजना-शक्ति समृद्ध हुई। कवि सूक्ष्मतम् अनुभूतियों को व्यक्त करने में समर्थ हुए, किन्तु किसी ने छायावादी कवियों को **प्रतीकवादी** नहीं कहा।

हिन्दी आलोचना में यों तो आचार्य शुक्ल ने ही 'छायावाद' के संदर्भ में विचार करते हुए 'यूरोपीय काव्य-क्षेत्र में प्रवर्तित '**आध्यात्मिक प्रतीकवाद**' (Symbolism) की चर्चा आरंभ कर दी थी किन्तु 'प्रतीक' को परिभाषित करने का प्रयत्न बाद में हुआ। डॉ० नगेन्द्र ने साहित्यिक 'प्रतीक' को परिभाषित करते हुए कहा—"प्रतीक एक प्रकार से रूढ़ उपमान का ही दूसरा नाम है; जब उपमान स्वतंत्र न रहकर पदार्थ-विशेष के लिए रूढ़ हो जाता है तो वह प्रतीक बन जाता है।"[1] इस परिभाषा में कोई नई उद्‌भावना नहीं है। वरन् देखा जाय तो यह परिभाषा बहुत उपयुक्त भी नहीं है। भारतीय अलंकारशास्त्र में रूढ़ उपमानों का प्रयोग 'रूपकातिशयोक्ति' अलंकार में किया जाता था, जिसमें प्राय: नारी-अंगों की

1. **काव्य-विम्ब, डॉ० नगेन्द्र, पृ० 7-8।**

चर्चा न करके उनके लिए रूढ़ उपमानों का प्रयोग करते थे। उदाहरण के लिए—"कनक-लतानि इन्दु, इन्दु माहिं अंरविन्द, झरैं अरविन्दन तें बूँद मकरन्द के।" यहाँ नारी-शरीर के लिए 'कनकलता', मुख के लिए 'इन्दु', नेत्र के लिए 'अरविन्द' और आँसुओं के लिए 'मकरन्द बूँद' का प्रयोग किया गया है। कवि कहना चाहता है कि सुन्दरी नारियों के नेत्रों से अश्रुपात हो रहा था। यहाँ उपमेयों का प्रयोग न करके उनके स्थान पर उनके रूढ़ उपमानों से काम चलाया गया है। इस प्रकार के प्रयोगों को अतिशयोक्तिमूलक ही माना गया है। इनमें एक प्रकार की प्रतीकात्मकता है, किन्तु रूढ़ और परम्पराभुक्त होने के कारण इनकी व्यंजना-शक्ति समाप्त हो गई है। आधुनिक कविता में प्रवृत्ति-विशेष के साथ जुड़े हुए प्रतीक इतने रूढ़ नहीं होते। उनमें सांकेतिकता बनी रहती है। डॉ० नगेन्द्र से बेहतर परिभाषा डॉ० कुमार विमल की है। वे कहते हैं—"सम्पूर्ण अर्थ-संदर्भ व्यंजित करने की शक्ति अर्जित कर लेने वाला कोई अप्रस्तुत या शब्द प्रतीक है।"[1] डॉ० नगेन्द्र की परिभाषा में 'प्रतीक' पदार्थ-विशेष के लिए प्रयुक्त रूढ़ उपमान है। कुमार विमल के लिए वह सम्पूर्ण अर्थ-संदर्भ व्यंजित करने की शक्ति रखने वाला 'अप्रस्तुत' है। उदाहरण के लिए 'निराला' जब 'बादल राग' में 'बादल' को क्रांति-चेतना का प्रतीक बनाकर प्रस्तुत करते हैं, तो वह एक पूरे अर्थ-संदर्भ का व्यंजक है। क्रांति के साथ ध्वंस और सृजन के अनेक व्यापार जुड़े हैं। बादल का वज्रघोष उन सबकी व्यंजना करने में समर्थ है। 'निराला' ने जहाँ रूढ़ उपमानों को 'प्रतीक' बनाया है, वहाँ भी उन्हें पूरे अर्थ-संदर्भ का व्यंजक बना दिया है। उदाहरण के लिए 'अंधकार' 'नैराश्य' या 'अज्ञान' के लिए रूढ़ है। 'राम की शक्ति पूजा' में 'निराला', 'छाया घन अंधकार' कहकर जब 'अधंकार' का प्रयोग करते हैं तो वह रात्रि के गहन अंधकार, राम की निराशा और पूरे वातावरण के सूनेपन जैसे कई अर्थ-संदर्भों की एक साथ व्यंजना करता है।

यहाँ यह विशेष रूप से ध्यान देने की बात है कि जब तक काव्य-रचना के क्षेत्र में प्रतीक-विधान अर्थ-संदर्भों की व्यंजना के लिए किया जाता है तब तक तो वह काव्य के शिल्प-पक्ष को समृद्ध करता है और प्रासंगिक माना जाता है, किन्तु जब वह रचना की एक प्रमुख प्रवृत्ति बनकर 'वाद' का रूप ले लेता है, तब काव्य का विकास अवरुद्ध हो जाता है। काव्य की अर्थभूमि संकुचित हो जाती है और उसके विरुद्ध प्रतिक्रिया की पृष्ठभूमि तैयार होने लगती है। इसीलिए योरप में आध्यात्मिक प्रतीकवाद के बाद 'विम्बवाद' को महत्त्व दिया गया क्योंकि फ्रांस के प्रतीकवादी लौकिक और प्रत्यक्ष अनुभूतियों से परे प्रतीकों के सहारे रहस्य-लोक की रचना करने लगे थे। जिस प्रकार काव्य मात्र सतही यथार्थ की अभिव्यक्ति तक सीमित नहीं रह सकता उसी तरह वह बहुत समय तक रहस्यात्मक प्रतीतियों के लोक में भी विचरण नहीं कर सकता। काव्य को किसी भी 'वाद' के दायरे में

1. **सौन्दर्यशास्त्र के तत्त्व, कुमार विमल, पृ० 256।**

बाँध कर नहीं रखा जा सकता। प्रतीक-विधान का महत्त्व अब भी है, किन्तु 'प्रतीकवाद' अब इतिहास की वस्तु बन गया है।

विम्बवाद

बीसवीं शती के आरंभ में अमेरिका और इंग्लैण्ड में 'विम्बवादी' आन्दोलन की शुरुआत हुई। कहा जाता है कि यह आन्दोलन, रोमैंटिक आन्दोलन की अतिशयता के विरुद्ध उठ खड़ा हुआ था। इसके पुरस्कर्ताओं में टी० ई० ह्यूम (T. E. Hume), इज़रा पाउण्ड (Ezra Pound), रिचर्ड एल्डिंगटन (Richard Aldington) आदि उल्लेखनीय हैं। 'विम्बवाद' को 'प्रतीकवाद' का विकसित रूप माना जाता है। वस्तुत: 'विम्बवाद' के मूल में 'विम्ब' (Image) शब्द विद्यमान है। सामान्यत: किसी पदार्थ की मानसिक प्रतिकृति ही उसका 'विम्ब' है। काव्य के अन्तर्गत भाव, अनुभूति, राग और विचार जब सघन होकर इस प्रकार मूर्त्त हो जाते हैं कि मूर्ति-विधान में प्रस्तुत-अप्रस्तुत को अलग नहीं किया जा सकता, तब एक वास्तविक 'विम्ब' की सृष्टि होती है। 'विम्ब' की उपमा एक खिले हुए पुष्प या एक अत्यन्त रूपवती नृत्यांगना से दी जाती है। प्रकृति का सारा नैसर्गिक 'सौन्दर्य' एक खिले हुए 'पुष्प' के रूप में 'विम्बित' हो जाता है। इसी प्रकार अरुणाभ कपोलों वाली लावण्यमयी नृत्यांगना की छाया-छवि को देखकर लगता है कि सौन्दर्य की समस्त अवधारणा उसके माध्यम से मूर्त्त और विम्बित हो उठी है। सम-सामयिक हिन्दी-कवियों में 'विम्ब' को सबसे अधिक महत्त्व देने वाले कवि केदारनाथ सिंह ने 'विम्ब' को परिभाषित करते हुए कहा है—

"'विम्ब' वह शब्द-चित्र है जो कल्पना के द्वारा ऐन्द्रिय अनुभवों के आधार पर निर्मित होता है।"[1] उपर्युक्त परिभाषा को स्पष्ट करते हुए वे कहते हैं—"इस परिभाषा में तीन बातें ध्यान देने योग्य हैं। पहली यह कि 'विम्ब' एक प्रकार का शब्द-चित्र है, दूसरी यह कि उसका निर्माण कल्पना द्वारा होता है; और अंतिम यह कि उसके निर्माण के लिए ऐन्द्रिय अनुभव के आधार का होना अत्यन्त आवश्यक है। अर्थात् बिना गाढ़ वस्तुगत परिचय के केवल अन्तर्दृष्टि अथवा प्रातिभ ज्ञान के स्तर पर विम्ब का निर्माण नहीं हो सकता।"[2] डॉ० केदारनाथ सिंह ने काव्यात्मक 'विम्ब' के सम्बन्ध में दी गई प्राय: सभी व्याख्याओं को निम्नलिखित रूप में प्रस्तुत कर दिया है—

(क) विम्ब एक प्रकार का शब्द-चित्र है।

(ख) विम्ब वस्तुओं के आन्तरिक सादृश्य का प्रत्यक्षीकरण है।

(ग) विम्ब ऐन्द्रिय माध्यम के द्वारा आध्यात्मिक अथवा तार्किक सत्यों तक पहुँचने का एक मार्ग है।

---

1. आधुनिक हिन्दी कविता में विम्बविधान का विकास, पृ० 23।
2. आधुनिक हिन्दी कविता में विम्बविधान का विकास, पृ० 23-24।

(घ) विम्ब एक अमूर्त्त विचार अथवा 'भावना' की पुनर्रचना है।

(ङ) विम्ब दो विरोधी संवेदनाओं और अनुभूतियों का आन्तरिक तनाव (टेंशन) है।

उपर्युक्त सभी व्याख्याओं पर अलग-अलग विचार करने के बाद कवि और मर्मी समीक्षक, डॉ० केदारनाथ सिंह सभी में अपूर्णता का अनुभव करते हुए इन्हें ख़ारिज कर देते हैं और कहते हैं—

"अतः हमें विम्ब-निर्णय के लिए एक अधिक व्यापक और वैज्ञानिक परिभाषा की खोज करनी होगी।" अधिक व्यापक और वैज्ञानिक परिभाषा की खोज करते हुए वे आई० ए० रिचर्ड्स तक पहुँचते हैं और उनकी परिभाषा का हिन्दी-रूपान्तर इस रूप में प्रस्तुत करते हैं—"विम्ब एक दृश्यचित्र, संवेदना की एक अनुकृति, एक विचार, एक मानसिक घटना, एक अलंकार अथवा दो भिन्न अनुभूतियों के तनाव से बनी एक भावस्थिति, कुछ भी हो सकता है।"[1] डॉ० केदारनाथ सिंह यह मानते हैं कि रिचर्ड्स की परिभाषा में 'विम्ब' के समस्त स्तरों और भेदों को समेट लेने का प्रयास किया गया है किन्तु उनका निजी मत यह है—"वस्तुतः 'विम्ब' इतना गहन और जटिल शब्द है कि उसके सम्बन्ध में कोई सामान्य लक्षण निर्धारित करना बड़ा कठिन है।"[2] 'विम्ब' का कोई सामान्य लक्षण चाहे निर्दिष्ट न हो सके किन्तु कविता में उसकी पहचान निर्भ्रान्त रूप से की जा सकती है। 'प्रसाद' जी का एक सौन्दर्य विम्ब देखिए—

और उस मुख पर वह मुस्कान
रक्त किसलय पर ले विश्राम
अरुण को एक किरण अम्लान,
अधिक अलसायी हो अभिराम।

यहाँ श्रद्धा की मुस्कान को विम्बित किया गया है। 'मुस्कान' का अपना अलग अस्तित्व है, निराली शोभा है। इसीलिए उसे स्वतंत्र रूप से विम्बित करने के लिए मुख को आधार और मुस्कान को आधेय बनाया गया है। अन्यथा मुस्कान के साथ 'मुख पर' कहने की आवश्यकता ही क्या थी? मुस्कान जब भी होगी मुख पर ही होगी। अब मुस्कान के 'विम्ब' पर ध्यान दीजिए। मुस्कान क्या थी मानों सूर्य की अम्लान अरुण-किरण लाल कोपल पर आकर विश्राम कर रही हो और आश्वस्ति भाव के कारण अलसा गई हो। यहाँ विशेष बात यह है कि किरण भी अरुण है और कपोल भी लाल है, ऐसी स्थिति में किरण के माध्यम से मूर्त्त होने वाली मुस्कान को अलगाया कैसे जाय? कवि ने किरण को 'अम्लान' और किसलय को 'रक्त' विशेषण से युक्त करके दोनों की लालिमा में अन्तर कर दिया है। किसलय, अधर हैं। वे कुछ अधिक लाल हैं, रक्तवर्ण हैं और मुस्कान में भी

---

1. **आधुनिक हिन्दी कविता में विम्बविधान का विकास, पृ० 27।**
2. **आधुनिक हिन्दी कविता में विम्बविधान का विकास, पृ० 27।**

लालिमा है क्योंकि वह दोनों अधरों के बीच में है, किन्तु म्लान न होने के कारण उसमें यत्किंचित् उज्ज्वलता भी आभासित हो रही है। डॉ० केदारनाथ सिंह लक्षित करते हैं—"अलसायी विशेषण से किरण शब्द में एक अद्‌भुत मूर्तिमत्ता आ गई है जो समान वर्ण वाले रक्त किसलय से उसे अलग करती है।" यह विम्ब-विधान है। वर्ण मिश्रण से निर्मित विम्ब। 'विम्ब' की परिभाषा चाहे जितनी जटिल हो, कविता में उसे बखूबी पहचाना जा सकता है। शब्द, स्पर्श, रस, रूप, गंध की प्रधानता के आधार पर विम्बों की अलग-अलग पहचान भी की जा सकती है। यहाँ हमारा उद्देश्य विम्बों का वैविध्य विश्लेषण नहीं है। काव्य, में उसका महत्त्व और उसके स्वरूप का विश्लेषण ही यहाँ हमारा मूल उद्देश्य है।

विम्ब और प्रतीक

काव्य में 'विम्ब' और 'प्रतीक' दोनों ही महत्त्वपूर्ण हैं, किन्तु संश्लिष्ट अर्थ-छायाओं को मूर्त्त करने की दृष्टि से 'विम्ब' का अधिक महत्त्व है। 'प्रतीक' और 'विम्ब' दोनों की चर्चा प्राय: साथ-साथ होती है। इसका कारण यह है कि दोनों ही मूर्ति-विधान में महत्त्वपूर्ण भूमिका निभाते हैं, किन्तु दोनों में पर्याप्त अन्तर है। 'विम्ब' जब बार-बार प्रयुक्त होकर किसी वस्तु या भावस्थिति-विशेष के द्योतक बन जाते हैं तब उन्हें 'प्रतीक' मान लिया जाता है। उदाहरण के लिए 'दीपशिखा' को लें। 'निराला' ने दलित भारत की विधवा को मूर्त्त करने के लिए इसका प्रयोग किया है—

"वह दीपशिखा सी शांत भाव में लीन,
दलित भारत की विधवा है।"

महादेवी की कविता में यही 'दीपक' शब्द बार-बार प्रयुक्त होकर उत्सर्गरत तपोनिष्ठ नारी जीवन का 'प्रतीक' बन गया है। 'प्रतीक' वस्तु विशेष की ओर निश्चित संकेत करता है। 'विम्ब' सम्पूर्ण संश्लिष्ट भाव-स्थिति को मूर्त्त कर देता है। उसमें अनेक अर्थछायायें संश्लिष्ट होती हैं। किसी कवि की कविता में उसके प्रिय प्रतीक दो-चार ही होते हैं, किन्तु 'विम्ब' सैकड़ों हो सकते हैं। 'प्रतीक' सर्वस्वीकृत होता है। परंपराभुक्त प्रतीकों को छोड़ दें और कवियों के निजी प्रतीकों को सामने रखें तो भी यह मानना होगा कि धीरे-धीरे वे पाठकों के परिचित हो जाते हैं और पाठक उनका सम्बन्ध कवि की रुचि, परिवेश और संस्कार से स्थापित कर लेते हैं। विम्बों में ऐसा नहीं होता। वस्तु-वैविध्य के साथ वे असंख्य रूपों में हमारे सामने आते हैं।

विम्ब-विधान और विम्बवाद

काव्य में विम्ब-विधान तो ठीक है। वह काव्य के गुण-धर्म के सर्वथा अनुकूल है। किन्तु जब 'विम्ब' को ही काव्य का सब कुछ मान लिया जाता है तब 'विम्बवाद' का जन्म होता है। सन् 1913 में एफ० एस० फ्लिंट ने 'विम्बवाद'

की स्थापनाओं को स्पष्ट किया था। इसमें सबसे महत्त्वपूर्ण स्थापना यह थी कि काव्य में 'वस्तु' का प्रत्यक्ष ग्रहण होना चाहिए। प्रत्यक्ष ग्रहण के लिए फार्म या रूप-पक्ष को महत्त्व देना अनिवार्य था, क्योंकि रूप ही अनुभूति का सघन, ठोस और संश्लिष्ट प्रत्यक्षीकरण करा सकता है। इसीलिए विम्बवादियों ने रूप-पक्ष को विशेष महत्त्व दिया। विम्बवादियों की स्थापनाओं से आचार्य शुक्ल परिचित थे। वे यह भी अनुभव करते थे कि उनकी स्थापनाओं में पर्याप्त दम था किन्तु वे उनके आग्रहों से सहमत नहीं थे। 'रसमीमांसा' में उन्होंने लिखा है—''इनके सिद्धान्तों में सत्य का बहुत-कुछ आधार था, किन्तु वे उसे बहुत दूर तक घसीट ले गए।'' 'विम्बवाद' की सीमाओं की ओर संकेत करते हुए कवि केदारनाथ सिंह कहते हैं—'विम्ब के स्वरूप के सम्बन्ध में विम्बवादियों की दृष्टि अपेक्षाकृत सीमित थी। वे उसे अनिवार्यतः दृश्य मानते थे और उसकी चित्रात्मकता पर अधिक बल देते थे। आज की समीक्षा में 'विम्ब' एक अधिक सूक्ष्म और जटिल शब्द बन गया है। अतः विम्बवादियों का स्थूल चित्रात्मकता का सिद्धान्त आज अधिक ग्राह्य नहीं हो सकता।''[1] यह सब होते हुए भी यह मानना होगा कि 'विम्बवाद' बीसवीं शती के 'काव्य-चिन्तन' में अत्यन्त महत्त्वपूर्ण स्थान रखता है। इसने 'नई समीक्षा' को प्रभावित किया है। इसके सम्बन्ध में डॉ० नगेन्द्र का कथन ध्यान देने योग्य है—''विम्बवाद से 'नई समीक्षा' का और भी प्रत्यक्ष सम्बन्ध है; नई समीक्षा' के प्रवर्त्तक जान क्रो रैंसम 'विम्बवाद' के प्रबल समर्थक रहे हैं। विम्बवाद के अनुसार कविता विम्बरूप होती है; विम्ब-विशेष गोचर और मूर्त्त होता है जो एक ओर विचार या धारणा की सामान्यता और दूसरी ओर भाव की आर्द्रता से मुक्त होता है। नई समीक्षा में ये तत्त्व यथावत् ग्रहण कर लिए गए हैं।''[2] इसमें सन्देह नहीं कि कविता विम्बरूप होती है 'किन्तु' जब विम्ब रचना को काव्य का साध्य मान लिया जाता है और कवि कविता न लिखकर विम्ब रचने लगते हैं तब काव्य की अर्थभूमि संकुचित हो जाती है और कविता जीवन के व्यापक और जटिल यथार्थ को व्यक्त करने में असमर्थ हो जाती है। इसलिए 'विम्बविधान' तो ठीक है, किन्तु 'विम्बवाद' को पूर्णतः स्वीकार नहीं किया जा सकता।

कलावाद : 'कला' कला के लिए

साहित्य के क्षेत्र में स्वीकृत 'कलावाद' का सिद्धान्त, कोई दार्शनिक मतवाद नहीं है। सामान्यतः यह 'उपयोगितावाद' के विरोध में प्रस्तुत किया जाता है। कला के क्षेत्र में 'वस्तु' और 'रूप' (कन्टेण्ट और फार्म) का द्वन्द्व ग्रीक दार्शनिक प्लेटो के समय से ही लक्षित किया जा सकता है। कहा जा सकता है कि प्लेटो उपयोगितावादी था और 'कला' के रूप-पक्ष का ही नहीं, उसकी काल्पनिक

---

1. **आधुनिक हिन्दी कविता में विम्बविधान का विकास, पृ० 12।**
2. **नई समीक्षा, (विश्वविद्यालय ग्रंथ निर्माण निदेशालय), दिल्ली वि०वि०, पृ० 100।**

प्रकृति का ही विरोधी था और कला के सत्य को ही मिथ्या मानता था। भारतीय काव्यशास्त्र में भी 'अलंकार' और 'वक्रोक्ति' सिद्धान्त को 'कलावादी' कहा जा सकता है, किन्तु कला-कला के लिए होती है, उसका कोई और उद्देश्य नहीं होता। यह सिद्धान्त सबसे पहले फ्रांस में उन्नीसवीं शती के उत्तरार्ध में प्रचलित हुआ। फ्रांस में जेम्स एबॉट मैकलीन ह्विस्लर (Whistler, James abbot, Meneill 1834-1903) नामक एक चित्रकार ने 'ल आर्त पोर ल आर्त' (The art for art) अर्थात् 'कला, कला के लिए है' के सिद्धान्त का प्रतिपादन किया। ह्विस्लर को ब्रैडले, क्लाइवबेल, रोज़र फ्राई आदि आलोचकों का समर्थन प्राप्त हुआ। दूसरी ओर डॉ० जानसन, रस्किन और मैथ्यू आर्नल्ड जैसे समीक्षकों और विचारकों ने 'कला' को नैतिक मूल्यों से संश्लिष्ट होने को विशेष महत्त्व दिया। मैथ्यू आर्नल्ड ने तो यहाँ तक कह दिया कि, "जो कविता नैतिक मूल्यों से विद्रोह करती है, वह वस्तुत: जीवन से विद्रोह करती है।"[1] 'कला के लिए कला' का बीसवीं शती में सबसे बड़ा समर्थक इटली का दार्शनिक विचारक क्रोचे था और इंग्लैण्ड का बर्नाड शॉ 'कलावाद' का प्रबल विरोधी था। विचारधाराओं की दृष्टि से देखा जाय तो अस्तित्ववादी विचारधारा 'कलावाद' का समर्थन करती है और मार्क्सवादी विचारधारा 'उपयोगितावाद' का। हिन्दी-साहित्य को दृष्टि में रखकर विचार करें तो भक्तिकाल का मूल स्वर नैतिक मूल्यों को महत्त्व देने वाला है और 'रीतिकाव्य' मूलत: 'कलावादी' है। आधुनिक युग में छायावादी-रहस्यवादी कविता को एक सीमा तक 'कलावादी' और 'प्रगतिवादी' कविता को 'उपयोगितावादी' कहा जायेगा। द्विवेदी-काल की कविता तो पूरी तरह उपयोगितावादी है। आचार्य शुक्ल ने 'लोकमंगल' को जब काव्य-मूल्य के रूप में प्रस्तुत किया था, तो वे 'कविता' को नैतिक मूल्यों के साथ जोड़कर ही देखना चाहते थे। उन्होंने 'कलावाद' को कभी समर्थन नहीं दिया। क्रोचे के 'अभिव्यंजनावाद' का विरोध उन्होंने इसीलिए किया कि उससे 'कलावाद' को बढ़ावा मिलता था। अपने इतिहास में 'अभिव्यंजनावाद' का उल्लेख करते हुए उन्होंने कहा—'बात यह है कि 'अभिव्यंजनावाद' भी 'कलावाद' की तरह काव्य का लक्ष्य बेलबूटे की नक्काशी वाला सौन्दर्य मानकर चला है, जिसका मार्मिकता या भावुकता से कोई सम्बन्ध नहीं।"[2] 'कलावाद' के प्रश्न पर उसके समर्थकों और विरोधियों के कथनों को अलग करके यदि हम स्वतंत्र ढंग से विचार करें तो किसी निष्कर्ष पर पहुँचने में सुविधा होगी। सांसार में शायद ही कोई विचारक हो, जिसे 'कला' से परहेज़ हो। 'कला' तो मनुष्य की सौन्दर्य-चेतना के विकास का द्योतक है। गुफाओं में रहने

---

1. "A Poetry of revolt against moral ideas is a poetry of revolt against life; a poetry of indifference towards moral ideas is a poetry of indifference towards life."
2. **हिन्दी साहित्य का इतिहास, पृ० 722।**

वाले मनुष्यों में भी 'कला' के प्रति ललक और रुझान होती थी। प्राचीन गुफाओं में पाये जाने वाले गुफा-चित्र इसके प्रमाण हैं। आधुनिक युग का विज्ञान-चेतना से समृद्ध मनुष्य भी 'कला' और सृजन-चेतना के महत्त्व को अस्वीकार नहीं कर सकता। अपने को व्यक्त करने की प्रवृत्ति मनुष्य में अनादिकाल से विद्यमान है। अपनी ज्ञानेन्द्रियों से मनुष्य वाह्य जगत् का जो अनुभव रूप, रस, गंध व स्पर्श के रूप में करता है, उसे किसी-न-किसी रूप में व्यक्त करना चाहता है। इसी अभिव्यक्ति के प्रयास में कलाओं का जन्म हुआ है। इस प्रकार 'कला' के दो पक्ष बन जाते हैं—अनुभूति-पक्ष और अभिव्यक्ति पक्ष। जब अनुभूति प्रगाढ़ होती है, तो वह अपनी अभिव्यक्ति का मार्ग स्वयं ढूँढ़ लेती है। आरम्भ में ऐसा ही कुछ हुआ होगा। मनुष्य जब अपने भीतर सुख-दुःख की गहरी अनुभूति को दबाये रखने में असमर्थ हो गया होगा तब उसने वाणी या इंगित माध्यम से उसे व्यक्त किया होगा। धीरे-धीरे उसकी सौन्दर्य-चेतना विकसित हुई होगी। उसने 'भाषा' जैसा अद्भुत माध्यम विकसित किया होगा। उसमें कल्पना-शक्ति स्फुरित हुई होगी और उसने जो कुछ देखा, सुना और अनुभव किया होगा उसके आधार पर कुछ नया, कुछ संभावित, कुछ अपूर्व रचने की कोशिश की होगी। इसी प्रयत्न में ललित कही जाने वाली कलाओं का विकास हुआ होगा। आरंभ में ऐसा भी हुआ होगा कि उसने जो कुछ अनुभव किया होगा, उसे ठीक से व्यक्त नहीं कर पाया होगा। वाह्य जीवन की अनुकूल-प्रतिकूल संवेदनाओं का जो मन:विम्ब उसके अन्तस् में रूपायित हुआ होगा वह ठीक-ठीक शब्दबद्ध नहीं हो पाया होगा। किन्तु धीरे-धीरे कल्पना में मूर्त्त अन्तर्वस्तु ठीक-ठीक व्यक्त होने लगी होगी। अभिव्यक्ति में निखार आया होगा और कल्पना की मूर्तिविधायिनी शक्ति तथा भाषा की अभिव्यक्ति-सामर्थ्य में रचना को चारुता प्रदान करने के लिए परस्पर स्पर्धा होने लगी होगी। कभी कल्पना-सृष्टि भाषा की शक्ति का अतिक्रमण कर गई होगी और कभी समृद्ध भाषा की शक्ति के अनुकूल कल्पना अपना प्रसार नहीं कर पाई होगी। जब कभी दोनों में पूर्ण संतुलन स्थापित हुआ होगा, काव्य का सौन्दर्य निखर आया होगा। रचनाकार का परिवेश भी इस संतुलन को भंग करता रहा होगा। जो समाज अपने अस्तित्व के लिए संघर्ष कर रहा होगा, वहाँ निश्चय ही जीवन की प्रत्यक्ष समस्याएँ और उनके संदर्भ प्रमुखता पाते रहे होंगे और रचनाकार कला-मूल्यों से अधिक महत्त्व जीवन के मूल्यों को देता रहा होगा। इसके विपरीत जो समाज शांत, समृद्ध और चिन्तारहित रहता रहा होगा वहाँ कलात्मक समृद्धि पर विशेष ध्यान दिया जाता रहा होगा। भक्तिकाल के कवि तुलसीदास सामाजिक और मानवीय मूल्यों को अधिक महत्त्व दे रहे थे। उनका लक्ष्य लोकमंगल था। इसलिए उन्होंने 'भणिति के भदेस' होने की चिन्ता नहीं की। उनके विपरीत मिर्जा राजा जयसिंह के आश्रित कवि बिहारीलाल राजदरबार की मानसिकता से जुड़े थे, इसलिए उन्होंने एक-एक शब्द जड़कर कविता करने और कला को निखारने पर बल दिया। इससे यह

अनुभव किया जा सकता है कि कवि का परिवेश और समाज तथा राष्ट्र की आवश्यकता भी कवि की रचना को प्रभावित करती है। आधुनिक काल में राष्ट्रीय-सांस्कृतिक चेतना के कवि माखनलाल चतुर्वेदी कहा करते थे कि, ''जब देश की जवानी जल रही हो, तो कला बाँसुरी नहीं बजा सकती।'' तात्पर्य यह कि अनुभूति और अभिव्यक्ति या अर्थ और शब्द की स्पर्धा में जब कभी पूर्ण सन्तुलन होता है तब काव्य का कलात्मक सौन्दर्य निखर आता है। यह आदर्श स्थिति है। लेकिन जब किन्हीं कारणों से सन्तुलन भंग होता है तब काव्य-सौन्दर्य का ह्रास होता है।

अब प्रश्न यह है कि कलावादी आन्दोलन से काव्य के प्रकृत गुण-धर्म का क्या संबंध है? इसका सीधा उत्तर है कि जैसे 'प्रतीक' स्वीकार्य है, 'प्रतीकवाद' नहीं, 'विम्ब' स्वीकार्य है 'विम्बवाद' नहीं; वैसे ही 'कला' मान्य है, 'कलावाद' नहीं। 'वाद' एक प्रकार से आग्रह का द्योतक है। जब कभी हम आग्रहपूर्वक किसी एक प्रवृत्ति या मूल्य पर अधिक बल देते हैं तब हम उसे जीवन के व्यापक संदर्भ से काट देते हैं। 'कलावाद' का अर्थ है—रूपवाद को महत्त्व देना। आवश्यकता न तो 'रूप' को महत्त्व देने की है न 'वस्तु' को। आवश्यकता दोनों में संतुलन की है। यहाँ यह भी स्मरणीय है कि जिस प्रकार 'कलावाद' का आग्रह अनुचित है, उसी प्रकार 'उपयोगितावाद' का आग्रह भी अनुचित है। उपयोगिता पर जब कभी अधिक बल दिया जायेगा तब कविता या तो उपदेशात्मक हो जायेगी या इतिवृत्तात्मक। उपदेश नीतिशास्त्र का धर्म हो सकता है, काव्य का नहीं। इसी प्रकार इतिवृत्त, इतिहास को स्वीकार्य हो सकता है, काव्य को नहीं। जो समीक्षक 'कला को कला के लिए' मानते हैं वे भूल जाते हैं कि मनुष्य की सभी मानसिक-बौद्धिक उपलब्धियाँ उसके लिए प्रयोजनीय हैं। सभी उसके किसी-न-किसी अभाव की पूर्ति के लिए ही विकसित हुई हैं। यह ठीक है कि कविता, भाषिक संरचना है किन्तु भाषा क्या है? भाषा तो सर्वथा समाज-बद्ध है। कोरा शब्द, भाषा नहीं होता। वह अर्थयुक्त होकर ही, सार्थक होकर ही, काव्य-भाषा में प्रयुक्त होता है और जिसे अर्थ कहते हैं, वह इन्द्रियों के माध्यम से अनुभूत होने वाला प्रत्यक्ष-जगत् ही है। भाषा के माध्यम से व्यक्ति शेष-जगत् से संवाद स्थापित करता है। कविता पाठक-निरपेक्ष नहीं हो सकती। पाठक कविता को तभी पढ़ेगा जब वह उसे मानसिक तोष प्रदान करेगी। इसलिए कविता कभी भी पूर्ण स्वायत्त नहीं हो सकती। जब कभी काव्य में रूपवादी रुझान बढ़ा है, कविता समाज से कट गयी है। तुलसी के समसामयिक आचार्य कवि केशवदास को कलावादी माना जाता है। पंडितों के बीच उन्हें भले ही प्रतिष्ठा प्राप्त रही हो, सामान्य पाठकों के लिए वे 'कठिन काव्य के प्रेत' थे। 'नई कविता' के प्रथम दौर में रूपवाद की ओर झुकाव के कारण जटिल विम्बों की सृष्टि के चलते नयी कविता के पाठक बहुत कम हो गये थे और प्राय: यह कहा जाता था कि नयी कविता दीक्षागम्य हो गई है, किन्तु

शीघ्र ही इस प्रवृत्ति से नये रचनाकारों ने अपने को मुक्त कर लिया। इसलिए अनुभूति-दीप्त और जीवन की धड़कनों से जुड़ी हुई कविता ही महत्त्व प्राप्त करती रही है। न तो स्थूल 'उपयोगितावाद' उसकी प्रकृति के अनुकूल है, न आग्रहपूर्ण 'कलावाद'। वस्तु और रूप का संतुलन ही उसकी प्रकृति के सर्वथा अनुकूल है। संभवत: इसीलिए आधुनिक कविता में विम्ब-विधान को विशेष महत्त्व देने वाले कवि केदारनाथ सिंह ऐसे 'विम्बों' को काव्यानुकूल मानते हैं, जो "कवि की आन्तरिक अनुभूति तथा वाह्य यथार्थ को एक सूक्ष्म स्तर पर जोड़ने वाले भावात्मक सेतु" का काम करने में समर्थ हों साथ ही जो जटिल, अस्पष्ट और मात्र वैचित्र्य-विधायक न हों। निश्चय ही उनकी यह मान्यता काव्य में वस्तु और शिल्प के सामंजस्य का समर्थन करती है और 'कलावाद' को खारिज कर देती है।

रूपवाद

काव्य में वस्तु (Content) और रूप (Form) दोनों में किसे अधिक महत्त्व दिया जाय यह प्रश्न नया नहीं है। भारतीय आचार्यों और पाश्चात्य काव्य-चिन्तकों, दोनों ने इस प्रश्न पर बहुत पहले विचार किया था। वस्तुत: कलावादी भी प्रकारान्तर से रूपवाद के ही समर्थक रहे हैं। 'रूपवाद' पर विचार करने के लिए यह आवश्यक है कि हम काव्य में 'वस्तु' (Content) क्या है? और 'रूप' (Form) क्या है? इसे भली-भाँति समझ लें। सामान्यत: काव्य में 'विचार' (Thought), 'भावानुभूति' (Feeling), प्रवृत्ति' (Attitude) और 'इच्छा' (Intention) आदि जिन्हें कवि व्यक्त करना चाहता है, 'वस्तु' के रूप में स्वीकार किए जाते हैं।[1] और 'रूप' (Form) वह पद्धति, शब्द-संरचना या आवयविक संघटन है, जिसके माध्यम से वस्तु (Content) को व्यक्त किया जाता है। जो विचारक काव्य में सामाजिक मूल्यों या जीवन-यथार्थ को अधिक महत्त्व देते हैं, वे 'वस्तु' को मुख्य मानते हैं। इसके विपरीत जो काव्य को पूर्णत: स्वायत्त मानते हैं, वे 'रूप' को अधिक महत्त्व देते हैं। इधर नई कविता के दौर में जब से काव्य को भाषिक-संरचना मानने का प्रचलन हुआ है, 'रूपवाद्' को विशेष महत्त्व मिलने लगा है। 'रूपवाद' ने भी बीसवीं शती के प्रथमार्ध में आन्दोलन का रूप ले लिया था। ऐसा माना जाता है कि रूस में सन् 1919 ई० में विक्टर श्क्लोव्स्की (Viktor Shklovsky) ने इस आन्दोलन का सूत्रपात किया था। उसका मानना था कि 'कला' सबसे पहले शैली और तकनीक है, उसके बाद और कुछ। लेकिन उसका कहना था कि तकनीक केवल पद्धति या रीति नहीं है, वह कला की 'वस्तु' भी है। उसकी दृष्टि में कलाकार क्या कहता है यह उतना महत्त्वपूर्ण नहीं है

---

1. "The content of a poem comprises thought, feeling, attitude and intention, which are communicated by words and their arrangement."

—A Dictionary of Literary Terms, P. 71

महत्त्वपूर्ण यह है कि वह कैसे कहता है। यह आन्दोलन अधिक दिनों तक नहीं चल पाया और बीसवीं शती के अंतिम चरण तक आते-आते समाप्त हो गया। रूपवादियों के तर्क को ठीक से समझ लिया जाय तो उनसे मतभेद की गुंजाइश कम हो जाती है। रूपवादी, कलाकार को एक कारीगर या शिल्पी के रूप में देखते हैं। मान लीजिए एक कुंभकार है, जो गीली मिट्टी से एक सुन्दर घड़ा बना देता है। घड़े को देखकर हम पर प्रभाव उसके रूप का ही पड़ता है। मिट्टी 'वस्तु' है, जो घड़े से अलग नहीं है, उसी में समाहित है। हम मिट्टी को घड़ा नहीं कहते। 'घड़ा' कहने से मिट्टी का कोई 'विम्ब' भी हमारे मन में नहीं उभरता। इसी अर्थ में 'रूपवादी' यह मानता है कि कविता सबसे पहले तकनीक है और तकनीक पूरी रूप-रचना है, मात्र पद्धति नहीं। कवि ने जीवन के यथार्थ को शब्द-संघटना के सहारे एक सुन्दर कविता का रूप दे दिया है। जीवन-यथार्थ कविता में समाहित है, उसका पृथक् अस्तित्व नहीं रह गया है। पाठक के सामने कविता आती है। कविता अपनी पूर्णता में भाषिक-संरचना ही है। पाठक पर प्रभाव इसी संरचना का पड़ता है। इससे गुज़रते हुए कवि की अनुभूति और उसमें स्पंदित जीवन-यथार्थ तक पहुँचता है।

वस्तुतः सारा विवाद स्थापनाओं को दूर तक खींच ले जाने से उत्पन्न होता है। यह सब जानते हैं कि मात्र 'काव्य-वस्तु' कविता नहीं है। इसी प्रकार यह भी सर्वमान्य है कि कोरा 'रूप' या कोरी 'तकनीक' कविता नहीं है। दोनों के सामंजस्य से ही उत्तम कविता की सृष्टि हो सकती है। सारा विवाद 'रूप' को 'रूपवाद' बता देने से उत्पन्न होता है। 'रूप' जब आग्रहपूर्वक 'रूपवाद' बना दिया जाता है तो यह ख़तरा उत्पन्न हो जाता है कि रचनाकार सामाजिक मूल्यों से विरत होकर 'तकनीक' को ही कविता न मान ले। इस ख़तरे को देखते हुए 'रूपवाद' का विरोध होने लगता है। रूपवादियों की घोषणाओं को देखते हुए यह ख़तरा ग़लत भी नहीं है। रूसी 'रूपवाद' के पुरोधा शक्लोव्स्की ने कहा था—"कला हमेशा ज़िन्दगी से मुक्त होती है। इसका ध्वज शहर की चहारदीवारी पर फहराते हुए झंडे के रंग को प्रतिबिम्बित नहीं करता।" उसका निश्चित् मत था कि—"कला-रूपों का विवेचन कला-नियमों द्वारा ही होना चाहिए।"[1] रूस में तो यह आन्दोलन समाप्त हो गया, किन्तु यूरोप के अन्य देशों में इसका प्रभाव पड़ा और कला-समीक्षा के क्षेत्र में इसकी प्रासंगिकता बनी रही। भाषिक-संरचना को केन्द्र में रखकर काव्य की समीक्षा करने वाली समीक्षा-पद्धतियों को इससे बल मिला। 'नई समीक्षा', 'शैली-विज्ञान' और 'संरचनावाद' आदि सभी समीक्षा पद्धतियाँ एक प्रकार से 'रूपवादी' ही मानी जायेंगी।

प्राचीन भारतीय आचार्यों में भी काव्य के 'शरीर' और 'आत्मा' को लेकर बहुत दिनों तक विवाद चलता रहा। 'रस' और ध्वनिवादी आचार्य 'रस' को

1. साहित्य का समाजशास्त्र और रूपवाद, डॉ० बच्चन सिंह, पृ० 31।

काव्य की आत्मा मानते थे। उनके लिए 'अलंकार' मात्र शोभा के लिए होते हैं। 'रस' अलंकार्य है। अलंकारों का काम 'अलंकार' की शोभा-वृद्धि मात्र है। अलंकारवादी इसे स्वीकार नहीं करते थे। उनकी दृष्टि में 'अलंकार' काव्य के नित्य-धर्म हैं। अलंकारों से ही काव्य का 'काव्यत्व' निर्धारित होता है। आचार्य कुंतक ने यह कहकर कि—

''अलंकृतिरलंकार्यमपोद्धृत्य विवेच्यते।
तदुपायतया तत्त्वं सालंकरस्य काव्यता॥[1]

इस झगड़े को हमेशा के लिए समाप्त करने की कोशिश की थी। उपर्युक्त श्लोक का तात्पर्य यह है कि काव्य का उपाय (साधन) होने के कारण अलंकार और अलंकार्य का विवेचन अलग-अलग किया जाता है, अन्यथा दोनों में भेद नहीं है, क्योंकि अलंकारों से ही काव्य की 'काव्यता' निर्धारित होती है। आचार्य कुंतक की दृष्टि में 'सालंकारस्य काव्यता' पद विशेष अर्थ-गर्भित है। इसे स्पष्ट करते हुए वे कहते हैं—''सालंकारस्य अलंकरण सहितस्य सकलस्य निरस्तावयवस्य सत: समुदायस्य काव्यता कविकर्मत्वम्'' अर्थात् अलंकरण सहित समस्त समुदाय की अवयवहीन होने पर ही काव्यता होती है। इसका अर्थ यह नहीं है कि अलंकरण सहित काव्य के समस्त अवयवों से रहित होना ही काव्यत्व है। इसका अर्थ यह है कि काव्य की जब एक स्वतंत्र इकाई बन जाती है, तब काव्य-रचना में साधनभूत अलंकार-सहित जितने भी अवयव होते हैं, सबकी अपनी पृथक सत्ता निरस्त हो जाती है और सबका संश्लिष्ट रूप ही काव्यत्व संज्ञा प्राप्त करता है। इस तर्क को यों समझा जा सकता है कि वस्तु और शिल्प दोनों संश्लिष्ट होकर जब काव्य बन जाते हैं, तब न 'वस्तु' की अलग सत्ता रह जाती है, न 'शिल्प' की। दोनों अपना अस्तित्व निरस्त करके मात्र 'काव्य' रह जाते हैं और 'काव्य' के रूप में पहचानी जाने वाली यह रचना मात्र भाषिक-संरचना या रूप होती है।

सिद्धान्त के स्तर पर तो यह ठीक है, किन्तु व्यवहार में होता यह है कि 'रूपवाद' काव्य को जीवन से काट देता है। इसीलिए इसके सम्बन्ध में अपना निष्कर्ष प्रस्तुत करते हुए डॉ० बच्चन सिंह कहते हैं—

''वस्तुत: 'रूपवाद', 'कलावाद' का ही दूसरा नाम है। इस 'कलावाद' ने समीक्षा के क्षेत्र में काफ़ी कहर ढाया है। साहित्य को जीवन से अलग करके सिर्फ़ संरचना तक ही अपने को सीमित कर लेना प्रतिक्रियावादी मनोवृत्ति की चरमसीमा है। साहित्य के आस्वाद से भी इसे कुछ लेना-देना नहीं है। जिस संवेदन-शून्य भाषा यानी रोज़मर्रा की भाषा को संवेदन-पूर्ण बनाने की चेष्टा की जाती है उसमें संवेदना क्या है? 'रूपवाद' इस पर भी विचार नहीं करता।''[2]

---

1. **'वक्रोक्तिजीवित', प्रथम उन्मेष, श्लोक 6।**
2. **साहित्य का समाजशास्त्र और रूपवाद, पृ० 36।**

सारांश यह कि अन्य अतिरेकी आन्दोलनों की तरह 'रूपवाद' भी एक कला-आन्दोलन है और इसे पूर्णतः स्वीकार करना समीक्षा के लिए किसी भी प्रकार उचित नहीं माना जा सकता।

कल्पना का स्वरूप और व्यापार

पाश्चात्य काव्य-चिन्तन के क्षेत्र में 'कल्पना' का वही स्थान है, जो भारतीय काव्यशास्त्र में 'प्रतिभा' का। पाश्चात्य काव्य-चिन्तन 'ग्रीस' देश से प्रारम्भ हुआ था। ग्रीक दार्शनिक प्लेटो ने 'कल्पना' के लिए 'फैन्टेसिया, शब्द का प्रयोग किया था और उसे 'यथार्थ' का 'आभास' बताया था। तब से लेकर आज तक कल्पना के सम्बन्ध में तरह-तरह के विचार व्यक्त किए गए हैं। काव्य-रचना के क्षेत्र में कल्पना के स्वरूप और महत्त्व पर सबसे पहले एडीसन (1672-1719 AD) ने विचार किया था। उसने स्पष्ट किया था कि कल्पना मूर्त्त-विधान करने वाली शक्ति है। उसकी रचना 'प्लेज़र्स आफ इमैजिनेशन' प्रसिद्ध है। उसके बाद अंग्रेज़ी साहित्य में कल्पना के सम्बन्ध में सबसे महत्त्वपूर्ण विचार कोलरिज (1772-1834 AD) ने व्यक्त किए। उसने कल्पना के दो भेद किए हैं—प्राथमिक (Primary) और दूसरे स्तर की (Secondary)। प्राथमिक कल्पना ईश्वर की सर्जना शक्ति का ही मनुष्य के मन में प्रतिबिम्ब है। अर्थात् प्राथमिक कल्पना असीम सत्ता की चिरन्तन सृजन-शक्ति का ही ससीम मानव में आवृत्ति है।[1] सीधे शब्दों में कहें तो कह सकते हैं कि सर्जनशील मानव का मन जगत् के स्रष्टा ईश्वर की सर्जना-शक्ति का ही प्रतिबिंब है। इस प्रकार वह सम्पूर्ण मानव-ज्ञान का मूल कारण है। दूसरे स्तर की कल्पना इसी प्राथमिक कल्पना की प्रतिध्वनि होती है। इसका अस्तित्व मनुष्य की सजग इच्छा-शक्ति के साथ ही होता है। दोनों कल्पनाओं में प्रकार-भेद नहीं होता, मात्र दोनों की कोटियाँ अलग होती हैं और दोनों की कार्य-पद्धति में भेद होता है।[2] वस्तुतः कोलरिज पर दार्शनिक चिन्तन का प्रभाव था। इसीलिए उसने 'कल्पना' की दो कोटियाँ मानीं। उसके द्वारा स्वीकृत प्रथम कल्पना-शक्ति की अवधारणा उसके रहस्यवादी चिन्तन का परिणाम है। रहस्यवादियों के अनुसार असीम सत्ता, ससीम सत्ता में प्रतिबिंबित होती है। ब्रह्म की सत्ता असीम और ब्रह्माण्ड-व्यापी है। यह अखिल ब्रह्माण्ड उसी की कल्पना या सृजन-शक्ति का परिणाम है। असीम-ब्रह्म की कल्पना-शक्ति का प्रतिबिम्ब ससीम मनुष्य के

1. "The primary imagination I hold to be the living power and prime agent of all human perception, and as a repetition in the finite mind of the eternal act of creation in the infinite I am."
2. "The secondary imagination I consider as an echo of the former co-existing with the conscious will, yet still as identical with the primary in the kind of its agency and differing only in degree and in mode of its operation."

मन पर पड़ता है और उसकी कल्पना-शक्ति जागृत हो जाती है। ससीम मनुष्य या व्यक्तिमानव को इसी शक्ति के माध्यम से व्यक्त जगत् का ज्ञान होता है। दूसरे स्तर की कल्पना इस प्राथमिक कल्पना का ही निचला स्तर है। इसके माध्यम से मनुष्य स्वयं सृष्टि रचने में समर्थ होता है। यह दूसरी कोटि की कल्पना ही काव्य-क्षेत्र में क्रियाशील होती है। विचारपूर्वक देखा जाय तो कोलरिज को 'कल्पना' की दो कोटियाँ निर्धारित करने की आवश्यकता नहीं थी। हमारे यहाँ भी इस सम्पूर्ण विश्व को प्रजापति की काव्य-सृष्टि ही माना गया है। कवि को भी प्रजापति कहा गया है। जिस प्रकार प्रजापति ब्रह्मा की सृजन-शक्ति विश्व-काव्य की रचना करती है, वैसे ही कवि की प्रतिभा काल्पनिक विश्व की रचना करने में समर्थ होती है। इस प्रकार प्रजापति ब्रह्मा और कवि की रचनाशीलता में तादात्म्य स्थापित किया गया है, किन्तु कवि-प्रतिभा की कोटियाँ स्थापित नहीं की गई हैं। कुछ भी हो, कोलरिज द्वारा स्वीकृत दूसरी कोटि की कल्पना ही काव्य-सृष्टि में सक्रिय होती है।

कोलरिज ने 'कल्पना' (दूसरी कोटि की) के कार्य-व्यापार पर गंभीरता से विचार किया और स्पष्ट किया कि कल्पना एक ऐसी शक्ति हैं जो विरोधी वस्तुओं को समंजसित और संश्लिष्ट करके पुनः नवीन सृजन करती है। वाह्य को अन्तर्जगत् में प्रत्यक्ष कर देती है और नवीन विम्बों की रचना करके किसी वस्तु को दिव्यता या पूर्णता तक पहुँचा देती है।[1] तात्पर्य यह कि कल्पना वह मानसिक शक्ति है जो नवीन विम्बों की रचना करके पुनः सृजन करती है। कोलरिज वस्तुतः जर्मन दार्शनिकों से प्रभावित था। अपने विश्लेषण-क्रम में उसने बहुत-सी ऐसी शब्दावली का प्रयोग किया है, जो जर्मन दार्शनिकों से ली गई हैं। इसलिए कुछ लोगों ने उस पर विचारापहरण का आरोप लगाया है, किन्तु रेने वेलेक (Rene Wellek) का कहना है कि कोलरिज उच्चकोटि की मौलिक प्रतिभा-सम्पन्न विचारक था। उसने विचार कहीं से लिए हों, उन्हें पूरी तरह अपना बनाकर प्रस्तुत किया है।

हिन्दी-समीक्षकों में 'कल्पना' के सम्बन्ध में सर्वाधिक व्यवस्थित और गंभीर विचार आचार्य शुक्ल ने किया है। उन्होंने अपने लेखकीय जीवन के आरम्भ में ही एडीसन के 'प्लेज़र ऑफ इमैजिनेशन' का अनुवाद किया था। उसके बाद उन्होंने अन्य काव्य-चिन्तकों का अध्ययन किया और अपनी प्रतिभा के योग से 'कल्पना' के स्वरूप और कार्य पर विस्तृत प्रकाश डाला। आचार्य शुक्ल 'मानसिक रूप-विधान' को ही कल्पना या संभावना मानते हैं। उनके अनुसार अपनी ज्ञानेन्द्रियों द्वारा हम वाह्य जगत् के रूपों और दृश्यों का बोध करते हैं। इन्हीं रूपों की भावना जब हम मन के भीतर करते हैं, तब ये कल्पना-विम्बों के रूप में मूर्त्त होते हैं।

---

1. "Its function is to diffuse, dissolve and recreate; to make the external internal, fashioning new images, in its own effort to become divine."

उनके अनुसार भावों और मनोविकारों का रूप विधान भी वाह्य-जगत् की रूप-तरंगों से ही हुआ है। वे भावना, उपासना, ध्यान और कल्पना को समस्तरीय मानते हैं। उनके अनुसार जो वस्तु हमसे अलग है, हमसे दूर प्रतीत होती है, उसकी मूर्ति मन में लाकर उसके सामीप्य का अनुभव करना ही 'उपासना' है। साहित्य वाले इसी को 'भावना' कहते हैं, और आजकल के लोग 'कल्पना'। मूल बात तो यह है कि शुक्ल जी मन की 'रूप-विधायिनी-शक्ति' को ही 'कल्पना' मानते हैं। 'रस' के संदर्भ में 'विभाव' का स्वरूप खड़ा करने का काम कल्पना करती है। इसी प्रकार अलंकार के संदर्भ में 'अप्रस्तुत-विधान' का सारा कार्य कल्पना द्वारा ही सम्पन्न होता है। इसलिए काव्य में 'कल्पना' का महत्त्व निर्विवाद है। शुक्ल जी ने कवि या रचनाकार में 'विधायिका-कल्पना' और पाठक या श्रोता में 'ग्राहिका-कल्पना' की स्थिति स्वीकार की है। कवि विधायिका-कल्पना द्वारा अपनी अनुभूति को संप्रेषित करता है और पाठक ग्राहिका-कल्पना द्वारा इस अनुभूति को ग्रहण करता है। इसे यों समझिए कि कवि अनुभूति के अनुकूल विभावों को मूर्त्त करता है। पाठक के सामने यह मूर्त्त-विधान या 'विम्ब' उपस्थित होता है। पाठक अपनी विधायिका कल्पना के बल पर इस मूर्त्त-विधान की तह में विद्यमान अनुभूति तक पहुँचता है। इस प्रकार हिन्दी-समीक्षा के क्षेत्र में पहली बार 'कल्पना' के सम्बन्ध में विस्तृत विचार करके आचार्य शुक्ल ने काव्य में 'कल्पना' का महत्त्व प्रतिपादित किया और भारतीय 'रस' और 'अलंकार' से उसका अटूट सम्बन्ध जोड़ा। उनके बाद शोध के क्षेत्र में 'कल्पना' संबंधी कुछ कार्य अवश्य हुआ; किन्तु कोई मौलिक स्थापना नहीं हुई। 'प्रतीक', 'विम्ब' और 'मिथक' के सम्बन्ध में जो थोड़ा-बहुत कार्य हिन्दी में हुआ है, उसके साथ 'कल्पना' की आनुषंगिक चर्चा अवश्य हुई है। सामान्यत: यह मान लिया गया कि 'कल्पना' का विशेष सम्बन्ध छायावादी कविता से था। इसलिए 'नयी कविता' के संदर्भ में विचार करते हुए विम्बों और प्रतीकों पर ही विशेष ध्यान दिया गया। वास्तविकता यह है कि 'प्रतीकों' और 'विम्बों' का निर्माण भी 'कल्पना' द्वारा ही होता है, और-तो-और कविता को 'भाषिक संरचना' मान लेने पर भी 'कल्पना' के महत्त्व को भुलाया नहीं जा सकता। ध्यान रखना होगा कि काव्य-भाषा को सूचना की संवेदना-रहित भाषा से अलग संवेदना-संश्लिष्ट करने का काम भी कल्पना ही करती है। 'सर्जन' कल्पना के अभाव में हो ही नहीं सकता। इसलिए जब तक कविता पूरी तरह यांत्रिक नहीं हो जाती तब तक कल्पना से उसका अटूट रिश्ता बना रहेगा। रघुवीर सहाय की प्रसिद्ध रचना 'सीढ़ियों पर धूप' में एक कविता है—

तुम में कहीं कुछ है
कि तुम्हें उगता सूरज, मेमने, गिलहरियाँ, कभी-कभी का मौसम
जंगली फूल-पत्तियाँ टहनियाँ भली लगती हैं।

ऊपर-ऊपर से लगता है कि इस कविता में कल्पना-तत्त्व का अभाव है, जबकि वास्तविकता यह है कि इसमें प्रयुक्त 'शब्द' ही स्वयं में 'विम्ब' हैं और इनके द्वारा कल्पना में एक शिशु-सुलभ सहज़ मन:लोक उद्‌घाटित होता है, जो आज के यंत्र-मानव को एक दूसरे लोक में ले जाकर आश्वस्ति प्रदान करता है। ज्यों-ज्यों दुनिया जटिल होती जायेगी, सहजता उसके लिए कल्पना की वस्तु बनती जायेगी और मनुष्यता को, मनुष्य की संवेदना को बचाए रखने के प्रयत्न में कविता प्रकृति के उन आदिम विम्बों की ओर लौटने की कोशिश करेगी, जिनके साथ मनुष्य की राग-चेतना का गहरा लगाव है। यह कोशिश कल्पना द्वारा ही सफल हो सकेगी।

फैन्टेसी

आधुनिक काव्य-चिन्तन में कल्पना के साथ 'फैन्टेसी' की चर्चा भी बराबर होती है। इसका कारण यह है कि 'फैन्टेसी' भी एक प्रकार की कल्पना ही है। प्लेटो ने कल्पना के लिए 'फैन्टेसिया' शब्द का प्रयोग किया था, जिसका आधार 'असत्य' या 'मिथ्या' होता है। ऐसी कल्पना जो तर्क-सिद्ध नहीं है और एक प्रकार की रहस्यात्मक अन्तर्दृष्टि का परिणाम है, फैन्टेसी कही जा सकती है। कल्पना में पुन:सर्जन करने की शक्ति होती है। वह प्रत्यक्ष रूप-विधान को परिवर्तित, संघटित और समन्वित करके नई सृष्टि कर सकती है। 'फैन्टेसी' में यह क्षमता नहीं होती। वह असम्बद्ध स्मृति-विम्बों के सहारे एक रहस्यलोक का निर्माण कर सकती है। उसका देशकाल सर्वथा अपरिचित और रहस्यमय होता है। हिन्दी में 'फैन्टेसी' का सबसे अधिक प्रयोग 'मुक्तिबोध' ने किया है। उनके अनुसार, "फैन्टेसी में मन की निगूढ़ वृत्तियों का अनुभूत जीवन-समस्याओं का और इच्छित जीवन-स्थितियों का प्रक्षेप होता है। यहाँ कल्पना का मूल कार्य मन के निगूढ़ तत्त्वों को प्रोद्‌भासित करते हुए विभिन्न रंगों में उन्हें अपने समस्त सौन्दर्य के साथ उद्‌घाटित करना रहता है।" उपर्युक्त कथन का विश्लेषण करने पर निम्नलिखित बातें सामने आती हैं—

(क) फैन्टेसी में मन के निगूढ़ तत्त्व उद्‌भासित होते हैं।

(ख) अनुभूत जीवन-समस्यायें प्रक्षेपित होती हैं।

(ग) इच्छित जीवन-स्थितियाँ, अर्थात् जैसी जीवन-स्थितियों की हम कामना करते हैं, वे भी इसमें प्रक्षेपित होती हैं।

तात्पर्य यह है कि फैन्टेसी के रहस्य लोक में हम मानव-मन के निगूढ़ तत्त्वों, अनुभूत जीवन-समस्याओं और इच्छित जीवन-स्थितियों का अनुसंधान कर सकते हैं। अब प्रश्न उठता है कि काव्य के कल्पना-लोक और फैन्टेसी के रहस्यलोक में अन्तर क्या है? इसे स्पष्ट करते हुए 'मुक्तिबोध' कहते हैं—"इसमें विभाव पक्ष के कल्पना-विम्ब प्रतीकात्मक होकर अपनी मूल-भूमि से इतनी दूर जा पड़ते हैं कि वे विभाव-पक्ष का भूगोल और इतिहास छोड़कर उसका दिक्काल त्याग कर अपना एक स्वतंत्र भूगोल और इतिहास, अपना स्वतंत्र दिक्काल स्थापित कर लेते हैं।"

इस कथन पर ध्यान दीजिए। काव्य में विभाव-पक्ष का महत्त्व सर्वमान्य है। विभाव ही भावों को उद्दीप्त करते हैं और विभाव-विधान के द्वारा ही कवि अपनी भावानुभूतियों को पाठकों तक सम्प्रेषित करता है। आचार्य रामचन्द्र शुक्ल ने विभाव-विधान को बहुत महत्त्व दिया है। इलियट ने इसी को 'आब्जेक्टिव को-रिलेटिव' कहा है। जिस रचना में 'विभाव' प्रतीकात्मक होकर अपनी मूल भाव-भूमि से सर्वथा अलग हो जायेंगे, वहाँ रचना निश्चय ही बोधगम्य नहीं रह जायेगी। यहाँ यह स्मरणीय है कि 'मुक्तिबोध' की प्रसिद्ध रचना 'अँधेरे में' एक फैन्टेसी है। इसमें 'मुक्तिबोध' ने फैन्टेसी शिल्प का खुलकर प्रयोग किया है। परिणाम यह हुआ है कि इसके काव्य-नायक को लेकर विवाद उत्पन्न हो गया है। किसी के लिए स्वयं 'मुक्तिबोध' का अपना व्यक्तित्व ही काव्य-नायक के रूप में मूर्त्त हो गया है और किसी के लिए पूरा देश ही काव्य-नायक के व्यक्तित्व में साकार हो उठा है। यह अवश्य है कि जैसा 'मुक्तिबोध' कहते हैं इसमें अनुभूत जीवन-समस्यायें और इच्छित जीवन-स्थितियाँ अवश्य प्रक्षेपित होकर उद्‌भासित हो उठी हैं। 'मुक्तिबोध' के मन के निगूढ़ तत्त्वों पें अवचेतन मन की सक्रियता लक्षित की जा सकती है। इसीलिए कविता में कुछ बड़े और वरिष्ठ समीक्षकों ने 'अस्तित्ववाद' का प्रभाव भी देखा है।

'फैन्टेसी' में यथार्थ की अभिव्यक्ति कठिन होती है। 'फैन्टेसी' यथार्थ की अभिव्यक्ति में बाधक होती है लेकिन 'मुक्तिबोध' यह मानते हैं कि, "फैन्टेसी के प्रयोग से जीवन-ज्ञान को कल्पना के रंगों में प्रस्तुत किया जा सकता है और वास्तविकता के प्रदीर्घ चित्रण से बचा जा सकता है।" कुछ भी हो फैन्टेसी का प्रयोग सामान्य रचनाकार के वश का नहीं है।

फैन्टेसी में आने वाले स्मृति-विम्बों में वैसा ही बिखराव और व्यतिक्रम होता है जैसा स्वप्न-विम्बों में। स्वप्न-विम्बों में भी 'मन के निगूढ़ तत्त्व' उद्‌भासित होते हैं। इसीलिए फैन्टेसी का देश-काल स्वप्नों के देशकाल के बहुत निकट होता है। काव्यात्मक कल्पना से इसकी तुलना नहीं की जा सकती। काव्यात्मक कल्पना कथा-संयोजन और चरित्र-चित्रण में समर्थ होती है। वह अवचेतन मन से नियंत्रित नहीं होती। फैन्टेसी में अवचेतन मन अपेक्षाकृत सक्रिय रहता है। मिथकों के साथ फ़ैन्टेसी का तालमेल बैठ जाता है। इसका कारण यह है कि मिथक आदिम मानवों की सामूहिक अवचेतन की सृष्टि होते हैं और फैन्टेसी में भी सामूहिक अवचेतन का योगदान होता है। इसके बावजूद जब कवि प्राचीन मिथकों को अपनी काव्यात्मक कल्पना के सहारे नई अर्थवत्ता प्रदान करते हुए नये युग-संदर्भ के अनुकूल सोद्देश्य प्रस्तुत करता है, तो उसमें फैन्टेसी के तत्त्व गौण हो जाते हैं। 'मुक्तिबोध' ने 'कामायनी' को भी एक फैन्टेसी माना है, किन्तु डॉ० बच्चन सिंह का मानना है—"कामायनी में विम्बावलियाँ विशृंखलित और विघटित नहीं हैं। 'लज्जा सर्ग' के सभी विम्बों को देखने से पता लगता है कि वे अच्छी तरह

समायोजित और शृंखलाबद्ध हैं।" 'फैन्टेसी' की व्याख्या करते हुए डॉ० बच्चन सिंह ने कहा है—"फैन्टेसी मनोविज्ञान का शब्द है। इसका संबंध स्वप्न और अवचेतन मन में घटित होने वाली घटनाओं की विघटित और बेतरतीब विम्बावलियों से है। साहित्य या काव्य में यह एक टेकनीक के रूप में प्रयुक्त की जाती है।" कुछ भी हो, फैन्टेसी के सम्बन्ध में सामान्यतः निम्नलिखित बातें मान्य हैं—

(क) फैन्टेसी भी एक तरह की कल्पना ही है किन्तु कवि की रचनात्मक कल्पना से इसका स्वरूप भिन्न होता है। इसमें मनोविम्बों को समन्वित, संघटित और परिवर्तित करके नवीन रचना की शक्ति नहीं होती।

(ख) फैन्टेसी में आने वाली विम्बावलियाँ बेतरतीब और विशृंखलित होती हैं। उनकी स्थिति स्वप्नविम्बों जैसी होती है।

(ग) फैन्टेसी में जीवन का वास्तविक यथार्थ रूपायित नहीं हो पाता, किन्तु टेकनीक के रूप में फैन्टेसी का प्रयोग करके जीवन-यथार्थ के विम्ब प्रस्तुत किए जा सकते हैं।

(घ) फैन्टेसी का सम्बन्ध रचनाकार के अवचेतन मन से होता है। इसलिए इसमें रचनाकार के मन के निगूढ़ तत्त्वों की झलक मिल जाती है।

मिथक और मिथकीय आलोचना

'मिथक' शब्द हिन्दी में अंग्रेज़ी के 'मिथ' शब्द के लिए प्रचलित है। अंग्रेज़ी में भी यह मूलतः यूनानी शब्द 'माइथोस' (Muthos) से आया है। 'माइथोस' का अर्थ है, ऐसा आख्यान जिसमें कोई तर्क न हो। 'माइथोस' का विलोम है—'लागोस' यानी तार्किक संलाप।"[1] अर्थात् 'मिथक' ऐसे आख्यान को कहते हैं, जिसमें कोई तार्किक संगति न हो। इसके लिए 'दंतकथा', 'पुरावृत्त', 'पुराकथा' जैसे शब्द भी प्रयुक्त होते हैं, किन्तु अब 'मिथक' शब्द ही बहुमान्य हो गया है। साहित्य के अतिरिक्त 'मनोविज्ञान' और 'समाजशास्त्र' के क्षेत्र में भी 'मिथक' की व्याख्या की जाती है। मनोवैज्ञानिकों की दृष्टि में 'मिथक' का मूलाधार आदिम मनुष्य की दमित यौन भावनाएँ हैं, जिन्हें वह कथात्मक प्रतीकों के माध्यम से व्यक्त करता है। समाजशास्त्रियों की दृष्टि में सामाजिक जीवन की आशा-आकांक्षा ही प्रक्षेपित होकर प्रतीकात्मक पुराकथा का रूप ले लेती है। आचार्य हजारीप्रसाद द्विवेदी के अनुसार—"मिथक वस्तुतः उस सामूहिक मानव की भाव-निर्मात्री शक्ति की अभिव्यक्ति है, जिसे कुछ मनोविज्ञानी 'आर्किटाइपल इमेज' कहकर संतोष कर लेते हैं।" डॉ० जगदीशप्रसाद श्रीवास्तव ने अपने शोध-प्रबंध—'मिथकीय कल्पना और आधुनिक काव्य' में 'मिथक' की प्रायः सभी विशेषताओं को एक साथ इस

---

1. **आधुनिक हिन्दी आलोचना के बीज शब्द, पृ० 77।**

प्रकार प्रस्तुत किया है—"विचारकों का एक बहुत बड़ा वर्ग मिथक की प्रकृति को मूलत: अलौकिक तथा धार्मिक मानता रहा है। उसके मतानुसार मिथक अति प्राकृत संसार की कथाएँ हैं; उनका परिवेश अलौकिक तथा धार्मिक होता है; उनमें प्रधानतया देवी-देवताओं के वृत्त होते हैं, जिनका धार्मिक महत्त्व होता है; वे आदिम युग के विश्वासों को अभिव्यक्त, संवर्धित तथा संहिताबद्ध करते हैं—साथ ही नैतिकता को सुरक्षित रखते हुए कर्मकाण्ड और व्यावहारिक नियमों का प्रवर्त्तन करते हैं; उनमें किसी देवता अथवा परा-प्राकृत सत्ता का विवरण होता है और उसके उच्चारणकर्ता उनमें धार्मिक आस्था रखते हैं।[1] पं विद्यानिवास मिश्र 'मिथक' के सम्बन्ध में अपना मत स्पष्ट करते हुए कहते हैं—"मिथक के बारे में एक भ्रान्त धारणा फैली हुई है कि यह कुछ मिथ्या से सम्बन्ध रखता है अर्थात् इसमें वास्तविकता या यथार्थ का अंकन न होकर किसी काल्पनिक या अवास्तविक सत्ता या और ठीक-ठीक कहें सत्ताभास या मायाजाल खड़ा किया जाता है, जबकि ठीक इसके विपरीत देश और काल के चौखटे से बाहर ले जाकर किसी भी वास्तविकता की सनातन और काल-प्रवाही डिज़ाइन (आकल्पना) प्रस्तुत करना ही मिथक का मुख्य उद्देश्य होता है।"[2] 'भारतीय मिथक कोश' की रचयिता डॉ० उषा पुरी विद्यावाचस्पति के अनुसार—"संस्कृत के 'मिथ' शब्द के साथ कर्तावाचक 'क' प्रत्यय जुड़ जाने से इसका निर्माण हुआ है। संस्कृत में 'मिथ' शब्द का अभिप्राय प्रत्यक्ष-ज्ञान के लिए भी होता है तथा दो तत्त्वों के परस्पर सम्मिलन के लिए भी। 'मिथक' के संदर्भ में दोनों ही अर्थ जुड़े हुए प्रतीत होते हैं। वह लौकिक तथा अलौकिक तत्त्वों का सम्मिश्रण है। लौकिक तत्त्व प्रत्यक्ष अनुभूति है तो अलौकिक अध्यात्मतत्त्व। दोनों का मिश्रण 'मिथक' के रूप में द्रष्टव्य है।[3] उपर्युक्त परिभाषाओं और व्याख्याओं से स्पष्ट है कि 'मिथक' के सम्बन्ध में दो टूक निर्णय देना संभव नहीं है। लेकिन सोचने की बात है कि यदि हम संस्कृत की दृष्टि से अंतिम निर्णय लेते हैं तो अंग्रेज़ी के 'मिथ' के लिए हमारे पास कोई दूसरा शब्द है क्या? नहीं है तो उसका अर्थ भी संस्कृत 'मिथक' में ही संक्रमित होकर आ जायेगा। आज स्थिति यही है। हिन्दी-आलोचना में 'मिथक' शब्द अंग्रेज़ी 'मिथ' के लिए प्रयुक्त हो रहा है। हम चाहें तो भारतीय मिथकों के संदर्भ में संस्कृत 'मिथक' का अर्थ भी स्वीकार कर सकते हैं। जहाँ तक 'मिथ्या' और 'सत्य' की बात है, उसका स्वरूप दृष्टि-भेद पर निर्भर है। जो देश-कालबद्ध लौकिक अनुभव को ही सत्य मानते हैं उनके लिए लोकोत्तर अनुभूति असत्य है। उसे वह 'मिथ' (अंग्रेज़ी) कहेगा। इसके विपरीत जो देश-कालबद्ध लौकिक अनुभूतियों को अनित्य मानकर खारिज कर देगा, शाश्वत और

---

1. मिथकीय कल्पना और आधुनिक काव्य, पृ० 7।
2. भारतीय मिथक कोश, आशीर्वचन।
3. भारतीय मिथक कोश, पृ० 22।

सनातन अनुभूतियों को ही वास्तविक या यथार्थ मानेगा, उसके लिए पौराणिक कथायें 'मिथ' (अंग्रेज़ी) नहीं हैं। उन्हें 'मिथ' कहे जाने पर उसे आपत्ति होगी। व्यावहारिक स्थिति यह है कि सम्पूर्ण पौराणिक कथाओं तथा रामायण और महाभारत की कथाओं को सभी 'मिथक' कहते हैं। इन कथाओं का उपयोग काव्य-रचना के लिए आज तक हो रहा है। यह दूसरी बात है कि इनके माध्यम से व्यक्त होने वाली नैतिक धारणायें काफ़ी कुछ बदल गयी हैं। आधुनिक युग की अनास्था, संशय, द्वन्द्व, मर्यादाहीनता आदि की अभिव्यक्ति के लिए भी मिथकों का सहारा लिया गया है। इन मिथकों को अब कोशबद्ध किया जा रहा है और इन्हें केन्द्र में रखकर 'मिथकीय समीक्षा' की एक पद्धति विकसित हो गई है।

मिथकीय समीक्षा के सम्बन्ध में मनोविज्ञान, समाजशास्त्र, नृतत्त्व आदि ज्ञानधाराओं की दृष्टि से बहुत कुछ कहा जा सकता है। मोटी बात यह है कि 'मिथक' आदि मानव की कल्पना-सृष्टि है। वह उसके जीवन का यथार्थ है। आज भी किसी-न-किसी रूप में यह आदि मानव भीतर विद्यमान है। मध्ययुग तक वह हमारे भीतर काफ़ी कुछ घेर कर बैठा था। इसलिए मध्ययुग की काव्य-रचना मिथकीय चेतना से पूरी तरह जुड़ी हुई थी। विज्ञान के विकास और कला को भी विज्ञान के निकट लाने के प्रयत्न में धीरे-धीरे हमने कविता को बुद्धि-ग्राह्य एवं तर्क-सिद्ध बनाने की कोशिश की। अब आदि मानव हमारे मन पर शासन नहीं कर पाता लेकिन उसे हम पूरी तरह बहिष्कृत नहीं कर पाये हैं। इसलिए आज भी बड़े-से-बड़े कवि ने अपनी कविताओं में मिथकों का प्रयोग किया है। इन मिथकों और मिथकीय प्रतीकों की व्याख्या किए बिना हम कविता के मर्म तक नहीं पहुँच सकते। इसलिए कुछ मनोविज्ञान, कुछ समाजशास्त्र और कुछ नृतत्त्व से शक्ति और प्रेरणा लेकर इनकी व्याख्या की जाती है। ऐसी समीक्षा जो इसी पद्धति से मिथकीय रचनाओं का विवेचन करती है, ''मिथकीय समीक्षा' कही जा सकती है।

मिथकों में ऐसे कई तत्त्व होते हैं, जो साहित्य में ग्रहण किए जाते हैं। जैसे 'अतिप्राकृत तत्त्व', 'आख्यान', 'अनुष्ठान', 'विम्ब' और 'प्रतीक'। उदाहरण के लिए 'निराला' ने 'राम की शक्ति-पूजा' में पारंपरिक आख्यान का सहारा लिया है। 'हनुमान' के ऊर्ध्वगमन में अतिप्राकृत तत्त्व है। इस पर आधुनिक दृष्टि-सम्पन्न समीक्षकों ने आपत्ति भी की है। राम शक्ति-पूजा का अनुष्ठान करते हैं। यह अनुष्ठान आठ दिनों तक चलता रहता है। अनुष्ठानों का प्रयोग आचार्य हजारीप्रसाद द्विवेदी ने अपने उपन्यासों में भी किया है। 'विम्ब' और 'प्रतीक' तो 'राम की शक्ति-पूजा' में आदि से अंत तक व्याप्त है। 'प्रसाद' ने 'कामायनी' में 'महाप्रलय' के आख्यान का उपयोग किया है। 'मनु' के द्वारा 'अनुष्ठान' भी कराया है। 'मुक्तिबोध' की कविताओं में भी मिथकीय प्रयोग देखे जा सकते हैं। मिथकों के प्रयोग से आज का कवि कम-से-कम दो प्रयोजनों की सिद्धि करता है। एक तो वह आदिम विश्वासों को नये संदर्भ से जोड़कर नयी अर्थवत्ता प्रदान कर

देता है, दूसरे कविता कुछ अधिक सम्प्रेष्य बन जाती है, क्योंकि उसे एक संदर्भ मिल जाता है। उदाहरण के लिए 'पुरुरवा और उर्वशी' का आख्यान लीजिए। इस मिथक के सूत्र ऋग्वेद में मिलते हैं। इस 'मिथक' की भौतिक व्याख्या करते हुए 'पुरुरवा' को 'सूर्य' और 'उर्वशी' को 'उषा' माना गया है। दोनों का मिलन क्षणिक होता है। 'दिनकर' ने इस कथा को नये संदर्भ में प्रस्तुत किया है। उनके अनुसार—'इन्द्रियों के मार्ग से अतीन्द्रिय धरातल का स्पर्श' कथा का प्रतीकार्थ है। कहना न होगा कि यदि 'दिनकर' ने 'काम से अध्यात्म' तक की मानसिक यात्रा को बिना मिथकीय कथा का आधार लिए प्रस्तुत किया होता तो वह पूर्णत: सम्प्रेषित न हो पाती।

मिथकीय-समीक्षा को समीक्षा की प्रमुख पद्धति नहीं माना जा सकता। यदि कविता मिथकीय चेतना से पूर्णत: मुक्त हो गई या वे कविताएँ जिनमें मिथक-तत्त्व नहीं हैं, उनकी समीक्षा से इसका कोई सरोकार नहीं बनता। समीक्षा के प्रतिमान ऐसे होने चाहिए, जो कविता मात्र का विवेचन और मूल्यांकन कर सकें। इसलिए 'मिथकीय समीक्षा' को समीक्षा की एक विशिष्ट पद्धति से अधिक महत्त्व नहीं दिया जा सकता।

नयी समीक्षा : पाश्चात्य संदर्भ

यूरोप को बीसवीं शती के प्रथमार्द्ध में दो-दो महायुद्धों का सामना करना पड़ा। इन युद्धों ने पारंपरिक नैतिक मूल्यों को ध्वस्त कर दिया। वैज्ञानिक उपलब्धियों का प्रयोग विध्वंसक अस्त्रों के निर्माण में किया गया। यन्त्रों का प्रयोग बढ़ा। यन्त्रों के सामने मनुष्य अपने को छोटा अनुभव करने लगा। जीवन के प्रत्येक क्षेत्र में 'विज्ञान' का हस्तक्षेप बढ़ा। 'कला' को भी अधिक-से-अधिक वैज्ञानिक सिद्ध किया जाने लगा। 'रिचर्ड्स' और 'इलियट' की काव्य-समीक्षायें वैज्ञानिक दृष्टि से प्रभावित हैं। काव्य-भाषा के आदर्श भी बदल गए। अब उसे भाव और विचार की भाषा के स्थान पर अधिक ठोस और घना बनाकर वस्तु-काव्य की भाषा बनाया जाने लगा। द्वितीय महायुद्ध के बाद यूरोप का सांस्कृतिक नेतृत्व अमेरिका करने लगा था। इसके पूर्व भी यूरोप पर अमेरिकी प्रभाव बढ़ने लगा था। 'इलियट' स्वयं अमेरिका से इंग्लैण्ड आया था। 'नयी समीक्षा' अमेरिका में बीसवीं शती के प्रथम चरण में ही प्रतिष्ठित हो गई थी। द्वितीय महायुद्ध के बाद वह यूरोप में भी महत्त्वपूर्ण बन गई।

सबसे पहले कोलंबिया विश्वविद्यालय के तुलनात्मक साहित्य के प्रोफ़ेसर स्पिनगार्न (S. E. Spingarn) ने 1911 ई० में 'नयी समीक्षा' शीर्षक एक शोध-पत्र लिखा। यह शोध-पत्र 1913 ई० में प्रकाशित हुआ। इस शोध-पत्र में स्पिनगार्न ने 'क्लैसिकल', 'रोमैंटिक', 'समाजशास्त्रीय', 'जीवनीमूलक' आदि समीक्षा-पद्धतियों को अस्वीकार करते हुए यह स्थापित किया था कि समीक्षा वस्तुतः एक प्रकार की वैयक्तिक प्रतिक्रिया है, जो जीवन्त अन्तर्दृष्टि पर आधृत होती है।[1] आगे चलकर नये समीक्षकों ने स्पिनगार्न का दिया हुआ यह नाम स्वीकार कर लिया। 'निश्चित् रूप से यह कहना कठिन है कि किस तिथि को नयी समीक्षा का जन्म हुआ, किन्तु यह निश्चित् है कि टी० एस० इलियट की 'दी सेक्रेड वुड' (1920 ई०) मिडलटन मरे की 'दी प्राब्लम ऑफ स्टाइल' (1922 ई०) और आई० ए० रिचर्ड्स की 'प्रिंसिपुल्स ऑफ लिटरेरी क्रिटिसिज़्म (1924 ई०) जैसी कृतियों के माध्यम से इसके आधार-तत्त्वों का विकास हुआ।[2]

---

1. In his paper entitled 'New Criticism' published in 1913, Spingarn expressed disapproval of the various current modes of evaluation, such as Classical, Romantic, Sociological, Biographical, etc. and maintained that criticism was really concerned with subjective reaction and was, in fact, dependent on vivid instuitions. —Literary Criticism, P. 432
2. Although it is not possible to point out with definiteness the exact date on which New Criticism took birth, its origin can be traced in such books as 'The Sacred Wood' (1920) by T. S. Eliot, 'The problem of Style' (1922) by Middleton Murray and 'Principles of Literary Criticism' (1924) by I. A. Richards. —Essay in Modern Criticism, P. 37

कहना न होगा कि 'रिचर्ड्स' और 'इलियट' दोनों ही इस बात पर बल देते थे कि समीक्षक का ध्यान मुख्य रूप से कविता पर ही केन्द्रित होना चाहिए। दोनों ही इतर बातों से हटकर कविता के विश्लेषण, व्याख्या और मूल्यांकन पर बल देते थे। आगे चलकर नये समीक्षकों ने जब रचना को पूर्णतः 'स्वायत्त भाषिक-संरचना' माना तो उन्होंने भी उसके भाषिक-विश्लेषण पर ही बल दिया। सम्भवतः इसीलिए रिचर्ड्स को अमेरिका में 'नयी समीक्षा' का जनक स्वीकार किया जाता है। 'नयी समीक्षा' को पूर्णतः प्रतिष्ठित करने वाले जॉन क्रो रेनसम John Crowe Ransom) ने कहा कि रिचर्ड्स से ही 'नयी समीक्षा' की सही शुरुआत हुई।[1] विलियम एम्पसन (William Empson) ने तो अपनी पुस्तक 'दी स्ट्रक्चर ऑफ काम्पलेक्स वर्ड्स' (The Structure of Complex Words) यह कहकर उसे समर्पित की है कि इसमें जो भीं उद्‌भावनाएँ हैं, उनका आदि स्रोत वही हैं। सन् 1941 में 'जॉन क्रो रेनसम' की 'नयी आलोचना' नामक पुस्तक प्रकाशित हुई। यहीं से 'नयी समीक्षा' को प्रतिष्ठा प्राप्त हुई। रेनसम के अतिरिक्त 'एलेन टेट' (Allen Tate), 'राबर्ट पेन वॉरेन' (Robert Penn Warren), आर० पी० ब्लैक्मर (R. P. Blackmur), 'आइवर विंटर्स' (Ivor Winters), और 'क्लीन्थ ब्रुक्स' (Cleanth Brooks), नये समीक्षकों में प्रमुख माने जाते हैं। इन सभी समीक्षकों ने 'कविता' पर ही पूरा ध्यान केन्द्रित करते हुए उसके भाषिक विश्लेषण पर बल दिया और उसकी अलग-अलग विशेषताओं को लक्षित किया। रैंसम के अनुसार— कविता की रूप-रचना में 'शब्द-विधान' (Texture) और 'अर्थ-विधान' (Structure) दोनों का संश्लेष होता है। शब्द-विधान 'विम्बात्मक' होता है, 'अर्थ-विधान' विचारात्मक। इन दोनों का तनाव ही काव्य-भाषा को अपेक्षित भंगिमा प्रदान करता है। उसने लक्षित किया था कि इलियट की प्रसिद्ध कविता 'दी वेस्ट लैण्ड' में इसका अभाव है, जिससे कविता का सौन्दर्य नष्ट हो गया है।[2] टेट के अनुसार, ''कविता का अस्तित्व जिस 'संतुलन' पर स्थित होता है वह उसके बहिरंग संतुलन (Extension) और अंतरंग (Intension) के बीच घटित होता है। टेट ने यहाँ 'संतुलन' (Tension) शब्द का प्रयोग बहिरंग संतुलन (अभिधेयार्थ को प्रकट करने वाला) और अंतरंग संतुलन (लक्ष्यार्थ को प्रकट करने वाला) के मध्य

---

1. "He was acknowledged as a 'Pater families' by the New Critics in America, one of whom, John Crowe Ransom said that the 'New Criticism' began with him in the right way, because he attempted to find it on more comprehensive basis than other critics did."

—Twentieth Century Literary Criticism, P. 51-52

2. "The poem has a local 'texture' as well as loose logical structure which, according to him, marred the beauty of poem."

—Twentieth Century Literary Criticism, P. 105

पूर्ण सामंजस्य के अर्थ में किया है।"[1] 'राबर्ट पेन वॉरेन' की ख्याति आलोचक से अधिक कवि और उपन्यासकार के रूप में है। फिर भी उसकी समीक्षा में संयम और विश्लेषण की प्रवृत्ति प्रधान है। उसने काव्य-भाषा में व्यंग्य, विरोधाभास और प्रतीक पर विशेष बल दिया है। उसने कहा—"कवि अपनी दृष्टि को 'आइरनी' को अग्नि में, अर्थ-विधान को नाटकीय व्यापार में समर्पित करके अपने उद्देश्य की सिद्धि करता है और ऐसा वह इस आशा से करता है कि अग्नि में पड़कर वह शुद्ध हो जायेगी।"[2] 'ब्लैकमर' ने सबसे अधिक महत्त्व 'गेस्चर' (Gesture) को दिया है। उसके अनुसार सांकेतिकता ही काव्य-भाषा का प्रधान गुण है, क्योंकि इसमें गति होती है। जहाँ अभिधा की भाषा समाप्त हो जाती है वहाँ सांकेतिक भाषा (Language of Gesture) कार्य करती है।[3] 'आइवर विन्टर्स' का दृष्टिकोण अन्य नये समीक्षकों से भिन्न है। वह स्वभाव से नैतिक था। नये समीक्षकों में उसकी गणना इसलिए की जाती है कि वह भी साहित्य-कृतियों की स्वतंत्र सत्ता मानता है और समीक्षा की विश्लेषण-पद्धति का प्रयोग करता है। उसके अनुसार, 'कवि अपनी भाषा में अभिधेयार्थ और लक्ष्यार्थ का गूढ़ संश्लेष उपस्थित करता है। 'टेट' की भाँति यह भी कविता की आवयविक एकता पर बल देता है और उसे शब्दों के अन्तर्सम्बन्धों का ऐसा गूढ़ संश्लेष मानता है जो अन्तर्वस्तु की तर्कपूर्ण योजना, स्वरों की सुसंयोजित गति, लय, सान्निध्य, विपर्यय आदि पर आधृत होता है।[4] 'क्लीन्थ ब्रुक्स' 'विसंगति' (Paradox) को काव्य-भाषा का प्रधान गुण मानता है। उसके अनुसार विसंगति ही किसी कविता के संरचनात्मक ढाँचे का मूल आधार है। वह कहता है—"कविता की प्रविधि व्यंजनात्मक और अप्रत्यक्ष होती है और वह विम्बों, रूपकों, प्रतीकों, चरित्रों और स्थितियों के माध्यम से नाटकीय रूप में अर्थ-प्रकाशन करती है।"[5] नयी समीक्षा के अन्य उन्नायक 'विलियम एम्पसन' ने 'अनेकार्थता' को काव्य-भाषा का प्राण-तत्त्व स्वीकार किया। उसने अनेकार्थता के सात प्रकारों का उल्लेख करके उनका सम्बन्ध कविता में व्यक्त जटिल मन: स्थितियों और उनके विविध स्तरों से जोड़ा। इस प्रकार उसने रिचर्ड्स द्वारा आरंभ

---

1. "What I am saying of course it that meaning of poetry is its 'tension' the full organised body of all the extension and intension that we can find in it."
—Literary Criticism, P. 437
2. "The poet some what less spectacularly, proves his vision by submitting it to the irony to the drama of his structure, in the hope that fires will refine it."
—Twentieth Century Literary Criticism, P. 107
3. **नयी समीक्षा, पृ० 157, विश्वविद्यालय ग्रंथ निर्माण निदेशालय, दिल्ली विश्वविद्यालय द्वारा प्रकाशित, 1978 ई०।**
4. **"Like Tate he imphasises the organic unity of the poem, which is a complex of relationship between words, depending on rational content, cadences, rhymes, juxta positions, inversions and so on..."**
—Twentieth Century Literary Criticism, P. 107
5. **नयी समीक्षा, पृ० 30।**

किये गये अर्थ-तात्त्विक अध्ययन की परंपरा को आगे बढ़ाया। उपर्युक्त विवेचन से स्पष्ट है कि नयी समीक्षा के प्रतिष्ठापक और उन्नायक काव्य-भाषा के तात्त्विक विवेचन में एकमत नहीं हैं, किन्तु नयी समीक्षा की मूल प्रतिज्ञा 'काव्य स्वत: वस्तु है' को लेकर उनमें पूर्ण सहमति है। 'नयी समीक्षा' जिन आधारभूत बातों पर बल देती है वे निम्नलिखित हैं—

1. काव्य, भाषिक संरचना मात्र है, इसलिए भाषा के सर्जनात्मक तत्त्वों का विश्लेषण ही समीक्षा का मुख्य धर्म है।
2. ऐतिहासिक, समाजशास्त्रीय, दार्शनिक एवं मनोविश्लेषणवादी समीक्षाएँ अनावश्यक एवं अप्रासंगिक हैं।
3. संप्रेषण और आस्वाद के प्रश्न पर विचार तथा मूल्यांकन का प्रयत्न आवश्यक नहीं है।
4. रचना की आन्तरिक संगति और संश्लिष्ट विधान के विवेचन-विश्लेषण के लिए उसका गहन पाठ नितान्त आवश्यक है।

'नयी समीक्षा' की सीमाओं का बोध स्वयं अमेरिकी समीक्षकों को बहुत शीघ्र ही हो गया। 1952 ई० तक आते-आते 'शिकागो स्कूल' के आलोचकों ने 'आर० एम० क्रेन' के नेतृत्व में नये समीक्षकों का विरोध किया। इन्होंने प्रमाणित किया कि 'नयी समीक्षा' के औज़ारों से छोटी कविताओं का विश्लेषण भले ही कर लिया जाय, किन्तु प्रबंध-काव्यों, नाटकों और कथाकृतियों की समीक्षा के लिए वे बहुत उपयोगी नहीं हैं। 'शिकागो स्कूल' के समीक्षकों की सबसे बड़ी आपत्ति यह थी कि यदि वस्तुपरक विश्लेषण द्वारा विज्ञान के समक्ष मानविकी की प्रतिष्ठा के अतिरिक्त उत्साह में आलोचना गणित और विज्ञान बन जाती है तो इसे कैसे स्वीकार किया जा सकता है। आलोचना मानविकी का ही एक विषय है। वैज्ञानिक बनाने के प्रयत्न में इसे इसकी मूल प्रवृत्ति से अलग कर देना उचित नहीं है।"[1]

'नयी समीक्षा' की भाँति कृति को स्वायत्त मानने वाली एक अन्य समीक्षा-पद्धति 'शैली विज्ञान' भी है। 'शैली-विज्ञान' भाषिक विश्लेषण की वह वैज्ञानिक पद्धति है जिसमें भाषा के सभी अभिव्यंजक उपादानों—ध्वनि-विज्ञान, छन्दशास्त्र, पद-विज्ञान, वाक्य-विज्ञान, शब्द-शास्त्र का समावेश किया गया है।[2] अपने विकसित रूप में 'शैली-विज्ञान' एक ओर अपने सिद्धान्त-तंत्र की दृष्टि से 'भाषा-

---

1. "The most Fundamental objection of the Chicago School to the programme and activities of the new critics is that in their enthusiasm to rehabilitate humanities, they sought to reduce literary criticism in the status of physical science, at the cost of its character as a discipline in humanities.
—Essay in Modern Criticism, P. 65
2. "It is an analytical science which covers all the expressive aspects of language, phonology, morphology, syntax and lexicology."
—A Dictionary of Literary Terms, J. A. Cuddon, P. 663

विज्ञान', 'संरचनावाद' और 'संकेतार्थ विज्ञान' (सिमिओटिक्स) से जुड़कर अपने को सम्यक् रूप से स्वरूपित कर पा रहा है तो दूसरी ओर प्रकार्य की दृष्टि से साहित्य-विश्लेषण की विशिष्ट प्रणाली के रूप में उपस्थित हो रहा है।[1] 'नयी समीक्षा' और शैली विज्ञान' में अन्तर यह है कि 'शैली विज्ञान' भाषा-विज्ञान का पूरा-पूरा आधार ग्रहण करके विश्लेषण में प्रवृत्त होता है, जबकि 'नयी समीक्षा' ऐसा नहीं करती। उसमें 'विसंगति', 'विडम्बना', 'अनेकार्थता', 'संकेतार्थ', 'सन्तुलन' आदि जिन औज़ारों का प्रयोग किया जाता है, वे भाषा-विज्ञान के औज़ार नहीं हैं। उनका सम्बन्ध काव्य-न्याय (लॉजिक ऑफ पोयट्री) से है। कुछ भी हो, हिन्दी में शैली वैज्ञानिक आलोचना को विशेष महत्त्व नहीं दिया गया। प्रख्यात शैली वैज्ञानिक समीक्षक रवीन्द्र श्रीवास्तव द्वारा केदारनाथ सिंह की प्रसिद्ध कविता 'इस अनागत का क्या करें' की जो शैली-वैज्ञानिक आलोचना की गई है उसकी परीक्षा करने के बाद डॉ० बच्चन सिंह कहते हैं-"स्पष्ट है कि विवरणात्मक शैली-वैज्ञानिक-प्रणाली के आधार पर वाक्यों, उपवाक्यों, संज्ञा, सर्वनाम, पद, पदबन्ध आदि के माध्यम से कविता की जो परीक्षा की गयी है वह उसकी शव-परीक्षा बन जाती है। इसमें जिस व्याकरण की सहायता ली गयी है वह कविता को छोटे-छोटे खण्डों में काट तो देता है पर उसे संश्लेषित नहीं कर पाता। इस व्यवच्छेदन-व्यापार से मूल्यांकन का सम्बन्ध निःशेष हो जाता है।"[2] यह टिप्पणी शैली-वैज्ञानिक समीक्षा की सीमाओं को स्पष्ट कर देती है। शैली-वैज्ञानिक आलोचक रवीन्द्रनाथ श्रीवास्तव इसका प्रतिवाद करते हैं। वे कहते हैं-"काव्य कृति को स्वायत्त मानने का अर्थ है विश्लेषण और परीक्षा की आधारशिला तथा मूल केन्द्रक के रूप में स्वयं कृति की स्वीकृति। अतः आलोचक के लिए यह ज़रूरी है कि वह पहले इसी आधारबिन्दु से आगे बढ़े पर दृष्टि की समग्रता की माँग को भी उसे नहीं भूलना चाहिए कि इस आधार-बिन्दु से ऊपर उठकर उसे साहित्यिक और सांस्कृतिक समग्रता की पृष्ठभूमि में रखकर कृति को एक संश्लिष्ट घटक के रूप में भी देखना है।"[3] वस्तुतः प्रश्न सिद्धान्त का नहीं, व्यवहार का है और व्यवहार के धरातल पर हिन्दी में शैली-वैज्ञानिक आलोचना अभी अपनी मूल्यवत्ता प्रमाणित नहीं कर सकी है। शैली-विज्ञान के साथ ही 'संरचनावाद' का उल्लेख प्रासंगिक है। **संरचनावाद** के अनुसार साहित्य शाब्दिक संरचना है। वस्तुतः प्रत्येक वस्तु कई घटक-तत्त्वों के संश्लेष से निर्मित होती है। ये घटक एक ओर परस्पर सम्बद्ध होते हैं, दूसरी ओर पूर्ण निर्मित (अवयवी) के साथ उनका संतुलित संश्लेष होता है। साहित्य शाब्दिक संश्लेष है। 'संरचनावाद' की अवधारणा का मूल स्रोत जेनेवा और पेरिस में भाषा-विज्ञान के प्रोफ़ेसर 'फर्दिनांद डि सस्यूर' (1857-1913

1. **शैली-विज्ञान का इतिहास, पाण्डेय शशिभूषण शीतांशु, पृ० 109।**
2. **आलोचना, जुलाई-सितम्बर, 1974, पृ० 7।**
3. **आलोचना, अप्रैल-जून, 1977, पृ० 51।**

और संघर्ष दोनों आवश्यक हैं। देखना है, भविष्य किस दिशा में मोड़ लेता है। आशा जन-नाट्य मंचों से ही की जा सकती है। अभावग्रस्त जनता की नित्यप्रति की कठिनाइयों और उसके कारक तत्त्वों को केन्द्र में रखकर लिखे गए नाटक सीमित साधनों के बल पर सामान्य जनता के बीच अभिनीत होकर प्रतिरोधक शक्ति का काम कर सकते हैं।

जहाँ तक भरत के रंग मण्डप की प्रासंगिकता का प्रश्न है, उसका ऐतिहासिक कलात्मक महत्त्व निरंतन बना रहेगा। उसमें जितनी कलाओं और विधाओं का समावेश किया गया था, वे आज भी नाट्यकर्मियों के सामने चुनौती बनी रहेंगी। आज की वैज्ञानिक उपलब्धियों ने अभिनय के द्वारा व्यंजक प्रभाव को समाप्त करके उसके स्थान पर दूसरे प्रयोग आरंभ कर दिए हैं। यदि अभिनय को प्रभावी और मर्मग्राही बनाना है, तो हमें नाट्यशास्त्र की ओर लौटना होगा। इस दृष्टि से भरत के नाट्यशास्त्र का महत्त्व बना रहेगा। जिस प्रकार 'भरतनाट्यम्' का आज भी कोई विकल्प नहीं है, उसी प्रकार भरत द्वारा प्रकल्पित 'रंग मण्डप' का भी कोई कलात्मक विकल्प नहीं है।
